2022年度河南省高等学校哲学社会科学应用研究重大项目:“新时期河南省中小企业高质量发展路径研究”,项目编号:2022-YYZD-01

河南省中小企业高质量发展路径研究

冯志波　李付梅　刘新华　马斐斐◎著

北京时代华文书局

图书在版编目（CIP）数据

河南省中小企业高质量发展路径研究 / 冯志波等著 .
北京 : 北京时代华文书局 , 2025. 4. -- ISBN 978-7-5699-5934-5
Ⅰ . F279.243
中国国家版本馆 CIP 数据核字第 20244MB825 号

Henan Sheng Zhong-xiao Qiye Gaozhiliang Fazhan Lujing Yanjiu

出 版 人：陈　涛
责任编辑：徐敏峰　刘显芳
责任校对：李一之
装帧设计：晴晨时代
责任印制：刘　银

出版发行：北京时代华文书局 http://www.bjsdsj.com.cn
北京东城区安定门外大街 138 号皇城国际大厦 A 座 8 层
邮编：100011　　电话：010-64263661 64261528
印　　刷：河北赛文印刷有限公司
开　　本：787mm × 1092mm　1/16　　成品尺寸：185 mm × 260 mm
印　　张：23.75　　字　　数：468 千字
版　　次：2025 年 4 月第 1 版　　印　　次：2025 年 4 月第 1 次印刷
定　　价：78.00 元

前言

FOREWORD

改革开放四十多年来，在快速发展的生产力的推动下，我国经济得到了大力发展，整体经济高速增长，改变了我国贫穷落后的面貌，使人民生活富裕起来，但经济高速增长的同时，也逐渐暴露出很多内在问题。习近平总书记在2017年党的十九大报告中作出了“我国经济已由高速增长阶段转向高质量发展阶段”[1]的重要论述，2022年10月，党的二十大报告提出了“高质量发展是全面建设社会主义现代化国家的首要任务”[2]，再加上《中华人民共和国中小企业促进法》的实施，为企业发展带来了新的机遇。作为企业中不可缺少的一部分，中小企业不论是数量还是经济贡献总量，都在国民经济发展中占有重要地位。

中小企业在河南省经济发展中扮演着重要的角色，对于促进就业、推动经济增长、优化产业结构等起到了积极的作用。河南省中小企业高质量发展要以经济高质量发展为原则，重点关注企业数量以及产品的价值量、科技创新含量和产品在生产及使用过程中的环保情况，通过落实高质量发展，引导中小企业可持续发展。

本书在构建河南省中小企业高质量发展评价指标体系时，充分考虑指标

[1] 习近平：《习近平谈治国理政（第三卷）》，外文出版社2020年版，第23页。

[2] 习近平：《高举中国特色社会主义伟大旗帜 为全面建设社会主义现代化国家而团结奋斗——在中国共产党第二十次全国代表大会上的报告》，人民出版社2022年版，第28页。

的典型性、动态性、科学性，以及数据的可得性，根据科学发展观的要求，依据河南省发展战略的实际需要，从规模发展、财务绩效、科技创新、绿色环保指标等方面着手，构建了包括四个一级指标及与其相应的十三个二级指标的河南省中小企业高质量发展评价指标体系并对中小企业高质量发展现状进行了评价，从而提出了河南省中小企业高质量发展的路径。期望本书的出版能对河南省中小企业高质量发展有促进作用，同时也能为政府有关部门进行决策提供参考。

本书共7章，第1章对中小企业高质量发展进行了概述，第2章论述了河南省中小企业高质量发展的基础，第3章对河南省中小企业高质量发展评价指标体系进行了构建，第4章以河南省中小工业企业为例进行了分析和评价，第5章论述了国内外促进中小企业发展的经验和模式，第6章构建了河南省中小企业高质量发展的路径，第7章对河南省中小企业高质量发展的要素支撑与政策保障进行了分析。

在本书编写过程中，作者分工如下：前言、引言和第 1 章、第 2 章、第 5 章中的 5.1 及参考文献和附录由刘新华编写，第 3 章、第 4 章中的 4.1—4.2.4 由李付梅编写，第 4 章中的 4.2.5—4.4 由马斐斐编写，第 5 章中的 5.2、第 6 章和第 7 章由冯志波编写。本书在写作、出版过程中得到了河南省教育厅的基金支持，是2022年度河南省高等学校哲学社会科学应用研究重大项目：“新时期河南省中小企业高质量发展路径研究”（项目编号：2022-YYZD-01）的研究成果。另外，本书在写作、出版过程中也得到了安阳工学院2021年度科研培育基金项目：“新时代河南省中小企业科技创新评价与提升研究”（项目编号：YPY2021025）和“豫北地区企业创新能力评价及影响因素研究”（项目编号：YPY2021023）两个项目的基金支持。

目录

CONTENTS

目录 CONTENTS

目录 CONTENTS

目录 CONTENTS

引　言

习近平总书记在2017年党的十九大报告中作出了“我国经济已由高速增长阶段转向高质量发展阶段”[1]的重要论述，这是对党的十八大以来我国面临国内外形势变化以及我国主要矛盾变化而作出的科学论断，鲜明地指出了我国经济在新时代、新发展阶段的基本特征和战略目标。在同年召开的中央经济工作会议上，习近平总书记指出，要“推动我国经济在实现高质量发展上不断取得新进展”[2]。“高质量发展”成为当前以及未来中国经济发展的新方向。

改革开放四十多年来，为改变生产力落后的现状，我国大力发展经济，整体经济高速增长，极大改善了人民生活状况，但经济高速增长的同时，也逐渐暴露了很多内在问题，我国社会主要矛盾已经转化为人民日益增长的美好生活需要和不平衡不充分的发展之间的矛盾。由此可见，降低经济增速而关注经济高质量发展，已成为我国今后一个时期发展的根本要求。而作为微观主体来推动社会整体经济增长的国内各个企业，它们作为基石，对推动整体经济高质量发展的意义显而易见，这也就决定了对企业高质量发展的路径进行探索和研究具有很大的现实意义。

党的二十大报告提出“要坚持以推动高质量发展为主题，把实施扩大内需战略同深化供给侧结构性改革有机结合起来”[3]，这为企业发展带来新的机遇。双循环新发展格局下国际循环质量和水平的提升，能够提升中高端产品的出口竞争力，资本市场也将积极支持创新型企业实现长效发展。数字化转型的浪潮夯实了企业实现创新发展的“基础设施”，“专精特新”成为企业创新发展的导向，绿色化转型既能够保障企业实现可持续发展，也促进了新兴产业的形成。但同时，广大中小企业也面临着经济转型和产业升级所带来的一系列挑战。随着我国经济进入高质量发展阶段，增长方式由过去的资源驱动型转变为创新驱动型，资源环境约束逐渐趋紧，人口红利逐渐消失，

[1]　习近平：《习近平谈治国理政（第三卷）》，外文出版社2020年版，第23页。

[2]　习近平：《习近平谈治国理政（第三卷）》，外文出版社2020年版，第239页。

[3]　习近平：《高举中国特色社会主义伟大旗帜 为全面建设社会主义现代化国家而团结奋斗——在中国共产党第二十次全国代表大会上的报告》，人民出版社2022年版，第28页。

经济发展速度相对放缓，消费结构全面升级，需求结构快速调整，对产品和服务的供给质量提出了更高要求，需要企业尽快适应。

而作为企业中不可缺少的一部分，中小企业不论是数量还是经济贡献总量，都在国民经济发展中占有重要地位。应该清醒认识到，中小企业在科技创新、增加就业岗位、提升经济活力、促进经济增长、保证社会和谐稳定等方面具有不可替代的作用，与我国经济的高质量发展息息相关，不可或缺。中国中小企业发展促进中心发布的《2022年度中小企业发展环境评估报告》指出，截至2021年年底，全国中小企业总数已达到4800万户。当前，我国中小企业主要以私营形式存在，普遍面临一系列挑战，如发展历程相对短暂、自有资金不足、信用评级偏低、风险抵御能力较弱、财务管理制度不完善、运营方式不够规范等。然而，它们也展现出了“五六七八九”等显著特点，在税收、国内生产总值、技术创新、城镇就业以及企业数量上均占有重要地位，具体来说，中小企业贡献税收占比超过50%，国内生产总值占比超过60%，技术创新占比超过70%，城镇劳动就业占比超过80%，且占据企业总数的90%以上。中小企业无疑已成为现代国民经济中不可或缺的一部分，推动其健康发展，对于构建现代化经济体系、提升全要素生产率、增强经济创新活力等均具有重要意义。

截至2021年年底，河南省共有中小企业近50万户，其中，小微企业占总数的90%以上，中型企业约占总数的5%。河南省中小企业主要分布在郑州市、洛阳市、开封市等地，这些地区具有较为发达的经济环境和便利的交通条件，为中小企业提供了更多的机会和资源。总体上来说，中小企业在河南省的发展态势较好。首先，中小企业在促进就业方面发挥了重要作用，为社会创造了大量的就业机会，对于缓解就业压力、改善民生起到了积极的作用。其次，中小企业在推动经济增长方面也取得了一定的成绩，不仅为河南省经济增加了实力，同时也带动了相关产业的发展。最后，中小企业还在推动产业结构优化和转型升级方面作出了积极的贡献，通过不断创新和改革，许多企业实现了从传统行业到新兴产业的转型，并取得了一定的成果。中小企业在河南省经济发展中扮演着重要的角色，对于促进就业、推动经济增长、优化产业结构等起到了积极的作用。研究河南省中小企业高质量发展的路径，对河南省实现“两个确保”，实施“十大战略”，推动高质量发展有着重要意义。

第 1 章
中小企业高质量发展概述

党的十八大拉开了中国特色社会主义新时代的序幕，开启了我国经济崭新的发展阶段。十年间，着眼于“经济高质量发展”，习近平总书记作出了一系列的重要论述，围绕着“是什么、为什么、怎么做”的问题，深刻而系统地回答了新时代我国经济高质量发展这一时代命题。习近平总书记在 2017 年党的十九大报告中作出了“我国经济已由高速增长阶段转向高质量发展阶段”[1] 的重要论述，这是对党的十八大以来我国面临国内外形势变化以及我国主要矛盾变化而作出的科学论断，鲜明地指出了我国经济在新时代、新发展阶段中的基本特征和战略目标。在同年召开的中央经济工作会议上，习近平总书记指出，要“推动我国经济在实现高质量发展上不断取得新进展”[2]，“高质量发展”成为当前以及未来中国经济发展的新方向。随着高质量发展不断向前推进，经济社会对高质量发展的要求也不断提高，2021 年，习近平总书记参加青海代表团审议时指出，“高质量发展是‘十四五’乃至更长时期我国经济社会发展的主题，关系我国社会主义现代化建设全局”[3]，党的二十大提出，“高质量发展是全面建设社会主义现代化国家的首要任务”[4]，高质量发展的内涵不断丰富和完善，表明了党中央和全体人民对高质量发展的更高期待。

放眼全球，人类正在面临的是前所未有的巨大时代变革。新的工业技术及科学技术的进步深刻影响了人们的生活方式和社会结构；全世界都在积极推动并深化管理体制改革，以适应新时代的发展需求；人类命运共同体的理念得到了世界大多数国家的呼吁和倡导，和平与发展依然是时代主题。尽管如此，这个世界仍然充满了各种风险，

[1] 习近平：《习近平谈治国理政（第三卷）》，外文出版社 2020 年版，第 23 页。

[2] 习近平：《习近平谈治国理政（第三卷）》，外文出版社 2020 年版，第 239 页。

[3] 习近平：《论把握新发展阶段、贯彻新发展理念、构建新发展格局》，中央文献出版社 2021 年版，第 533 页。

[4] 习近平：《高举中国特色社会主义伟大旗帜 为全面建设社会主义现代化国家而团结奋斗——在中国共产党第二十次全国代表大会上的报告》，人民出版社 2022 年版，第 28 页。

如金融危机可能导致整个世界的经济停滞或倒退，反向潮流可能会阻碍全球化的进程，而且由于一些地区过度依赖于自我封闭政策或者实行孤立主义策略，也存在潜在的地域冲突。尤其是近年来，世界大多数国家都经历了新冠肺炎疫情的冲击，这加剧了世界大变局的演进，有少数国家至今仍然在疫情的冲击下，难以走出疫情的阴霾。习近平总书记指出，“世界上任何事物都有其两面性，这次疫情是一场危机，但某种程度上也孕育了新的契机”[1]，“必须在一个更加不稳定不确定的世界中谋求我国发展”[2]。

对此，我国在复杂多变的国际背景下，就要深刻认识和辩证看待国际环境的发展变化给我国自身发展带来的新矛盾和新挑战。

着眼国内，中国特色社会主义进入了新阶段。这是自党的十八大以来党和人民共同取得的辉煌成就中尤为引人瞩目的，其影响既深远又重大。在这一时期，经济发展展现出新常态的鲜明特点，这不仅是动力转换、速度调整、结构优化的阶段性特征的体现，更是我国经济发展迈向更高质量、更公平、更有效、更可持续道路的重要标志。特别是在 2020 年，面对新冠疫情的严重冲击和各种复杂多变的外部环境，全球多数国家的 GDP（国内生产总值）都出现了负增长。然而，在这样的逆境中，我国却实现了 GDP 同比增长 2.3% 的壮举，总量依然稳坐全球第二的宝座。中国已步入新的经济发展阶段，但是不平衡不充分的发展问题依然存在，传统的发展方式已经无法继续维持下去，并且正处于“三期叠加”的复杂状态下。2021 年中央经济工作会议强调了外部环境变化对国内发展的影响，包括供应、消费及预期的“三重压力”。针对传统的粗放型的经济发展方式遗留下来的问题与新时代经济发展新阶段出现的新问题叠加的局面，党的二十大明确提出了“中国式现代化”，并把高质量发展作为实现中国式现代化的本质要求。这再次强调了以经济建设为中心的党的基本路线，坚持高质量发展理念，推动经济实现质的有效提升和量的合理增长。因此，有针对性地对高质量发展进行部署、研究高质量发展的战略布局，成了我国当前和今后相当长的一个时期内应对复杂多变的国际环境以及破解新阶段国内主要矛盾的一个重要的抓手。

从实际情况来看，自我国步入新时代以来，经济领域确实硕果累累，成就显著。我国已经将经济发展的重心转移至效益和质量的提升上，这是符合时代要求的明智之举。但也不能忽视以往粗放型经济增长方式所带来的种种问题，这些问题不是短期内

[1] 习近平：《习近平谈治国理政（第四卷）》，外文出版社 2022 年版，第 54 页。

[2] 习近平：《习近平谈治国理政（第四卷）》，外文出版社 2022 年版，第 59 页。

能解决的。在新的发展阶段，我国经济发展面临着诸多严峻挑战，如发展不平衡不充分、经济增长动力匮乏、体制机制尚待完善等。这些问题与我国长期以来采用的传统经济发展模式所遗留的症结紧密相连，相互交织，从而增加了风险隐患。鉴于此，必须加快步伐，推动经济实现更高质量的发展，以确保我国经济的稳健前行。那么如何消除长期采用传统经济发展模式引发的消极影响，全面贯彻落实习近平总书记关于经济高质量发展的重要论述，让我国的经济能以高质量和可持续的方式发展，是我们面临的一个重大课题，也是一个亟待解决的难题。

1.1 中小企业高质量发展的内涵

1.1.1 高质量发展概念的提出

高质量发展是在党的十九大报告中首次提出的新表述，这要求中国经济也转向高质量发展。国家发展改革委经济研究所课题组（2019）认为，高质量发展的核心内涵是供给体系质量高、效率高、稳定性高。[1] 李伟（2018）提出，高质量发展具有六大内涵，即高质量的供给、需求、配置、投入产出、收入分配和经济循环。[2] 金碚（2018）认为，创新、协调、绿色、开放、共享的新发展理念，是对新时代高质量发展的新要求，对高质量发展的评价准则。[3] 任保平和李禹墨（2018）提出，高质量发展的内涵主要包括：经济发展高质量、改革开放高质量、城乡建设高质量、生态环境高质量、人民生活高质量。[4]

高质量发展作为新的发展观念、方法与策略，已成为中国现阶段及未来一段时期内的主要发展方向、经济政策制定的基础和宏观调控的核心需求。虽然各研究者对高质量发展的实质有不同的解读，但是他们都在很大程度上扩展了其含义。这个概念最初是由西方国家提出的，随后逐渐被全球接受。经历了一系列的资本主义经济大萧条之后，西方的研究人员逐步认识到，基于经典经济学理论并仅关注数量而不考虑品质的旧式经济发展路径具有内在的问题，需要快速转向更科学、更高品质的发展模式。

---

[1] 国家发展改革委经济研究所课题组：《推动经济高质量发展研究》，《宏观经济研究》2019 年第 2 期，第 5—17 页、第 91 页。

[2] 李伟：《高质量发展有六大内涵》，《人民日报海外版》2018 年 1 月 22 日第 3 版。

[3] 金碚：《关于“高质量发展”的经济学研究》，《中国工业经济》2018 年第 4 期，第 5—18 页。

[4] 任保平、李禹墨：《新时代我国高质量发展评判体系的构建及其转型路径》，《陕西师范大学学报（哲学社会科学版）》2018 年第 5 期，第 105—113 页。

根据美国经济学家 Kuznets（1973）的观点，可以把“国家的生产能力不断提升，能够提供更多种类的商品和服务”视为经济增长的概念。因此，发展的高质量也代表着必须创造出更高质量的产品来满足人民对美好生活的不懈追求。从快速增长到高质量的发展是中国共产党领导下的中国迈入新阶段的关键标志，这期间，社会经济会大幅度地升级，各个方面都会得到明显的改进：经济构造将会变得更为平衡，区域分布也会变得更有逻辑性，行业分化也将变得愈发细致，整体经济成长模式将趋于全面、和谐与可持续，而推动力则逐渐从依靠资源投入和资本驱动的传统方式转变成依靠科技创新，并且“创新、协调、绿色、开放、共享”这些原则将被视作引领高质量发展的核心理念，同时，质量、效益和动能的变化也是衡量高质量发展的关键指标。

高质量发展是一种全新的发展方式，其目的是通过提高效率来提升质量，对企业而言，只有当个体企业处于优质发展阶段时才有可能达成。所以，企业的转变从传统的成长模式过渡至高质量增长模式是非常有必要的。根据新古典经济学的“经济人”假设，企业的最终目标就是寻求自身的最大收益，从而导致企业只关注短期的局部利益，忽略了长期的社会效益及非经济性的利益。由于过分重视金钱，许多企业过度开发资源、忽视环保，造成了严重的环境损害和社会经济发展受阻的问题。为了应对这一挑战，专家学者提出了新的发展理念，如绿色发展、环保型发展、可持续发展等等，这些新型发展理念的目标在于推动企业向绿色发展转型，缓解企业发展对自然环境的影响。

随着人民群众对美好生活的需要日益增长，消费者已不再关注更多的产品数量，而是越来越期待更好的产品和更有价值的服务，更加关注产品的品质和新意，这也导致市场竞争进一步加剧。在这个环境中，增强科技研发实力已成为企业强化主导地位的关键因素。企业通过科学研究和开发，增加产品附加值、减少资源耗费并用较少的基础设施创造更高品质的产品，进而持续推进行业朝着高价值产业链方向前进。越来越多的企业开始认识到，唯有自主创新才能掌控主要技术，开拓更为宽广的市场空间。因此，许多企业都积极支持并实施了创新驱动的发展策略。

实际上，无论是服务于环境保护和长期社会效益方面的高效利用型成长模型，还是以科技创新为主导的力量推动式成长模型，都是在企业传统的运营框架之上逐步改进而来的，旨在应对企业在前进过程中的种种挑战。然而，全面提升的企业模型则融合了一系列新型思维，如“新常态下的新发展理念”（包括五个要素）所倡导的原则——创新、协调、绿色、开放、共享，是一种全新的商业模型，它结合并且超越这些旧的方法来实现企业的最佳表现，并转变成为一种新的经济形态。根据学者们对这一主题的研究成果来看，可以把这种全新概念理解成一家拥有良好内部分配系统且有高效的管理结构支持运作的企业，采用低碳或零排放的技术手段去制造商品和提供服务，从而保证用户获得优质的服务体验，同时该企业具有很强的技术研发能力和核心竞争力。

1.1.2 中小企业高质量发展内涵的理解

作为创新的主要力量，中小企业不仅对国家财政收入具有重大贡献，也是科技进步的关键驱动力之一，它们在中国社会与经济发展中起到了关键性的推进作用。乡村振兴战略致力于促进农村经济的蓬勃发展，提升农民的生活品质。在这一宏伟蓝图中，中小企业扮演着举足轻重的角色。它们不仅是推动农村经济现代化的重要力量，更是提高农民收入的有效载体。同时，在建设现代化经济体系的征程中，中小企业的高质量发展也显得尤为关键。它们的发展不仅有助于推动整个经济体系的升级，更是增强中国国际竞争力的关键环节。近些年来，国际市场疲软（如世界范围内的经济低迷），以及美国与中国的商业冲突加剧等因素导致中小企业运营压力增大，面临着严重的生存挑战，因此其迫切需要转变业务模式以适应新的形势需求并寻求持续的发展机会。为了中小企业的状况得到改善并且保持旺盛生命力，其必须从过去那种依赖规模扩张的方式向追求高质量发展的方向上努力才行！

尽管中小企业的投资成本相对较低，效益显现迅速且运营模式丰富多变，能够有效应对市场环境的急剧转变，但相较于大型企业而言，其技术设备陈旧、产能有限、组织结构薄弱、管理能力欠缺、竞争实力偏弱，这些因素使得其自身的“自给”能力有所不足，要实现高质量的发展目标，面临着诸多挑战和难题。所以，面对激烈的市场竞争压力，确保中小企业的持续进步和发展质量提升，已经成为当前必须应对的关键挑战之一。对于中小企业而言，理解高质量发展的实质意义及其重要性至关重要，这样才能够更准确地洞察自身在追求更高质量发展的过程中可能遇到的问题，并且找寻出有效的解决方案来推动它们更快地达到这一目标。

从对高质量发展的内涵理解，推演中小企业高质量发展的内涵：中小企业由过去的粗放式经营转向创新驱动发展；由过去的单一自我发展转向积极整合内外部资源，协调共同发展；由过去的只注重产品销售转向提供安全可靠、品质有保证的产品；由过去的家族式管理转向透明开放式运营；由过去的独享财富转向与员工、客户及利益相关者共享财富。

从政府支持力度来看，中央十分重视和支持中小企业高质量发展。2018 年，习近平总书记在民营企业座谈会上的讲话中明确提出，“我们要不断为民营企业营造更好发展环境，帮助民营经济解决发展中的困难，支持民营企业改革发展”[1]。此后不久，各级行政部门也相继推出了许多针对民营企业的优惠措施来推动其发展，如改善商业环境质量、提升资金供应效率、减少税收负担等一系列举措，都为中小企业提供了便利条件，使它们在国家的全力支持之下加速推进着自身的高质量发展过程。在推动中小企业迈向高质量发展的道路上，必须坚定党的领导地位，并强化政府的引导作用。这包括营造一个公平的市场环境，以激发企业的内在活力，并进一步提升中小企业的创新能力和市场竞争力。为了实现这一目标，需要采取一系列具体措施：增强政府的引导和服务功能，确保政策的有效落地；强化市场监管，维护良好的市场秩序；加强法治保障，为中小企业提供坚实的法律支撑；推动创新驱动和技术支持，提升中小企业的技术含量和附加值；加强国际合作与对外开放，为中小企业拓展更广阔的发展空间。这些措施的协同作用，将为中小企业的高质量发展创造优越的环境和条件，进而实现全国经济的持续稳定发展，推动社会的繁荣与进步。

1.2 中小企业高质量发展的时代背景

1.2.1 我国进入新时代的历史定位是中小企业高质量发展的时代条件

习近平总书记在党的十九大报告中提出：“经过长期努力，中国特色社会主义进入了新时代，这是我国发展新的历史方位。”[2] 在新时代的框架中，需要进一步推进中国特色社会主义的现代化进程并设定目标，以达到高质量发展的要求。民营经济实现高质量发展的重要性在新时代更加凸显的原因在于：习近平总书记用“五个是”对新时代进行了明确概述，为民营经济的持续发展提供了时代契机。在党的会议中多次使用“民营经济”“民营企业”来界定非公有制经济，在重要讲话中对民营经济的社会贡献给予大力认可，在国家层面高度重视民营经济接下来的发展问题，用实际行动表明了新时代发展中民营经济的重要性。

新时代突出强调“新”，就是以新发展理念来引领社会发展，这也是新时代经济行为的内在前提，相比较于党的十八大之前的社会发展，无论是经济发展动力和结构，还是在发展方式上，都添加了新的时代意蕴，有了新的更高的要求。在新时代新阶段新征程上，对于中国经济发展的深层理解和概括是“创新、协调、绿色、开放、共享”。

---

[1] 习近平：《习近平谈治国理政（第三卷）》，外文出版社 2020 年版，第 264 页。

[2] 习近平：《习近平谈治国理政（第三卷）》，外文出版社 2020 年版，第 8 页。

在新时代的宏大背景下，发展成为重要的时代主题。这里所指的“发展”，并非简单的经济增长，而是全面深化改革，是深层次地打破传统束缚，融入先进理念的发展。这一发展理念，以人民为中心，坚持共享观，确保改革成果惠及广大人民。同时，也强调国企与民企的协调发展，实现经济体系的多元和谐。在绿色理念的指引下，追求持续健康的发展，致力于构建生态文明，为子孙后代留下碧水蓝天。此外，积极推动对外开放，鼓励人才走出去，技术引进来，以此增强国家的国际竞争力。

纵观新时代的发展理念，始终坚持以人民为出发点和落脚点，确保每一个环节都能相互促进，共同推动经济的高质量发展。这一生态链条的构建，不仅是实现社会主义现代化建设的必由之路，更是为人民创造美好生活的坚实保障。

一方面，我国进入了新时代，另一方面，我国的基本国情并没有因此发生改变，即我国还处于社会主义初级阶段这一现状没有改变，这就证明我国的生产力水平还有待进一步提高。马克思强调，“私有制的存在不仅是生产力发展的结果，也是生产力发展不够高的结果”[1]。

民营经济与中小企业的继续存在与持续发展，是由我国基本国情决定的，是由我国生产力发展水平决定的。新时代，中小企业健康发展是提高社会生产力的现实需求，这也是中小企业需要实现高质量发展的目标；从整体来看，我国民营经济总量较大、中小企业数量较多，能够为经济发展发挥关键作用。换句话说，让民营经济、中小企业在新时代持续发力，能够为就业、社会发展、国民收入等贡献力量。针对新的历史方位，习近平总书记在不同场合力挺民营经济，打破“离场论”“背离论”，重申基本制度，创造性提出“要素论”和“自己人论”，对支持民营经济、中小企业的健康发展持积极的态度并表达了肯定的观点。

1.2.2 百年未有之大变局是中小企业高质量发展的世界形势

自全球性的经济危机以来，世界经济进入全方位的调整阶段，新一轮的科技革命正在大步迈进。发达国家出现了企业债务危机、失业人数骤增等严重问题，就全球经济发展形势而言，还存在着逆全球化、贸易保护主义等问题。因此，针对国际发展背景和全球经济治理，习近平总书记提出了如实现新旧动能的转换以释放企业创新活力、完善经济体制等创新性的发展思路，为经济高质量发展提供了理论遵循，同时也为中小企业高质量发展提供了思想指导。中小企业在经济社会发展的微观层面扮演着举足

[1] 马克思、恩格斯：《马克思恩格斯文集（第三卷）》，人民出版社 2009 年版，第 433—434 页。

轻重的角色。中小企业应充分展现其灵活多变的管理优势，积极应对全球经济危机以及新时代经济发展的挑战，实现自身的高质量发展，从而在国民经济发展中发挥更加突出的作用。

从经济全球化不断深化的趋势来看，我国经济发展战略已发生显著转变，从原先的以出口为主导逐渐转向扩大内需，深入参与全球化经济。这一转变不仅体现在从依赖低价劳动力到利用高端技术等生产要素满足内需的战略调整上，更反映了我国积极应对全球化深入发展、享受经济全球化红利的决心和智慧。

在全球化的实践中，若想占据主动地位，拥有具备创新能力和竞争力的跨国企业至关重要。而在全球市场中，民营性质的跨国企业更是参与世界经济活动的关键力量。为了继续把握经济全球化带来的机遇，我国应进一步放宽对民营经济、中小企业的限制，鼓励它们走向世界市场，形成具有强大市场竞争力的品牌效应。习近平总书记指出："只有坚持对外开放，深度融入世界经济，才能实现可持续发展。"[1]通过执行"一带一路"倡议，可以借助基础设施建设来促进私营企业等更深层次地进入全球产业链，这不仅能为国家的经济发展带来全球化的实践经验，还能进一步推进中国经济的开放式增长。

1.2.3 面临新挑战的急迫现状和改革开放的深入是中小企业高质量发展的现实环境

第一，"国进民退"的消极论调。随着社会的不断进步和发展，国内经济学界及社会各界近年来出现了一种"国进民退"的消极论调。然而，深入观察我国经济发展的实际情况，可以清晰地看到，尽管公有制经济在我国占据主体地位，发挥着主导作用，但中小企业在GDP、税收、城镇就业岗位提供以及技术创新开发等方面均扮演着举足轻重的角色，其贡献不可忽视。为了回应这一消极论调，党中央通过表彰"改革开放40年百名杰出民营企业家"的实际行动，明确表示"国进民退"的现象并不存在。事实上，当国有企业面临困境时，民营企业能够发挥资源利用效率的优势，成为推动经济发展的重要力量。

第二，"民营经济离场论"等社会偏见。在目前的发展环境下，社会舆论和公众对民营经济存在一定的偏见。例如，有一部分人提出了"民营经济离场论"等对民营经济持续发展的必要性和可能性持否定态度的观点。这种偏见在一定程度上影响了民营经济的进一步发展。习近平通过召开民营企业座谈会以及多次在公开场合强调"两

[1] 中共中央宣传部：《习近平总书记系列重要讲话读本》，人民出版社2016年版，第276页。

个毫不动摇”方针、“两个健康”理论、“自己人论”等思想，充分强调上述社会人士的说法是完全错误的，根本不符合党的政策指导，有力回击了社会上对民营经济存在的偏见，对民营经济、中小企业的发展表达了肯定的态度。

第三，改革开放的全面深入。新中国刚成立时，我国借鉴了苏联的经验，实行了计划经济制度。这导致了城市的工业和乡村的农业之间产生了巨大差距，使得职业划分过细，从而阻碍了农民从农业转向工商领域的就业机会。然而，随着生产的进步，中国的计划制生产模式已不再能满足社会的需要。因此，为了应对这种挑战，在 20 世纪 70 年代，小型城镇企业初露端倪。随后，基于合作社的企业基础之上，个人经营者和中小企业得到了国家的支持，迅速扩大业务范围。我国在改革开放的实践中探索出社会主义制度下也有市场经济存在的发展道路，推动着中小企业历经改革时期的风雨考验，不断地变强、变大。

伴随着改革开放的深化，国民经济建设进入了新阶段。科学理解当前的经济运行状况，精准预测未来的国民经济增长方向，是制定经济发展战略的基础条件。我国成功探索出一条适应自身国情的发展道路，促进了市场经济的健全发展和基本经济制度的成熟。这一成就不仅是市场经济发展的结果，也是改革开放时期的硕果。随着改革开放的不断深入，民营经济和金融机构得以进一步壮大并日臻完善。在改革开放的外部环境持续改善、市场经济体制逐步完善的背景下，迫切需要适应时代特征的理论和论述来指导中小企业，为改革开放的全方位推进提供坚实的支持。

1.3 中小企业高质量发展的现实依据

1.3.1 主动应对新时代中国社会的主要矛盾转变

党的八大提出，“我们国内的主要矛盾已经是人民对于建立先进的工业国的要求同落后的农业国的现实之间的矛盾，已经是人民对于经济文化迅速发展的需要同当前经济文化不能满足人民需要的状况之间的矛盾”[1]。党的十一届六中全会提出，“在社会主义改造基本完成以后，我国所要解决的主要矛盾，是人民日益增长的物质文化需要同落后的社会生产之间的矛盾”[2]。通过对比这两个重要会议提出的社会主要矛

[1] 中共中央文献研究室:《建国以来重要文献选编(第 9 册)》,人民出版社 1994 年版,第 353 页。

[2] 中共中央文献研究室:《三中全会以来重要文献选编:下》,人民出版社 1982 年版,203 页。

盾，可以看出，当时的首要任务就是加速推动社会生产力的进步，以更好地满足人民的物质和精神需求。

中国在改革开放40多年后，社会生产力水平已取得较大的进步，基本能够满足人们对物质和精神生活的需求，党的八大、党的十一届六中全会所提出的社会主要矛盾在一定程度上已基本解决。此外，中国社会的主要问题也将有所调整，“我国社会主要矛盾已经转化为人民日益增长的美好生活需要和不平衡不充分的发展之间的矛盾”[1]。另一方面，这表明了国家“落后的”经济状态正在经历新一轮的变化。在党的八大和党的十一届六中全会上，曾多次指出当时的社会生产十分落后，尤其是物质生产的短缺严重影响着党和国家的发展。自实行改革开放政策后，我国的社会生产活动经历了前所未有的变革：产品数量、产品质量均有显著增加、提升，成功地跳出了过去因科技落后及产能低下而陷入的发展陷阱，并始终维持世界第二大经济体与商品出口量第一的领先位置。

同时，从另一方面来看，社会主要矛盾的变化恰恰反映了人民群众对发展的深切期望与真实需求。鉴于我国作为社会主义国家，社会生产的终极目标始终都是满足广大人民群众日益增长的发展需求。值得骄傲的是，至2021年，我国人均GDP已成功攀升至8.1万元人民币，全面建成小康社会的目标得以实现。这意味着，在迈入新时代之后，人们的需求不再仅仅局限于“物质文化”层面，而是向着更加多样化、多层次化的方向转变。同时，社会主要矛盾的转变也深刻揭示了当前我国经济发展所存在的不平衡与不充分问题。尽管我国的制造业实力已经显著增强，但从实际角度出发的供给力量仍然不足以生产足够的高质量产品来满足人民不断增大的需求和对于更美好的生活的向往。进一步分析，发现主要问题在于：一方面是城乡地区的发展失衡，另一方面则是人均收益和消费标准的不均衡；还有就是在产品质量、效益及创新方面的进步仍有待加强。我国社会主要矛盾的新变化指明了目前我国发展所面临的诸多问题和挑战，并为这些问题提供了重要的解决思路。

1.3.2 全面建设社会主义现代化国家的首要任务

习近平总书记在党的二十大报告中强调，“高质量发展是全面建设社会主义现代

[1] 习近平：《习近平谈治国理政（第三卷）》，外文出版社2020年版，第9页。

化国家的首要任务”[1]。“全面建设社会主义现代化国家”为新时代中国的发展描绘了新的宏伟蓝图。这一目标的提出，是中国共产党立足新时代中国发展实际，深思熟虑、高瞻远瞩的战略部署。它不仅涵盖了国家治理体系和治理能力现代化建设的核心要素，也明确了建成社会主义现代化强国的主体性和制度性原则。这一决策，既代表了党和国家对国家治理理论认识的重大飞跃，也标志着中国特色社会主义发展观在理论化、系统化方面的进一步完善和提升。

要实现社会主义现代化国家的全面建设，让人民群众共享改革开放的成果，首要任务是提升生产力，而经济发展则是这一过程的坚实基石。在新时代背景下，经济只有实现高质量发展，才能为国家现代化建设提供源源不断的动力。虽然我国在经济发展方面取得了举世瞩目的成就，但作为世界上最大的发展中国家，我们的人均 GDP 仍处于中等偏上收入国家行列，尚不能满足人民对美好生活的热切期盼。为此，中国的社会主义现代化进程设定了明确的目标和时间表：预计到 2035 年基本实现社会主义现代化，届时人均 GDP 将达到新的高度（约为 2.5 万美元），接近中等发达国家的标准；而到了 2050 年，当社会主义现代化强国的宏伟目标得以实现时，我国的经济实力有望与全球领先国家并驾齐驱（预估为 4 万美元）。在这一过程中，我国始终强调中国式现代化是全民共享繁荣的发展模式，这意味着实现共同富裕必须建立在庞大的经济体量之上。

全面建设社会主义现代化国家，是新时代我国的核心发展目标。从单一领域的现代化到高质量的全面现代化，这体现了社会主义现代化的重要特征。推动经济优质增长，是实现这一目标的首要任务。

1.3.3 资源环境约束下可持续发展的必然要求

过去一段时间以来，中国主要采用的是一种“先破坏环境，再寻求解决”的高耗能和高污染型的经济发展策略，其中最显著的特点就是高消耗与低回报、高污染与低收益。这一发展路径从 20 世纪 80 年代至 90 年代显著地增加了社会的物质积累，使中国经济迅猛崛起，这一事实无可辩驳。然而与此同时，它也对自然生态环境造成了严重的损害，其中许多破坏甚至已经难以修复。尽管如今“供给侧结构性改革”作为主导力量，推动了全方位的深化改革，使中国的产业结构和发展模式有了显著的优化

[1] 习近平：《高举中国特色社会主义伟大旗帜 为全面建设社会主义现代化国家而团结奋斗——在中国共产党第二十次全国代表大会上的报告》，人民出版社 2022 年版，第 28 页。

和提升，部分地实现了转型升级的目标，但要想彻底摆脱过去那种对环境造成严重破坏的发展模式，仍然是一项艰巨且漫长的任务。

在土地资源方面，尽管我国陆地面积占据全球陆地总面积的1/15，但耕地仅占其中的14%，人均耕地面积仅为全球平均水平的40%。更为严重的是，一些区域还遭受了重金属污染，这使得土壤管理问题变得尤为紧迫。随着城市化进程的迅速推进和城镇规模的不断扩大，耕地面积急剧减少，可用于城市化的土地供应空间日益受限，土地资源日趋紧张。对于中国来说，经济发展的进步导致了其各类资源需求量的增加，这包括如油品、煤炭及天然气等多种关键性的自然资源进口需求逐步增大；与此同时，生态系统也面临严重的挑战：水的质量恶化、土壤受到污染、大气变得污浊，这些问题都极大地威胁到了人们的日常生活和健康状况——这些情况在中国和其他发达国家的对比中尤为明显。此外，虽然中国的劳动人口数量众多，但是老年人占总人口的比重正在逐步扩大并超过全球平均标准（截至2023年底，60岁及以上人口占总人口比重达到21.1%或65岁及以上人口占总人口比重达到15.4%），而年轻人占总人口的比重已经开始下降至历史低点并还在继续减少。

从当前的生态环境保护体制和机制来看，我国的生态环境管理体系主要依赖于中央政府的领导，这导致了环保责任和界限的模糊性，使得地方环保政策的实施效果不佳。此外，我国生态环境管理部门的决策权受限，难以在政策执行中发挥有力的约束作用，同时，各部门职责交叉重叠，缺乏有效的协调。因此，要实现可持续发展，不仅需要调整产业结构，还需要有效保护和利用有限的资源，并且必须改革和完善生态环境管理机制，推动中央和地方政府职能的转变，实现统一而协调的管理。

1.3.4 应对世界百年未有之大变局的必然选择

习近平总书记在2017年的中央经济工作会议上指出："国际金融危机深层次影响持续蔓延，世界经济复苏乏力，国际贸易低迷，保护主义普遍。"[1]然而更值得注意的事实是新冠肺炎疫情的蔓延加速推动了这一重大转变的发生速度及规模扩大程度。这使得全世界范围内的经济社会结构不断被重新塑造，并且其管理体制也正在不断改革。与此同时，各大国的角力及其对于规章制度的主宰地位争夺战正处于日益激烈的状态之下。此外，也要看到新兴技术，如数据分析和大语言模型等的发展已然迈入了全新的发展时期并将使各领域产生深刻的变化——这也正是各个国家都纷纷开始

[1] 习近平：《习近平谈治国理政（第三卷）》，外文出版社2020年版，第231页。

抢占先机以便能够充分运用下一代科技创新成果来提升自己的竞争力的原因之一。当前世界形势日益复杂，各种突发事件如“黑天鹅”和“灰犀牛”事件频繁发生，社会不稳定和不确定性因素显著增加。许多国家和跨国企业正在计划或已经开始调整产业链和供应链，以巩固自身优势地位。从内部因素来看，挑战与机遇并存。目前我国面临的主要困难包括：经济下行压力不断加大，产能过剩矛盾突出，工业品价格连续下降，金融风险隐患增多。同时，还需应对发展不平衡和不充足的问题，这需要在将来加以改进和解决。然而，也应看到中国正迎来重大的战略机遇期，经济已从快速增长转向高质量发展，庞大的消费市场展现出前所未有的扩张能力和吸引力；此外，我国的经济影响力和全球经济治理话语权大幅提升，且拥有雄厚的经济实力和丰富的资源储备，为高质量发展创造了有利条件。

总而言之，国家需要在当前面临的大规模变化中突破传统的经济增长方式，寻找创新型的新路径以促进经济的高质量发展。这不仅要求国家利用新兴科技与行业转型的机会，还需要抵御可能导致负面效果的不确定性因素的影响。此外，也需充分发挥优势来处理发展的失衡及不足问题，这些是在应对新时代挑战时的必要决策。

1.4 中小企业高质量发展的意义

在改革开放的 40 多年里，中小企业对于中国经济增长和社会进步的贡献是显而易见的。只有中小企业健康成长，中国的高质量发展才能得到基础性的支持。中小企业无法或者不应该缺席中国的高质量发展。

1.4.1 中国高质量发展离不开中小企业

习近平总书记概括民营经济具有“五六七八九”的特征，“即贡献了 50%以上的税收，60%以上的国内生产总值，70%以上的技术创新成果，80%以上的城镇劳动就业，90%以上的企业数量”[1]。这一概括，高度肯定了中小企业在中国改革、开放、发展中的历史贡献与现实地位。在新时代改革开放新征程中，中小企业不仅不会离场，还要走向更加广阔的舞台。可以肯定，民营企业不会缺席中国高质量发展。

在过去 40 多年的改革开放中，国内的中小企业早已成长为推进国民经济建设的生力军。如果没有现在这些中小企业的规模和实力，就无法期待中国经济能够实现高质量增长，党的十九大也不可能描绘出全面建设社会主义现代化国家的宏大蓝图。

---

[1] 习近平：《在民营企业座谈会上的讲话》，《光明日报》2018 年 11 月 2 日第 2 版。

1.4.2 高质量发展倚重的创新驱动离不开中小企业

中国的经济需要由过去的要素投资驱动的模式转变为以创新为主导的模式来实现其高质量发展。这种转型是我国高质量发展的关键步骤之一，并且已作为一种基本原则被全球广泛认可和接受。就中国的企业而言，无论是国企还是私企，它们的科技创新主要受到国家整体制度的支持或市场内在动力的影响。

中国的高速铁路、超高压电力传送、核能源、太空探索及量子通信等技术领域的进步已得到世界认可，这主要归功于国家的领导和大型企业的运营，这是中央政府全力推动的结果。这类行业的发展不仅需要大量资金的投入，而且还需要从整体上看它们如何影响社会的经济发展。与此相反，民营企业具有强烈的市场化发展动力，它们在提供就业岗位、纳税、科技创新方面都表现得更为优秀，显示出了强大的生命力。

1.4.3 就业和民生幸福离不开中小企业

高质量发展的关键在于以高质量供给更好满足市民群众对美好生活的新需求，而其中最为直观的表现就是通过提供工作机会和社会保障来提高人民的生活满意度和社会福利程度。自改革开放以来的几十年里，相较于国企而言，民营中小企业的劳动力市场参与率及税费缴纳比例一直在稳步攀升，这不仅为大众提供了更高的薪资待遇和生活质量保证，也间接推动着社会的进步发展，提高了人民的整体福祉感受。

众所周知，税收是国家收入的主要来源，也是评估其繁荣状况的关键指标。为了满足高质量发展的要求，如减少环境污染、提高城市与乡村民众的生活品质及健康状态，满足他们的教育、文化和社会保障的需求等，都需要财政收入作为支持。中小企业创造了国内超过一半的税务收益，因此可以说，若没有这些企业的存在，就无法达成我国的高质量发展目标。

1.4.4 新时代背景下，乡村振兴需要依赖中小企业和民间资本

中国的进步与繁荣需要农业、农民及乡村社区共同努力。党的十九大提出了“乡村振兴”战略并强调了“要坚持农业农村优先发展，按照产业兴旺、生态宜居、乡风文明、治理有效、生活富裕的总要求，建立健全城乡融合发展体制机制和政策体系，加快推进农业农村现代化”[1]。

可以很明显地看出，产品的优质程度对于国家整体发展的基础至关重要。那么怎样才能生产出优秀的产品呢？这并非仅仅依赖于国家的投资或者地方的自发行动就能

[1] 习近平：《习近平谈治国理政（第三卷）》，外文出版社2020年版，第25页。

完成的事情——关键在于市场的存在。而这个问题恰好就是中小企业和个人投资者们具有天然竞争力的领域，这也是大型国营机构无法匹敌的地方。

为了推动乡村振兴的大计，必须大量投资并利用各种资源。仅依赖于各级财政拨款的方式是不稳定且无法持久的，也难以达成这个目标。实际上，财政应更多地充当引导私人和社会资金的关键角色。通过有效调动政府与市场的力量及积极性，吸引民营企业加入乡村建设中来，从而解决资金问题。这可以借助申请财政补贴的方式，让农民或农村合作社把土地和劳力作价参股，然后引入商业机构，大家一起投身乡村建设。这些商业机构包括中小企业，它们对乡村的发展至关重要。

1.4.5 中小企业高质量发展是必由之路

在最近几年中，由于受到全球环境、国内状况以及自身因素的影响，中小企业寻求高质量发展已经刻不容缓，必须马上采取行动。

第一，高质量的发展路径对于应对全球经济减速和单边主义兴起等问题至关重要。当前世界经济正处于缓慢发展阶段，部分发达国家的目标是维护其国内经济繁荣，因此实施了贸易保护主义和单边主义政策，这违背了全球贸易自由化的趋势。中国的中小企业，特别是在国际市场中从事进出口业务的企业，受到了这些贸易保护主义思想的影响，面临着巨大的运营压力，有些企业甚至难以生存下去。在这个全球贸易障碍日益加深、产业发展的外部条件逐渐恶劣的环境里，中国的中小企业唯有通过变革创新，积极主动地把压力转化为动力，并走向高质量发展之路，创造出企业的新增价值点，才有可能摆脱困境，重新获得生机。

第二，高质量发展模式对于中小企业来说，是一种必然的选择，以应对产业结构调整和新的动力来源的转化。近些年，由于中国的人工费用持续上涨，环境保护问题日益严重，社会保障制度及法律法规监督力度也在逐步增强，民众对于优质生活水平的需求也逐渐增加，因此，那些低效且过时的行业已无法满足社会的经济发展需求。所以，有必要提升落后的生产能力，推动传统的工业部门实现转型升级，而中小企业的运营策略也需要从过去的简单化转向更重视规模效益的高质量发展，这正是时代的呼唤。

第三，高质量发展是中小企业适应自身改革的必然选择。我国中小企业大部分是家族企业。由于企业中家族势力错综复杂，外来员工很难在企业立足。许多小型和中型企业的创始人为克服家庭式管理的局限并提高企业的运营效率和质量，积极引入各类专家，推动组织转型。然而，因为企业内深厚的家族文化难以迅速消除，改革过程困难重重，最终无疾而终，成效有限。当外部的市场条件发生剧烈变动时，如果小规模或中等规模的企业不能快速自我更新，建立现代化商业管理体系以促进高质量发展的话，其很可能会被新时代的市场力量所抛弃。

1.5 中小企业高质量发展的时代价值

随着全球经济一体化的深入发展和市场竞争的加剧，我国经济增长正面临新的挑战。传统的高速增长模式已经难以为继，需要转变发展方式，提升经济发展质量。在这种背景下，推动经济的高质量发展已成为经济活动的主要目标和需求。中小企业作为我国经济的重要组成部分，其发展水平和效益的提升对于实现我国经济高质量发展具有重要意义。推进中小企业的发展质量提升对维持并改善全国经济发展有着关键性的影响。这些中小企业是国内经济的主要力量，其优质化进程将会带动行业的转型升级，从而助力全国经济的健康持久发展。中小企业在劳动力市场、科技研发及纳税方面都起到了关键作用，因此中小企业的高质量发展会给整体经济系统的兴盛和进阶带来强大的支持。

1.5.1 转变发展方式，实现经济质量提升

传统的高速增长模式虽然满足了人民不断增长的物质需求，但也伴随着环境保护压力增大、产业结构过于单一、创新能力不足等诸多问题。为了实现可持续发展和提升经济质量，我国亟须转变发展方式，从单纯追求数量增长转向注重质量效益的发展模式。这一转变对于促进中小企业实现高质量发展具有举足轻重的意义。中小企业作为经济的重要支柱，其技术创新实力、产品品质和服务水准的提升对于推动整体经济的健康发展至关重要。因此，我们必须高度重视中小企业的成长，并采取有效措施加以扶持和引导。政府应加大对中小企业的政策扶持力度，提供创新创业支持，增加研发投入，并加强知识产权保护，以激发中小企业的创新活力，提升其全球竞争力。

市场竞争是推动经济发展的重要引擎，能够激励企业不断提高产品质量、降低成本，进而推动经济结构的优化升级。在推动中小企业高质量发展的过程中，我们必须为中小企业创造公平、公正的市场环境和机会，让它们能够在激烈的市场竞争中脱颖而出，实现更加稳健和可持续的发展。为了维护公平的市场环境并保障企业的合法利益，政府需要加强对市场规则的管理，严惩不当竞争的行为。另外，政府还需要推进市场准入政策的调整，以减少企业进军市场的难度，激励中小企业加入商业竞争中来。再有，政府可以通过提供培训与咨询的服务，协助中小企业提升运营能力和商战实

力。强化市场竞争机制对于优化经济结构、推动产业升级和转型发展具有关键作用。政府应当进一步加大对新兴产业的支持力度，激励中小企业积极参与高新技术领域和创新领域的角逐，从而提升经济结构的科技含量和附加值。与此同时，对传统产业的改造升级也不容忽视，应鼓励中小企业在传统领域实现技术创新和转型升级，焕发新活力。为实现这一目标，政府可提供资金支持、税收优惠和技术引导等，为中小企业提供强大的后盾。这些举措旨在推动传统产业向高端化、智能化、绿色化方向发展，进而增强企业的竞争力和可持续发展能力。此外，加强市场竞争还需构建公平的市场环境，确保每个企业都能在市场中平等竞争，激发市场活力，共同推动经济的繁荣与发展。

为了确保市场的平等与公正并减轻其对于中小企业的负面效应，需要加强对于滥用权力和不当商业活动的惩罚力度；此外，也应该加大专利保护的力度，以激励企业积极探索新领域、提供新的产品或服务来推动经济发展和社会进步。在此过程中，要充分利用自由的市场机制去分配稀缺的社会财富而不是过度依赖于行政手段介入到具体的产业中，从而给中小企业带来更多的机遇及发展的可能性。政府应推动改革，简化行政审批程序，降低企业经营成本，提高市场效率，增强市场活力和创新力。

综上所述，转变发展方式和增强市场竞争是助推中小企业迈向高质量发展的关键举措。通过不断推动中小企业提升科技创新实力、产品质量与服务标准，能够增强它们的市场竞争力，进而推动经济结构的优化和升级。这一过程对于中小企业实现高质量发展至关重要，也为经济的持续繁荣和社会的进步作出了积极贡献。政府在推动中小企业发展的过程中，应当积极发挥引导和服务的作用，为中小企业创造有利的发展环境，提供有力的政策支持，共同实现经济高质量增长的宏伟目标。

1.5.2 强化市场竞争，推动经济结构优化升级

加强市场竞争对于促进经济结构的优化升级同样具有重要意义。市场竞争是推动经济增长的强劲动力。通过推动中小企业的优质发展，可以进一步提升市场的活跃度和竞争性，促使企业不断提升产品水平、降低成本，从而推动整个经济体系的结构改善和升级。在培养新兴行业和推动传统产业的转型升级过程中，中小企业起着至关重要的作用，并提高了整体经济的竞争力和创新能力。

一方面，强化市场竞争可以刺激企业提高其商品品质。面对严峻的市场环境，为获取更多的销售量及消费者认同感，企业必须持续提升产品品质并加大科技研发投入

力度来完善制造过程。此外，这种商业压力也能够驱动企业下调运营费用并使用高效的经营策略，以此进一步巩固自身的领先地位。这样一来，不但有助于扩大企业的盈利空间，而且也能从整体上促进全社会对各种物资的高效分配使用。

另一方面，强化市场竞争对推进经济发展模式的改善具有关键作用。市场竞争的强度直接影响了经济体内的优胜劣汰机制的运行情况。在严峻的市场竞争环境下，企业需要持续改进并创新，这样可以助力新兴行业的迅猛发展。另外，市场竞争也能刺激传统的工业企业进行适时的转变升级，以便满足市场的全新要求和变迁，进而完成整体经济体系的发展改革。通过参与市场竞争，企业有动力增加研发支出，提升科技创新实力，进而促进经济发展从以资源为主导到依赖于技术的转变，并朝着提供更高价值的产品和服务转型，从而达到经济发展模式的改善及更新。同时，这种竞争也对科技创新起到了积极作用。在充满竞争的市场环境下，为了能在其中胜出，各种企业需不停地寻求突破。对中小企业来说，追求高质量的发展就必须激活内部创新力量，鼓励它们在产品的制造、科技的使用、商业战略与营销方式等方面始终坚持创新思维。由于市场的竞争日益激烈，各种企业都承受着发展模式需不断改善并升级的压力，因此它们需要加速技术的研发和业务模型的革新。这种做法不但能强化整个经济体的创新实力，也成为推进经济发展和转型的关键驱动力。通过强化市场竞争，可以促使资源得到更有效的分配和使用。受此影响，各企业将会主动调整资源布局，以提升资源使用的效能，同时增强其流通性。淘汰弱者，选择强者的竞争规则让资源更多地集中到有竞争力且高效的企业身上，进而实现了资源最优配比和最高收益率。在增大市场竞争的同时，政府应充分发挥监督和指导的作用，保证市场竞争的公正性和合规性。行政部门可以构建完善的市场管理制度和法律框架，打击垄断和不正当商业活动，维护市场的平衡和公平。此外，政府还应激励并指导企业增加科技研发投入，强化专利保护，营造有利于科技创新的企业发展氛围，并提供相关优惠措施。

总体而言，强化市场竞争是推动经济结构优化与升级的核心举措。中小企业的高质量发展——提升产品质量、降低运营成本，以及激发自身的创新活力和竞争实力，能够有力推动整个经济体系的结构优化与转型升级。在这一过程中，政府扮演着至关重要的角色，需要加强对市场的有效管理和科学指导，确保市场竞争的公正性与规范性，为企业营造一个健康、有序的发展环境，并提供有力的政策支持。只有如此，才能共同推动国家经济实现更高质量、更可持续的增长。

1.5.3 推动就业和社会稳定，实现共享发展

中小企业对我国经济增长、社会进步及劳动力市场的影响深远且不可忽视。推动其高质量发展能有效刺激更多的工作岗位产生，从而提高员工薪资，并确保全体人民分享到发展的成果。营造优越的企业经营条件，实施有力的政策扶持，可激发中小企业的创新精神和创业行动，进而增加工作岗位供给，助力社会的安定和谐发展。

推动中小企业进步、提升中小企业发展质量对扩大就业有着至关重要的影响。中小企业是吸收劳动力的大规模平台，能产生大量的工作岗位，它们的繁荣扩张不仅仅给许多员工带来了广阔的职业选择，也为调整工作环境、增加多元化的就业途径提供坚实的支持。通过加大对中小企业的扶持力度，可以有效激发企业的生机与活力，进一步增加就业机会，为社会稳定和经济发展注入强大动力。同时，中小企业的发展还能牵引相关产业链和供应链的协同发展，进一步拓宽就业领域，扩大就业规模，为更多人提供稳定的收入来源。因此，推动中小企业高质量发展不仅有助于解决就业问题，还能有效提升劳动者的收入水平，实现更加均衡的社会发展。面对市场的激烈竞争压力，中小企业需要采取措施以吸引并留住优秀的人才。为此，企业需要提供有竞争力且诱人的薪资与福利方案。提升企业的营收可以使员工获得更优越的工作环境和报酬，从而改善他们的生活质量。这种做法能够强化员工的购买力，进一步扩大国内需求，最终助力整体经济的长久发展。

推动中小企业的高质量发展，是实现经济发展成果全民共享的重要途径。在一个公平的市场竞争环境中，企业之间的平等竞争以及自身的稳健成长得以保证，有助于预防经济增长过程中的不公问题，从而抑制贫困阶层的增长。中小企业的进步不仅仅为创业者提供了致富的机会，还为社会带来了大量的就业岗位和税收收益，这些收益反过来又推动了社会的繁荣和社会公共设施的建设。通过强化社会保障系统的构建，并执行更多普及性的政策手段，可以确保经济发展的利益能覆盖到更多的群体，让越来越多的人受益于经济增长。

1.5.4 贯彻党的二十大精神，实现中小企业高质量发展的时代价值

实现高质量发展的意义不只在于经济增长，也包括社会保障、环境保护以及乡村振兴等多个层面。

（1）要以贯彻落实党的二十大精神为契机，进一步丰富、完善、实现中小企业高质量发展的时代价值。

一是要激发中小企业创新的活力。中小企业作为经济活力的源泉，在技术研发、

产品创新和商业模式创新方面展现出卓越的灵活性和创造力。为了推动其实现高质量发展，激发其创新的活力和潜力至关重要。

首先，激励中小型企业增加研究开发的投资是促进其创新的核心策略之一。通过提高研发支出，这些企业能够改善自身技术能力，从而推动科学技术的进步以及产业的升级。更多的研发投资将产生更多的创新成就和技术突破，这将为经济的可持续增长提供坚实的基石。其次，构建一个创新生态系统对于建设以创新为驱动的经济发展模式至关重要。企业创新需要一个健康的市场环境以及资源的支撑，政府可以通过创建有利的环境来激发其创业与创新精神，例如设立创业孵化基地或科技创新园区等创新平台，并且向中小企业提供其所需的支持及服务。再次，增强企业、高等院校和科研机构之间的协作，以促使技术传播和互动，减少创新过程中的阻碍，建立一种创新共赢的合作方式，从而有力推进创新发展。最后，实行专利权保护和政策援助是驱动创新的重要保证。对企业的专利权益予以保护，可刺激其研发新技术和运用专利，确保其创新成果的合法权益得到保障，进而鼓舞企业加大创新投资力度。同样，政府也应推行一整套激励创新的措施，包括给予税收优惠、创投基金和信贷支持等，以此助力中小企业实现创新成长。通过鼓励中小型企业增加研发投资、构建创新生态系统、实施知识产权保护以及政策扶持，企业能够增强创新能力，推动科技进步，并为经济的可持续增长打下坚实的基础。中小企业的高质量发展将激活社会创新力，推进整体行业的进步，实现整体经济的繁荣。以创新为驱动力的经济增长不只对中小企业有着深远影响，也会给社会的前进和发展带来积极效应。

二是致力于实现绿色可持续发展。推行环保和可持续发展是中小企业实现高质量发展的重要责任，具有深远的意义和价值。面对全球环境问题的加剧，中小企业在成长过程中应重视生态环境的保护与修复。

为实现高质量发展的目标，中小企业必须转向低碳经济发展方式，运用环保型的制造技术来减少自然资源耗费与环境破坏，并且提升资源使用效率。借助引入环保科技、优化制作流程及调整经营策略，中小企业能够削弱温室气体的释放及其他有害物质的排放，从而减轻自然界的负荷。这一变革不但有利于维护生态平衡，也能强化企业的竞争力及其持续生存力。积极鼓舞中小企业投身于绿色行业和参加环境保护活动被视为推进绿色经济发展的关键手段。政府应给予适当的政策支持和财政援助，指导中小企业增加对环保行业的投入。投资绿色领域除了能带来新的工作岗位外，还可以推动可再生能源的增长和环境整治。此外，中小企业加入环境保护行动，比如生态修复、水源管理和废物处置等，可以改善环境状况，加强生态体系的稳固度和长期性。

我们可通过推动中小企业高质量发展，引导其转向低碳、环保型经济模式，利用清洁制造工艺、投资绿色领域及参加环保活动等手段来应对环境问题，从而对实现可持续发展的目标做出有力的支持。同时，中小企业的高质量发展和绿色可持续发展相互促进，这既能保护自然环境，也能保障经济的长久稳健增长。

三是推进中小企业承担社会责任与共享发展。中小企业的高质量发展离不开承担社会责任和共享发展，这对社会的持续进步具有深远影响。在中小企业成长的过程中，关注社会责任和共享发展能产生多方面的积极效果。

首先，中小企业应当注重参与社会服务并且主动承担起社会义务。它们可以通过实施各种慈善计划来支援教育进步、环境保护及贫困救助等方面的事业，从而回报给社会，提升社会的整体生活水平与经济状况。其次，强化职工的职业技能训练和优化福利制度也同样是实现社会职责的关键环节。企业应该为职员提供更加优越的工作条件、学习机遇和薪资待遇，以此提升他们的日常生活水平和满足感、获得感，同时也能增加他们对企业的认同感和忠实度。最后，中小企业还需要关注区域间的协同发展，与本地居民和社区建立良好的合作关系，共享成功经验。中小企业可以积极投入当地社区建设中去，助力地区经济增长，从而推进地区的均衡发展、优化社会资源分配并减少城市和农村间的差异化发展程度；此外，中小企业还可以同当地民众和社区携手共建可持续发展的项目，以增进社会的公正性和包容度，维护社会的和平与安定。中小企业在实现高质量发展的同时，还应重视社会职责和共赢式发展，回报社会，提高职工福利，强化社会的团结力与稳固性。政府需要加强对于中小企业的指导和监督，鼓励其承担社会义务，设立相匹配的奖励机制和法律规定，营造优良的市场环境。与此同时，各方都应该积极行动起来，一同推动高质量发展，强调社会责任和共赢式发展，确保经济繁荣和社会进步。

（2）要以贯彻落实党的二十大精神为契机，为中小企业创造良好的发展环境，激发企业的创新活力和竞争力。

首先，政府应发挥引导作用，制定并优化相关政策，旨在为中小企业打造优越的发展环境。通过减少行政程序、降低管控难度、改进税制等手段，国家可以有效地减缓企业初创及运营所面临的压力，从而构建出更公正且稳定的市场竞争环境。此外，为了支持中小企业的高质量发展，政府还需要进一步强化相关金融援助力度，包括提供信贷和融资服务，以解决企业的财务问题并推动企业健康成长。

其次，市场的自我调整对于促进经济高质量发展至关重要。因此，我们需要加强监管措施并严厉惩治不当的市场操作，保证商业环境公平且有序地运行，同时要通过完善和优化进入市场的规则制度，加大对专利等知识财产的保护力度来增强中小企业的基础实力。另外，还需要制定精确化的行业策略，推进传统行业的转型升级，从而提高整体经济的竞争力。

最后，企业的自我创新是推动高质量发展的关键。政府应当增强对科技创新的支持，提高产学研协作的效率，营造出一个有利于创新创业的良好环境。通过设立创新创业支持基金和创业孵化器，为中小企业提供技术、人才与资金等关键资源，助力企业提升创新能力和技术水平。此外，政府应该增加对科研机构和高等院校的支持力度，推动科技成果向产业转化，促进科技创新和产业发展更深入地融合。

促进中小企业的高质量发展是一项复杂的任务，这要求各方，包括政府部门、商业机构及社会各界一同参与并作出贡献。政府应当主动承担责任，向中小企业提供更多相关政策援助与服务，构建协作网络，以助力其持续发展。此外，中小企业也需灵活应对市场变化，增强自身的关键优势，利用科技革新、经营策略调整等手段来逐步提高企业的整体能力和竞争水平。另外，社会各阶层应该加深对于中小型企业的认识，建立创新创业的理念，为中小型企业的进步创造积极的舆论氛围和社会支持。

目前的关键任务是推动中小企业转型升级，走向高质量发展之路。我们需要全面贯彻落实党的二十大精神，加强政府主导、市场调控和企业自我创新的三方协作，以支持中小企业达到高质量发展的目标，从而为整体经济的蓬勃发展作出贡献。中小企业的高质量发展不仅是经济发展的重要驱动力，同时也在推进社会公正和平等、引领乡村振兴以及建立现代化的经济结构方面起到了关键性的作用。为此，各方应携手并进，形成合力，为中小企业的高质量发展注入强大动力，最终实现经济的持续健康发展与社会的共同进步。

总的来说，为了贯彻落实党的二十大精神，促进中小企业的高质量发展，我们必须依赖于政府、市场及企业三方面的协同合作。政府应增强政策的指引作用，提升服务的质量和范围，以创建更优越的企业经营环境，减少企业初创和日常运营的费用负担，同时给予经济援助，并且要加强监管力度和知识产权的保护工作。市场应充分发挥其调节和监管功能，确保公平竞争和市场的规范运行。中小企业应当提升自主创新的实力，持续增强技术能力和市场竞争优势，以获得更加稳定且可持续的成长。

1.6 中小企业高质量发展的理论文献

1.6.1 关于中小企业高质量发展的论述

现有关于中小企业高质量发展内涵的相关文献较少且主要为定性研究。在中小企业高质量发展的内涵的相关研究中，戴国宝和王雅秋（2019）认为，民营中小企业高质量发展的内涵应当以五大发展理念为基准，五大发展理念在中小企业高质量发展中依次表现为创新驱动发展，积极整合内外部资源协同发展，保证产品的安全质量，透明开放式运营，与员工、客户及利益相关者共享财富。[1] 张培丽（2019）认为，中小企业转型升级需要产业升级、产品升级、产量调整，并指出了中小企业目前存在的困境与走出困境的措施，以及高质量发展的实现路径。[2] 郭敬生（2019）认为，第一，质量的变革对于推动私营企业的高质量发展至关重要；第二，是借助组织的改革和人力资源的管理提升来改善管理的效力以促成效益的变化；第三，是在于利用创造力和新的驱动力量去引发变化。[3] 在此基础上进一步深化了对中小企业高质量发展含义的理解后，一些文献还揭示出当前中小企业在高质量发展过程中所面临的一些问题并且给予了一些相关的策略性的提议。例如，陆岷峰和徐阳洋（2022）基于数字技术的角度，分析了当前阻碍中小企业高质量发展的相关因素并提出政策建议。[4] 董志勇和李成明（2021）主要研究"专精特新"中小企业的发展态势以及高质量发展的路径选择。[5]

张涛（2020）从理论阐释和测度方法两个方面对高质量发展进行了研究，他采用模型分析法和文献研究法对企业、行业和区域层面的高质量发展进行了分析和测算，为个人、企业和政府各个行为主体的决策提供参考。[6] 黄顺春和邓文德（2020）指出，

---

[1] 戴国宝、王雅秋：《民营中小微企业高质量发展：内涵、困境与路径》，《经济问题》2019 年第 8 期，第 54—61 页。

[2] 张培丽：《中小企业高质量发展的困境与出路探析》，《中国特色社会主义研究》2019 年第 5 期，第 25—31 页。

[3] 郭敬生：《论民营经济高质量发展：价值、遵循、机遇和路径》，《经济问题》2019 年第 3 期，第 8—16 页。

[4] 陆岷峰、徐阳洋：《构建我国中小企业高质量发展体制与机制研究——基于数字技术应用的角度》，《西南金融》2022 年第 1 期，第 65—75 页。

[5] 董志勇、李成明：《"专精特新"中小企业高质量发展态势与路径选择》，《改革》2021 年第 10 期，第 1—11 页。

[6] 张涛：《高质量发展的理论阐释及测度方法研究》，《数量经济技术经济研究》，2020 年第 37 卷第 5 期，第 23—43 页。

构建高质量发展指标并且对区域高质量发展水平进行测算，对于区域的实际发展具有现实的指导意义，他通过实践和文献梳理得出目前的评价体系对于社会人文质量和制造业关注度不够的结论。[1] 金碚（2018）从经济学的角度去阐述高质量发展的内涵、特征和本质，他指出高质量发展的动力机制应该从高速增长阶段的工具理性转变为当下的本真价值理性。[2] 黄速建等人（2018）以双重视角阐述了企业高质量发展的定义及其七大关键特征，并进一步深入探讨了国企高质量发展的特点与路径，从而促进整个行业和国企层面的高质量发展。[3] 此外，付朋霞和刘青松（2020）则聚焦于中小企业的高质量发展理念，运用文献研究方法及熵值技术创建了一个评估企业高质量发展的四项主要评测标准，涵盖了开放式创新、经济收益率、小型企业进展情况以及环保可持续等方面，这对于政府部门制定针对性的政策具有重要的指导意义。[4] 最后，李强（2020）基于文献回顾明确了企业高质量发展的含义，随后根据我国设备制造产业现状建立了一套衡量企业高质量发展的测评指标系统，再利用国内设备制造上市公司数据来验证影响企业高质量发展的要素，并在理论推导和实际测试基础之上提出了一些有用的政策建议。[5] 在对由中央企业控制的上市公司的数据进行了长达九年的分析后，董志愿和张曾莲（2019）的研究团队得出了结论：政府审计确实能推动企业的高质量发展，并通过其与公司治理之间的关联产生了积极的中介效果。此外，他们还发现在企业表现出高质量发展趋势时，政府审计对其产生的作用更为显著；同时，随着政府审计强度增加，它对企业高质量发展的促进力也随之增强。[6] 余龙等人（2021）研究了行政审批制度对于企业高质量发展的影响，使用企业全要素生产率来衡量企业高质量发展的水平。研究结果显示，行政审批制度对于企业高质量发展存在显著的正向影响，而市场竞争在这个影响过程中发挥了重要的渠道作用，具体表现为鼓励新企

[1] 黄顺春、邓文德：《高质量发展评价指标体系研究述评》，《统计与决策》2020年第36卷第13期，第26—29页。

[2] 金碚：《关于"高质量发展"的经济学研究》，《中国工业经济》2018年第4期，第5—18页。

[3] 黄速建、肖红军、王欣：《论国有企业高质量发展》，《中国工业经济》2018年第10期，第19—41页。

[4] 付朋霞、刘青松：《中小企业高质量发展评价体系构建》，《信息通信技术与政策》，2020年第5期，第83—86页。

[5] 李强：《中国装备制造企业高质量发展研究——基于政府与市场的影响分析》，吉林大学2020年博士论文。

[6] 董志愿、张曾莲：《政府审计对企业高质量发展的影响——基于审计署央企审计结果公告的实证分析》，《审计与经济研究》2021年第36卷第1期，第1—10页。

业的进入以及落后企业的淘汰，会激励企业创新改革并且会促进市场内企业结构的改善。[1] 刘亚雪等人（2020）采用世界银行数据，在原有研究的基础上加入了稳定的指标，构建了测度世界高质量发展水平的衡量指标。研究发现，世界各地区各个经济体之间的高质量发展水平存在差异，创新是促进高质量发展的根本路径。[2]

在国外，关于企业高质量发展的研究相对较少，其焦点更多地放在了企业所处的行业及地区经济发展水平上。这些研究往往具有较广的覆盖面，主要从中观和宏观的视角出发，研究方法也多数以多个行业和地区的面板数据为基础进行实证回归分析。同时，也有部分学者采用元分析方法，对已有文献进行综合研究。整体来看，这些研究在范围上相对有限，研究方法也相对集中。

而在国内，对于企业高质量发展的研究则相对更为丰富。相关研究不仅涉及国家、区域、行业等多个层面，还深入到了企业层面。研究的重点主要集中在高质量发展指标的构建与检验，以及高质量发展的理论来源和内涵等方面。研究视角涵盖了微观、中观和宏观多个层面，研究方法也更为多样，既有理论建模的分析，也有实证分析的应用。

1.6.2 关于民营中小微企业高质量发展论述

关于中国民营中小微企业的高质量发展的研究资料并不丰富，其重点集中在两个方面。

第一个方面是从动态过程角度对民营中小微企业高质量发展路径展开研究。郭敬生（2019）提出，民营经济高质量发展的路径主要包括推动质量变革、推动效率变革、推动动力变革、推动环境变革。[3] 齐嘉（2019）建议，民营企业要想实现高质量发展，可从以下三方面着手：完善企业认定标准，夯实企业发展基础；增强企业发展后劲，拓展企业成长空间；完善风险投资体系，加强企业金融支持。[4] 刘迎秋（2018）认为，民营中小微企业高质量发展的路径主要包括体制机制创新、股份合作创新、技术引进

[1] 余龙、王小龙、张陈：《行政审批制度改革、市场竞争与企业高质量发展》，《经济社会体制比较》2021 年第 1 期，第 149—160 页。

[2] 刘亚雪、田成诗、程立燕：《世界经济高质量发展水平的测度及比较》，《经济学家》2020 年第 5 期，第 69 —78 页。

[3] 郭敬生：《论民营经济高质量发展：价值、遵循、机遇和路径》，《经济问题》2019 年第 3 期，第 8—16 页。

[4] 齐嘉：《促进我国民营企业高质量发展的政策思路——基于瞪羚企业扶持政策的效应分析》，《学习与实践》2019 年第 2 期，第 13—19 页。

与升级创新。[1]刘现伟和文丰安（2018）认为，民营中小微企业高质量发展的路径：一要放宽市场准入；二要引导企业建立现代企业制度； 三要放宽金融市场准入； 四要优化营商环境；五要提振民营企业家发展信心。[2]

第二个方面，对民营中小微企业高质量发展的范式研究。金碚（2018）提出，高质量发展是区别于高速增长的一种经济发展形态，体现质量第一、效率优先。[3]换句话说，企业高质量发展被视为一种达到或者维持高级别、高度发达、卓越经营状况的新模式，它代表了企业的进步方向。师博和张冰瑶（2018）认为，企业高质量发展观念符合“创新、协调、环保、开明、共赢”的原则。[4]贺晓宇和沈坤荣（2018）指出，提高整体劳动生产率是推动高质量发展的核心因素，而高质量发展则是以“注重质量，重视收益”为核心的新型经济发展模式，所以它是促进经济升级和增强效益的新方法。[5]黄速建等（2018）提出了这样的概念：高质量发展是一个理想化的企业发展的方向和策略的选择，包括对节约型的发展模式、深层化的发展模式和可持续性的发展模式的整合。[6]

综合上述资料，我们可以看出，对于中小企业的优质发展还有许多未解决的问题。比如，深度理解民营中小企业高质量发展的含义及其重要性，从中小企业的视角来看待其面临的实际挑战，并且提出有效的解决方案的研究并不多见。所以，本书会深度探讨中小企业高质量发展的含义和必要性，对民营中小企业内部的难题和解决方案进行详细研究，旨在为民营中小企业实现高质量发展提供理论支持和实际依据。

---

[1] 刘迎秋：《中小民营企业及其高质量发展的路径选择》，《光彩》2018 年第 12 期，第 23—25 页 。

[2] 刘现伟、文丰安：《新时代民营经济高质量发展的难点与策略》，《改革》2018 年第 9 期，第 5—14 页。

[3] 金碚：《关于“高质量发展”的经济学研究》，《中国工业经济》2018 年第 4 期，第 5—18 页。

[4] 师博、张冰瑶：《新时代、新动能、新经济——当前中国经济高质量发展解析》，《上海经济研究》2018 年第 5 期，第 25—33 页。

[5] 贺晓宇、沈坤荣：《现代化经济体系、全要素生产率与高质量发展》，《上海经济研究》2018 年第 6 期，第 25—34 页 。

[6] 黄速建、肖红军、王欣：《论国有企业高质量发展》，《中国工业经济》2018 年第 10 期，第 19—41 页。

第2章 河南省中小企业高质量发展的基础

2.1 河南省中小企业高质量发展的 PEST 分析

PEST 分析是针对整体市场状况的研究方法之一，它涵盖了所有产业及其所面临的主要的外部影响力要素。各行各业的具体研究重点可能因其特性及运营需求而有所区别，但通常都需要就四个关键领域：政策（Policy）、经济（Economic）、社会（Social）和科技（Technology）展开全面调查并作出评价。

地理位置位于全国中心的河南省，与其他地区就中小企业发展的宏观经济条件比较，既具有类似之处，也存在独特性。接下来是对该省中小企业发展宏观环境的分析内容。

2.1.1 政治环境

政治环境涵盖了一个国家的社会体制、执政党的特性，以及政府的各项方针、政策和法令。自 20 世纪 70 年代末，中国踏上了改革开放的历史征程，市场经济体制逐步稳固，全国各地所遵循的基本经济政策日渐统一。迈入 21 世纪，为了进一步推动中小企业的蓬勃发展，国务院接连出台了《中华人民共和国中小企业促进法》以及《国务院关于鼓励支持和引导个体私营等非公有制经济发展的决定》等重要法规和条例。河南省委、省政府紧跟国家步伐，基于上述法律和条例，制定了《关于进一步促进非公有制经济发展的决定》以及《关于大力整治企业经营环境的决定》。在这些法律和条例的指引下，河南各地方政府对民营中小企业给予了高度重视，并积极转变职能，显著提升了政府的服务效能。

虽然河南省的中小企业运营状况已经有所好转，但仍面临各种问题，这些问题限制了它们的稳定性和成长。其中最突出的有以下几点："四乱"情况从公开转向隐蔽，中小企业的运营压力依然较大；行政管理体系不够顺畅。

2.1.2 经济环境

经济环境涵盖了两大主题：一是宏观层面，它涉及国家的整体人口规模、国内生产总值变动状况等；二是微观层面，这主要是关于企业所在地或者服务的区域内的客户群体的购买力、喜好、存款行为、工作状态等方面的情况。这些条件对企业的当前发展和未来市场的规模有着关键性的影响。

河南不仅拥有庞大的人口与农耕规模，且具备丰富的自然资源；同时，它的地理位置优势也使得交通运输极为方便快捷并为其提供了广泛的需求空间。按照河南省统计局公布的数据：2022 年，河南省生产总值达到 61345.05 亿元，人均生产总值达到 62106 元，全年全省居民人均可支配收入 28222 元，比上年增长 5.3%。按常住地划分，城镇居民人均可支配收入达到 38484 元，同比增长 3.7%；而农村居民人均可支配收入为 18697 元，同比增长高达 6.6%，这反映了农村经济的活力和潜力。全省年末常住人口为 9872 万人，其中城镇常住人口为 5633 万人，乡村常住人口为 4239 万人，这为企业市场拓展提供了广阔的空间和坚实的基础。近两年来，河南省政府及各地方政府高度重视改善中小企业的经济环境，付出了大量努力。这些努力已经开始显现成效，为企业的健康发展提供了有力保障。

2.1.3 社会文化环境

社会文化环境包含了某一国家的公民的受教育程度、精神信念、社会习俗、审美取向和生活价值观等因素。河南作为有着悠久历史的文明之地，其民众性格纯真而朴实，一直以来都是国内最稳定的省份之一。河南省第七次全国人口普查结果显示，全省常住人口受教育状况不断改善，大学文化程度人口快速增长。如图 2–1 所示，全省常住人口中，每 10 万人中拥有大学文化程度的人口为 11744 人，高中 15239 人，初中 37518 人，小学 24557 人。与 2010 年第六次全国人口普查相比，每 10 万人中拥有大学文化程度的人口增加 5346 人，增长 83.6%；高中文化程度增加 2027 人，增长 15.3%；初中文化程度减少 4942 人，下降 11.6%；小学文化程度增加 449 人，增长 1.9%。大学文化程度人口增长最快。

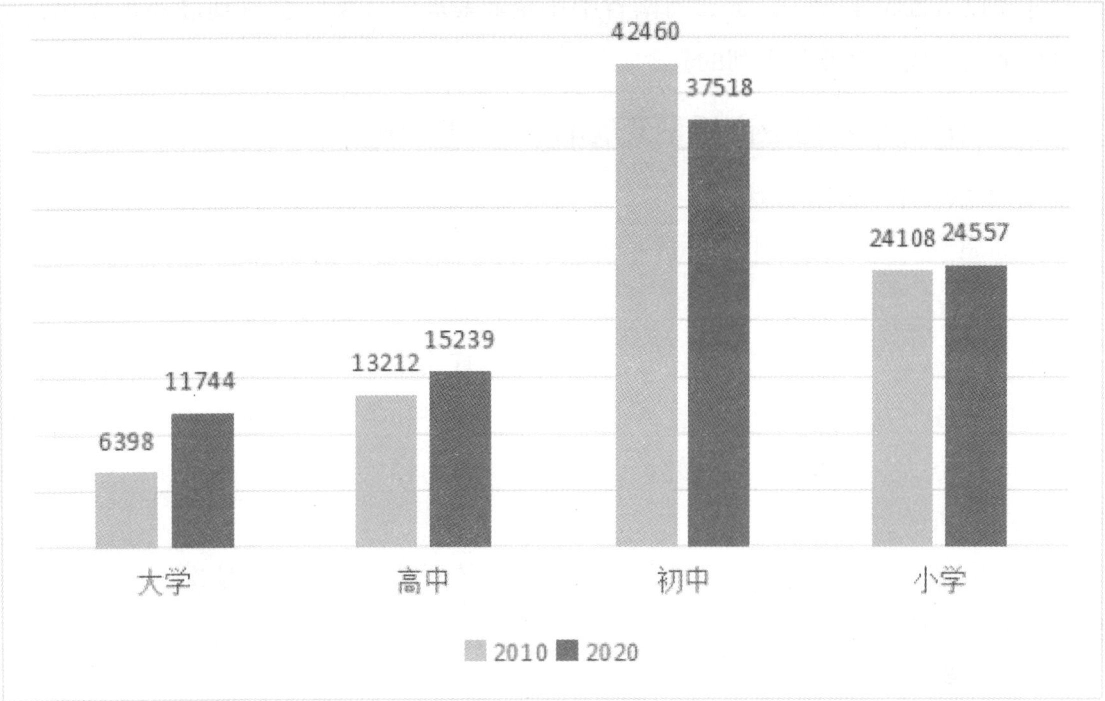

图 2–1 河南省每 10 万人口中拥有的各种受教育程度人数（单位：人 /10 万人）

河南省的人才资源也面临着一些问题，例如专业结构不合理和高级人才短缺。近年来，河南省各级政府加大了对人才的引进和培养力度以及教育投入，使得高等教育发展迅速。相信随着社会的进步，这些问题能够得到有效解决。

2.1.4 技术环境

科技环境包含以下几个方面：政策对于科技创新的支持力度、研究中心的规模与分布情况、科学研究资金、知识产权注册等。从数字上看，河南省可被视为一个主要依赖于制造产业的工业省份。由此可见，该地区的企业整体技术水平并不高，大部分产品的市场定位仍处于产业链的中下游。加上河南省的高等教育及研究机构相对稀缺且质量不高，投资有限，使得当前河南省的技术环境相较于其他先进区域存在明显不足。河南省政府对此已有所认识并采取了行动，增加了对高等院校和研究中心的财政支持，推出了激励企业创新的相关政策。

通过对内外因素评估后发现，河南省中小企业的发展条件并不理想。总体策略规划与执行计划都相当优秀，然而实际实施过程却存在诸多问题需要改进。作为人口众多的省份之一，如果是从教育的角度看，河南省是中国的“人力资源”贫瘠之地——这意味着无法为未来的经济发展提供足够的人才支持。但是，如果河南省在教育和基础设施建设方面增加投入，那么河南省中小企业发展的环境将会得到进一步优化，这对中小企业的成长是非常有利的。

2.2 河南省中小企业高质量发展的 SWOT 分析

2.2.1 SWOT 分析法简述

麦肯锡等咨询公司常用的 SWOT 分析，如今已经成为战略计划中广为人知的一个工具。SWOT 分析主要关注企业的优势（Strengths）、劣势（Weaknesses）、机会（Opportunities）与威胁（Threats）。所以，SWOT 分析是一种整合并总结组织内部及外部环境各个方面信息的手段，从而识别出其优势和劣势、潜在的商机和风险的方法。目的是协助企业聚焦于自身的长处和最有潜力的领域来分配资源并采取行动。执行 SWOT 分析的过程如下：

第一，确认当前的策略和公司外部环境，并依据公司资源配置情况，确定公司的核心能力和主要限制。

第二，采用通用的矩阵或者相似的方法来对识别出来的各个优点和缺点进行评估，然后将其分为两个类别。

第三，将结果在 SWOT 分析图上定位，如图 2–2 所示。

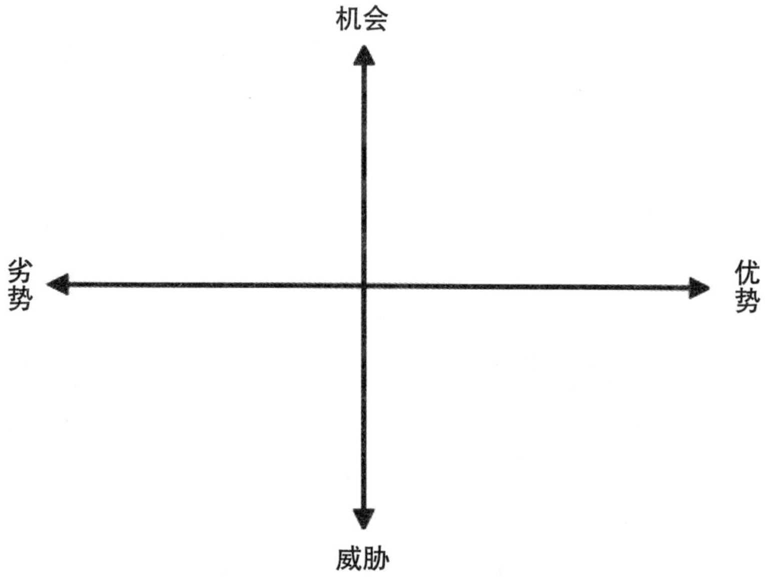

图 2–2　SWOT 分析图

2.2.2 河南省中小企业 SWOT 分析

河南省的中小企业在发展中具有独特的优势和劣势，同时也面临着各种机会和威胁。以下是对这些要素的详细分析：

（1）优势与劣势分析（S/W）

对企业的优势和劣势进行分析主要应关注其自身的实力以及与竞争者的对比。

相较于大型企业和其他发达地区的中小企业，河南省的中小企业有如下的优势：

一是中小企业的投资成本低、风险较小且经营方式灵活。中小企业通常实行基础策略，在主流产品的边缘和其间的空隙进行生产和开发。由于市场容量和盈利空间有限，中小企业不会进行过多的投入，因此在面对风险时，可以选择的路径相当多。

二是聚集化现象。河南省的产业集群经济增长效果显著，对产业的集中与中小企业的进步产生了推动作用。据国家统计局河南调查总队于 2010 年公布的数据，目前河南省拥有超过年度生产总值 2 亿元人民币的工业产业集群共达 304 个，覆盖了全境 1142 个镇区及 5986 个村庄或社区，共计有 12 万余家公司参与其中，实现了 4384.5 亿元人民币的工业总产值，并吸引了 286.2 万人就业，缴纳税收高达 252.9 亿元人民币，商品出口量也达到了 129.2 亿元人民币，这使得产业集群呈现出一种“遍地开花”的状态。从河南省工业产业集群在河南省经济中的地位来看，单位数虽然只占全部工业企业的 18.0%，但工业总产值占 37.1%，就业人数占 35.0%，上缴税金占 42.1%，产品出口额占 37.3%，在河南省经济特别是工业经济中占有重要地位。从河南省产业集群规模构成情况看，工业总产值 2 亿—5 亿元的产业集群数占 39.8%，实现总产值占 9.2%；工业总产值 5 亿元以上的产业集群数占 60.2%，实现总产值占 90.8%。其中 5 亿—10 亿元的占 25.3%，实现总产值占 11.8%；10 亿—20 亿元的占 16.4%，实现总产值占 16.2%；20 亿—50 亿元的占 13.5%，实现总产值占 27.7%；超过 50 亿元的占 5.0%，实现总产值占 35.1%。20 亿元以上的产业集群实现工业总产值占 62.8%，是河南省产业集群发展的龙头和重点。

从河南省产业集群形成年代看，20 世纪 90 年代以来形成的产业集群最多，占全省的 47.4%；20 世纪 80 年代形成的产业集群占全省的 32.9%；以 20 世纪 80 年代以前聚集的产业相近的企业为基础形成的产业集群共占全省的 19.7%。

从不同年代产业集群的工业总产值看，以 20 世纪 80 年代以前聚集的产业相近的企业为基础形成的产业集群实现的总产值占全省的 16.9%；20 世纪 80 年代形成的产业集群实现的总产值占全省的 44.2%；20 世纪 90 年代以来形成的产业集群实现的总产值占全省的 38.9%。

由此可见，整个省份内的这种类型的商业模式几乎都是在改革开放以来逐步发展壮大并且不断完善成熟的。其主要产业发展方向是一些传统的领域，如采矿业和冶金建材加工业、机电产品制造业、农副食品加工业、化工医药制造业、纺织服装加工业等，诸如此类的产业类型都依赖于自然资源并需要投入大量的劳工力量来完成。同时它们也恰好符合这片土地的具体情况，有着相对明显的竞争优势以及所在地方的特色，所以它们的出现对于这里来说无疑是一件非常好的事情。因为这样一来，它们就可以充分发挥自身的特长，从而吸引更多的劳动者加入其中，以此达到提高自身效率的目的。与此同时，也可以有效地解决一部分人口的就业问题，使得他们的日常生计得到保障，进而提升当地民众的物质文化生活质量。河南省产业集群主要分布在省辖市市区、中原城市群地区及铁路沿线地区。这三个地方构成了对河南省经济社会发展具有关键影响力的三大主要领域：它们不仅是该省经济社会稳定的基石与核心力量，也引领并驱动全省整体的社会进步及繁荣昌盛。同时，这些地区的产业发展状况揭示了县级区域的经济差异——通常而言，那些富裕且繁华的地方往往也是工业聚集区表现优秀之地。而这种以产业链为核心的模式对于推进河南省乃至全国范围内的经济发展都起到了积极的作用。

三是河南省拥有众多的劳动力资源且成本相对较低。由于该省人口超过 9800 万，并且城市化程度偏低，大部分居民都生活在乡村。目前，乡村过剩的劳动力数量正逐步增多，这为企业提供了足够的劳动力。

四是河南省拥有丰富的基础资源，且生产成本相对较低。河南省的总资源储量颇为可观，特别是在煤炭和冶金等基础生产材料方面，具有显著的优势。与其他资源稀缺之地相比，这种优势无疑为河南省的生产成本控制方面提供了强大的支持。

五是技术创新。相关调查显示，中小企业的创新成果正呈现出井喷之势，其增长速度已远远超过了众多大型企业，为河南省的经济发展注入了新的活力。

河南省中小企业存在如下的劣势：

一是资金筹措存在困难。相关研究显示，高达 84.1% 的中小企业认为贷款难题是制约其发展的主要障碍，而超过半数的企业则因流动资金短缺而无法达到预定的生产能力。

二是管理的滞后和资源的协调性不足。管理的滞后不仅体现在体制层面，也深入到了操作层面，导致企业内部资源无法得到有效利用。

三是缺乏人才。这个问题的产生主要有以下原因：中小企业的薪资水平相对较低，福利待遇不尽如人意，加上传统观念的束缚，使得这些企业难以吸引和留住人才。

四是生产技术的滞后性和产业结构的单一性。河南省的中小企业开始较晚，虽然经过了快速的发展，但与广东、浙江等地区相比，其规模、数量以及技术实力仍有很大的差距。

五是信息化建设的问题。随着金融机构的全国化乃至全球化运营，信息化建设和管理变得至关重要。然而，河南省内的金融机构在互联网信息化建设方面相对滞后，尚未实现全面有效的互联网信息化运营与管理。

（2）机会与威胁分析（O/T）

对企业进行机会和威胁分析应将注意力放在外部环境的变化及其对企业的可能影响上。

河南省中小企业面临如下机会：

一是国家与地方行政部门的支持力度加大了。自 1978 年中国开启改革开放进程至今，国家一直在大力支持民营经济的发展，特别是党的十八大以来，习近平总书记对民营经济、中小企业高质量发展高度重视，中央和省出台了一系列重大举措和扶持政策，中小企业的经济地位稳步提高，占国民经济的比重越来越大，享受到的优惠越来越多。

二是科学技术的发展。每一天，人类都在探索新的科技，为社会创造着前所未有的价值和技术成果。这些科技不仅给我们带来了更多的创新产品，更打开了无限的机会之门。

三是我国经济正处于蓬勃发展的黄金时期。自从改革开放以来，我国的国民生产总值每年都保持着高速增长，这一成就不仅彰显了国家的实力，更让人民的生活品质得到了显著提升。大规模的国家投资和个人消费，共同构建了一个庞大的国内市场，为我国经济的持续发展提供了强大动力。

四是全球化经营的趋势。经济的全球化不仅拓宽了市场的边界，还延长了技术和产品的生命周期。随着信息科技和运输技术的突飞猛进，跨国经营已不再是大型企业的专利，越来越多的中小企业也积极参与到这一潮流中，共同推动着全球经济的繁荣。

五是消费习惯的改变。随着生活水平的不断提高，人们对于个性化和品牌化产品的消费需求日益增长。这种变化促使生产模式向小规模、多元化转变，而这恰好契合了中小企业的生产特点，为它们提供了更广阔的发展空间。

河南省中小企业面临如下威胁：

一是进出口限制条件的增加，这给中小企业带来了更严峻的外部压力。许多国家采取了贸易保守政策来维护其国内经济发展。特别是那些发达国家，利用它们的科技与市场的领先地位，对外国商品实施了一系列严格的限制措施。因为中小企业的创新能力相对较差，因此它们很容易受到这类技术性贸易壁垒的影响。

二是竞争愈发激烈。全球化的生产经营模式使得中小企业不仅要与本地的同行一较高下，还要与世界各地的相似企业展开激烈竞争。这种国际竞争的强度已经达到了前所未有的高度，对每一家企业都提出了更高的要求。

三是政策环境复杂多变，行政体系亦存在梗阻。尽管在政策和体制层面上已经取得了一些改善，但问题依然层出不穷。无法有效管理或过度干预等问题仍然存在。这些问题无疑给企业运营带来了不小的挑战，需要我们更加审慎地应对。

（3）表格分析

按照是否与行业的潜藏机会或风险相关联的原则对所有的优势、劣势进行分类。接下来就是详细的分析过程，具体的步骤参见表 2–1。

表 2–1 河南省中小企业 SWOT 分析表

内部能力 / 外部因素	优势（S）	劣势（W）
	企业投资门槛低，经营方式灵活多变； 产业呈现集群化发展趋势； 劳动力资源丰富，且用工成本相对较低； 生产资料获取成本较为低廉。	资金筹措困难； 管理落后，资源协调不力； 人才储备不足； 生产技术落后； 信息化管理缺失。
机会（O） 政府重视，优惠政策持续加码； 科学技术的发展； 全国经济高速发展； 国际化经营的趋势； 消费习惯的转变。	**优势 / 机会（S/O）** 集群趋势持续加强； 新的产品消费市场； 新的区域消费市场； 技术创新更加便捷。	**劣势 / 机会（W/O）** 较容易获取资本支持； 提高经营管理水平； 提高生产技术水平。
威胁（T） 进出口门槛提高； 更加激烈的竞争； 政策不公平、行政体制不顺畅。	**优势 / 威胁（S/T）** 出口受到限制； 自身的市场受到外来威胁。	**劣势 / 威胁（W/T）** 资本获取困难，技术落后的企业将被淘汰。

研究成果显示，河南省的中小企业竞争力的焦点在于其外部的环境因素，而非内部的企业实力。随着全球化进程持续推进，这些企业的优势正逐渐消失，面临的风险也日益凸显。但总体而言，河南省中小企业未来的机会比风险更大。

所以，在 SWOT 分析的战略矩阵图中，位于左上角的是一种扭转型策略，详见图 2-3。河南的中小企业必须致力于改善自身的不足，提升竞争实力。

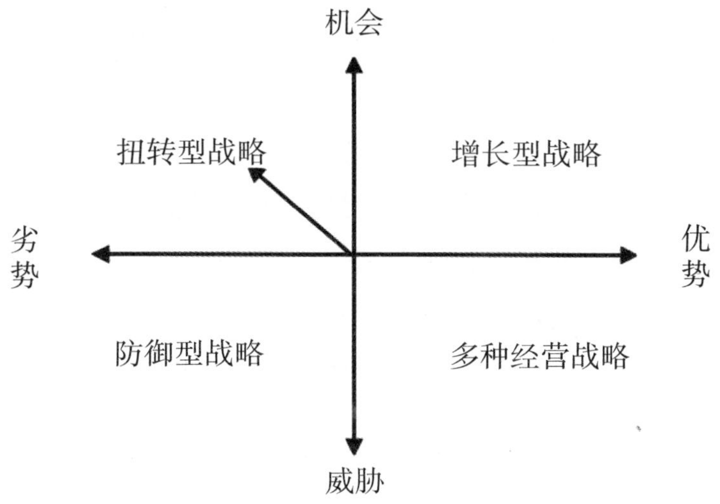

图 2-3 河南省中小企业 SWOT 分析定位图

2.3 河南省对中小企业扶持状况梳理

2.3.1 政府扶持中小企业的理论依据

“扶持”这个词语意味着协助和支援。当谈到政府扶持时，通常指的是政府运用其强大的宏观调控能力，即所谓的“看得见的手”，通过实施各类援助计划来助力某个行业渡过困境并实现发展。这些方法通常包括直接财政补贴、政府信贷保障、执行税收优惠、政府干预和法律保护等。其中，直接财政补贴就是政府为了促进特定行业的进步所设定的基金或者专门拨款，旨在针对性地给予补助和支持。这种直接的支持不仅能有效减轻企业的财务负担，还能激发社会的投资热情，成为推进产业发展的重要手段。政府信贷保障指地方政府向指定机构、企业或个人提供的所有借贷或发行的债券，也包含了经过当地政府审批后，由国营实体用政府专款作为抵押的所有借贷。事实表明，政府担保可引发的社会融资规模往往有中小企业自身担保金额的十倍之多。税收优惠则是政府推出的一系列税收策略，目的是激励社会资本投入那些享有优惠待遇的企业，以此助推相关产业的发展。例如，从 2011 年到 2014 年间，对于银行和中小企业之间签署的贷款协议，就无需缴纳印花税等。政府干预和法律保护是指政府为了支持相关产业的成长，设定了规范化的生产和准入标准，以及保障企业和消费者的法律权益等。当产业发展遭遇阻碍或危机时，政府会通过这些方式来确保相关产业能够顺利且迅速地发展。

（1）政府与企业的关系

关于政府与企业的关系，有三种不同的看法。

第一种是市场自主化观念。政府在承担维护国土安全与稳定的基础责任的同时，应尽力避免干涉商业领域，仅作为守护者而非主导力量存在于社会的各个角落。鼓励并支持各方充分发挥自身潜力以实现最大化的自我发展及创新，同时保持公平公正的市场环境下所有交易活动的独立性和自发性的原则不动摇（包括但不限于商品交换过程中的协商议价等）。在此基础上形成一种由个体间相互交流互动推动发展的机制，使得人们能够根据自身的利益追求去调整自己的行动方式从而达到最优化状态。这就是所谓的“看不见的手”，它可以引导人们朝着有利于提高生活质量的目标前进。

第二种是政府干预观念。尽管市场调节在资源分配上占据关键地位，然而实际情况显示出了市场的不足之处。因此，政府介入并实施干预措施以补救市场缺陷被证实为一种有效的手段。凯恩斯主张政府运用宏观管理来调整市场行为，以消除市场经济所产生的负面影响。

第三种是平衡发展观念。随着经济持续发展，人们开始认识到自由市场与政府干涉市场都存在各自的优缺点。既无法完全依赖市场自行运作，同时政府也不应过于控制以致破坏市场秩序，因此应寻求一种方式，即在自由市场的主导下由政府实施适度的调控，被视为一种有效的策略。正如 J.E. 米德的观点，如果人们过于重视政府的干预而忽略了市场经济，应该警告他们市场自由竞争的重要性；然而，当人们把所有事务都交给市场时，也需要强调政府的干预仍然是必不可少的。

未来一段时间里，中国的经济发展是否能保持稳健且高效率的一个关键就在于中小企业是否能够迅速而高质量地成长。所以，需要从策略角度重视中小企业的进步，并将其作为优先考虑的问题来对待。协助这些企业解决难题和应对挑战，以确保它们的健康、高速发展，这正是政府职责的实际表现。给予这类企业援助是政治责任的核心部分。现在，中国正处于经济转变的过程中，通过政府的支持让其完成健康的转型，这对推动地区经济增长和改善产业构造有着极大的影响。此外，建设服务型的政府也需要各部门更加主动地指导和服务于中小企业，以便它们能够顺利过渡到新的阶段。

政府的经济职责中，对于中小企业的支持是非常重要的一环。提供公共服务、实施宏观管理和市场监督是其主要任务，因此，为了达到最佳的社会经济发展效果，政府必须制定相关政策并扶植相关行业。

首先，政府需要实施针对中小企业的特定产业策略，以确保关键领域相对于其他领域能得到更丰富的资源，从而推动其加大投入并提升产能效益。其次，这种支持方式应主动地引领资金流入那些产出增速快的核心产业中去，以此来调整和优化资源的使用，进一步加速其产量提升，扩大其所占市场份额，同时也能加快这些重要行业的产值提升速度。

（2）“看不见的手”和“看得见的手”理论

“看不见的手”这一概念是由亚当·斯密在《国富论》中提出的，书中描述了个人如何通过努力实现自身财富最大化的过程。然而，他们并不知道他们的行为实际上是在增进社会的整体福祉。这只手并非有意促成这个结果，但他们在寻求自身的幸福和利益的过程中自然产生了这样的效应。因此，尽管人们的目标各异，但最终却共同达到了一个更高的社会目标。亚当·斯密强调经济自由的重要性，并且强烈反对外部力量干涉商业活动。他还提倡价格机制，即产品的定价应该根据市场的需求自动变化，以确保资源的最优分配。同时，他也意识到过度自由的市场竞争可能会导致过度的利润积累，所以需要利用“看不见的手”的力量来平衡供需关系，从而使得资源能够按照最理想的方式被合理分配。此外，亚当·斯密还指出政府的主要职责在于维护国家安全和社会稳定，而不是直接参与到经济活动中。只有让市场充分发挥它的功能，才有可能带来资本主义经济的巨大发展和社会进步。

然而，20 世纪 30 年代经济危机大规模爆发，使得人们开始深刻认识到经济自由的潜在危害。过度的经济自由导致了盲目生产和无序竞争的滋生，社会生产在没有政府有效管理和干预的情况下，出现了严重的产能过剩问题。这不仅加剧了贫富差距，还使得证券市场的投机行为愈发猖獗，严重破坏了社会经济的有序发展。

这场危机最终引发了大规模的失业潮，失业率长期居高不下，给社会带来了巨大的压力和不稳定因素。

“看得见的手”由凯恩斯提出并阐释于他的名著《就业、利息和货币通论》之中，他强调了政府介入经济的重要性，主张当供给和需求达到均衡状态时，这部分的需求才被视为有效，然而当市场上的总需求不足以满足这些供给时，就会导致许多人失去工作机会。因此，他提倡政府应该积极参与经济活动，而不是让它完全自由运行，可以通过调整收入分配来激发消费者购买力，并增加政府开支，如公共消费和基础设施建设等，以此提升民众的消费能力，推动国内需求上升，进而降低失业率，实现经济的平稳增长，保障人民的幸福生活。资本市场不存在某种力量能把国民利益提升到国家利益的层面，因此，要依靠政府政策干预，激发社会投资。“链式反应”是描述政府支出超过初始投入金额的现象，这笔政府支出可能带来比最初投入多好几倍的收益。这个被称为“乘数效果”的过程由凯恩斯提出并加以解释。根据他的理论，无法找到那只能够将个人利益转变为集体利益的无形之手，也无法解决资本主义所带来的经济衰退与失业问题。因此，他认为唯一的方法就是依赖“看得见的手”——也就是政府对经济进行全方位的调控，这样才有可能使资本主义国家解决经济低迷及高失业率的问题。为了促进社会的投资需求增长，他提倡政府加大对基础设施建设等领域的投入，增大货币流通量，实施赤字财政计划来推动国内经济发展，从而提高全国总产值，实现全职工作岗位的充足供给。

（3）政府与市场的关系

政府的职能是创造良好发展环境、提供优质公共服务、维护社会公平正义。因此，为了推动经济体系的改革，必须明确政府和市场的角色分工，以确保有效的资源调配。这意味着政府需积极运用“看得见的手”来实现这一目标。

政府在经济大局中扮演着战略制定者的角色，致力于平衡市场供需、抑制通货膨胀、推进产业升级改革，努力拉近不同区域间的贫富差距，并完善社会保障制度，以营造健康的市场经济环境。在发展社会主义市场经济的道路上，政府必须发挥其规范市场运行机制、维护公平竞争的关键作用。完善市场机制是推动国家经济发展的重要手段，我们必须充分认识和利用好市场的作用，这对我国经济的发展具有决定性的意义。一方面，政府过度干预市场会扰乱国民经济的正常秩序，破坏政府与市场之间的职能分配，导致资源无法得到有效配置，从而产生浪费现象。另一方面，政府职能的缺失或不合理也会导致宏观调控措施无法有效落实，使市场运行偏离正常轨道，影响经济的稳定发展。在我国市场实际进行资源配置的过程中，也存在一些不足之处。例如，市场机制尚不健全，市场内供需不平衡导致商品价格虚高，与商品价值严重不匹配。同时，市场相关法律法规的不完善使得一些市场垄断行为得不到有效的法律约束和制裁。因此，我们需要不断加强法律监管，确保市场的公平竞争和健康发展。

要理清政府和市场的关系，首先必须明确划分两者之间的界限。政府的干预作用应主要运用在市场失灵的情况下，而市场则应保持其经济自由性，避免受到过多的限制。市场机制在资源配置中发挥着基础性作用，但市场经济存在多种类型，其配置资源的效率也各不相同。通常，市场可以分为垄断市场、完全竞争市场、寡头市场和垄断竞争市场等四种典型类型，每种类型都有其特点和运行机制。中国的社会主义商业体系旨在创建全然自由竞价且对外部敞开的大型交易平台，与此同时，还要防止市场的无效运作情况的发生。通过有效的政府介入可以对这种情况做出及时并且准确的处理，来达到调控市场的目的，提升整体的社会效益水平。

政府应以市场为核心，确立服务市场的理念，通过提供更优质的公共服务来推动经济的进步。政府需要进一步加强法律和法规的建设，优化市场竞争机制，保障市场的公平与自由竞争，强化市场监管功能，确保市场在法律法规的规范下实现有序且稳定的成长。

在我国社会主义市场经济的大环境下，中小企业既面临大型企业的市场垄断威胁，又因规模较小，若完全受市场价格波动的影响，则难以维持自身的生存与发展。因此，为了中小企业的健康有序发展，我国需要实施政府干预的公共政策，给予它们必要的政策支持。

（4）企业创新发展理论

企业发展一直被国际专家们持续关注并深入探讨着，根据奥地利政治经济学家约瑟夫·熊彼特的观点——企业的发展本质在于创新，把生产要素重新组合。安蒂思·潘罗斯在其著作《企业成长理论》中对熊彼特的理论进行了深入阐述，通过分析企业的内部经济活动揭示了企业发展的战略规划。潘罗斯认为，只有当市场供需达到平衡时，企业才能实现规模的增长。企业的发展主要依赖于其内部因素，这包括企业管理能力和生产技术水平。企业需要充分利用内部管理资源，提升生产水平，保持积极进取的态度，以应对产业革新的挑战。20 世纪 50 年代，美国大型企业间的竞争是主要焦点，而小型和中型的商业实体因其自身的经济创造力相对较低，无法独立对抗大型企业的垄断地位。所以，潘罗斯认为，中小企业若想要避免受制于市场，必须持续提高生产量并优化产品质量，以期在大规模的市场竞争中获得立足点。

迈克尔·波特在《竞争战略》中阐述了钻石体系的研究架构，他认为加速企业创新发展的要素涵盖原料供货商、产品经销商、行业内竞争者、政府扶持政策等，要在这几个要素上获得优势，才能保证企业长期稳健蓬勃地发展。

当传统的以低效和人力为主导的经济领域逐渐转向更精细化且依赖科技创新的新

兴领域时，政府开始认识到推动中小企业创新成长的关键作用。政府需要打破旧有的思维框架，建立新的商业竞争策略，激励中小企业进入新科技领域，促进工业体系升级并构建创新型的经济发展结构。规范市场运营管理制度，政府必须坚决清除地方保护主义的阴霾，坚决抵制任何形式的不正当竞争，对企图垄断市场的行为给予严厉打击。同时，我们应废除一切不合理的收费项目，构建一个透明且公正的中小企业信用管理体系。加大财政资金支持力度，统筹规划中小企业创新创业专项资金，为初创企业提供创业资金、税收减免以及办公设施等支持，以促进其快速成长。优化资本市场格局，支持符合条件的中小企业上市或者发行短融中票，通过债券市场筹集资金。将传统银行融资与新兴的创业融资模式相结合，引导中小企业通过多种渠道获取资金，弥补运营资金的不足。提升政府采购对中小企业的支持力度，增加向中小企业购买服务的预算份额，并强化采购过程中的监督管理，确保招标过程的透明与公正。鼓励大众创业，这样能够创造更多的就业机会，解决就业难题，为此，政府需要转变职能，为有志于创业的人士营造优越的创业环境，助力更多人通过自主创业实现财富积累，形成创业与就业良性互动的局面。推动大学生的创业活动，吸引海外优秀人才回国发展，协助中小企业完善人力资源培训体系，提升创业团队的综合素质，增强员工的专业技能，并加大社会保障制度的实施力度，为敢于创新、勇于挑战的人才搭建一个展示才华的广阔平台。

创新需要决心和勇气，政府应当积极鼓励中小企业树立自主创新的理念，摒弃单纯模仿他人新产品和技术的做法，并为此提供必要的资金支持，助力其产品研发和技术升级。同时，我们也应高度重视知识产权保护，提升全社会的知识产权保护意识，制定更加严格且切实有效的法律法规，对侵权行为进行严厉打击，以起到强有力的警示作用。此外，政府还应积极拥抱“互联网+”时代，大力发展创业服务，建设更多的中小企业创新基地，实现数据资源的共享，为更多企业提供创新平台。我们希望通过这些举措，激发企业的创新活力，推动中小企业在技术创新上取得新的突破，为国家的经济发展注入新的动力。

（5）政府干预理论

在 20 世纪 30 年代初，全球经济格局经历了前所未有的变革，导致传统的经济观念已无法适应新时代的需求。为应对这一困境，著名经济学家凯恩斯首次提出了政府干预经济的观点。他认为，市场自由竞争机制下，市场需求显著不足，因此政府有必要介入，作为调节经济的重要手段。通过政府的干预，旨在实现市场供求的平衡，进而推动经济的稳健增长。

社会经济领域内有两大矛盾体，即市场与政府，分别代表着个体利益和公众福祉。由于市场的自发调整力量不足以满足需求，导致了“市场失效”的情况出现，也就是市场运作呈现出低效益或者无效益的状态。为实现个体利益和公众福祉之间的均衡，政府往往会通过实施公共政策的方式进入市场，并对之进行调控，这个行为被称为“政府干预”。政府干预对中小企业的影响，可以从下面几个方面来分析。

首先，中小企业的生存环境会受到相关政策出台的影响。影响中小企业发展的关键要素在于市场需求、资金实力、科技水平及运营效能等多个方面。中小企业的存活依赖于市场的需求，而资金和科技则构成了其制造过程的基石，同时，盈利能力也是其关注的核心指标。为了保证中小企业在市场中占有一席之地，政府可以采取措施，如增加对中小企业的公共购买或约束大型企业以实现相应的目标。同理，政府亦可通过限制中小企业获取社会资金的方式，对其发展进行必要的约束。这种调控手段无疑对中小企业的生存与发展环境产生了深远的影响。

其次，通过制定政策，可以使中小企业的生产要素得到合理配置。生产资源的合理配置通常需要高成本及长期的投入，因此，利用市场机制进行自动调节与优化成为一个有效的途径。然而，企业作为独立的经济实体，其行为往往带有一定的盲目性和不确定性，进而伴随着潜在的风险。市场经济的基本要求之一就是促使中小企业积极参与到生产要素的合理分配中。在这一过程中，政府的参与显得尤为重要，其参与方式不仅成本较低，且效果显著。这主要包括对关键产业进行投资、对主要或瓶颈行业提供投资优惠、对先进技术给予资金扶持、鼓励人才进入中小企业等。

最后，中小企业发展模式的形成与运行在很大程度上依赖于政府政策的引导。如果说企业自身实力是发展的内在动力，那么政策便是不可或缺的外部推力。政府的引导会改变中小企业的行为和价值取向，有目的地推动其发展，会使其更具生产力。因此，政策的制定与实施，能够在一定程度上调整中小企业的行为，并通过法律、经济、行政等多种手段，共同推动中小企业的健康、持续发展。

2.3.2 河南省对中小企业扶持状况

（1）金融扶持政策

中小企业产值在中国国内生产总值中的地位日益重要并且影响力逐步增强。自改革开放至今，在中国经济社会发展取得巨大进步的同时，中小企业亦步入快速扩张阶段；截至 2021 年年底，全国已有超过 4800 万家中小企业，但与此同时，它们也在面对各种新的机会与威胁。为了应对这一局面，各级行政部门积极推行了一系列旨在助力该类企业成长壮大的措施：一方面通过提供财政税收优惠等形式来缓解它们的经营压力，另一方面则利用信贷融资等方式为其提供了资金保障，以确保它们能够顺利渡过危急时刻。而对于河南省这个位于中部且拥有庞大人口的中部省份来说，大力推进当地的中小企业升级已成为当前乃至未来一段时间内必须完成的一个课题——这不仅有助于提升该地区的整体竞争力，而且也有利于改善该地区内的就业环境，从而进一步提高当地居民的生活水平。

在中国经济结构中，中小型企业扮演着关键角色，其得到的支持与发展的政策框架正持续优化和进步。2003 年首版《中华人民共和国中小企业促进法》确立了中国中小企业的法定身份，并在多次修正后于 2017 年 9 月 1 日发布了最新版本，并从 2018 年 1 月 1 日起生效实施。相较于之前，新的法规对政策进行了更为详细且具体的划分，并对每项细分政策分配了一个更有执行力及负责性的监管机构。此外，河南省政府亦积极响应国家的指导意见，推出了一系列相关政策来助力省内中小企业成长。目前，河南省中小企业的主要支撑力量是来自国家层面的相关政策，补充力量是本地政策。

当今世界，处理各种公众问题，如政治、经济、社会领域的挑战已成为当今的重大议题之一。理想的情况应该是：有能力的执政者应尽其职责去满足人民的期望和需求，他们需要通过有效的方法来应对这些难题并且找到解决方案，以便更好地维护民众的权益并将之转化为实际成果，进而提高政府自身的公信力。

笔者搜集了自 2006 年起由河南省人民政府办公厅发布的大部分文档，同时也通过访问相关部门的官方网站获取了关于中小型企业的金融支援的相关资料。这些文献涵盖的内容主要包括两方面：一是发布了许多旨在传递国家层面的政策指引性的举措文件，其中大部分都用“建议”“指导建议”或“实施建议”作为开头，详细阐述了针对河南省中小企业的金融援助中涉及的融资方式、产品和服务模型、信用保证系统以及评估与监控方法等问题；二是制定了一些专门为中小型企业提供金融支持的具体措施，如贷款担保、微型贷款、信用建设、信息网络等，并对其明确规定了时间表、计划步骤和可以衡量的目标等，具有很强的针对性与实践性。此外，笔者还依据参与过的各种活动，了解到的各类会议记录和领导发言稿，总结出以下河南省中小型企业金融支持政策实际执行情况。

①河南省政府方面

一是强化援助措施的执行管理。比如，为了贯彻实施《国务院关于进一步促进中小企业发展的若干意见》（国发〔2009〕36 号）的相关要求，河南省于 2011 年 2 月建立了针对全省中小企业的统计监控与评估系统，并设立了由省政府主导的中小企业推进工作小组，以增强对省内中小企业的管理工作。

二是制定了一系列相关的管理条例。例如，于 2011 年发布的名为《河南省融资性担保公司管理暂行办法》的文件中提到了如何构建并运营该类企业；同时还建立了融资性担保业务监管联席会议，以确保所有此类企业的运行都符合相关法规要求并且能够有效地控制其潜在的风险因素。其后发布了《河南省小额贷款公司试点管理暂行办法》，由省工业和信息化委员会等部门联合推动该类企业发展。最后则是针对这些新成立或正在发展的中小微型的银行或者投资基金所提出的一些建议性的规则及操作流程。

三是构建了评估与激励体系。比如，2012 年 9 月，河南省政府把促进中小企业的成长视为各地区级行政单位和省政府直属机关的主要考评指标之一，并为满足条件的中小企业提供了担保费用和抵押注册手续的相关补贴奖金。同时，对于向中小企业发放知识产权质押贷款的银行业金融机构也予以一定程度的奖励。2014 年 8 月，《河南省小型微型企业信贷风险补偿资金管理办法（试行）》发布实施，成立了一个专门针对小型微型企业信贷风险的赔偿金库，该基金主要由省级财政投资 8 亿元人民币，根据当年度小型微型企业贷款增长额度的百分比来确定其应得的赔偿金额，并且会给那些建立了小型微型企业信贷风险赔偿金的地方市政府以一定的奖励，以此刺激和推进银行业金融机构增加对小型微型企业的贷款投入。

四是要加速构建和完善河南省的财政资助框架结构。自 2013 年起，河南省积极推动了城市的商业银行改造与乡村信贷合作社转型的工作进程，这使得本地金融机构得以迅速壮大并持续增加对于省内小型企业的贷款能力——这些都进一步增加了河南省中小企业获取资金的机会，并且也充分发挥出它们在普及性的银行业务和小规模企业的理财业务中所具有的重要作用。例如：在 2013 年 3 月，河南省中小企业发展服务中心挂牌成立，来为省内的企业家们解决从资讯查询、证件处理到各类融资业务的问题。2015 年河南省政府决定建立区域性股权交易市场——中原股权交易中心，以满足省内众多新兴产业的需求，并在保障它们利益的前提下为其筹集必要的运营经费，从而使它们的产品能够顺利进入股市或其他类似的市场环境之中，获得更多的关注度，进而提升自身的品牌价值和社会影响力。这一系列工作任务都将在这个新创立起来的、专门针对中部地区的全新的创新型综合服务平台上完成，实施的具体过程当中也得到了各方的大力支持。

五是安排相关部门实施审查。比如，2016 年河南省政府办公室转发了由河南省工业和信息化委员会等共同拟定的《优化企业融资服务若干政策措施》，随后，包括河南省发展和改革委员会等各部门也相继进行了针对企业融资问题的调查研究并开展了相关企业的费用专项检查工作，同时明确规定了银行业金融机构必须遵守“七不准、四公开”与“两禁止、两限制”的要求，并且对于查出的问题要立即改正；此外，还提倡金融机构开发新的信用贷款产品，强化循环贷款和续贷政策的使用，以避免客户过度依赖桥梁式融资的行为。

六是在地域内建立行业的自我约束机制。根据中国银行业监督管理委员会等七部委于 2010 年制定的《融资性担保公司管理暂行办法》，该文件明确阐述并规范了各类融资性担保公司的设立和变更流程，对其运营模式及风控措施也进行了详细说明，同时还列明了一些可能出现的法务问题及其相应的处理方式。此外，“河南省融资担保业协会”在 2012 年度正式启动运行后便开始积极履行职责：它不仅向省内的小微借出方提供了各种形式的服务支持，同时也代表各个成员表达意见，以促进整个省份内的资金筹措系统的发展进步，并且进一步优化小型信用放款服务的质量水平。

七是需要努力争取援助与扶持。例如，2014 年伊始，时任河南省省长的谢伏瞻在与中国人民银行相关人员会面时，殷切期望中国人民银行能够继续深化对河南省的信贷资金支持，并在地方金融管理体制和农村金融改革方面给予积极帮助。同时，他也希望得到中国人民银行的指导与支持，以便河南省能够顺利组建民营银行，进一步推动金融市场的多元化发展。2015 年 6 月，中国银监会主席尚福林亲自来到河南省进行工作调研。在此期间，谢伏瞻省长再次表达了河南对于金融监管机构支持的渴望，希望中国银监会能够进一步加大对河南省的扶持力度，并助力更多银行业机构进驻河南省，为地方经济发展注入新的活力。2016 年 6 月，双方再次会面，谢伏瞻省长希望中国证监会加大对河南上市公司的培育和指导。

②驻河南省金融监管部门方面

一是需要强化对银行信用贷款的管理和限制。自 2013 年开始，河南省银监局每年度都会鼓励辖区内的银行业金融机构增加对中小微企业的贷款投入，规定各家商业银行必须满足“三项不低于”的要求：小微企业贷款增长速度不低于各项贷款平均增长速度；小微企业新增贷款数量不能少于去年的总额；小微企业申请贷款成功率须保持与前一年的相同水准。而后其又提出了新的标准，即从 2016 年 3 月起，地方性的银行机构应达成“三项不低于”的目标，包括小微企业贷款增长速度不低于各项贷款平均增长速度；小微企业贷款户数不低于上年同期户数；小微企业申贷获得率不低于上年同期水平。同时，也明确提出如果某一家银行业机构未能达标的话，将会受到市场监管部门的差别化管理，如在市场准入许可或监管评估方面会给予更严格的审查等。

二是规定金融机构不得直接收回贷款和施加压力。2016 年 5 月份，河南省实施了“抽贷、压贷”的预先通知规定，明确指出对能够按时偿还债务的企业应遵循原则，不得采取“抽贷、压贷”措施，并提倡使用借贷循环资金来支持它们渡过困境。同时，河南银监局也推动各家金融机构开展针对中小企业的风险评估工作，特别是那些拥有制造能力和运营中遇到短期问题但信誉良好的企业，银行应该利用债权人委员会机制协助这些企业共同应对挑战，携手前行。

三是监督银行机构遵守相关的监管规定。河南银监局促进商业银行构建针对中小企业的专属评分系统和小规模信贷业务部门，同时鼓励它们开发新的贷款产品和服务流程以适应需求，适度放松对坏账的接受标准，设立贷款尽职免责机制，并且通过定期的指导报告、奖励和处罚措施来强化这些规则，还实行年度中小企业金融服务评价活动，以此激励商业银行更主动地解决中小企业“融资困难、成本高昂”的问题，提高它们在承担社会责任上的积极态度，并对出现问题的机构予以公开批评和追责。此外，河南证监局也致力于推动河南省内中小企业的上市工作，而河南保监局则努力推广适用于中小企业的保险产品，以便充分发挥各类保险公司在提供支持时的风险分散和补贴功能。

③河南省金融机构方面

一是需要改革和优化金融服务的种类与方式。河南省的银行部门设立了专门的小型、微型企业贷款分支机构，并致力于研发针对这些小型、微型企业的金融贷款产品和服务。同时，也应该进一步改进贷款工作人员的责任免除机制，推出一些不需要依赖于客户抵押物或担保品的贷款项目，并对员工进行更深入的培训，并且加大对这类新产品的推广力度。

二是减少相关服务的费用。河南省的银行业金融机构在为中小企业提供支持的过程中，遵循了“七个禁止、四个公开”及“两个禁止、两个限制”的规定，对那些违反规定征收服务咨询费或其他服务费的项目进行了审查，将违规收费返还给企业，并且保证未来不会再有类似的行为发生。

三是要深化同政府机关的协作关系。自 2014 年起，河南省人民政府金融服务办公室等政府单位以及河南银监局等驻扎于该地区的金融监督机构，共同推动全省范围内的银行向中小企业提供贷款协议签署活动、“银税互动”等多种形式的策略联盟，以增强河南省当地政府机关之间的信息交换并扩大对于河南省中小企业的信用贷款支持及金融服务的覆盖面。

（2）财税支持

对于中小企业的财税支持措施涵盖了财政和税收两方面，这是一种由政府主导的直接支援策略。利用财政工具来推动中小企业的发展主要有以下几种方式：财政补助、政府采购、财政贷款及财政投融资和专项资金，这些都起到了直接帮助的作用；至于税收方面的支持则是以减税或免税的方式为中小企业提供直接且积极的支持。

①财政补贴

针对中小企业的财政补助措施主要可以归纳为以下几类：企业亏损补贴、企业人员就业补贴、贸易出口补贴、企业创新和技术研发补贴等。现阶段，这些针对中小型企业的财政补助计划由各地方政府根据当地经济状况和中小企业的发展环境而灵活设计并实施，同时需依据本地的具体条件分配中央和地方的财政补助金。河南省中小企业财政补助方案详见表 2–2。

表 2–2 河南省中小企业补贴政策

补贴政策类型	具体补贴金额
平台补贴	2019 年河南省对购买财务上云等云服务的中小企业，按照年服务费用的 10% 给予补贴，最高补贴金额不超过 10 万元。
研发补贴	2018 年河南省科技厅、财政厅等 5 部门发布《关于组织开展 2018 年企业研究开发财政补助工作的通知》，企业研发费用依据上年度向税务部门备案的税前加计扣除研发费用数额，补助额最高为 400 万元。
创业补贴	河南省中小企业入孵省级“创新型孵化平台”可以根据条件申请创业补贴、2 万—15 万大众创业扶持资金、30% 房租补贴等。
亏损补贴	《关于做好 2020 年度失业保险稳岗补贴工作有关问题的通知》规定对暂时性生产经营困难的参保企业给予特殊帮扶，可申请上年度缴纳失业保险费 50% 的稳岗补贴。

资料收集：基于河南省的财政补贴政策整理。

②政府采购

自 2011 年来，随着企业类型标准的确定化，财政部和工信部联合发布了《政府采购促进中小企业发展暂行办法》，此举表明国家对于中小企业有着极高的关注程度。

该文件提倡各级行政机关制定出针对这类企业的具体采购规划并且设定相应的占比；与此同时，财务管理人员需要确保预留超过总额 30% 的年度政府采购项目预算专门面向中小企业采购。此外还建议各相关部门能够通过降低担保费用的方式来激励各类中小企业加入进来，从而使得它们的订单量在规定的数值范围之内——如果它们愿意的话，可以联合多个这样的企业一起参加竞标，以实现这一目标，这样一来，就可以避免因为单次投标失败所带来的损失，同时也可以提高整体的工作效率。最后一点是希望各地方政府能在同等条件之下尽可能地向那些针对中小企业的项目投入更多的资源，以便于中小企业更好地发挥自身的优势。

随着政府采购策略的发展趋势，其推行手段正朝着构建互联网平台方向前进。不仅中央政府采购机构创建了全国性的政府采购网站——中央政府采购网，各地方政府亦逐步建立起各自的政府采购服务平台，以方便中小企业获得公共招标资讯，比如，河南省政府采购网是中国政府采购网河南子站，专为相关企业发布采购信息，从而简化了中小企业的数据搜集流程。

③财政贷款与财政投融资

在 2015 年出台的《推进普惠金融发展规划（2016—2020 年）》中，特别强调了对于小微企业的信贷与财政投资的支持是重要的政策方向。接着，2016 年由财政部推出的详细的管理方案旨在确保财政投资能够广泛地覆盖中小企业的发展需求。符合审查标准的企业可以获得规定额度内的创业保证贷款及其利息减免，同时还设置有激励措施和工作津贴，用以鼓舞银行业务人员和其他相关部门更加积极地执行此项政策，从而为那些刚起步的企业提供融资支持。2019 年 3 月，财政部发布了一份名为《关于推进政府和社会资本合作规范发展的实施意见》（财金〔2019〕10 号）的通知，其中明确表示中国会进一步加强财政投资的支持作用，目标对象涵盖了民营企业。这份通知指示各级财政部门应根据本地的经济情况，通过增大资本投入和提高运营补贴的方式来促进标准化 PPP（政府和社会资本合作）项目的实施。

④专项资金

自 2014 年起，我国首次制定全面且详细的中小企业发展专项资金规划，其重点涵盖了优化中小企业发展环境、引导地方扶持中小企业发展的资金等。同一年，公布了一套专门的管理办法来规范这笔资金的使用，并根据国家的财力情况及各地政府的需求分批划拨总额可达数亿元人民币的年度财政预留资金，旨在激发中小企业的创新活力，推动出口销售与技术转化的进程。此后，到了 2016 年，中央财政已经向这项专项资金投入了高达 85.32 亿元人民币。直至 2019 年，《财政部关于下达 2019 年中小企业发展专项资金预算的通知》发布，明确指出中小企业发展专项资金预算情况，河南地区获得了共计约 4.2 亿元的配额。

⑤税收优惠

为了缓解中小企业的发展压力并激发其创造力和积极参与市场竞争，从 2018 年 5 月我国开始实行一项新的减免中小企业印花税的规定：对按万分之五税率贴花的资金账簿减半征收印花税，对按件贴花五元的其他账簿免征印花税。此外，于 2019 年初发布的《财政部税务总局关于实施小微企业普惠性税收减免政策的通知》中明确提出，应针对小微企业实施税收减免政策等，并对一些特定情况下的纳税企业给予更多的经济支持与福利待遇等，来促进这些新兴产业的健康成长。这项通知执行期限为 2019 年 1 月 1 日至 2021 年 12 月 31 日。这类通知是政府关注并且致力于给小微企业提供更多便利条件的一种信号。截至 2019 年 6 月，我国已通过各种途径累计向各类符合条件的小微企业和处于关键行业的企业提供了超过 89 种不同形式的税收优惠政策，以此助力它们实现更快速且可持续的增长目标。与此同时，河南省也已经全面展开了一系列旨在推动当地民营经济发展进程的工作，包括但不限于进一步加大“三类新政”“双管齐下”，力求最大限度地释放改革红利，从而使广大民众受益。

（3）公共服务扶持

①提供信息服务

建立知识服务部门、科研机构和图书馆、科技信息研究中心来为中小企业提供信息咨询服务，详细的信息服务部门和机构的内容和功能参见表 2-3。

表 2–3 中小企业所需的信息服务部门和机构的具体情况

部门和机构	内容	功能
知识服务部门	中小企业内联网知识管理服务系统，提供中小企业知识交流和信息检索服务。	为中小企业提供知识资源，挖掘知识和预测发展方向。
科研机构和图书馆	具备专业的信息服务平台，引入类型丰富的国内外著作文献和数据资源，设有数据库；图书馆还开设有企业服务中心。	提供数据查阅、文献翻译以及信息技术服务。
科技信息研究中心	具备丰富的数据资源、技术研发信息和馆藏文献，定制企业信息推送服务。	鼓励初创期企业收集数据、查阅科技信息和自我学习。

资料来源：作者根据相关信息进行整理和绘制。

②设立支持机构、行业协会及服务平台

创建了相应的中小企业管理部门。中国特定的中小型企业支持机构有工信部中小企业局等。之后，随着中小型企业数量的增加，产生了由企业自主组建的中小企业服务与发展联盟，它作为一个非官方团体，起到了联结政府与中小企业的关键桥梁作用，并且受到了来自各方的监督管理，既保障了企业的权益及其雇员的利益，同时也向政府传达了中小企业的需求和建议，为了协助中小企业进入市场或开展国际贸易，其会举行各种活动。

建立了中小企业服务平台。自 2009 年以来，政府开始推动构建全面发展的中小型企业共享服务中心，并在 2018 年 5 月份发布了《工业和信息化部办公厅关于推荐 2018 年度国家中小企业公共服务示范平台的通知》（工信厅企业函〔2018〕172 号），目的是进一步落实之前的企业共享服务政策，并发掘出一批具有代表性的“中国制造 2025”的城市示范平台。目前，中国的中小型企业共享服务中心已经形成了明确的层级分类，其主要以十个国家级实验室、七个技术研究中心、五个资源数据库、五个行业联合会、四个公用品牌、四个品牌会议、四个认证资质等作为基本支撑点，从而向中小型企业提供全方位、多维度的支持；各地区也依据各自的特点建立了地域级的中小型企业共享服务中心，如河南省设有专门的河南省中小企业公共服务平台。

创建专门的网站以提供有关的信息服务。比如，有国家级关于中小企业的官方资讯在线公布渠道、由工信部运营的中小企业信息网来宣传各类商业法规；还有中国创新创业大赛官网、政策网等。

③提供法律服务政策

中小企业法律服务政策的作用机制主要通过以下方式实现：设置专门针对中小企业的法律法规支援部门并执行相应的法规建议及协助工作；成立各个层级的微型商业司法中心或组建相应的专业律师团队等，向中小企业提供全方位且多样化的法律指导和服务项目。中共中央国务院发布的《关于营造企业家健康成长环境弘扬优秀企业家精神更好发挥企业家作用的意见》和最高人民法院出台的《关于充分发挥审判职能作用为企业家创新创业营造良好法治环境的通知》都重点强调加大知识产权保护力度，从而给所有类型的小规模经济实体和个人投资者创造优良的市场化营商环境。此外，还应依据国家推行的科技创新战略方针及相关立法体系持续优化升级，以此确保各种类型的商事活动参与者的合法利益得到充分保证，进而激发社会各界积极投入，在促进科技进步的同时，进一步提升市场的活力。

（4）市场开拓扶持

在 2019 年 2 月，商务部等十二个部门发布了名为《关于推进商品交易市场发展平台经济的指导意见》的文件，该文件旨在通过增强市场主导力、优化支持系统、深化国内外的商业合作等方式来满足中小企业的市场拓展需求。同时，也强调了要借助扩展市场的准入门槛及加大监管力度这两种方式去实现这些目标。此外，还提倡在特定的自由贸易区域内创建全球贸易平台以提高跨国贸易的便捷度，并持续保持与“一带一路”国家的经济交流互动，合理调配内外部的市场资源，以此加强企业对外出口的能力。

①扩大市场准入

为了提高市场开放程度，政府通过削减监管来简化商业实体进入市场所需的行政审核程序。商务部的《市场准入负面清单（2018 年版）》于 2018 年 12 月发布，相较于之前的试行版本，它删除了 177 项具体的业务内容和 288 种市场管理的策略。使用“负面清单”的方法有助于减轻企业的市场准入障碍，从而激励包括众多小型企业在内的大型商贸活动参与者，让它们更加活跃，同时吸引外国投资者的加入，这是一种推动中小企业走出国门的重要手段。

一是降低企业注册资金。此举主要反映在地方政府自主设定的注册规则上。二是扩大企业的经营领域。对所有合法合规、经过国家批准的企业（包括中小企业）实行全方位的市场准入，同时提供与国企及外企相同的支持条件。三是对行政许可手续进行优化。通过建立并联审查机制，并在企业的注册申请过程中实施“先收件后审核再限期办理"的一条龙服务模式，以确保市场准入畅通无阻。

②加强市场管理

强化市场监管策略的关键在于精简手续、增强监控力度及深化"放管服"改革。首先，降低中小企业的准入门槛，这有利于它们参与到商业活动中来。通过合并与优化各种申报文件，加快提升中小企业注册的便捷度，推动在线注册进程。同时，积极采用"互联网 + 政府服务"的新理念，以有效地降低中小企业的运营负担。此外，还要简化应对中小企业需求和建议的流程，协助它们克服难题。对于它们的各式需求和建议，需要建立一套系统的分类处理机制，并且扩大接受途径，确保它们能找到合适的渠道表达自己的意愿，同时也能够得到及时有效的反馈。简化中小企业的税务注销程序，以便解决它们在注销过程中遇到的问题。继续深入"放管服"改革，包括废除清算税收证明的办理任务，实行新的"承诺制度"的服务方式，从而简化相关资料提交的步骤，见表 2–4。

表 2–4 简化流程的相关政策文件列表

文件名称	发布机构	发布时间
《企业登记申请文书规范》	市场监管总局	2019 年 1 月
《企业登记提交材料规范》	市场监管总局	2019 年 1 月
《关于建立小微企业涉税诉求和意见快速响应机制的通知》	国家税务总局	2019 年 1 月
《关于进一步优化办理企业税务注销程序的通知》	国家税务总局	2018 年 9 月
《全国深化"放管服"改革优化营商环境电视电话会议重点任务分工方案》	国务院	2019 年 8 月

资料来源：作者查询资料整理。

其次是为了进一步促进中小企业向国际化迈进并在海外运营中遵守市场规范，国家发改委会同外交部等相关机构于 2018 年 12 月发布了《企业境外经营合规管理指引》。接着，自 2019 年年初开始在全国范围内的市场监督系统推广使用"双随机、一公开"作为主要的管理手段来提高市场的透明度及优化营商环境以降低企业成本，同时增强企业的自律意识，从而减小过度的行政干涉对于普通企业日常运营的影响程度。例如河南省政府就非常重视改革创新工作，并且大力支持工商注册流程简便化的政策举措；其把原本由 23 家不同单位负责审批颁发的 35 种许可证合并成一张包含全部必要信息的新版营业许可证书，申请人一次性提交所需材料后即可领取，且采用上述提到的新型监管方法有效地避免了一次又一次的多方审查或无谓的工作，干扰现象的发生率大幅下降。据统计资料，2019年上半年，整个河南省新增设立的市场主体已达73.8万户，比去年同期增长23%左右。而目前全省范围内已经存在的各种类型的市场主体达到了632.2万户，同比增幅高达17.9%。这些数据充分证明，这种新的管理办法得到了众多商户的支持，而且其带来的效果也是显而易见的。它极大地鼓舞着各类型民营企业去大胆尝试开拓更广阔的发展空间。

③支持对外贸易

跨部委协作发布文件，使中小企业的国际贸易更加方便快捷，旨在改善跨境交易过程中的三个关键领域：首先，提出四项举措以简化和加速货物通关程序，目的是到2019年年底建立起一条高效的“绿色通道”，确保农产品和其他出口产品的顺利过境；其次，增强商业港口的信息技术能力，向所有类型的经济实体（如中小企业）提供一站式的海关物流资讯服务，并要求每个港口都设立在线办事窗口，从而减少了中小企业处理出口事务所需的时间；最后，降低口岸收费金额，加强进口与出口环节的收费监督检查，并对一切违法收费的行为进行严肃惩处。

对关键的出口行业给予支持。2019年，商务部办公厅等部门发布了《关于组织申报2019—2020年度国家文化出口重点企业和重点项目的通知》，财政部等部门发布了《关于继续实施支持文化企业发展增值税政策的通知》，目的是助力文化和创意企业的进步。各地需按照规定筛选出满足优先资助标准的企业或项目并上报给中央部门，而被选中的主要产业项目涵盖了文创产品的出口服务平台、文化产业的外汇投资和跨国公司的合营项目等领域，同时也包含其他的核心产业。

协助中小企业进入全球商业领域。于2019年6月24日在广州举行的第16届中国国际中小企业博览会，构成了国内及国外中小企业的展示、交易、交流和协作的舞台，推动了中企与海外尤其是“一带一路”国家企业的商务往来，有助于中国中小企业迅速加入世界产业链条之中。这次活动被视为专用于支持中小企业拓展市场的重大国际展览，总共有7315个符合标准的展位。

（5）人才扶持

在新近修订的《中华人民共和国中小企业促进法》里，已清晰阐述了国家支持有关机构为中小企业的员工技能提升、运营管理等方面提供服务，同时还支持设立专门用于培养中小企业员工的实习场所，鼓励中小企业与科研机构和高等院校开展互动合作，具体的支持措施可以归纳为两个部分：

①人才培训

2019 年 5 月，国务院办公厅发布了名为《职业技能提升行动方案（2019—2021 年）》的文件，要求对职工等群体开展有针对性的职业技能培训。同时，为了提高中小企业的运营与管理质量，工业和信息化部办公厅于 2019 年 5 月发布的《关于做好 2019—2020 年度中小企业经营管理领军人才培训工作的通知》中明确规定要开展中小企业经营管理领军人才培训活动，目标是使经过专业培训的中小企业经营管理领军人才的数量不少于 1800 名。这个责任被分配给了多个相关部门，进行了全面且严格的选择过程后，最终确定下来的是高校及业界行业协会作为主要教育提供者，组成了教师团队。河南省的中小企业经营管理领军人才培训班由北京理工大学具体执行授课安排。在一年的时间内完成全部的学习内容之后，参与人员可以获得当地人才奖励。中小企业员工培训目标与计划见表 2–5。

表 2–5 中小企业员工培训目标与计划的详细列表

目标	计划
加强企业员工技能提升和岗位培训	协助中小企业制定系统的员工实践培训计划，组织与岗位需求和发展相匹配的专业技能培训课程，开展各类学习与实践活动，提升高水平技能人才培训力度
引导各类龙头企业和培训机构协同开展职工培训	帮助困难中小企业进行转岗转业培训，全面实行新型现代学徒制学习实践方案，计划三年培育出 100 万名新型员工
支持中小企业建立员工技能培训中心	帮助中小企业建立人员技能培训中心，与职业技术院校协同建立实训中心、教学基地，力争培育出一批符合标准的产教融合型企业
扩大企业培训基础设施建设	升级改造设施设备和实践基地，设立一批产教融合型培训基地，同时采用“互联网 +”等线上培训模式

数据来源：对《职业技能提升行动方案（2019—2021 年）》的概括和整理。

②人才资金扶持

首先是税收优惠措施：根据《关于企业职工教育经费税前扣除政策的通知》规定，从 2018 年度开始允许一些企业将纳税成本用来资助组织内的职业人员参加教育培训；此外，企业发生的职工教育经费支出，不超过工资薪金总额 8% 的部分，准予在计算企业所得税应纳税所得额时扣除，超出部分在下一年度结转扣除。

其次，关于专项基金方面，于 2019 年春季，由科技部火炬高技术产业开发中心、中国国际人才交流基金会和北京法政实业集团有限公司三个主体联合创建了“中国高新区国际人才发展专项基金”。起初，北京法政实业集团捐献了一千万元作为其初期资本金，并且预备继续筹措共计十个批次的钱财以达到捐献一亿元人民币的目标。这笔钱主要用于资助的项目类别包含：对企业的员工实施全球化的训练课程；举行涉及人力资源的相关跨国互动会议及竞赛等；开展具有世界级水平的企业家大赛等；吸引来自海外的优秀企业家或者优秀创新人才加入团队工作或参与事务管理等工作。

最后，在财政资助领域，根据《国务院关于做好当前和今后一个时期促进就业工作的若干意见》，政府提倡为就业压力较大地区失去工作的人群提供无偿的创业运营场所。支持困难企业开展职工在职培训，所需经费不足部分经相关部门审核合格后，可由就业补助资金予以适当支持。同时，对在职员工技术技能提升补贴申领条件也做了修改，把之前需要连续缴纳三年以上失业保险的要求降低到了一年及以上。

（6）科技创新扶持

依据《关于推动民营企业创新发展的指导意见》，增强对私营经济的支持力量，采取多种措施来助力其发展，包括推进科技创新成果的应用、设立科技型创业基地、在学校中设立研究机构和举办“双创”活动等，以此来鼓励中小企业进行技术开发与创新，并将其转化为实际生产力。具体的支撑策略可以概括为如下几点：

①支持科技企业孵化器政策

2017 年，科技部出台了新制定的《国家科技企业孵化器“十三五”发展规划》，提出要进一步加强对创新型企业的支持。该方案专注于产业培育，特别是集中力量去培养一些新兴的高端行业，如互联网、云计算、生物医药、机器人与智能制造、新材料、现代农业、航空航天等战略性新兴产业。而河南省则发布了《河南省科技企业孵化器发展三年行动计划》，对提供科技企业孵化器场地以及建设各类服务平台，从发展目标、整体布局、重点工作等方面都做出了要求。

支持科技企业孵化器的具体策略包括税收优惠及制订运营计划两项措施。2018 年 11 月财政部等部门发布《关于科技企业孵化器、大学科技园和众创空间税收政策的通知》，该文件规定，自 2019 年 1 月 1 日—2021 年 12 月 31 日，对于得到国家级认证并用以培育科技创新公司的各类实体给予部分所得税减免待遇。相关部门应通过三个方面的途径来推动中小企业的发展：首先是促进具有特点的企业朝着专门领域转变与提升；其次是以大型制造商为基础建立不同规模企业融合发展的服务平台；最后则是创建“投资 + 孵化”的资本集聚型载体。

②知识产权保护

2018 年 12 月 7 日，国家知识产权局正式发布了《关于知识产权服务民营企业创新发展若干措施的通知》（以下简称《通知》），该《通知》从支持知识产权服务业发展、推进知识产权便利化服务、加强知识产权信息公共服务以及提高民营企业知识产权意识等十个方面详述了如何服务民营企业创新发展，旨在全面保护中小企业的知识产权，确保它们的创新成果得到应有的尊重与保护。《通知》特别指出，为加快知识产权质押融资的进程，相关地方需在 2018 年年底前完成相关活动的举办，各知识产权运营服务体系建设重点城市 2018 年知识产权质押融资额增幅应超过 20%，其中中小民营企业项目数应占总体的 50% 以上，以充分激发中小企业的创新活力。在资金支持方面，中央财政对知识产权运营基金的投资额度也实现了显著增长，2018 年新增投资金额超过 2 亿元。此外，《通知》还将对民营企业的投资份额作为基金绩效的重要衡量指标，确保投向民营企业占比不低于 80%，以凸显对民营企业发展的重视。加大民营企业知识产权人才培养力度，《通知》要求各地方知识产权局针对民营企业开展培训活动，2018 年底前，各省（区、市）面向民营企业确保培训不少于 100 人次。各知识产权强省试点省、示范城市面向民营企业培训 200 人次以上，以全面提升民营企业在知识产权管理、保护和应用方面的能力。

③产学研一体化

根据《国家中长期科学和技术发展规划纲要（2006—2020 年）》这一指导方针，需要把企业的需求放在首位并通过促进高等院校、科研机构的协同创新来实现突破；同时要努力实现“到 2020 年，我国科学技术发展的总体目标”：进入创新型国家行列，为在本世纪中叶成为世界科技强国奠定基础。基于此理念，教育部等部门于 2019 年 3 月发布了《建设产教融合型企业实施办法（试行）》，旨在推动成立一批深度参与产教融合、校企合作的企业。同年 8 月的另一个重要举措是发布了《关于新时期支持科技型中小企业加快创新发展的若干政策措施》，其支持科技型中小企业应主动参与龙头骨干企业、高校、科研院所牵头的项目，组建创新联合体“揭榜攻关”。

2018 年 6 月 15 日，河南省中小企业与高等院校、科研院所产学研合作对接活动在北京举行。此次活动有来自全国各地共计 78 家著名高校和科研院所参与。其中成功地达成了 127 项合作项目，签约金额达 13.23 亿元。这次活动的目标是扩大对包括河南省在内的所有省份的企业单位之间的技术研发协作关系网，并将此种联系扩展到整个国家范围内，从而吸引国内顶级名校、科研院所等。这些重量级的学校或科研院所加入进来，共同开展各种形式的技术创新工作，以期达到推动我国整体经济发展的目的。

2.3.3 河南省对中小企业扶持效果分析

（1）金融支持渠道拓宽

截至2016年年底，中原股权交易中心已成功吸引1041家企业挂牌，累计实现融资额高达3.06亿元。同时，该区域还拥有334家融资性担保公司，这些公司的注册资本总额达到了370.73亿元。此外，小额贷款公司数量也达到了296家，从业人员共计4237人。值得一提的是，河南省中原小额贷款有限公司的注册资本在河南省内小额贷款公司中名列前茅。随着这些金融机构的不断发展壮大，中小企业获取金融支持的渠道也日益增多，无论是线上还是线下，金融服务的综合可获得性都在不断提升。

（2）银行业信贷投放增强

自2016年浙商银行股份有限公司郑州分行成立以来，已有12家国内主要全国性股份制商业银行进入郑州市并完成了布局；截至2016年年底，全省范围内的信托业组织的小微企业的专门服务点与专营店已经接近800处。据中国人民银行发布的《河南省金融运行报告（2017）》显示：2016年河南省社会融资规模累计新增6823.6亿元，比2015年同期增加1067.8亿元，增长率达到18.56%。

（3）财政支持力度加大

2010年，河南省以省级小型商业银行作为基础平台，同时吸纳公共及私人投资者的参与，成立了“河南省中小企业担保集团股份有限公司”（后更名为“中原再担保集团股份有限公司”），其归属于省政府管辖之下，且受河南省工信委监督指导，由河南省财政厅负责国有资产监管，为全省体系内中小企业信用担保机构提供增信和再担保，为重点中小企业和项目提供担保。

（4）政府与金融部门合作不断深化

自2015年起，“银税互动”计划被引入整个河南省，以支持小微企业的成长；河南省内的32家机构性商业银行及4家国家级商业银行的代表已同税收管理机关签署了协议，通过分析企业缴纳所得税情况的信息数据，向它们提供小额融资，总计约43.96亿元。从2016年起，由河南省工业和信息化委员会等共同举办的政府和银行等担保业者间的接洽会已经进行了几百次，涉及的参展方包括数目众多的各类规模较小的经营实体，由此产生的新的借款金额也达到了逾千万人民币级别。此外，中国工商银行股份有限公司郑州分行和建华信用社分别于去年年底正式启动了一项名为“银政联盟”的项目：前者的目标是借助当地行政主管当局的力量推动其业务拓展步伐，加快脚步的同时，还可获得更高的收益率；而后者是在相关政务主管部门设立专门的服务窗口，方便那些有需求的新开张或正在筹备中的商户能够快速完成营业执照等的手续流程，并且还能享受到更为便捷的一站式服务等。

（5）扶持效果的数据分析

①河南省中小企业数量分析

从 2014 年到 2018 年，河南省中小企业的总数呈现上升态势，然而这种稳定的发展状况却伴随着一些担忧和挑战。受到全球及国内经济发展环境的影响，这些中小企业面临着较大的经营风险；特别是在 2016 年，它们的规模出现了下降的情况。到了 2017 年，整体情况才开始逐渐好转并快速发展起来，尤其是在关键绩效指数上有了显著提升。而至 2018 年，这一增速有所放慢且趋于平稳状态，这表明当地政府推行的支持措施成功激励起初创者们的积极参与与创新精神，同时也反映出该地区对中小企业的帮扶策略能在早期阶段产生一定成效，见图 2–4。

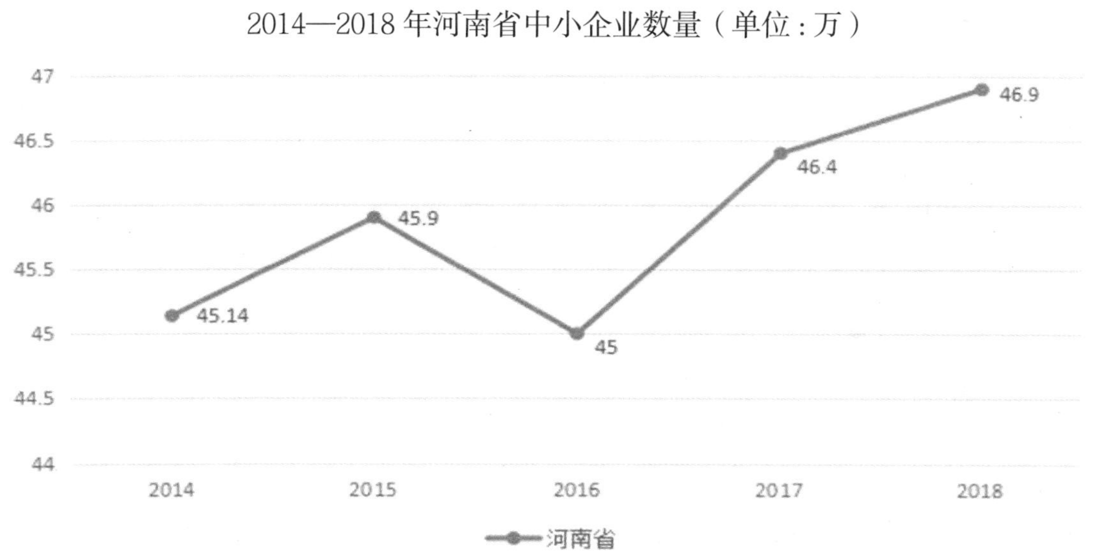

图 2–4　2014—2018 年河南省中小企业数量变化走势图

资料来源：河南省人民政府官网。

②河南省中小企业发展专项资金分析

河南省中小企业发展专项资金主要涵盖了四大领域：第一种是对中小企业贷款担保费用的奖励补贴；第二种是针对中小企业创业创新中心的资助；第三种是以创建独特平台来促进中小企业创新创业提升的补助资金；第四种则是“创客中国”中小企业创新创业大赛的奖金。从 2016—2019 年间，河南省政府分派给这几个领域的总金额总体呈现增长的趋势，然而在 2017 年、2018 年两年内，其拨款相对有所下降，且相比于其他省份而言偏低，见图 2–5。

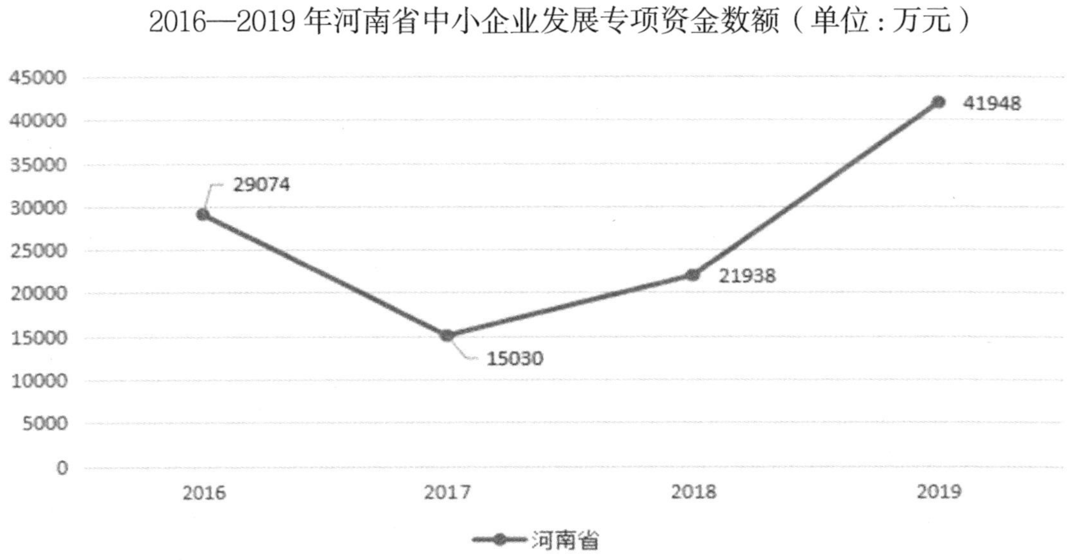

图 2–5　2016—2019 年河南省中小企业快速发展专项资金总额变动趋势图

资料来源：中华人民共和国财政部官网。

③河南省国家级及省级科技企业孵化器的数据分析

2016—2019 年，河南省国家级和省级科技企业孵化器的数量呈现出持续增长的态势。其中，国家级孵化器实现了稳步的扩张，而省级以上的孵化载体更是增速迅猛，这说明中小企业孵化器相关政策的落地效果颇为显著。到了 2019 年，河南省国家级双创载体的数量达到了 106 家，这些载体在当年共为 27868 家在孵企业及团队提供了服务。其中，大学生科技企业占据了相当大的比例，达到了 9331 家，高新技术企业也有 487 家。这些在孵企业及团队为社会提供了近 22.98 万个就业岗位，并积累了 36395 项有效知识产权。值得一提的是，当年有 1716 家团队及企业成功获得了投融资，获得投资总额高达 14.12 亿元，见图 2–6。

图 2-6　2015—2019 年河南省国家级和省级科技企业孵化器总量的变动趋势图

资料来源：河南省科技厅官网。

④在河南省政府公共服务示范平台上的应用分析

被认定为中小企业公共服务示范平台的是那些专注于“双创”（创新与创业）并致力于满足中小企业的共同需要，同时向它们提供包括信息、技术、创业、培训、资金支持等多种服务，具有支撑和示范带动作用的服务平台。河南地区获得此项荣誉的平台数目呈现稳定上升趋势，预计不久后会突破 100 个大关，这也表明这些公共服务平台已经得到了市场和社会的广泛认同，而这一成果离不开政府对这类平台的支持政策，见图 2-7。

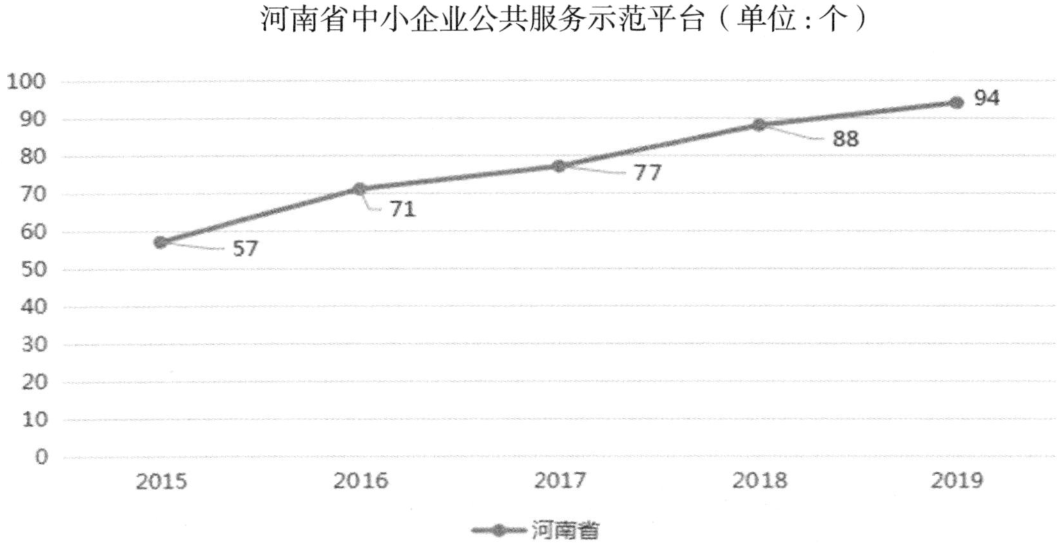

图 2-7　2015—2019 年河南省中小企业公共服务示范平台数量的变化趋势图

资料来源：河南省工业和信息化厅官网。

⑤河南省中小企业进出口量统计分析

尽管受到全球贸易摩擦的影响，但在2017—2019年，河南省小型企业的进口和出口量仍然呈现出显著的上升趋势，约占据了该省份对外贸易总量的三分之一。受益于“一带一路”倡议的支持，河南省小型企业向相关国家的出口速度提升45%以上，表现出强大的发展动力，并且2019年有6974个中小企业积极参与到这一过程中来，较2018年增加了997个，同比增长17%。此外，进出口额达1亿元人民币以上的中小企业已达243家，同比新增了57家，增长率高达31%，见图2–8。

图2–8　2015—2019年河南省中小企业进出口额变化趋势分析

资料来源：河南省人民政府官网。

通过上述数据研究可以得出以下四点结论：首先，河南省政府的支持措施在推动中小企业发展中发挥了关键作用，激发了企业家们的创新精神；其次，由于政府的支持，出口型的中小企业得以拓展国际市场并增加出口量；再次，现有的政策实施良好且产生了一定影响，具体表现在每年不断增多的公共服务平台及科技企业孵化器；最后，政府对中小企业的支持政策仍有改进的空间，相较于其他地区，河南省的中小企业规模扩张不够稳定，同时，拥有国家级科技企业孵化器的数量也相对较少。因此，政策的影响力还需继续加强。

2.3.4 河南省对中小企业扶持存在的问题分析

在梳理河南省中小企业扶持政策时，一个值得关注的议题是：河南省中小企业的融资状况是否有所改善。这些企业能否从信贷融资中获取到所需要的资金，并且是以合理的成本获得这些资金的。

一般情况下，当对等条件下的中小企业经过不同类型的银行审核批准之后，国营的大型商业银行提供的贷款利率会比地区性的中小型银行更低，同时，各种类型的股份制中小银行为其提供的贷款利率则处于中等水平，这可被视为中小企业的银行信用借贷利率的一个象征。为了深入探讨公众所关心的中小企业的融资费用问题，从股份制银行的中小企业借款人样本中挑选出 58 家进行了研究并计算它们的财务负担，这些样本按照企业大小分类如下：有 9 家中型的、34 家小型的、15 家微型的。根据行业的不同，也做了区分：其中 15 家批发与零售业务企业，占总数的 25.86%，13 家制造商，占总数的 22.41%，这两种企业的数量位于调查样本的前两位，充分体现了河南省中小企业的行业特征。此外，在调查过程中还特别关注到了高科技企业，它们在调查样本中占据了 13.79% 的比例，见表 2–6。

表 2–6　调查对象样本数量表

	调查涉及中小企业个数（行业占比 %）			
国民经济行业划分	中型	小型	微型	合计
农、林、牧、渔业	1	1	——	2（3.45）
制造业	——	11	2	13（22.41）
房地产及建筑业	1	6	5	12（20.69）
批发和零售业	5	5	5	15（25.86）
服务业	1	3	1	5（8.62）
高新技术行业	——	6	2	8（13.79）
其他	1	2	——	3（5.17）
合计	9（15.52）	34（58.62）	15（25.86）	58

（1）河南中小企业融资情况

①企业资金需求度的问题

从宏观角度来看，区域内的经济构造影响着各行业的企业数目，而这些企业的规模大小则直接关系到其所拥有的贷款量。同时，政府为推动当地产业体系的优化与提升，也会造成该地区的产业变革，进而对新发放的贷款产生相应的影响。作为中国的一个重要农业省份，近年来，河南省不仅确保了粮食的稳定供给，还致力于寻找新的发展方向来促进经济增长，并为此建立了许多产业发展园区，专注于高科技制造、现代化服务和新型农业等领域的中小型企业的发展。河南省的主要贷款对象为传统的工业企业和新兴的高科技产业，数据分析显示：2016 年全年的中小企业贷款中，制造业、商业贸易、农业、林业、畜牧养殖业等领域占据了超过一半的比例；而在同一年内，新增的贷款大部分都投入了商业贸易、租赁和服务、公用事业等方面，占据比例达到了 70%。

从微观角度看待这个问题时，通常会得出的结论是：相对于大国企来说，私营的小企业更难获取来自商业银行的支持——这是在参加“政策落实进万企”活动期间所观察到的现象的一部分（该项调研是 2016 年开展的）。通过调查发现，在 2015 年“银企对接”活动中参与调查的中型、小型、微型企业银行融资满足率分别为 82%、67%、57%，这些数据表明，随着企业业务体量的减小，它们能从中获益的机会也随之减少，它们的资金空洞程度也扩大了。尽管已经经历了多次制度变革，但是那些主要由国家控制或者说由政府持股的各大银行依然保持着它们同国有实体之间那种无法割舍的关系状态，这种相互依赖的状态使得它们在向私人所有权占主导地位的中小型企业提供资助的时候显得有些力不能逮。一些地方性财务组织则通过采取区别对待的方式来实现目标任务，从而避免跟拥有庞大资产基础，而且是以公共利益为中心的国家主流银行发生直接竞争，同时，还因为其在当地有着深厚的根基，所以可以更好地了解这个地区各个方面的发展状况，因此也就更容易去适应这类拥有“短、小、急、频”的鲜明特点的市场主体的需求变化趋势。

②企业融资成本问题

企业承担着运营风险，银行会因为其风险回报率而在选择放款对象时表现出对于特定企业的偏爱。这种现象可以从各类企业获得贷款时的利率差异上看出。通常来说，相较于国有大型企业，那些小规模的私营企业，它们成功获得了贷款之后，它们的业务也可能会受市场的变动或者管理者能力的不足等因素的影响，从而无法按时还款，这可能引发银行贷款逾期的情况，并最终形成银行的不良信贷资产。因此，银行更愿意把信贷资源投入拥有政府稳定支持或被列入国家预算监管范围内的国企，这些企业的安全性和未来的收入保障都更为可靠。统计数据表明，随着企业规模的增大，贷款利率呈下降趋势，具体而言，中等规模企业的贷款年利率为 5.54%，小型企业则达到了 6.17%，最小的微型企业更是高达 7.47%，总体来看，中小企业平均贷款利率（以年度计算）约为 6.41%。

银行通常会依据特定企业的信用等级并结合国家的整体经济状况来决定是否给其

提供相应的金融支持。比如近年来，河南省内城市尤其是郑州市的房地产资产价格急剧上升，引发了大量的投资活动，这使得与房地产生态链相关联的企业如地产公司和小规模建设公司的融资得到了政府层面的支持。而对于那些传统的生产型或农业类的小微企业来说，它们的产品相似度高且易于被外部条件所左右，同时，它们自身的经营能力也较为薄弱，因此这些类型的企业往往会被视为具有较高的违约可能性的群体。此外，一些新兴的高科技小微企业因为处于创业初期阶段，可以用来作为担保物的有形财产资源有限，并且利润周期比较漫长，所以它们在获取资金时常常需要支付更高的利息。据调研结果：相较而言，工业制品制造商、房屋开发及其附属工程施工单位还有新科技创新型企业借款时的平均利率要高于其他类别的一些实体（详见表 2–7 的数据）。

由于大型国有银行资金充裕且主要负责执行政府扶持小微型企业的策略，因此其对于小微型企业的资格审核相对严苛，同时提供的贷款利率也偏高。那些小型商业银行往往拥有较少的资本和更高的运营自由度，这导致它们的贷款利率高于大型国有银行。基于调研结果，笔者认为河南省小微型企业的借款利率应该介于 5.5% 至 9% 之间，如果考虑上抵押物估值与融资保证金所需支付的额外费用（如 1.5% 至 3.5%），那么实际的借贷成本可能会更高一些，在 7% 至 12.5% 左右。此外，统计数据显示，河南省的大中型民营企业的平均收益率为 7.62%，所以有可能这些企业的盈利不足以弥补借贷成本。值得注意的是，除了银行贷款利息外，河南省的小微型企业还需要支付诸如贷款延期还款手续费、公司税收、员工薪资和社会保障等其他的开支，这也使得它们的总体财务压力进一步加大。

表 2–7　按企业所属行业划分利率情况表

国民经济行业划分	年化平均利率（%）	样本数（个）
农、林、牧、渔业	6.5	2
制造业	6.7	13
房地产及建筑业	6.9	12
批发和零售业	5.7	15
服务业	5.3	5
高新技术业	7.2	8
其他	5.4	3
总计	6.4	58

③融资的经验教训的研究分析

近年来，许多人发现中小企业面临着贷款艰难且成本高的问题，这是因为它们相较于大型企业的劣势较为明显：它们在市场上没有足够的力量去获得足够的资金来维持运营。然而也必须意识到的是，现在已经进入了利息自由的市场化时代，对于大多数中小企业来说，银行的贷款条件应该是可以被理解的。多次调整降低中小企业的借贷利率后，使得我国的中小企业能够更好地应对来自市场的挑战并且保持稳定发展态势。因此，当在讨论如何有效地实施相关的有针对性的财政援助方案时，需要考虑到的不仅仅是那些直接相关的财务手段本身的影响力，还需同时关注其他可能存在的因素，如税收制度和社会保障体系等所带来的间接效应，比如增加一些必要的手续流程或者额外收取一定的管理和服务费用从而导致整体上实际支出金额有所上升。另外，当前全球宏观形势的变化、行业内竞争加剧导致的盈利能力下降也会给这类实体带来额外的、沉重的生存负荷。

各地区的行政部门对于其所在地的经济发展承担着关键的责任，这包括确保 GDP 持续上升，河南省也是这样。面对全球经济放缓和中小企业的经营困难，河南省的地方政府必须保护并促进当地中小企业的发展，并在全国性的供需调整政策环境下推动本地产业结构优化。另一方面，河南省的地方政府还面临着国企改革、减少过剩产能等问题，这些问题不仅影响了相关大型企业的转型与整合，而且也涉及了大量的银行业贷款资金，这对河南省的金融稳定产生了重大影响。

从这个角度来看，这种现象可能影响地方政府对金融资源的分配，这是各方利益主体之间的互动所导致的。然而，市场更注重效益，并通过竞争来筛选出落后的参与者。在社会主义市场的经济环境以及金融改革和稳定的需要之下，河南省的地方政府无法再采用过去的计划经济理念和方法，尤其是在经济状况恶化时，它们应避免对金融机构的行为进行人工干涉。针对一些短期内遇到困境的企业，可以利用银行“贷款收回、减少放款”的通知机制和债务人委员会制度，持续提供财务援助，协助它们渡过危机。但是，在市场竞争的环境里，众多的中小企业最终会在不断地挑选过程中被淘汰掉，这些企业只有逐步提升管理水平，规范自身的经营方式，才有可能成为推动河南省经济发展的核心动力。

（2）河南在金融支持政策的执行中存在的问题

在国家推出一系列针对中小企业的金融援助政策之后，河南省根据自身的经济发展状况，在地方政府和金融监管机构的引导下，稳步实施了这些政策。尽管已经取得了某些成果，但也存在一些问题，这些问题对政策初始预想的效果产生了影响。

①政策落实执行不足

一是政府未能完全履行义务。一些已发布的政策因地方政府自身的因素而被搁置。以河南省为例，尽管该省已经在贷款风险赔偿制度上取得了一定的进展，但各地市的执行情况却有所差别。那些财政能力相对薄弱的地方政府，往往会因为风险赔偿基金的延迟实行或设定数额过低等问题导致政策效果实质性的削减，与初始设计的方案相去甚远。

二是关于实施后的效果问题。一些在开始阶段被大力推广和关注的项目（比如通过召开记者招待会等方式引起社会大众的高度重视）到了后期却渐渐失去了动力与活力。以公众数据分享为例：虽然已经建立了公开的数据库并吸引了众多用户加入使用，但在一段时间之后，人们对它的兴趣明显下降；再者就是数据库中的内容并未持续更新——许多由政府机构负责更新的重要资料并没有按时上传到系统中去，导致无法实现其预期作用。

三是在第一种情况下，现行的政策法规无法完全符合市场需要；再者，看一下河南省关于信用担保赔偿制度的具体实施过程中的问题——一些银行业务人员表示这个流程相当冗杂且烦琐，从当地财务部门到相关监管单位都需要经过严格审查和挑选才能获得这笔款项（用于弥补因向小型及微型企业放出的借款产生的损失）。然而实际上，银行能得到的风险保障金额却远低于不良债务总数。此外还有一种现象就是许多小的创业实体都抱怨它们并没有享受到任何针对它们的优惠措施，比如优先购买权等。

②主动服务意识不强

一是政府的工作效率有待提升。在实施政策的过程中，某些政府机关如行政审批和综合服务部门并未提供全面、连续和有效的服务。以河南省为例，许多小型企业的贷款资格认证等问题常常被搁置而无法解决，即使这些企业已经满足条件并反复提交申请，但依然未能获得认可。此外，有些单位并没有积极地与银行分享它们拥有的关键信息，提供的数据过于简化并且更新频率不够高，也没有按照已签订的合约条款来操作，而且银行主动沟通之后也遭遇困难，这进一步加大了双方的信息差。

二是政府通过行政指令的方式介入。据采访得知，河南省的大多数地方政府会对各家金融机构设定诸如增加贷款数量之类的目标并在年终公布排名。个别政府工作人员会要求银行机构为那些未达到风险控制标准的中小企业提供资金支持。金融机构因为考虑到当地政府的责任和为了维持与它们的关系，给予这些企业贷款支持。

三是金融机构的社会责任感不足。一些金融机构仍然保持着旧有的思考模式，为中小型企业提供服务的意识并不强烈。在金融产品的开发过程中，各家银行之间存在过度抄袭的现象，尽管它们关于中小企业信用贷款的产品可能命名有所差异，但是其主要的功能却相差无几，呈现出严重的同质性和相似度。此外，它们在计算中小企业贷款量时，也把一部分并非针对中小企业的借款业务计入其中。至于在如何减轻企业融资负担这一问题上，它们并没有表现得十分主动，反而更倾向于维护自身的商业利益而非承担更多的社会责任。

③地方政府管理缺失

一是关于融资性担保的管理存在漏洞。在针对中小企业的金融支持措施中，部分金融创新措施的实施缺乏实际参考案例，这无疑增加了政府的管理难度，也潜藏了诸多问题。以融资担保行业为例，尽管河南省各地纷纷设立融资性担保公司，短期内看似缓解了中小企业的资金压力，但在实际操作中，由于初期审核机构，即当地工业和信息化部门的指导不够清晰或监管力度不足，这些本应具备严谨金融特性的担保公司，在河南多个地区逐渐偏离了其设立的初衷，给地区经济的健康发展和社会稳定带来了重大威胁。

二是对于中小企业的行业监管存在不足之处。由于中小企业涵盖的领域广泛且管理者质量参差不齐，因此有必要由相关政府部门与组织来加强河南省中小企业的行业管理。然而，现阶段河南的地方政府并未充分履行对中小企业的行业监督职责，导致部分企业无序运营、行业内垄断现象的存在，也有一些涉嫌偷漏税或者生产销售伪劣产品的企业未能得到及时有效的法律惩处，这使得银行等金融机构在选择客户时面临更高的费用支出。

三是对社会诚信氛围的营造不足。河南省内的部分县级区域内，地方法规对保护和维持金融生态环境的态度不够坚决，这使得中小企业的诚信水平并未得到显著提升。

④金融监管惩戒不够

一是主要采用指导性的策略来推动政策的目标达成，然而对违规行为的处罚力度却相对较弱。为了达到政策的目的，必须有适当的监督与制裁体系作为保障。当前“一行三会”河南分支机构在评估河南省内银行等金融机构对中小企业的金融服务时，主要是通过指导方式实施，但如果这些机构未能达标的话，它们可能会受到什么样的惩罚并没有明确的规定，这使得其执行性和适用法规基础都显得模糊不清。

二是当出现问题时，现有的综合管理方法无法有效解决。尽管已经在监督审查过程中加大了对河南省银行机构违规操作的惩罚力度，但在当前阶段，除经济制裁之外，针对被查出的问题，如针对其对中小企业的费用收取问题的强硬制裁方式仍然有限，惩治强度不够大，并且结合经济、政府及法律手段的方法相对较少，评估与责任机制的贯彻也未达到预期效果，对整个省内的银行业金融机构的影响并不明显，而且对其真正产生限制作用的力量也不够强大。

（3）河南中小企业金融支持政策实施问题的成因分析

①措施可操作性不强

一是策略的具体执行存在一致性问题。我国已发布了许多针对中小企业的金融扶持政策，然而大部分都只是概述性质的建议，只有当地区政府能够依据自身的实际情况对其进行详细化处理时，这些政策才有可能转化为实际操作。尽管河南省也制定了一系列关于中小企业金融援助的举措，但是其方案的内容却与中央的政策相似，很多情况下是在复制粘贴他人的做法，过于笼统并且缺少新颖之处。

二是职责未被详细分配。许多政策在实行过程中可能牵涉多个单位，因此有必要对各部门的工作任务做出清晰的规定。然而，当“一行三会”、财务部等相关部门共同发布的通知到达河南省或其下属城市之后，它们通常只是一字不变地将其转交给相应的派驻机构和行政机关，没有根据当地的具体状况做出明晰的解释，这导致政策施行时的针对性与实际性有所欠缺，银行和其他金融机构在接收到这些通知后，很难立即采取有效的行动来执行。

三是政策缺乏具体化执行。在实施政策的过程中，一些地市级别以下的政府更倾向于通过会议来执行会议决议，通过文件来实施文件，而缺乏后续的跟进和强有力的保障措施。在没有合理的硬性要求的情况下，政策的真正落实就无从谈起了。

②职能部门协调不足

一是缺少相关部门来推动河南省中小企业的经济支持策略实施工作。这项任务不仅属于银行业监督管理和相关商业实体的责任范围之内，还涵盖了当地各级行政单位的多项职责。为了给中小企业筹集资本而采取的一些保障手段，如保证金制度或产权证明等，都需与其他相关部门紧密合作才能真正实现政策目的。此外，要获得企业的财务状况的信息，就需要向相关部门请求数据以供参考使用。同时还需要第三方的投资中介服务介入，以便对借款的安全性和可靠度做出评估，从而达到保护投资者利益的目标。因此这个过程中的关键环节就是如何有效地整合各参与方的力量，使其共同发挥作用，而不是各自独立行动，导致效率低下的情况发生。

二是在政策的执行过程中，各部门之间的协作不足。河南省各地方政府和中央驻地金融监督机构已制定出许多针对中小企业的金融援助方案，这既构建了一个相对完善的支援系统，但也可能引发“多个管理者治理”的问题，从而增加了政策实行的费用。一些政策在实施的过程中，政府各个部门都已经发布了联合文件，并且清晰指定了主导部门与协助部门。然而，在这些政策的施行阶段，其他的辅助部门通常表现得消极被动，有时会出现拖延的情况，使得主导部门替代其他部门成为主要执行单位，独自承担起全部责任，但是这种单一推进的方式难以产生理想的效果。

③利益相关者的博弈

一是地方与中央的竞争。在这个由中央和地方组成的双层治理结构中，地方需要承担实施中央政策的责任，然而，当前的税收制度导致地方权力不足以支撑其职责，这使得地方政府可能通过非正式手段来影响金融机构，从而使金融资产被财政化。河南省作为一个主要依赖农耕经济的省区，经济发展潜力相对较低，因此，各级地方政府的财政收入状况并不理想，它们可能会把金融机构视为推动本地区基础设施发展和政府相关项目的助手。这类项目因有政府背书而贷款风险更低，所以银行也很愿意提供支持，这样就形成了银行与地方政府之间的“共同谋划”。

二是地方政府和金融机构之间的竞争。对于银行来说，其主要任务包括增加盈利并降低潜在的风险。然而，许多中小企业的信用状况并不理想，且它们的运营稳定性也存在问题。因此，当面临经济衰退时，这些中小企业可能会因为多种原因导致破产或关闭。从当地政府的角度来看，它们认为支持这类企业的成长有助于创造更多的工作岗位，带来更多的税收，这对区域经济的发展和社会安定是有益的。但是，银行为确保贷款的安全性和获得最大的回报，会尽量避免向高风险的中小企业发放贷款。在这种情况下，双方的目标产生了矛盾，这使得银行更倾向于把有限的资源投入安全的领域。

三是各地区行政机关间的竞争和冲突。根据社会管理的责任与任务来对各地行政机关进行分类，当一项针对中小企业的金融援助计划需要实施时，因为其执行过程牵涉各个部门的配合，因此往往会在拟定具体的策略之前征询相关部门的建议。然而，因各自领域的专业规范和部门利益的关系，每个部门可能都会就同一种政策的实行方式产生不同的观点。比如，关于土地担保能否用于贷款，还有税收数据和企业信用评级信息的分享深度和保密性的问题等，这些都可能会引起争议。

④政策环境因素影响

当前我国总体经济发展速度有所减慢，内需与外销也相应下降；河南省内的主要产业为传统的批发销售行业和工业制造，大部分缺乏足够的创造力且生产的商品价值较低、竞争优势有限。随着经济低迷的影响加深，许多中小企业正遭受运营方面的压力，同时，银行等金融服务提供者对企业的支援显著地受到经济周期的驱动：部分银行为应对风险，采取更为保守的态度并调整贷款策略。另外，由于部分企业的诚信水平相对偏低，再加上商业氛围的不佳，进一步加大了一些小微型企业频发的债务问题——这些企业原本就处于劣势位置上，因此它们很难得到来自金融机构的认同感。这种不利的环境条件使得尽管有大量的针对它们的扶持措施存在（尤其是由当地行政机关或财政管理组织所推行的措施），但是其融资状况仍然出现了较大的起伏变化，无法实现预定的发展计划。

2.4 中小企业高质量发展的困境与思考

2.4.1 中小企业高质量发展困境

近些年，中国的中小企业面临着内外部挑战的压力，包括全球化的竞争环境、国家经济结构调整及企业的转型等方面，使得它们的业务越来越艰难。如果不能迅速地转向高质量发展模式，它们最终可能会被市场所抛弃。中小企业的发展不仅依赖于良好的外部商业环境，而且依赖于自身的竞争力。接下来，将对这些中小企业存在的问题进行深度分析。

第一，缺乏创新科技能力导致企业无法持续发展。对于任何企业来说，科学技术的进步都是其存活和发展的关键因素。尽管许多中小企业都意识到了这一点，但它们仍然面临着一些挑战。例如，投资科研需要大量的高级人才和资源，并且这个过程可能耗时很久，短期内未必能看到收益。尤其是那些刚刚起步的中小企业，它们的规模通常较小，盈利水平也不高，而且市场的风险也很大，因此，它们在运营过程中所能使用的资金非常有限，这使得它们不能够大规模地投向研发领域。相反，它们更倾向于优先关注产品的营销以确保企业的生存，等到企业逐渐壮大并拥有足够的资本之后，才会开始重视科技的研究。然而，这种做法往往会因为研发经费和人力资源的短缺而使这些企业的科技创新能力相形见绌。如果不对科技创新给予足够多的重视，就很难实现长期稳定的发展，并且，在瞬息万变的市场中被淘汰的可能性就会大大增加。所以，如何加速科技创新已然成为众多中小企业必须面对的问题。

第二，缺少高精尖的产品使得中小企业很难进入市场的角逐中去。产品的质量和性能对于企业的生存至关重要；如果产品劣质的话，则会严重影响企业的发展。因为初期的小型制造商往往没有足够的资金购置高端的技术装备，所以只能自主创新以改善制作过程及提高产出效率等，这使它们在市场上具有更高的价值与吸引力，并在竞争的环境下争取一席之地。然而伴随着时光的推移，这些企业拥有了一定的经济基础后，却发现要开发新的科研项目或者更新升级现有的设施都需要更大量的投资，这让不少企业望而生畏，只好使用复制的方法维持运营状态，这样一来，这些商品就失去了自身的独特性和高质量，因此也就不可能满足消费者日益增长的需求，最终只会把销售范围缩减得越来越小。

第三，缺乏对外部环境的深刻理解和适应。为了使业务成功，这些企业必须对内部及外部环境有明确的了解，并且能够根据这种认知来设定适当的发展策略，才能更有效地利用所有可利用的资源。然而，大多数小规模的企业并没有意识到它们周围环境的变化，也没有足够的协调发展技能，这导致了它们的失败。比如，许多私营的小型制造业初创企业，在开始时由于资金限制，它们选择租用工厂而不是自己建造。另外，每个阶段的生产和营销都需要大量的投资，但还没有实现营收，所以缺少资金，想要向银行借款却无担保品；而如果寻求私人贷款，利率会非常高。因此，融资难题一直困扰着这些企业，使得它们在成长的过程中备感压力。有些中小企业因未能在各个方面充分运用可利用资源，导致融资受阻，现金流不足以支付成本或拓展市场，最终走向崩溃。

第四，缺少卓越的企业精神使得团队士气低落。企业的文化和其背后的驱动力对于企业的发展至关重要，它代表了所有员工的核心价值观念。唯有打造独特且优质的企业文化，方能使企业持续繁荣。为了实现高质量的发展，中小企业必须认识到，只有通过高质量的发展，它们才能够维持长期稳定的状态并在激烈的市场竞争中屹立不倒。然而，一些中小企业的创始人在理念上就反对创建企业文化，他们觉得首要任务就是迅速推销商品以获得利润。他们更倾向于实际操作而非追求空洞的目标，所以关于企业文化的讨论也就不存在了。另外一类中小企业的创始人尽管意识到了企业文化的重要作用，却因自身文化素养不足或整合能力有限，试图构建企业文化但不知如何着手。如果中小企业忽视甚至不能形成企业文化，那么它们的未来将会受到严重的影响：因为没有明确的远景规划、使命感、策略目标及有效的工作激励制度。这会导致员工失去信心，只满足于完成日常工作，并且表现得懒散、效率低下，进而降低企业的运营效率与长远发展的可行性。

第五，缺少公开和透明化的经营方式，使得构建有效管控体系变得困难。中小企业通常在初期阶段会选择避免设立规则以降低交流与交互费用，提升企业的运营效率。然而，当企业的规模不断扩张，人员增多，财务流动加大时，如若企业目标模糊不清，业务流程无序、关键资产分散、商业策略停滞、管理体制缺失等问题便可能开始凸显，从而给企业的长期发展带来阻碍。例如，企业内部分歧严重、组织结构松散、行政管理混乱不堪、成员对于正式的管理有反感、重要资源流失、业务衰退、市场疲软、产品品质下降等。如果遭遇经济低迷期，市场收缩，资金链断裂，这些问题将会全部浮出水面，让企业面临破产的风险。

第六，缺乏财富共享精神，难以留住员工与客户。员工与客户对企业的发展至关重要，缺一不可。如晋商通过身股制，即掌柜、伙计不用出资金，以能力与贡献入股，参与商号分红的方式，激励员工，调动员工的工作积极性，成就了晋商的辉煌。如今，我国很多中小企业，包括晋商身股制的发源地——山西省的中小企业，在利益面前，却抛弃了“晋商精神”，将股权高度集中。其实，大部分中小企业创始人明白其中的道理，但由于“小农意识”作祟，他们认为自己一手创办的企业不能和员工、客户共同分享。员工拿工资、客户用产品是天经地义的事，很难做到给员工配股、给客户分利，可以自利，但绝不利他。员工由于没有归属感，流动性自然就强了；客户由于没有企业的股份，认为与企业之间就是单纯的买卖关系，只要哪家企业产品性价比高，就和其合作；员工与客户和企业关系松散，员工离职率和客户流失率就始终居高不下，直接影响到企业的生存和发展。

2.4.2 中小企业高质量发展的思考

为了解决上述问题，中小企业必须采取一些策略来实现自我突破。只有如此，才能真正摆脱困境并最终达到高质量发展的目标。

（1）加强企业科技创新

高质量发展的目标在于提升供应品质。为了达到这个目标，中小企业必须强化科技创新，并在产品质量和品牌建设上下功夫。

第一，需要实现政府、产业、高校和科研机构之间的紧密合作，以此来提升创新能力并增加产品价值。这意味着各方需共享资源，充分发挥优势，促进科学技术的转化应用。对于中小企业来说，它们应该主动寻求高校和科研机构的人才资源，建立由企业主导的技术开发中心。借助这个平台，企业可以与这些机构共同申请政府的大型科技项目，争取获得更多来自政府的研究经费，以便填补自身的研发资金缺口。然后，企业应当强化与高校和科研机构的联系，充分利用它们的设施和设备，创建省部级或者国家级的核心实验室，作为基础，加大对高级科技产品的研究力度。最后，企业要成为主体，加速科技成果向实际生产力的转换进程。

第二，强化独立研究开发能力并创造高端优质的产品至关重要。中小企业应该自我激励，去提高产品的研发生产投资额，利用自身的努力来推动技术的进步，从而改善商品品质，进而刺激消费需求及增进企业的盈利水平，同时增强其市场知名度。中小企业需要立足前沿的高新领域，结合所有可能的力量，构建起一套有效的技术改进系统，并在高新领域的探索中保持强劲的发展势头，以此打破阻碍前进的关键性障碍，生产制造更高层次的新产品，并将企业的主导地位紧紧握在手心。追求高效能必须坚定地依靠创新，不然的话，就无法保证可持续性和生存空间，所以说创新才是决定微型经济体能否达到高度发达的标准的重要因素之一。

（2）提高企业产品质量

衡量中小企业是否高质量发展的一个重要的评价标准，就是看这家中小企业能否提供稳定且高质量的产品。因此，中小企业应该注重产品质量管理。

第一，需要全力、全方位推动产品质量控制。这种理念源自美国并深深扎根于日本，从改革开放开始被引进中国，现已变成一种世界范围内的质量管控方式。全面质量管理的定义涵盖了广泛的内容，其涉及的不仅仅是普通理解中的产品质量与服务，也包含了企业的全部运作流程、团队成员及企业架构等各方面。全面质量管理期望企业所有的高层管理者、中层管理者直至基层工作人员都要对产品质量有所了解，并且参与各类质量管理工作。构建基于规划、实施、监控、改进（PDCA）循环的基础上的持续优化的企业运营系统。小微型企业在初创阶段，除了需加强对产品的市场推广外，更应该积极推进全方位的质量管理，使每个员工都能明确意识到，产品质量是企业的命脉所在，唯有全员共同关注产品质量，加入质量管理行列，企业才能够实现可持续发展。

第二，引入“六西格玛模型”是非常必要的。这个概念起源于20世纪80年代末期的摩托罗拉，它是基于全面质量管理的进一步深化，强调的是通过优化活动来提高竞争力。“六西格玛模型”作为一种衡量流程的方法，既是推动组织文化转变的关键工具，更是一项能够促进企业质量流程管理升级至“零缺陷”的技术，形成一个全方位且有持续性的系统，旨在维持或增强企业的业绩表现。其主要目标在于大幅度减少质量成本，从而实现财务效益的增长和企业竞争力的飞跃。实行“六西格玛模型”的过程包括：找出核心的流程及重要客户需求；满足这些需求；评估现有的性能水平；设定改良顺序；执行分析并采取相应的改良步骤；推行“六西格玛模型”并对其实施整合。使用“六西格玛模型”有助于深入了解企业的运营全貌，注重产品的质量，努力打造良好的品牌形象，赢得消费者的广泛认可。对于中小企业来说，引进“六西格玛模型”，需要得到高管的支持，遵循“六西格玛模型”的实施路径，更要全体员工共同参与。如果中小企业没有优质的产品做保证，那么就无法拥有良好的口碑，也就无从谈论高质量发展了。所以，保证产品质量是中小企业走向高质量发展的首要前提。

（3）加快企业内外部资源协调发展

中小企业由于其资源和能力的限制，必须密切关注外部环境变化对企业发展的影响，并且需要充分整合内部和外部的资源，以便加速协调发展，如图 2–9 所示。

图 2–9　中小企业协调发展模型

第一，需要利用协同发展的策略来有效地调配外部的资源。对于初创期的中小企业来说，它们面临的最大挑战是缺乏足够的资金、市场和科技支持。然而，这可以通过对各种外部资源的综合运用加以克服。就资金而言，可以寻求合作伙伴，银行、股票交易机构或大型企业的投资，例如使用银行贷款、股权融资系统或者被大型企业控股等方式来解决问题。至于市场部分，要充分利用股权关系、网络技术的应用、教育内容的提供、服务的优化以及科技的核心力量，去大规模吸引优秀的分销商、零售商等，从而全方位拓展销售途径，推动产品的迅速推广。最后，关于科技的部分，应该积极争取来自政府、高校、科研院所、大型企业的资金、人力、设备、管理等方面的资源，加大科技创新能力，以此提升自身的竞争实力。

第二，借助协同发展来增强企业内的运营管理。要使中小企业从内控不足的问题中解脱出来，首要是效法企业家稻盛和夫的人文式领导方式并大力推广他的“尊崇自然，关爱人类”的原则。重视人性的核心价值观念，视企业的雇员为协作同伴而非仅仅是工作者；优化奖励制度，使得他们能主动地投入工作中去并且深爱着他们的组织。此外，还需要加大对职工的培训强度。利用教育手段全方位增强职员们的团体配合意识、职业技能水准、业务运作技巧及其对组织的认可感和忠实程度。通过内在和外部的同步成长推进企业朝高质量的发展方向迈进。所以说，均衡增长就是促进小型贸易单位实现优质化的关键力量之一。

（4）创建和宣传贯彻优秀的企业文化

中小企业如果想要在信息爆炸、变化无常的市场环境中保持竞争优势，并且能够维持长久的发展，那么建立和推广卓越的企业文化就显得尤为关键。

第一，需要致力于打造卓越的企业文化。对于中小企业而言，可以通过四个层面建立其企业文化（如图 2–10 所示）：一是在精神层面上。这部分涉及的是由企业的运营过程和社会文化的深远影响所塑造出的持久的精神及理念。其中包含了诸如企业愿景、使命和核心价值观等元素，它们构成了企业的整体思想体系。二是在行为层面上。这是指员工们在工作或休闲时的行为模式。包括公关规范、业务准则、客户服务标准和人际交往规定等。三是在制度层面上。这一层次代表着为了达到自身的目的，企业对其雇员的行为设定了某些约束性的文化因素。具体来说，涵盖了领导机制、组织架构和管理规则等方面。这种文化通常具备普遍适用且严格的行为要求。例如，工厂的工作程序、纪律条例、财务责任分配、绩效评估奖励等都属于该范畴。企业的规章制度层次为行动层次的实施提供了保证。四是在物质层面上。物质层次是由商品及各类实体设备所组成的，这是一种通过物理形式来展示的外部层次。它包含了企业制造的产品、工厂环境、企业的标志等。

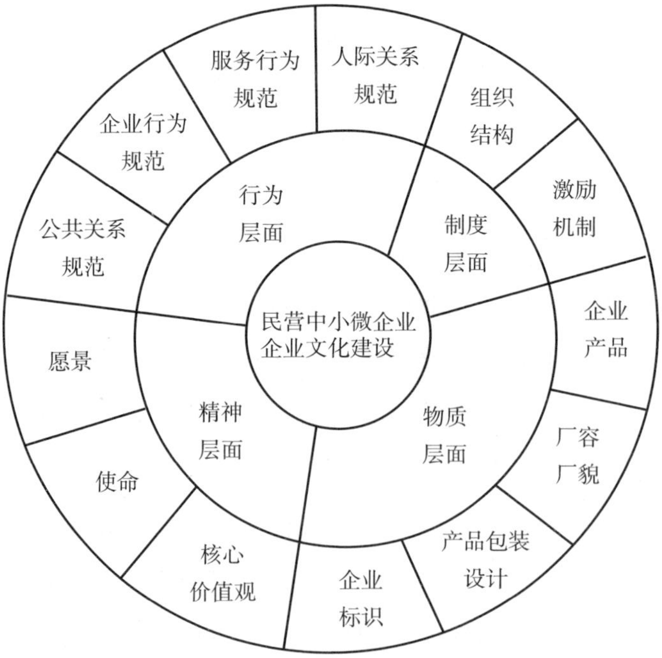

图 2–10　中小企业文化建设模型

第二，积极推广卓越的企业文化。卓越的企业文化建立完毕后，关键在于推广。中小企业需要通过各种方式将企业文化深入每位员工的内心。企业文化理念只有深入人心，才有存在的价值。中小企业的领导可以通过几种途径来推广他们的组织文化和价值观念：一是制作并分发一份详细阐述其文化的书籍；二是借助口号或歌谣使这些理念深入每个人的心中去；三是把企业的核心思想用醒目的文字展示出来，以供大家随时参考阅读；四是在各种媒体平台上广泛传播组织的核心理念，如微信公众号或者官方网站等；五是寻找一些模范人物作为榜样，让其他人效仿他们的工作态度和生活习惯，从而达到提升整个团队的精神面貌的目的；六是要不断更新知识体系并且持续强化对于新入职人员及现有人员的培训计划，以此确保每个人都能够充分理解且遵守这个机构的核心原则，进而提高整体效率，促进业务发展壮大，最终达成可持续的高质量发展目标。

（5）透明开放企业运营

中小企业为了保证持续发展，不仅需要塑造出卓越的企业文化，还需设定企业目标、规范运营系统、整合关键资源、创新商业策略并建立标准化的管理体制。

第一，确立企业愿景和优化经营流程至关重要；同时需要厘清关键资产并对现有策略做出调整来提升盈利能力。对于中小企业来说，第一步就是明智地制订企业的长远规划，确保所有投资者（包括雇员）都清楚了解未来方向——这有助于更好地协同工作，从而达成既定目标并且加速成长进程。第二步则是建立一套完善的操作体系，通过使用网络技术整合各个部门的管理功能，如销售与营销、会计核算、人力配置等，使之更加有序化且避免潜在的风险因素，以防影响整体业绩表现。第三步是要识别出自身的关键优势所在，并将这些有利条件转化为实际效益。第四步则是对现有的营运方式做进一步改进，以便更有效率地服务于消费者。

第二，应依据实际状况来构建符合自身需求的管理体系。首先，对于中小企业来说，它们必须完成清晰的目标设定、团队组建、信息收集及分析、深入研究、初稿拟定、全体员工参与讨论、修改初稿、通过试用阶段直至完全实施这一系列流程，以平稳地推动其发展进程。其次，中小企业应依照自身的成长需求，分阶段创建或优化如战略规划机制、年终计划体制、人力资源管理方式、制造过程控制策略、产品品质监控手段、科技开发管理措施、购买决策规则、财政预算方案、销售推广策略等一系列现代化管理规章制度。只有当这些制度能够与关键资产、经营活动、盈利模式紧密结合时，中小企业才能确保自身高质量发展。所以，公开化且透明的运作模式被视为促进中小企业快速成长的一种有效途径。

（6）实施财富共享，加快校企深度融合

中小企业如要持续发展，它们应致力于向社会提供服务而非仅专注于盈利能力的提升。这种以共享经济成果的精神来体现的企业价值观方式，不仅能助推社会进步，并且也能使自身更加发达。中小企业可以通过这样的方式去完成目标——即如何达到高效率的发展模式。

一是需要改善管理结构。从过去的所有权集中的形式转变到较为宽松的分配格局；积极推广内部职工或消费者参与投资计划，让他们成为股东（详见图 2-11）。这样一来就能激发职工们的工作热情，同时也有助于加强他们在组织内的认同感和责任心；此外还可以鼓励分销商或者大型零售店主等合作伙伴加入进来，一起享受这个过程带来的收益。

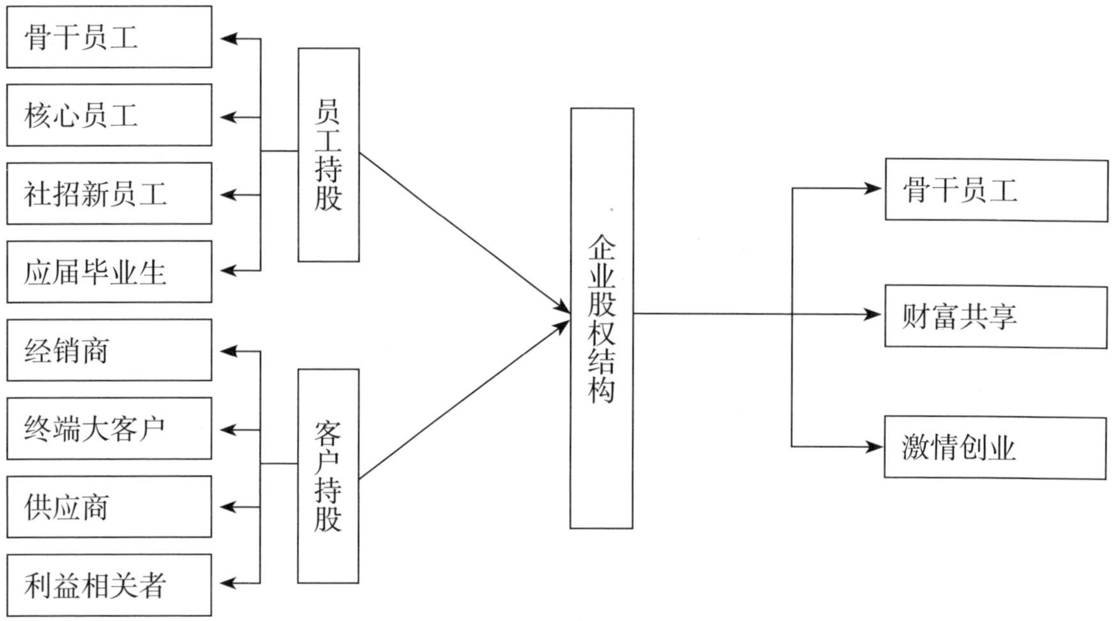

图 2-11　中小企业财富共享模型

二是要推动学校和企业的深入结合，以便培养出能支持中小企业发展的人才。对于中小企业来说，其高质量的发展需要依赖于人才的支持，这包括拥有足够的技术人才数量。与学校合作是满足这一需求的最有效且直接的方式。比如，如果一家中小企业想要利用资金运作、合并或收购策略等手段建立起产业集群或者大型企业，那么它不仅可以在维持业务效率的前提下提升规模效益，还可以采取以下方法：首先，从大集团的角度来看，股份分配应由中小企业主导，大学和其他有利方参与；其次，在分支机构方面，股份比例应该由大集团控制，其中大学的教职员工和学生及顾客也应当加入进来，共同创建创新型分公司（即产业学院）。另外，考虑到未来可能的上市计划，建议企业持有60% 的股份，其余部分则归属于大学教师、学生和客户（详见图 2–12）。此外，可以按照行业的专门领域划分（例如设立旅游集团时主要依靠各个高校的旅游管理专业的老师和学生），并在多个地方创立新的创业子公司一起成长，从而更快捷地进入股市中去。这个协作方式的主要优点包括：第一，它通过建立产业学院来解决雇主招聘培训的需求；第二，应届生作为企业的初始员工持有股份，这有助于他们同时实现就业和创业的目标；第三，该方案建议全国各地的相关领域的高等职业院校毕业生，共同创立新的商业实体，以满足企业的高速扩张需求；第四，参与其中的高等职业院校的教职工、应届毕业生及企业的新员工都拥有股权，从而有效地缓解了资金筹集困难且成本高的难题；第五，让应届毕业生担任企业的股东可以减少人才流失的风险；第六，对高等职业院校的教师实行股权制度，打破了传统体制和机制的限制，激励技术专家们投身于创新创业事业中，并提高了他们的工作热情；第七，激励客户也加入投资者的行列，为公司带来收益；第八，推动校园和企业的深入整合；第九点也是最重要的一点，此种策略能够提供一种自给自足的方式，解决了一部分产业学院运营费用的短缺问题。

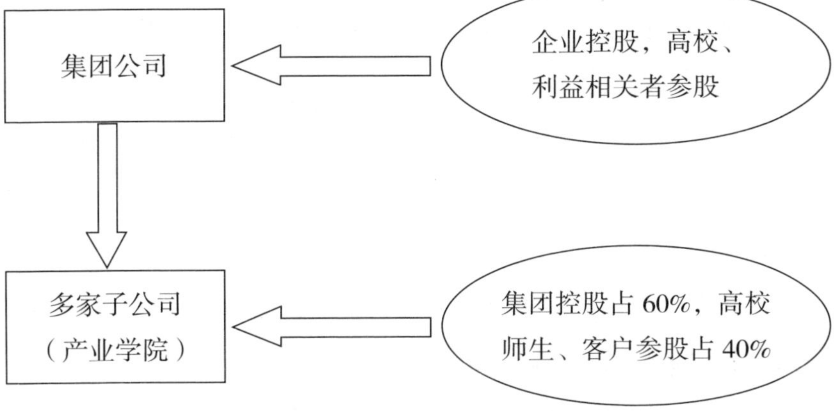

图 2–12　校企深度融合模型

（7）改善营商环境

2018 年民营企业座谈会之后，全国范围内都开始采取行动，制定了一系列支持民营企业成长的政策和措施，并积极地执行。这些具体政策和措施主要是为了解决民营企业融资的困难，并建立了针对中小企业的公共服务平台，以帮助中小企业应对当前的挑战。

为了缓解民营企业的资金困境，银保监会主席郭树清提出了“一、二、五”的目标计划，旨在推动大中型银行的三分之一贷款投向民营企业，同时要求中小型银行将其三分之二的贷款投放至这些领域；并承诺未来三年里，银行业的新增贷款有 50% 会被分配到民营企业。这项对民营企业的强力支持政策前所未见，但是它可能导致原本严格控制信贷规模的去杠杆化策略转变为过度宽松的信贷行为。相比民营企业的融资困难问题，更为严重的是它们的生产能力过剩和低效产出的问题，这需要通过创新来解决。虽然创新发展确实需要资金支持，但在没有足够市场灵活度的“一、二、五”金融改革下，它的实际影响还无法预知。

长期以来，各方都强烈主张彻底改善民营企业的发展环境，其中就包含了缓解民营企业获取资金难度大、成本高的问题，并消除对它们的市场歧视，以便于该类企业能够顺利成长。确保所有类型的财产权都能得到充分保障并且推动资源配置的市场化改革是提升民营企业生存环境的关键所在。然而，实际执行的情况又如何呢？实施得怎么样呢？

实际上，中小企业一直面临着各种难题与挑战。由于其内部能力不足以适应国内外的快速变革，因而当前其处境变得越来越艰难。也必须意识到近期在中国社会中出现的一些针对中小企业的负面的、消极的信息及氛围，这对它们的发展产生了不利影响，削弱了它们对未来的期望，并且进一步加剧了它们在生存方面的压力。

为保证中小企业在中国经济高质量发展中不会被遗漏，需要积极地构建对它们有利的生态环境。在这个关系到我国主要经济体制的进步和稳固的关键点上，对于所有权和财产权的问题的新理念和说法，必须谨慎对待，力求精确无误且能承受考验，以使这些观念可以得到中小企业主、私营企业经营者以及社会大众的支持和认可。

尽管最近“所有制中性”和“竞争中性”的提法广为人知，但对此我们应持谨慎态度。这两个概念实际上是在当前中美贸易摩擦升级，西方资本主义国家试图阻碍中国国有企业参与全球经济竞争的背景下提出的应对措施。至于这两个提法是否能获得西方国家的认可与接纳，尚需时间的验证。然而，在国内，我们确实需要开展一场关于“所有制中性”和“竞争中性”的深刻思想解放运动。这不仅是为了与国际接轨，更是为了纠正国内长期以来对民营企业和中小企业的歧视性偏见。这种偏见错误地认为民营企业仅仅是公有制经济的补充，或是在社会主义现代化建设过程中充当临时角色。这种歧视性偏见的危害不容小觑，它无形中给民营企业带来了压力，似乎暗示着一旦社会主义现代化建设完成，它们便不再被需要。然而，我们必须认识到，无论是大型企业还是中小企业，无论是国有企业还是民营企业，都是我国经济的重要组成部分，都是推动社会发展的重要力量。

营造适合中小企业发展的环境至关重要且不可或缺，这对中小企业的信心建立及健康发展具有深远影响。近期以来，大量民营上市公司被大型国有企业收购，引发了关于“国进民退”与“反市场化”的讨论。我国确实需要坚定立场，大力支持国有企业的扩大、优化和增强。然而，在定义国有企业的职责范围时应保持清晰明确的态度：国有企业更应当专注于生产公共物品和提供公共服务，而不是直接参与到激烈的市场竞争中去。

显然，构建对中小企业的有利发展条件至关重要。如果中小企业持续提升自身实力，同时政府和社会致力于为它们提供公正且自由的市场竞争空间，特别是在打造有助于中小企业成长的环境上，那么这些中小企业就不会被排除在中国的高质量发展之外。毫无疑问，这些中小企业将承担中国在高质量发展过程中的重要责任，并且实现自身的新生。

（8）注重中小企业的自我提升

中小企业想要在高质量发展的舞台上展现自我，就必须先努力提升自身能力。党的十九大报告对新时代中国社会的主要矛盾作出了准确判断，即“我国社会主要矛盾已经转化为人民日益增长的美好生活需要和不平衡不充分的发展之间的矛盾”。为了满足这一转变的需求并应对其挑战，必须推动国内各项事业的高质量发展——这是一种必要的行动，用以回应当前的社会主导议题的变化。消除地区间的贫富差距及城市乡村间的发展差异，并且调整过时的产业构造是国家迈向高质量发展的关键步骤之一。

对于中小企业来说，怎样才能在这条高质量发展的路径上取得成功呢？第一步就是要强化自我修养，调整经营模式，改善经济构成，对老旧的生产力进行改进和升级，同时培育新的创新型力量。更详细地说，中小企业可以通过以下几项措施来增强它们在中国高质量发展过程中的贡献能力：

第一，依赖现有的基础设施和竞争优势来转型升级。虽然这并不意味着要完全放弃传统的低端加工制造部分，但是中小企业应该积极地朝着全球价值链中的高附加值领域发展，全面参与并获得包括研发、设计、物流、营销及品牌等领域的利润空间。例如，位于江浙地区的企业可以通过强化其目前的主导产业，比如机械制造、电子行业、生物制药、信息科技、可再生能源、环境保护等，以达到实施进口替代策略的目标。此外，可以充分运用中国的庞大市场规模和全球第二大经济体地位，同时借助电子商务跨国新兴业务模式的优势，推动“采购商主导 + 品牌塑造”的发展方向，进一步优化价值链结构。

第二，通过与“一带一路”相关国家的协作来提高自身在产业价值链中的地位。中小企业不仅应关注产品的进出口交易，还需重视对价值链的重新规划安排。它们可以选择把一些传统的手工制造业迁移至东南亚或非洲地区，为价值链升级创造更大的空间，进而能够增强构建更高层级、更具附加价值的分工体系的能力，以获得更多的收益。

第三，借助收购与重整的方式，规划海外投资价值链。通过这种方式，重塑和升级价值链系统，走上海尔集团、吉利集团以及万向集团在全球范围内布局价值链系统的道路。

第四，利用“互联网 +”与“+ 互联网”的优势来改革传统的工业体系，并以此增强中小企业的价值产出。虽然中小企业不一定需要转行到其他领域以实现其产业结构优化及经济发展模式转变，但它们可以在自己熟悉的业务中寻找创新的机会，通过对现有产品或服务的深度挖掘，创造更多的附加价值。借助如“互联网 +”和“+ 互联网”这样的先进科技手段和电商的新兴商业形态，中小企业可以有效地调整经营策略，进而依靠现有的产品和服务获得额外收益，使得原本的老旧产业焕发出新的活力。

第3章 河南省中小企业高质量发展评价指标体系的构建

河南省中小企业高质量发展整体评价指标体系的构建，有利于较全面真实地反映河南省中小企业发展质量，有利于河南省及其各地市中小企业发展理论和发展方式发生转变，有利于为河南省中小企业高质量发展提供战略理论与实践指导，同时也为其他区域中小企业高质量发展提供相应的参考。

3.1 构建评价指标体系的目的

改革开放以来，中小企业在这段时间得到了蓬勃迅猛的发展，并逐步成为我国国民经济的重要组成部分。中小企业的单一产权制度让企业有非常灵活的运营体制，不仅解决了就业问题，而且加速了产业的现代化进程，从而带动了地区经济发展。中小企业作为国民经济和社会发展的生力军，是扩大就业、改善民生、促进创业创新的重要力量。

2017年10月，党的十九大报告指出，“中国特色社会主义进入新时代，社会主要矛盾已经转化为人民日益增长的美好生活需要和不平衡不充分的发展之间的矛盾”[1]。而且提出，“我国社会主要矛盾的变化是关系全局的历史性变化，对党和国家工作提出了许多新要求。我们要在继续发展的基础上，着力解决好发展不平衡不充分的问题，大力提升发展质量和效益，更好满足人民在经济、政治、文化、社会、生态等方面日益增长的需要，更好推动人的全面发展、社会全面进步”[2]。因此根据党的十九大报告要求中小企业经济要推进又好又快即高质量发展。

《中华人民共和国中小企业促进法》的实施给中小企业的发展起到了保驾护航的作用，习近平总书记指出，“必须坚持和完善我国社会主义基本经济制度和分配制度，毫不动摇巩固和发展公有制经济，毫不动摇鼓励、支持、引导非公有制经济发展”[3]，

[1] 习近平：《习近平谈治国理政（第三卷）》，外文出版社2020年版，第9页。
[2] 习近平：《习近平谈治国理政（第三卷）》，外文出版社2020年版，第9页。
[3] 习近平：《习近平谈治国理政（第三卷）》，外文出版社2020年版，第17页。

“必须坚持质量第一、效益优先，以供给侧结构性改革为主线，推动经济发展质量变革、效率变革、动力变革”[1]。“两个毫不动摇”是我们党对多年来坚持和发展基本经济制度成功经验的高度概括，也必将为实现“两个一百年”奋斗目标和中华民族伟大复兴的中国梦发挥新的更大作用。在营造公平便捷的营商环境方面，遵循竞争中性原则，以此进一步激发中小企业的活力和发展动力。认真执行《中华人民共和国中小企业促进法》，努力解决中小企业面临的困难，稳定并增强企业的信心和预期。此外，还应加大对创新的支持力度，提升中小企业的专业化发展能力以及中小企业间的融通发展水平，从而推动中小企业的健康发展。

通过构建中小企业高质量发展评价指标体系，为河南省中小企业高质量发展提供了目标，要求河南省中小企业生产过程中产品及产品的使用，科技含量高、绿色环保并且价值高，有利于人类文明健康可持续发展。工业企业在经济发展中起着至关重要的作用，巨型和大型工业经济的发展在各方面有着得天独厚的条件，而中小型工业企业发展就比较困难。本文以河南省中小工业企业为主要研究对象构建指标体系，分析其在发展中遇到的问题，为中小企业纾解困难，以促进其持续高质量发展。

3.2 构建评价指标体系的意义

目前，虽然不同的学者从不同视角提出了中小企业高质量发展的概念，但缺乏对中小企业高质量的评价与衡量，从而难以从整体上把握中小企业高质量发展状况。随着河南省经济实力日益增强，经济社会结构正在发生深刻变化，技术进步、产业升级加快，同时资源环境等矛盾突出，瓶颈约束加剧，迫切需要推进中小企业高质量发展，因此构建河南省中小企业高质量发展评价指标体系，对于中小企业高质量发展路径的探索具有重大的理论意义和实践价值。

3.2.1 理论意义

一是研究河南省中小企业高质量发展评价指标体系有利于转变企业发展理念。现有的经济理论多数倾向于从数量的角度进行研究，提出数量扩张的对策及建议，而对中小企业发展质量的跃升研究则相对匮乏。构建河南省中小企业高质量评价指标体系，为河南省中小企业高质量发展提供量化评价手段，发现河南省中小企业发展中量和质方面存在的问题。二是构建中小企业高质量发展评价指标体系有利于开阔河南省中小企业发展的研究视野。传统企业发展理论主要通过拓展异质性资源推进企业发展，而现在随着科技的发展，中小企业发展的资源、社会资本、网络结构等因素都可能影响

[1] 习近平：《习近平谈治国理政（第三卷）》，外文出版社2020年版，第23—24页。

企业的发展。因此从区域的角度挖掘影响中小企业发展质量的因素，构建中小企业高质量发展评价指标体系，在此基础上构建解决问题的路径，从而有利于丰富和扩展中小企业的发展理论。

3.2.2 实践价值

一是推进中小企业深化发展具有重要的指导作用，构建河南省中小企业高质量发展评价指标体系有利于适时监测和评价河南省中小企业发展现状与发展趋向，引导河南省中小企业由数量扩张向质量效益提升转变，可以为河南省制定中小企业高质量发展的政策提供依据；二是构建河南省中小企业高质量发展评价指标体系，可以及时从经济效益、科技创新含量、生态环保等方面监测河南省中小企业运行状况，增强企业抵御危机的能力，保证河南省中小企业平稳发展。

3.3 指标体系的评价原则和着力点

河南省中小企业高质量发展是一项全局性、根本性、长期性、紧迫性的战略任务。河南省中小企业高质量发展评价指标体系，是指导中小企业整体优化的重要依据。其中，河南省中小企业高质量发展评价指标体系的原则反映了引导目标，河南省中小企业高质量发展评价指标体系的思路反映了发展路径。

3.3.1 评价原则

评价原则是从全局性战略高度针对评价对象可能存在的问题，分析河南省中小企业高质量发展整体情况，即依托指标体系体现评价的重点方向，构建科学、合理、符合实际的评价指标体系，以点带面地驱动中小企业高质量发展。

指标数量选择要适当，过多会使得计算过于冗余复杂，信息重复；过少会使得信息缺乏代表性，容易造成结果的片面性。一般来说，应遵循以下原则。

（1）指向性原则

指向性原则要求构建指标体系必须以评价对象的客观表述为基础，所选用的指标必须与评价对象存在较强的相关性，避免出现指标指向不明等问题，妨碍评价工作的进行和评价结果的准确性。

党的十九大报告提出，“我国经济已由高速增长阶段转向高质量发展阶段”[1]，推动高质量发展是当前和今后一个时期确定发展思路、制定经济政策、实施宏观调控的根本要求。2022 年 10 月，党的二十大报告提出了“高质量发展是全面建设社会主

[1] 习近平：《习近平谈治国理政（第三卷）》，外文出版社 2020 年版，第 23 页。

义现代化国家的首要任务”[1]，和“建设现代化产业体系”[2]。人民网深圳频道2023年2月13日报道，综合开发研究院（中国·深圳）常务副院长郭万达认为：坚定制造业当家，就要发挥制造业在经济发展中的支柱、支撑和支持作用。要发挥这三大作用，首先要推进制造业产业链和创新链融合发展，其次要推进关键核心技术攻关，再次要集中力量建设一批引领型、支撑型的产业大平台。河南省中小企业高质量发展更要以经济高质量发展为原则，重点关注企业数量、产品的价值量、创新含量和产品在生产及使用过程的环保情况，通过落实高质量发展观，引导中小企业转型发展。

（2）科学性原则

科学性体现在准确性和完整性两个方面。准确性要求评价指标观点明确、含义清晰，各级指标之间关系衔接紧密、层次分明，同时要求尽可能减少选择评价指标时主观因素的干扰，以增加评价结果的客观性、真实性、完整性。

河南省中小企业高质量发展评价要具有举纲带目的引领作用。依托评价指标体系的综合性引导全面抓好河南省中小企业高质量发展的相关工作，用结果性指标反映河南省中小企业的高质量发展状态，用控制性指标引导河南省中小企业高质量发展的质量效益，力求强化导向、简明扼要。同时，对河南省进行区域性比较，力求客观评价河南省中小企业高质量发展状态，促进各地发挥比较优势，加快发展，激发各地推进中小企业高质量发展的积极性、主动性和创造性。

（3）可比性原则

该原则主要针对指标体系中位于同一层次的指标，应采用相同的计量范围、口径、方法，使得指标体系在反映评价对象真实状况的同时，又能进行相互比较，以区分不同指标的差异。河南省中小企业高质量发展评价的作用不仅体现在对河南省中小企业高质量发展某一层面的定量描述与评估，还应对河南省中小企业高质量发展进行区域间的比较分析，或对同一经济社会发展进行不同时期的对比分析。因此，在具体指标的选择上应尽量选取具有共性的综合指标，以保证评价结果的可比性。

（4）可操作性和可量化性原则

选择作为评价依据的指标时，首先要考虑数据的可获取性和可操作性，以及资料

[1] 习近平：《高举中国特色社会主义伟大旗帜 为全面建设社会主义现代化国家而团结奋斗——在中国共产党第二十次全国代表大会上的报告》，人民出版社2022年版，第28页。

[2] 习近平：《高举中国特色社会主义伟大旗帜 为全面建设社会主义现代化国家而团结奋斗——在中国共产党第二十次全国代表大会上的报告》，人民出版社2022年版，第30页。

搜集的有效途径与便捷性；其次，选择指标时也要考虑数据是否可以进行量化，能够量化处理的指标便于进行数学计算和分析。河南省中小企业高质量发展评价指标应易于操作。力求数据可以获得，评价方法有科学依据，评价指标能够量化，并且具有可比性，便于计算、排序和评价，评价结果能够反映出河南省各地中小企业高质量发展的排名等情况。

3.3.2 科学选择评价着力点

在推进河南省中小企业高质量发展的过程中，既需要根据河南省的实际情况和实力及经济高质量发展的要求，又要遵循企业发展的趋势，明确评价指标体系构建的着力点，将构建评价指标体系落到实处，践行实际评价过程。以下将河南省情况和全国，以及浙江（全国中小企业较多省份）、山东（近邻）的情况进行比较，以便找出差距。

（1）高质量发展要关注规模水平由大到强的质变

2021 年，河南省规模以上工业企业单位数量达 21679 个，每万人规模以上工业企业单位数为 2.19 个；全国规模以上工业企业单位数量达 441517 个，每万人规模以上工业企业单位数为 3.13 个，是河南省的 1.43 倍；浙江规模以上工业企业单位数达 53730 个，每万人规模以上工业企业单位数为 8.22 个，是河南省的 3.75 倍；山东规模以上工业企业单位数达 33057 个，每万人规模以上工业企业单位数为 3.25 个，是河南省的 1.48 倍。

2021 年国家级专精特新“小巨人”企业全国共有 782 家，占全国规模以上工业企业的 1.77‰，浙江有 87 家，占省内规模以上工业企业的 1.62‰，山东有 95 家，占省内规模以上工业企业的 2.87‰，河南有 30 家，占省内规模以上工业企业的 1.38‰，从以上数据和表 3–1 与表 3–2 可以看出，河南省工业企业总量偏少、结构不优，企业创新能力不强，缺乏国际知名的企业家，与沿海地区相比有着明显差距，和全国的平均比值也有一定的差距。河南省要着力优化政商关系、营商环境、激励机制、服务体系，迫切需要发挥优势，推动中小企业发展，使其发挥更大的作用，创造更大的价值，作出更大的贡献。

表 3–1　2021 年全国、河南、浙江、山东每万人规模以上工业企业个数

地区	全国	河南	浙江	山东
每万人规模以上工业企业数（个）	3.13	2.19	8.22	3.25

数据来源：作者根据《中国统计年鉴》2022 第 34 页和第 412 页数据整理

表 3-2 2021 年全国、河南、浙江、山东专精特新“小巨人”企业数量占规模以上工业企业的比例

地区	全国	河南	浙江	山东
单位（‰）	1.77	1.38	1.62	2.87

数据来源：作者根据《中国统计年鉴》2022 数据第 412 页和河南、浙江、山东三省工业和信息化厅数据整理

（2）高质量发展要关注创新效益的体现

目前河南省工业企业虽然有了很大的改进和提升，但是仍处在工业化加速阶段，创新能力偏弱。2021 年规模以上工业企业新产品销售收入为：河南 88258121 万元，全国 2955666961 万元，浙江 368901158 万元，山东 275403023 万元。从表 3-3 可以看出，河南省每万人规模以上工业企业新产品销售收入明显低于全国平均数，是山东省的 33%，和浙江省相差很远，只有浙江省的 15.8%。新产品销售收入和沿海及全国的数据相比，存在很大差距，工业新产品数量少且科技新产品销售收入偏低，存在缺乏创业创新内生动力的问题。为推进河南省中小企业高质量发展，需要对质量效益进行准确把握，更加注重提高质量、提升效益的内涵式发展。

表 3-3 2021 年全国、河南、浙江、山东每万人规模以上工业企业新产品销售收入

地区	规模以上工业企业新产品销售收入（万元）	人数（万人）	每万人规模以上工业企业新产品销售收入（万元）
全国	2955666961	141260	20924
河南	88258121	9883	8930
浙江	368901158	6540	56407
山东	275403023	10170	27080

数据来源：作者根据《中国统计年鉴》2022 第 34 页和第 631 页数据整理

（3）高质量发展模式要关注动力要素的转变

当前，经济发展存在着需求增速下降的情况，出口、消费、投资三大需求增长速度都出现阶段性降低，传统需求动力衰竭，市场竞争加剧，由于疫情的原因，潜在经济增长率走势不乐观。河南省中小企业习惯依靠人口红利实现快速扩张。然而在经济新常态背景下，人口红利逐渐消失，环境治理形势日益严峻，传统发展模式需要由依靠资源要素向依靠知识、技术发展转变。

表 3-4　2021 年全国、河南、浙江、山东每万人规模以上工业企业新产品开发经费支出

地区	规模以上工业企业新产品开发经费支出（万元）	人数（万人）	每万人规模以上工业企业新产品开发经费支出（万元）
全国	226528583	141260	1603.6
河南	5943870	9883	601.4
浙江	23250693	6540	3555.2
山东	17475012	10170	1718.3

数据来源：作者根据《中国统计年鉴》2022 第 34 页和第 631 页数据整理

表 3-5　2021 年全国、河南、浙江、山东每万人规模以上工业企业专利申请数

地区	规模以上工业企业专利申请数（件）	人数（万人）	每万人规模以上工业企业专利申请数（件）
全国	1403611	141260	9.9
河南	45391	9883	4.6
浙江	159920	6540	24.5
山东	98190	10170	9.7

数据来源：作者根据《中国统计年鉴》2022 第 34 页和第 634 页数据整理

然而，河南省高新技术产业和战略性新兴产业总体规模偏小，研发创新能力偏弱，

由表 3-4 可以看出，全省每万人规模以上工业企业新产品开发经费支出 601.4 万元，和山东省、全国平均水平相比也有一定的差距，只是浙江省的六分之一。表 3-5 显示，2021 年规模以上工业企业专利申请数为：河南 45391 件，全国 1403611 件，浙江 159920 件，山东 98190 件。每万人规模以上工业企业专利申请数河南省只有 4.6 件，河南省急需改变思路，用科技知识提高生产力。

因此，在新的环境下顺应新一轮产业革命和技术革命以及消费升级的发展趋势，河南省应通过中小企业高质量评价指标体系的指引，推进中小企业把握发展机遇，强化“创新驱动”发展战略，提高科技进步对中小企业发展的贡献率。

（4）减污环保的可持续发展推进河南省中小企业高质量发展不仅需要以上几个方面的转变，还需要关注资源

节约、环境保护、社会需求等形成经济转型和持续发展的新动力，既要金山银山，又要绿水青山，不能只顾眼前利益，不顾未来的生存和发展，需要依托内需拉动、创新驱动与绿色推动，逐渐实现中小企业由大到强的转型提升。

3.4 构建思路和评价指标选择及解释

3.4.1 构建评价指标体系的思路

根据上节内容的分析编制评价指标体系。在构建指标体系的过程中，首先是阅读关于中小企业高质量发展评价指标体系构建的参考文献。本书参考了《企业高质量发展评价指标》团体标准 T/CERDS1—2021。评价指标包括一级指标 5 项、二级指标 15 项、三级指标 35 项，具体内容见附录 1。该标准由中国企业改革与发展研究会于 2021 年 8 月 31 日发布，2021 年 9 月 10 日实施。该指标体系涵盖了企业高质量发展的总体要求，体现了“创新、协调、绿色、开放、共享”的新发展理念。其次是多方征求、咨询专家意见。最后是根据河南省的实际情况和指标数据的可获得性等，综合多方面因素构建指标体系。

3.4.2 指标选择及解释

为了全方位地反映一个经济现象，选取的评价指标要具有系统性，评价指标体系是由既相互独立又相互联系、既相互依赖又相互制约的多元、多层次指标所构成的有机整体，能为对象评价和科学决策提供依据，任何单一指标都无法作出全面、准确的评价。因此，构建河南省中小企业高质量发展评价指标体系应充分考虑指标的典型性、动态性、科学性、数据的可获得性。本文根据科学发展观的要求，依据河南省“十大发展战略”的实际需要，从财务绩效，科技创新，绿色环保，规模发展指标等方面着手，构建了包括四类一级指标及其相应的十三个二级指标的河南省中小企业高质量发展评价指标体系。

（1）规模发展评价指标

中小型企业在满足大众对于特定产品的小众或特殊需求方面，展现出了其无可替代的独特价值。相较于大型企业，中小型企业对于职工劳动技能和素质的要求相对宽松，因此能够吸纳大量的劳动力，为社会提供广泛的就业机会。同时，由于市场竞争的激烈性，中小型企业不得不更加积极地细分市场，致力于研发具有竞争力的新产品，从而在各种细分市场中占据一席之地。正因如此，许多中小型企业成为新技术研发的重要源泉，为我国的创新和发展贡献了重要力量。显然，在我国，中小企业在创造价值和就业方面都发挥了巨大作用，具有拾遗补阙、就业蓄水池、对技术进行革新的推动作用。同时，中小企业抗风险能力差，在市场中处于弱势，中小企业数量和平均从业人数、注册资金等数据越大，该地区越能显现出中小企业的竞争优势。考虑到数据的可获得性，“规模发展评价”的二级指标具体设置为：中小工业企业数量、中小工业企业平均从业人数。

（2）财务绩效评价

指标财务绩效指标反映中小企业高质量发展的经济效益，是衡量企业是否能正常发展下去的指标。该指标不仅包含高产出效率、高产出效益，还包括良好的产出结构。考虑到数据的可获得性，“财务绩效”的二级指标具体包括营业收入、利润总额、总资产贡献率。

①营业收入。营业收入是企业在生产经营活动中，因销售产品或提供劳务而取得的各项收入。中小企业能否持续发展，关键在于收入是否持续增长。统计数据表明，若公司的主营业务收入增长率超过 10%，这通常意味着公司的产品正处于高速成长期，预计将持续保持强劲的增长势头。此时，公司尚未面临产品更新的风险，因此可以被归类为成长型公司，具有较大的发展潜力。

而如果主营业务收入增长率位于 5% 至 10% 之间，这通常表明公司的产品已经进入了稳定期，接下来可能会逐渐步入衰退期。因此，公司需要积极着手开发新产品，以应对潜在的市场变化，确保公司的长期发展。

最后，若该比率低于 5%，这往往意味着公司的产品已经进入了衰退期，此时保持市场份额已变得异常困难，主营业务利润也开始出现下滑趋势。若公司未能及时推出已开发好的新产品，那么将面临步入衰落的风险。因此，增加企业新产品销售收入和其他创收能力，是中小企业高质量发展的重要表现。

②利润总额。也称为“税前利润”，是企业在未扣除所得税前一定时期内经营活动的总成果，也是衡量企业经营业绩的重要经济指标之一。利润总额包括营业利润、营业外收入、营业外支出。当利润总额为负数时，说明企业发生亏损；当利润总额为零时，说明企业盈亏平衡，当利润总额为正数时，说明企业实现盈利。中小企业在资金规模上和大型企业相比处于劣势，如果不能推出新产品，长期保持较高的经营质量和盈利能力，最终就会被淘汰。

③总资产贡献率。总资产贡献率主要用以衡量企业整体资产的盈利能力，是展现企业经营成果和管理效能的重要窗口。它不仅是评价企业盈利能力的基础标准，更是考核企业表现的核心依据。在影响总资产贡献率的诸多因素中，利税总额与利息支出之和起到了尤为关键的作用，它们与总资产贡献率之间呈现出正相关的关系，即当这些数值增长时，总资产贡献率也会相应提升。然而，平均资产总额与总资产贡献率之间则呈现出负相关关系，即随着平均资产总额的增加，总资产贡献率可能会相应降低。

（3）科技创新评价指标

科技创新发展属于企业高质量发展评价指标的一级指标。首先，科学技术是第一生产力。中小企业要高质量发展，必须重视科学技术在生产、管理中的应用，随着市场经济和计算机信息技术的发展，中小企业面临的国内竞争扩展到国内外竞争，其生存和发展环境越来越复杂，在目前严峻的国内外经济环境下，中小企业的发展越来越依赖于知识资源，中小企业对技术知识、管理经验的缺乏影响其发展质量。因此，中小企业必须利用科技优势才能实现高质量发展。其次，创新转型对推进我省中小企业高质量发展具有重要的意义。创新促进中小企业转型，能解决其发展中的人才短缺、融资困难、创新水平低等难题。现阶段，虽然中小企业在科技创新方面有了初步发展，但是仍然要提高中小企业“科技创新量”。因此，设置数字化项目数量、劳动投入选取研发人员全时当量、资本投入选取研发经费内部支出、发明专利申请数量、新产品销售收入等二级指标进行研究。

①数字化项目数量

数字化项目数量，反映了中小企业的自动化水平。我国经济未来发展的动力已经很明晰，一是中高端制造业，二是现代服务业，制造业要经历从低端到中高端的升级，推动金融、咨询等现代服务业的发展，中小企业也将随之迎来新的发展机遇。这就需要中小企业增强投资信心，依托新兴技术，提高自身自动化水平，带动企业的转型发展。反映中小企业信心，也反映新技术、新产业、新模式背景下中小企业发展方式的转变。

信息技术能够推动企业的技术革新、发明创造，信息化建设是赋能企业科技创新的有效工具。数据显示，2020 年中国数字经济规模达到 39.2 万亿元，占 GDP 比重为 38.6%。与此同时，中国在全球创新指数上的排名位居前列，专利申请数连续多年位列全球第一。加快推进信息化建设，借助信息技术激发创新创造活力，是实现企业高质量发展的必由之路。

当前，以“大智移云”为代表的信息技术应用日益广泛。近年来，为促进我省企业信息化发展，河南省工业和信息化厅每年都会发布智能制造、工业互联网、大数据、5G 等企业信息化建设的立项项目。基于此，本书选取制造业与互联网融合发展试点示范项目、智能制造标杆项目（智能工厂及智能车间项目）、工业互联网平台培育项目、5G 应用场景示范项目、人工智能创新企业、大数据产业发展项目等指标考察河南省中小企业的信息化水平。

国际上，欧美国家纷纷加大了对发展新兴数字技术的投入规模。美国 GE、微软等诸多企业积极布局工业互联网平台，德国西门子、施耐德等工业巨头聚焦发展“工业 4.0”。2015 年 5 月，国务院发布了《中国制造 2025》，明确了我国产业结构智能转型的主攻方向。在 2021 年 9 月世界经济论坛发布的全球制造业领域“灯塔工厂”

名单里，中国占比超过 33%，包括富士康武汉和郑州园区、三一重工北京园区、宁德时代宁德园区等。这些“灯塔工厂”的一个共同特征是，将最富活力和竞争力的制造业企业和互联网企业连在了一起。

智能制造，作为一种先进的人机一体化智能系统，融合了智能机器与人类专家的智慧。它涵盖了智能制造技术和智能制造系统两大核心要素。智能制造系统独具特色，它能够在实践中持续积累并丰富知识库，同时拥有强大的自学能力。此外，它还能有效搜集并理解环境与自身的信息，进而进行精准的分析判断，并规划出合理的行为路径。

智能制造通过人类与智能机器之间的协同合作，不仅扩大了制造过程中的脑力劳动范围，还延伸了人类专家的能力，甚至部分取代了他们在制造过程中的角色。这一创新将制造自动化的概念推向了新的高度，实现了制造过程的柔性化、智能化和高度集成化，为制造业的未来发展注入了强大的动力。设备的自动化和数字化是企业实现智能制造的基础。而车间又是生产制造信息的重要载体，包含设备、工艺、质量、作业等相关基础资源，只有通过设备、质量、生产等环节信息的采集与追溯，才能真正意义上实现车间各环节的数据互通。

②科技创新投入指标选择和解释技术

创新活动具有复杂性，其中投入指标主要分为人员、资金和项目三类，为了全面考虑企业科技创新的各个投入和产出因素，尽可能地反映创新的整体过程，并且考虑到数据的可获得性。因此，劳动投入选取研发人员全时当量、资本投入选取研发经费内部支出两个指标。下面是对这些指标的说明：

劳动投入选取研发人员全时当量：这一指标直接反映了企业研发人员投入研发活动的时间总量，从而能够窥见企业研发活动人员的整体工作状况。

资本投入选取研发经费内部支出：主要用于基础研究、应用研究和试验发展的费用支出，是创新投入的重要指标之一。

③科技创新产出指标选择和解释

技术创新产出是资源投入转化为实际价值的最终体现，它直接反映了某一地区或企业在技术创新活动上所达到的水平。在众多指标中，本文特别选取了新产品销售收入和专利申请数量作为评价科技创新产出的关键指标，这是因为它们既具有代表性，又得到了广大学者的认可。

新产品销售收入：企业通过销售新产品所获得的收入，是企业创新成果转化为实际经济效益的直接体现。创新成果越多，所带来的商业效益和市场价值也就越大，因此这一指标能够很好地代表创新过程的最终成果。

专利申请数：指的是企业向专利部门提出且被受理的专利数量。这一指标反映了企业技术创新活动的潜在产出能力，是衡量研发阶段创新产出水平的有效指标。

值得一提的是，我们特别选择了发明专利申请数量作为衡量指标。这主要是因为发明专利在发明、实用新型和外观设计这三种专利形式中技术含量最高，受专利机构工作效率或偏好等主观因素的干扰较小，因此其申请量相比授权量更能客观地反映一个地区的原始创新能力。此外，发明专利申请量不存在时滞效应，能够更准确地反映当期的创新产出水平。

（4）绿色环保评价指标

①设置环保指标的必要性

习近平总书记在党的十九大所作的报告全面阐述了加快生态文明体制改革、推进绿色发展、建设美丽中国的战略部署。党的十九大报告中明确指出："我们要建设的现代化是人与自然和谐共生的现代化，既要创造更多物质财富和精神财富以满足人民日益增长的美好生活需要，也要提供更多优质生态产品以满足人民日益增长的优美生态环境需要。必须坚持节约优先、保护优先、自然恢复为主的方针，形成节约资源和保护环境的空间格局、产业结构、生产方式、生活方式，还自然以宁静、和谐、美丽。"[1]

党的二十大报告指出："大自然是人类赖以生存的基本条件，尊重自然、顺应自然、保护自然，是全面建设社会主义现代化国家的内在要求。必须牢固树立和践行绿水青山就是金山银山的理念，站在人与自然和谐共生的高度谋划发展。我们要推进美丽中国建设，坚持山水林田湖草沙一体化保护和系统治理，统筹产业结构调整、污染治理、生态保护、应对气候变化，协同推进降碳、减污、扩绿、增长，推进生态优先、节约集约、绿 色低碳发展。"[2] 中国要发展为现代化强国，高消耗、高污染的模式是行不通的事件，充分表明生态环境保护和经济发展是辩证统一，相辅相成的。加强生态环境保护，能够引领和倒逼发展方式绿色转型，实现高质量发展进而促进社会经济发展。

②生产、使用过程中的环保指标及解释

在绿色发展方面设置绿色环保一级指标，根据其重要程度和数据的可获得性，主要考察废气排放量、废料特征污染物的排放量两个二级指标。根据《城市统计年鉴》

[1] 习近平：《习近平谈治国理政（第三卷）》，外文出版社 2020 年版，第 39—40 页。

[2] 习近平：《高举中国特色社会主义伟大旗帜 为全面建设社会主义现代化国家而团结奋斗——在中国共产党第二十次全国代表大会上的报告》，人民出版社 2022 年版，第 39 页。

中的数据，本书关注工业二氧化硫排放量、工业氮氧化物排放量和工业颗粒物作为绿色发展（环保）方面的指标，因为工业排放量和生产产值有关，又因为数据的可获得性，选择单位工业增加值二氧化硫排放量、单位工业增加值氮氧化物排放量、单位工业增加值工业颗粒物排放量作为指标体系中的指标。

工业增加值是指工业企业在报告期内以货币形式表现的工业生产活动的最终成果，反映企业生产过程中新创造的价值。

工业颗粒物，是由工业活动产生的各种颗粒，如煤炭、焦油、金属、水泥等。工业颗粒通常含有重金属、有机溶剂、挥发性有机化合物等有害物质，对人体健康有很大危害。工业废气颗粒物质的来源主要是人为产生的粒子，由于燃烧产生的氮氧化物和碳氢化合物之间的光化学反应而产生的颗粒，粒径要小于 0.2 微米。废气处理粒子物质按其粒径的大小可以分为粉尘、细粒粉尘、雾、烟。

二氧化硫（化学式 SO_2），是最常见、最简单的有刺激性的硫氧化物，是大气的主要污染物之一，火山爆发时会喷出该气体，煤、石油等含硫化石燃料燃烧以及生活垃圾、秸秆等废弃物不完全燃烧时也会生成二氧化硫。2017 年 10 月 27 日，世界卫生组织国际癌症研究机构公布的致癌物清单初步整理参考，二氧化硫在 3 类致癌物清单中。二氧化硫易溶于水，会形成亚硫酸。若把亚硫酸进一步在 PM2.5 存在的条件下氧化，便会迅速高效生成硫酸（酸雨的主要成分）。我国环境空气质量标准规定，居住区二氧化硫日均最高浓度为每立方米 0.15 毫克，超过这个浓度就是二氧化硫污染，会对人体造成不同程度的危害。

二氧化硫排放到大气之后，最终被氧化为三氧化硫，与其他硫化物一起，沉降于土壤和水体，形成酸雨。在沉降之前，这些污染物可以传输成百上千公里，形成区域性污染。酸雨在国外被称为“空中死神”，它的毒性是二氧化硫的十倍。近年来，随着工业的发展，酸雨的酸度和范围有日益增大的趋势，成为全球性环境公害。在我国长江以南一些大城市较为常见。

氮氧化物，主要涵盖了一氧化氮（NO）与二氧化氮（NO_2）这两种形式，它们多数源自矿物燃料在高温下的燃烧过程。一氧化氮本身对人体并无太大危害，但它极易与空气中的臭氧发生反应，迅速转化为二氧化氮。此外，燃烧含氮燃料，如煤炭，以及使用含氮化学制品，也会直接导致二氧化氮的释放。在大多数城市中，机动车排放的尾气是氮氧化物的主要源头之一。

谈及氮氧化物（NOx）的人为来源，不得不提汽车尾气和工厂排放。过去，火力发电和锅炉运作曾是空气中氮氧化物（NOx）的最大来源。然而，随着城市化的加速，如今在大都市中，氮氧化物（NOx）绝大部分来自机动车的尾气排放。当汽车行驶时，内燃机燃烧过程中的高温和富氧条件生成了氮氧化物（NOx）。氮氧化物（NOx）的排放会造成多种环境影响，不仅会造成土壤的酸化，还会通过雨水落在江河湖泊、海洋中，污染地下水，引起土壤酸化以及生态系统失衡。氮氧化物还会刺激人的肺部，造成呼吸系统疾病。

工业是国民经济的主导者，工业生产的发展水平直接影响到农业、交通、商业、国防的现代化，中小型工业企业在经济发展中和巨型、大型工业企业相比，发展比较困难。虽然影响中小企业高质量发展的因素很多，但是限于篇幅和数据的可获得性，本文选取四个一级指标、十三个二级指标作为评价依据。指标体系如表 3–6 所示。

表 3–6 河南省中小企业高质量发展评价指标体系

一级指标	二级指标
规模发展评价指标	中小工业企业数量
	中小工业企业平均从业人员
财务绩效评价指标	总资产贡献率
	营业收入
	利润总额
科技创新评价指标	劳动投入选取研发人员全时当量
	资本投入选取研发经费内部支出
	发明专利申请数量
	新产品销售收入
	数字化项目数量
绿色环保评价指标	每亿元工业增加值二氧化硫排放量
	每亿元工业增加值氮氧化物排放量
	每亿元工业增加值颗粒物排放量

3.5 中小企业高质量发展评价方法

目前，常用的评价方法大致有两种类型：一种是综合评价，从多指标方面进行评价，评价方法很多，主要有层次分析法（AHP）、优序图法、因子分析法、主成分分析法、数据包络分析法、熵权法、BP 神经网络分析法、聚类分析法等；另一种是单指标评价，由于单一指标所反映的信息量较小，并且是从单一角度来考察，不具有全面性，故采用单一指标对河南省中小企业高质量发展进行评价具有片面性。常用综合评价方法比较如下。

3.5.1 层次分析法

（1）层次分析法（AHP）含义

层次分析法是一种独特的决策工具，它旨在将决策过程中涉及的多个元素条理化，划分为目标、准则、方案等多个层次。在这些层次的基础上，进一步开展深入的定性和定量分析。该方法由美国运筹学家托马斯·塞蒂在 20 世纪 70 年代提出，被广泛称为 AHP。在应用层次分析法时，首先将决策问题中的各个因素进行分解，构建出目标层、准则层以及方案层。每一层的指标都通过特定的标度进行衡量，从而将人的主观判断转化为客观的量化数据。在这些量化数据的基础上，进一步进行定性和定量分析。准则层主要反映了实现目标所需经过的中间环节，它可能由多个子层组成。然而，如果这一层的元素过多，将会增加构建判断矩阵的复杂性，因此，通常建议将准则层的元素数量控制在九个以内。方案层则聚焦于实现目标所需的具体措施或方案。

层次分析法的核心思想在于将复杂的决策问题拆解为多个组成部分，并依据它们之间的关联性和隶属关系，将这些部分组织成不同的层次。随后，根据一定的规则，对同一层次内的元素进行两两比较，以明确它们之间的相对重要性。这些层次以递进的方式排列，构建出一个多层次的分析结构模型。

作为一种融合了定性与定量分析的方法，层次分析法有效地将复杂且模糊的决策问题简化为多个组成因素，并进一步转化为多层次、单目标的问题，从而帮助决策者做出更为合理和准确的判断。

在应用层次分析法时，我们首先要对问题进行深入的分析和理解，然后根据问题的因素所具有的共同特征进行归纳和分组。这些共同特征将被视为新的层次组成因素，而这些因素本身也可以按照其他特性进一步组合，形成更高层次的因素。通过这样的层层递进，最终形成一个包含单一最高层次因素的分析结构。

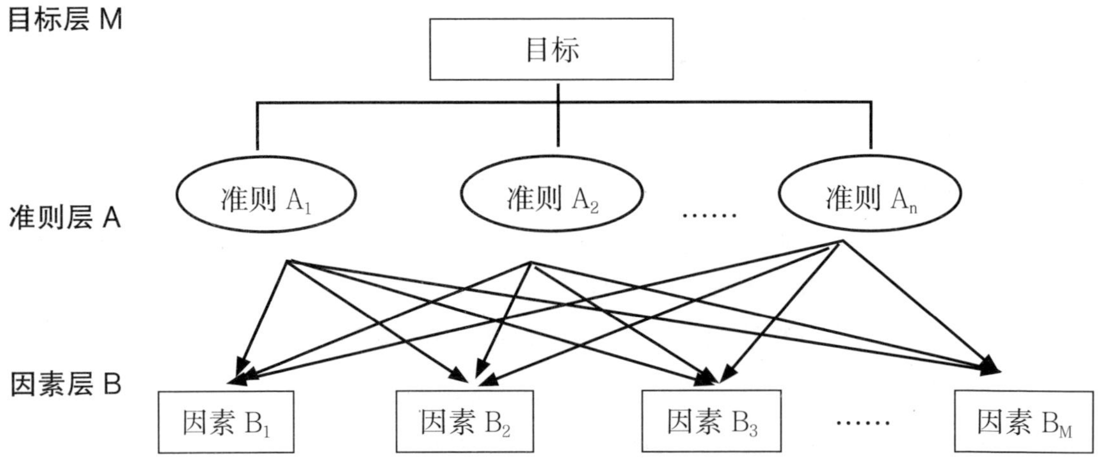

图 3-1 层次分析法模型结构图

（2）层次分析法优点

层次分析法通过利用专家群体的知识和经验来分析与确定评价指标。这种方法将研究对象视为一个整体系统，并采用分解、比较判断和综合的思维方式来进行决策。层次分析法已经成为继机理分析和统计分析之后发展起来的一种重要的系统分析工具。层次分析法的核心理念在于不忽视任何因素对结果的影响。在层次分析法中，每一层的权重设置都会直接或间接地影响最终结果。而且，在每个层次中，每个因素对结果的影响程度都是经过量化处理的，这使得影响关系变得非常清晰和明确。简洁实用。这种方法既不盲目追求复杂的数学理论，也不完全依赖行为、逻辑和推理。相反，它将定性和定量的方法有机地结合在一起，使得复杂的系统可以被有效地分解。这种方法能够将人类的思维过程数学化和系统化，使其更易于理解和接受。层次分析法特别擅长处理那些涉及多个目标和多个准则，但又难以完全量化的决策问题。通过将其转化为多层次的单目标问题，并通过两两比较来确定同一层次元素相对于上一层次元素的数量关系，我们可以进行简单的数学运算来得出结果。这种方法不仅易于让决策者理解其基本原理，掌握其基本步骤，而且所得的结果也是简单而明确的。所需定量数据信息较少。依赖于评价者对评价问题的本质和要素的理解，而不是仅仅依赖于大量的定量数据。与一般的定量方法相比，层次分析法更注重定性的分析和判断。层次分析法是一种独特的决策方法，它模拟了人们在实际决策过程中的思维方式。在这一方法中，判断各要素相对重要性的过程交由大脑来完成，层次分析法仅保留了人脑对各个要素的印象，并将这些印象转化为简单的权重来进行计算。这种独特的思维方式使得层次分析法能够应对许多传统最优化技术难以处理的实际问题，为决策者提供了一种新的、有效的工具。

3.5.2 因子分析法

因子分析，作为一种统计技术，旨在从繁多的变量中提炼出具有共性的因子。它能够帮助在大量的数据中找出那些隐藏且具有代表性的因子，进而减少变量的数量，并对变量间的关系进行假设检验。当面临海量的数据，特别是数据项目繁多时，因子分析能够简化分析过程，但需要注意的是，它主要适用于综合性的评价。此外，因子分析对数据的数据量和成分也有一定要求，通常采用的是最小平方法。然而，这一方法在某些情况下可能会失效，因此在进行因子分析之前，需要先进行 KOM 检测，以确保数据适合运用这种方法。同时，在设计调查表时，我们也需要针对性地设计问题，以获取更加准确和有效的数据。

3.5.3 主成分分析法

至于主成分分析法，它是一种多元统计分析方法，通过线性变换从多个变量中选出少数几个重要的变量。这种方法可以将多项指标转化为少数几项综合指标，同时尽可能保留原始变量的信息，并确保这些综合指标之间彼此不相关。通过综合指标，能够更好地解释多变量的方差—协方差结构。信息的大小通常可以通过离差平方和或方差来衡量。但需要注意的是，当主成分的因子负荷的符号存在正负之分时，综合评价函数的意义可能变得不明确，命名清晰性降低，同时数据要求也变得更为系统化。

3.5.4 数据包络分析法

数据包络分析（DEA，DataEnvelopmentAnalysis）思想最初源于 Farrel（1957），后经美国得克萨斯大学的 Charnes、Cooper 和 Rhodes 于 1978 年进一步发展和完善。该方法旨在测量多个决策单元（DMU）在多个投入和产出维度上的相对效率。

DEA 方法的起源可以追溯到法国数量经济学家 Farrel，他利用线性模型构建出“最优生产前沿面”，即效率边界，从而判断决策单元的有效性。然而，Farrel 提出的模型主要适用于单一产出的单位主体，并基于一些假设：a. 决策单元的规模报酬固定不变；b. 生产前沿面凸向原点，且每点斜率皆不为正；c. 生产前沿面由最有效率的决策单元决定。对于有 k 个决策单元的投入—产出模型，假设：DMU 有 N 个投入变量和一个产出变量，第 k 个决策单元的投入产出集合为（xk，yk），则最优生产前沿面可以由线性模型（式 3–1）的优化结果确定：

$$\min_{\beta} g_k = \sum_{n=1}^{N} x_{kn}\beta_n$$

$$s.t.\begin{cases}\sum_{n=1}^{N} x_{kn}\beta_n \geq y_k, k=1,2,\ldots,K \\ \beta_n \geq 0, \quad n=1,2,\ldots,N\end{cases} \quad （式 3-1）$$

对任何一个决策单元，都可以得到满足上述线性规划模型的最优值，如果 $\sum_{n=1}^{N} x_{kn}\beta_n^*(k) = y_k$，则称第 k 个生产单元为有效率的生产状态。

1978 年，美国经济学家 Charnes、Cooper 和 Rhodes 提出了一种非参数方法，用于分析个体或单位在特定方面的效率。该方法的核心原理是在保持输入输出不变的前提下，利用线性统计手段计算相对有效的生产前沿面，并通过比较决策单元与前沿面的偏离程度来评估其效率。它将属性划分为投入项、产出项（成本型、效益型指标），无需预先设定权重，仅关注总产出与总投入的比率，作为相对效率的衡量标准。这种方法特别适用于解决多投入、多产出的问题，对评价多输入、多输出单元的有效性十分有效。随着应用场景的不断变化和用户对评价结果的不同需求，DEA 方法自问世以来，已在各个领域得到广泛应用，并演变出多种模式，如 CCR 模式、BCC 模式、交叉模式以及 A&P 模式等。在规模收益可变（VRS）的假设下，DEA 模型可进一步细化为径向 DEA 模型，以适应更复杂的实际情况。假设下的径向 DEA 模型如下。

设有 n 个各自独立的决策单元（即 DMU），假定每个 DMU 有 m 种投入 x_i 和 s 种产出 y_r。计算公式如式 3-2 和式 3-3 所示：

$$\begin{cases} \text{Min}\theta \\ \sum_{j=1}^{n} \gamma_{jx_i} + s_i^{+} = \theta x, i=1,2,\cdots,m & （式 3-2） \\ \sum_{j=1}^{n} \gamma_{jx_i} - s_i^{+} = y_0, i=1,2,\cdots,m & （式 3-3） \\ \sum_{j=1}^{n} \lambda_j = 1 \\ \lambda_j,\ s_i^{-}, s_r^{+} \\ \theta \epsilon R \end{cases}$$

式中：θ 为该 DMU 的综合效率值；S 为松弛变量；λ_j 为第 j 个决策单元 DMU_j0 的综合比例。

3.5.5 熵权法

在信息学的领域中，熵被视作衡量不确定性的尺度。当信息含量变得丰富时，不确定性便会相应减少，进而体现为熵值的降低。熵的这一特性使我们能够利用其数值来评估事件的随机性和无序状态，同时也能反映某一指标的离散程度。若指标的离散程度增大，它在综合评价中所发挥的作用也会更为显著。因此，熵权法是根据各项指标值的差异程度来确定指标权数，这是一种客观赋权法，避免了人为因素带来的偏差。熵权法忽略了指标本身的重要性，缺乏指标间的横向比较，导致权重的确定完全依赖于样本数据。我们收集到的数据通常是有限的，因此评价结果往往完全依赖于样本值的计算，这可能导致最终确定的指标权重与预期结果存在较大的差异。此外，熵权法并不能减少评价指标的维数，这也可能使得最终结果存在偏差。

3.5.6 BP 神经网络分析法

BP（Back Propagation）网络是 1986 年由 Rumelhart 和 McClelland 为首的科学家小组提出的一种神经网络架构。它基于误差逆传播算法进行训练，是一种多层前馈网络，在神经网络领域中具有广泛的应用。BP 神经网络是以 BP 算法为基石构建的前向多层网络，其结构特点是分层前向，主要由输入层、隐含层和输出层三部分组成。

BP 神经网络的一个重要特性是其映射能力的完全性。根据定理，三层网络结构能够以任意所需的精度近似逼近任何连续函数，这展现了其强大的函数逼近能力。BP 神经网络能够系统辨识各指标间的未知关系，将过去的经验存储在网络结构中，从而构建出神经网络模型。利用训练好的网络，可以进行正向的知识推理，进而确定各项评价指标的权重。BP 神经网络的计算过程主要包括以下步骤。

一是模型设定。以成功的评价实例作为网络训练样本，设有 n 个训练样本，每一训练样本有 m 个指标，则可得到如式 3–4 所示的初始信息矩阵。

$$X' = (x'_{ij})_{n\times m}\ i = 1, 2, \cdots, n;\ j = 1, 2, \cdots, m \qquad 3\text{–}4$$

其中，x'_{ij} 为第 i 个样本的第 j 个指标数值。

二是 BP 神经网络设计。图 3–2 是 BP 神经网络计算指标权（包括输入层、隐含层和输出层）。

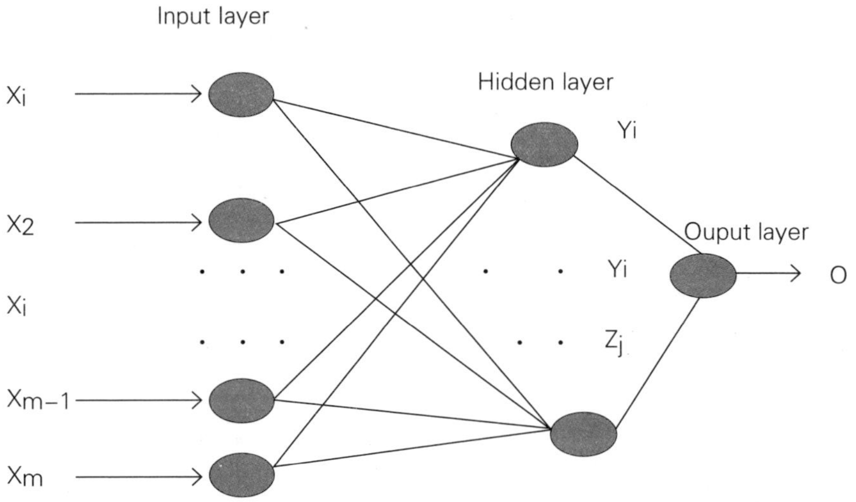

图 3-2　BP 神经网络计算指标权重结构图

三是评价指标的无量纲化。为了消除各指标的不同量纲，用式 3-5 进行无量纲化处理，得到无量纲化矩阵 X，$X=(x_{ij})n\times m$。

$$x_{ij}=\frac{x'_{ij}-\min\limits_{i=1}^{n}x'_{ij}}{\max\limits_{i=1}^{n}x_{ij}-\min\limits_{i=1}^{n}x_{ij}}\quad i=1,2,\cdots,n;j=1,2,\cdots,m$$ 式 3-5

同样，n 个训练样本的期望输出 $D'=(d'_1,d'_2,d'_j\dots,d'_n)$，经上式处理，得到无量纲化的期望输出 D，$D=(d_1,d_2..,d_j...d_n,)$。

四是计算各层输出。对于输出层，有：$o=f(\sum_{j=1}^{k}z_jy_j)$；对于隐含层，有：$y_j=f(\sum_{i=1}^{m}v_{ij}x_{ij})\quad j=1,2,\cdots,k$。

上述输出层和隐含层计算式中，激活函数 f（x）均选用最常用的单极性 Sig—moid 函数，即：$f(x)=\frac{1}{1+e^{-x}}$。

五是网络训练。对于连接权矩阵 V 和 Z 中的各个元素，随机赋予它们一个较小的初始数值。随后，将第一个样本的各个指标数据作为输入层各节点的初始输入数据。

接下来，按照以下步骤进行网络训练：首先，计算网络误差。在网络训练过程中，如果网络的输出与期望的输出结果之间存在差异，那么就产生了输出误差 Ei（第 i 个训练样本的输出误差），其值由式 3-6 表示：

$$E_i=\frac{1}{2(d_i-o_i)}\quad i=1,2,\cdots,n$$ 式 3-6

网络总误差 E 如式 3–7 表示： $E=\frac{1}{2}\sum_{i=1}^{n}E_i$　　式 3–7

其次，需要进行各层权值的调整。这个过程实际上是反向进行的。具体来说，会比较输出层的期望输出与实际输出，得到的误差信号将用于调整隐含层与输出层之间的连接权值。接着，这个误差信号会反向传播到隐含层，从而得到隐含层的误差信号。基于这个隐含层的误差信号，我们会进一步调整输入层与隐含层之间的连接权值。

再次，当完成当前样本的训练后，将输入下一个样本并返回至步骤一，继续进行训练。

最后，所有样本训练结束以后，如果 E<Emin（Emin 为网络训练精度，通常设为正的小数），训练结束，否则需将 E 置零，返回步骤一，从第一个样本开始，重新进行网络训练。

六是计算权重。当所有样本训练结束并达到网络精度要求后，可以利用输入层到隐含层之间的连接权矩阵 V 来计算各输入层节点到所有隐含层节点连接权的绝对值之和。接着，对这些绝对值和进行归一化处理，从而得到 m 个指标的权重。具体公式如下式 3–8：

$$w_j=\frac{\sum_{l=1}^{k}|v_{il}|}{\sum_{i=1}^{m}\sum_{l=1}^{k}|v_{il}|}\qquad j=1,2,\cdots,m\qquad \text{式 3–8}$$

七是计算排名。计算各指标与其权重乘积的和，得到最终得分，然后以此为依据，对评价结果进行排序。

建立 BP 神经网络预测模型，步骤总结为：提供原始数据，建立模型；BP 神经网络设计；评价指标的无量纲化；计算各输出层；BP 网络训练；计算权重；计算排名结果分析。

3.5.7 聚类分析法

聚类分析是一种多元统计方法，专注于对样品或指标进行分类。其核心在于建立一种科学的分类机制，依据样品或变量间的相似性或疏远程度进行细致划分。其实现路径主要有两种：一是将每个样品视为多维空间中的一个点，通过计算这些点之间的距离来反映其相似程度；二是利用相似系数来量化变量间的相似性或差异性。

在聚类分析中，根据分类对象的不同，可以将其分为 Q 型聚类分析和 R 型聚类分析。Q 型聚类主要针对样品进行聚类，而 R 型聚类则侧重于对变量进行聚类。其中，Q 型系统聚类法是应用最为广泛的一种，其基本原理是起始时将每个样品视作独立的一类，然后逐步计算并合并距离最近的两类，直至所有样品归并为所需的类别数目。这种逐步合并的过程使得 Q 型聚类法也被称为逐步聚类法。而在类与类之间距离的选择上，有多种方式，如明氏距离、马氏距离、兰氏距离等，不同的选择将产生不同的聚类效果。R 型聚类则侧重于对描述观测的变量进行归类。在实际应用中，我们通常会选择具有代表性的变量进行研究，以便更好地反映样本的某一特征。这样做可以简化研究过程，特别是当变量数量较多时，通过选择少量的关键变量，我们可以在保留大部分信息的同时，降低分析的复杂性。

在聚类方法的选择上，层次聚类分析和快速聚类分析是两种常用的方法。层次聚类分析根据观察值或变量间的相似程度，逐步将最相似的对象合并，直至所有样本聚为一类。而快速聚类分析则适用于大样本资料，它首先对数据进行初始分类，然后通过逐步调整得到最终分类。当观察值数量众多或数据量庞大时（通常观察值在 200 个以上），快速聚类方法通常更为适用。

综上所述，中小企业高质量发展指标评价方法种类很多。通过评价对比，结合企业发展质量评价的特殊性和新冠疫情对中小企业的影响，选择层次分析法进行定性和定量研究，一是将各评价指标通过统计学处理，标准化各指标值的计量单位、性质；二是依托各单项指标的权重，将指标数值转化成综合指数，以准确评价河南省中小企业发展水平。一般而言，综合指数越大，河南省中小企业发展质量的成效越好。具体步骤如下：

（1）各项指标数值的确定。河南省中小企业高质量发展指数测算过程包括各项指标数值及权重确定两个方面。就单一指标数值的确定而言，可根据数据的特性采用不同的方法计算得出。一是可根据指标的定义，推导出公式，直接计算得出；二是可根据专家打分的数值，依托均值计算得出；三是可根据指数值统计公式计算得出。由于各个指标的取值范围不同，为消除量纲与意义不同对指标评价的影响，需要对数据进行归一化处理，通常采用 Z—score 标准化方法来消除量纲的影响。指标体系中的逆指标采用取倒数的方法变为正向指标。为了便于比较评价河南省各地市中小企业高质量发展状况，通常将 Z—score 标准化公式转化为百分数形式。

（2）各项指标权重的确定。各指标的权重可在专家打分数值的基础上，经过均值计算得出，结合各项指标的历史数值综合确定，力求充分体现各项指标在河南中小企业高质量发展中的贡献。

（3）各项指标的逐级合成。上一级指标的数值可由下一级指标的具体数值及其

续表

相应权重合成计算得出，可逐级上行递推。例如，二级指标可按照权重和具体数值大小合成一级指标，一级指标再按照各自的权重和具体数值大小，合成河南中小企业高质量发展评价指数。

3.6 河南省中小企业高质量发展评价指标权重的确定

在选定上述评价指标和层次分析法的基础上，对河南省中小企业高质量发展评价指标进行权重赋值，本书参考了《企业高质量发展评价指标》团体标准 T/CERDS1—2021 提供的指标及权重，综合了有关专家的意见并根据评分赋值表（见表 3—7）的说明，对所选定的指标进行两两比较，给出各指标相对重要性的得分。

表 3–7　评分赋值表

赋值	说明
1	表示指标 X_i 与指标 X_j 相比，具有同样重要性
3	表示指标 X_i 与指标 X_j 相比，指标 X_i 比 X_j 稍微重要
5	表示指标 X_i 与指标 X_j 相比，指标 X_i 比 X_j 明显重要
7	表示指标 X_i 与指标 X_j 相比，指标 X_i 比 X_j 强烈重要
9	表示指标 X_i 与指标 X_j 相比，指标 X_i 比 X_j 指标极端重要
2，4，6，8	当以上两指标相比落在两相邻判断的中间时，取中间值
倒数	指标 X_i 与指标 X_j 比较得分为 B_{ij}，则指标 X_j 与指标 X_i 比较得分 Bij*=1/Bij

例如，对于“科技创新领域”各行指标与各列指标进行对比，根据其相对重要性进行评分。计算过程采用层次分析（AHP）软件进行数据处理，评价指标及其权重如表 3–8 至 3–15 所示。

表 3–8　河南省中小企业高质量发展评价指标及其权重

一级指标	一级指标权重	二级指标	二级指标权重
规模发展评价指标	0.1272	中小工业企业数量	0.0424
		中小工业企业平均从业人员	0.0848

续表

财务绩效评价指标	0.4467	总资产负债率	0.0732
		营业收入	0.1328
		利润总额	0.2408
科技创新评价指标	0.2881	R&D 人员全时当量	0.0274
		R&D 经费内部支出	0.0225
		发明专利申请数量	0.0676
		新产品销售收入	0.1223
		数字化项目数量	0.0483
绿色环保评价指标	0.1380	每亿元工业增加值工业二氧化硫排放量	0.0460
		每亿元工业增加值工业氮氧化物排放量	0.0460
		每亿元工业增加值工业颗粒物排放量	0.0460

应用层次分析法对河南省中小企业高质量发展评价指标进行权重赋值计算过程如下所示。

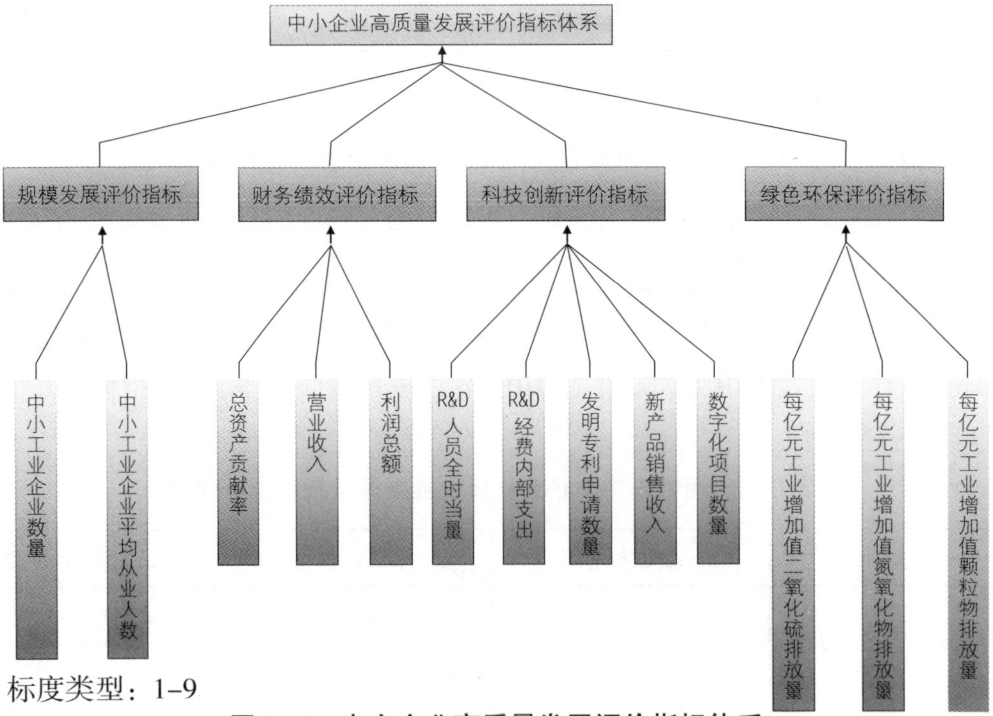

图 3–3　中小企业高质量发展评价指标体系

表 3-9 方案层中要素对决策目标的排序权重

备选方案	权重
利润总额	0.2408
营业收入	0.1328
新产品销售收入	0.1223
中小工业企业平均从业人数	0.0848
总资产贡献率	0.0732
发明专利申请数量	0.0676
数字化项目数量	0.0483
每亿元工业增加值氮氧化物排放量	0.0460
每亿元工业增加值二氧化硫排放量	0.0460
每亿元工业增加值颗粒物排放量	0.0460
中小工业企业数量	0.0424
R&D 人员全时当量	0.0274
R&D 经费内部支出	0.0225

表 3-10 中间层中要素对决策目标的排序权重

中间层要素	权重
财务绩效评价指标	0.4467
科技创新评价指标	0.2881
绿色环保评价指标	0.1380
规模发展评价指标	0.1272

（1）中小企业高质量发展评价指标体系 一致性比例：0.0172；对“中小企业高质量发展评价指标体系”的权重：1.0000；λ_{max}：4.0459。

表 3-11 中间层中要素对决策目标的排序权重

中小企业高质量发展评价指标体系	科技创新评价指标	绿色环保评价指标	财务绩效评价指标	规模发展评价指标	Wi
科技创新评价指标	1.0000	2.0000	0.5000	3.0000	0.2881
绿色环保评价指标	0.5000	1.0000	0.3333	1.0000	0.1380
财务绩效评价指标	2.0000	3.0000	1.0000	3.0000	0.4467
规模发展评价指标	0.3333	1.0000	0.3333	1.0000	0.1272

（2）科技创新评价指标 一致性比例：0.0178；对“中小企业高质量发展评价指标体系”的权重：0.2881；λ max：5.0798。

表 3-12 科技创新评价指标权重

科技创新评价指标	新产品销售收入	数字化项目数量	R&D 人员全时当量	R&D 经费内部支出	发明专利申请数量	Wi
新产品销售收入	1.0000	3.0000	4.0000	5.0000	2.0000	0.4246
数字化项目数量	0.3333	1.0000	2.0000	3.0000	0.5000	0.1677
R&D 人员全时当量	0.2500	0.5000	1.0000	1.0000	0.5000	0.0950
R&D 经费内部支出	0.2000	0.3333	1.0000	1.0000	0.3333	0.0780
发明专利申请数量	0.5000	2.0000	2.0000	3.0000	1.0000	0.2346

（3）绿色环保评价指标一致性比例：0.0000；对“中小企业高质量发展评价指标体系”的权重：0.1380；λ max：3.0000。

表 3-13 绿色环保评价指标权重

绿色环保评价指标	工业二氧化硫排放量	工业氮氧化物排放量	工业颗粒物排放量	Wi
工业二氧化硫排放量	1.0000	1.0000	1.0000	0.3333

工业氮氧化物排放量	1.0000	1.0000	1.0000	0.3333
工业颗粒物排放量	1.0000	1.0000	1.0000	0.3333

（4）财务绩效评价指标 一致性比例：0.0089；对“中小企业高质量发展评价指标体系”的权重：0.4467；λ max：3.0092。

表 3–14　财务绩效评价指标权重

财务绩效评价指标	利润总额	总资产贡献率	营业收入	Wi
利润总额	1.0000	3.0000	2.0000	0.5390
总资产贡献率	0.3333	1.0000	0.5000	0.1638
营业收入	0.5000	2.0000	1.0000	0.2973

（5）规模发展评价指标

一致性比例：0.0000；对“中小企业高质量发展评价指标体系”的权重：0.1272；λ max：2.0000。

表 3–15　规模发展评价指标权重

规模发展评价指标	中小工业企业数量	中小工业企业平均从业人数	Wi
中小工业企业数量	1.0000	0.5000	0.3333
中小工业企业平均从业人数	2.0000	1.0000	0.6667

第4章
河南省中小企业高质量发展现状评价——以中小工业企业为例

2017年9月1日，第十二届全国人大常务委员会第二十九次会议，对《中华人民共和国中小企业促进法》进行了重要的修订工作，该修订法案自2018年新年伊始，即1月1日起正式施行。该法明确了中小企业的定义，即在中华人民共和国领土范围内，依照法律设立的企业，其人员规模和经营规模均相对较小，涵盖了中型企业、小型企业和微型企业的范畴。简而言之，中小企业指的是在人员数量和经营规模上相对较小，且已完成法定设立程序并持续运营的企业。

关于中型、小型和微型企业的具体划分标准，其历史可追溯至2011年。当时，工业和信息化部、国家统计局、国家发展和改革委员会及财政部联合发布了《关于印发中小企业划型标准规定的通知》。该通知针对包括农、林、牧、渔业，工业，建筑业，餐饮业，批发业，零售业等在内的16个行业制定了详尽的划分标准（见附表），其中营业收入、从业人员数量及资产总额成为主要判定依据。这一标准的制定，旨在更好地贯彻实施《中华人民共和国中小企业促进法》，同时纠正以往划分标准过于宽泛，导致扶持政策针对性和有效性不足的问题。值得注意的是，该标准首次提出了“微型企业”的概念，将其作为缓解当时从业压力、吸纳从业的重要力量。

到了2017年，国家统计局进一步发布了《统计上大中小型企业划分办法（2017）》，该办法依据行业门类、大类、中类和组合类别，结合从业人员数量、营业收入、资产总额等指标或替代指标，将我国的企业细分为大型、中型、小型和微型四种类型，并详细制定了划分标准。表4–1即展示了不同行业大中小微企业的具体划分标准。

表4–1　不同行业大中小微型企业划分标准

行业名称	指标名称	计量单位	大型	中型	小型	微型
农、林、牧、渔业	营业收入（Y）	万元	Y ≥ 20000	500 ≤ Y < 20000	50 ≤ Y < 500	Y < 50

续表

工业 *	从业人员（X）	人	X ≥ 1000	300 ≤ X < 1000	20 ≤ X < 300	X < 20
	营业收入（Y）	万元	Y ≥ 40000	2000 ≤ Y < 40000	300 ≤ Y < 2000	Y < 300
建筑业	营业收入（Y）	万元	Y ≥ 80000	6000 ≤ Y < 80000	300 ≤ Y < 6000	Y < 300
	资产总额（Z）	万元	Z ≥ 80000	5000 ≤ Z < 80000	300 ≤ Z < 5000	Z < 300
批发业	从业人员（X）	人	X ≥ 200	20 ≤ X < 200	5 ≤ X < 20	X < 5
	营业收入（Y）	万元	Y ≥ 40000	5000 ≤ Y < 40000	1000 ≤ Y < 5000	Y < 1000
零售业	从业人员（X）	人	X ≥ 300	50 ≤ X < 300	10 ≤ X < 50	X < 10
	营业收入（Y）	万元	Y ≥ 20000	500 ≤ Y < 20000	100 ≤ Y < 500	Y < 100
交通运输业 *	从业人员（X）	人	X ≥ 1000	300 ≤ X < 1000	20 ≤ X < 300	X < 20
	营业收入（Y）	万元	Y ≥ 30000	3000 ≤ Y < 30000	200 ≤ Y < 3000	Y < 200
仓储业 *	从业人员（X）	人	X ≥ 200	100 ≤ X < 200	20 ≤ X < 100	X < 20
	营业收入（Y）	万元	Y ≥ 30000	1000 ≤ Y < 30000	100 ≤ Y < 1000	Y < 100
邮政业	从业人员（X）	人	X ≥ 1000	300 ≤ X < 1000	20 ≤ X < 300	X < 20
	营业收入（Y）	万元	Y ≥ 30000	2000 ≤ Y < 30000	100 ≤ Y < 2000	Y < 100

续表

住宿业	从业人员（X）	人	X ≥ 300	100 ≤ X < 300	10 ≤ X < 100	X < 10
	营业收入（Y）	万元	Y ≥ 10000	2000 ≤ Y < 10000	100 ≤ Y < 2000	Y < 100
餐饮业	从业人员（X）	人	X ≥ 300	100 ≤ X < 300	10 ≤ X < 100	X < 10
	营业收入（Y）	万元	Y ≥ 10000	2000 ≤ Y < 10000	100 ≤ Y < 2000	Y < 100
信息传输业 *	从业人员（X）	人	X ≥ 2000	100 ≤ X < 2000	10 ≤ X < 100	X < 10
	营业收入（Y）	万元	Y ≥ 100000	1000 ≤ Y < 100000	100 ≤ Y < 1000	Y < 100
软件和信息技术服务业	从业人员（X）	人	X ≥ 300	100 ≤ X < 300	10 ≤ X < 100	X < 10
	营业收入（Y）	万元	Y ≥ 10000	1000 ≤ Y < 10000	50 ≤ Y < 1000	Y < 50
房地产开发经营	营业收入（Y）	万元	Y ≥ 200000	1000 ≤ Y < 200000	100 ≤ Y < 1000	Y < 100
	资产总额（Z）	万元	Z ≥ 10000	5000 ≤ Z < 10000	2000 ≤ Z < 5000	Z < 2000
物业管理	从业人员（X）	人	X ≥ 1000	300 ≤ X < 1000	100 ≤ X < 300	X < 100
	营业收入（Y）	万元	Y ≥ 5000	1000 ≤ Y < 5000	500 ≤ Y < 1000	Y < 500
租赁和商务服务业	从业人员（X）	人	X ≥ 300	100 ≤ X < 300	10 ≤ X < 100	X < 10
	资产总额（Z）	万元	Z ≥ 120000	8000 ≤ Z < 120000	100 ≤ Z < 8000	Z < 100
其他未列明行业 *	从业人员（X）	人	X ≥ 300	100 ≤ X < 300	10 ≤ X < 100	X < 10

资料来源：《统计上大中小微工业企业划分标准》（国家统计局）

说明：

1. 大型、中型和小型企业须同时满足所列指标的下限，否则下划一档；微型企业只需满足所列指标中的一项即可。

2. 附表中各行业的范围以《国民经济行业分类》（GB/T 4754—2017）为准。带 * 的项为行业组合类别。

本书中所采用的“中小企业”概念与《中华人民共和国中小企业促进法》中的概念内涵相一致。经过多年发展，河南省实现了由传统农业大省向新兴工业大省的历史性转变，工业作为经济体系中的重要板块，已成为河南省经济高质量发展的重要支撑，而规模以上中小工业企业是河南省工业高质量发展的主力军，故本章主要以规模以上工业企业中的中小微工业企业（以下简称中小工业企业）为研究对象。

4.1 河南省中小工业企业整体情况

河南省中小工业企业遍布国民经济的各个领域，在河南省各地市经济发展中占有重要地位。拥有“小而美”独特优势的中小工业企业，与民营企业高度重叠，是保市场主体的重要对象，促进中小工业企业的高质量发展对河南省经济高质量发展具有重要意义。

然而，2020 年新冠肺炎疫情暴发，给中小工业企业发展带来严峻挑战。在新冠肺炎疫情的冲击下，国内外市场需求减少、工厂等生产经营频繁停工、公司资金链断裂甚至企业倒闭等现象频出，中小工业企业穿越“生死线”，其脆弱性更为凸显。

党中央、国务院高度重视中小工业企业的发展，尤其是疫情暴发以来，围绕减税降费、融资支持、援企稳岗、复工复产等方面，在国家层面和地方层面均陆续出台了一系列惠企纾困政策，有力地支持了中小工业企业发展。但当前国际环境更趋复杂严峻，中小工业企业仍面临着诸多挑战，其发展亟待得到进一步支持与帮扶。“十四五”规划指出，要促进中小工业企业高质量发展，鼓励中小工业企业改革创新，引导有条件的中小工业企业建立现代企业制度，支持中小工业企业开展基础研究和科技创新。坚持以推动高质量发展为主题，中小工业企业需要正确认识高质量发展的深刻内涵和核心要义，中小工业企业应该把握机遇，迎接挑战，实现高质量发展。

本章将从促进中小企业高质量发展的目标出发，分析河南省和各地市中小工业企业高质量发展的现状，对河南省各地市中小工业企业近年来的发展活力进行纵向及横向分析。在前文构建的中小工业企业高质量发展指标体系的基础上，鉴于数据的可得性，本章主要对河南省规模以上工业企业中的中小工业企业高质量发展进行现状分析与评价，从而找出河南省中小工业企业高质量发展中的关键痛点、堵点。

截至 2021 年底，河南省规模以上中小工业企业数达 21220 个，占规模以上工业企业数比重为 97.8%；平均从业人数为 272 万人，占规模以上工业企业平均从业人数的 61.58%；全省规模以上中小工业企业资产总额达 31892.6 亿元；全省规模以上中小工业企业营业收入 30802.29 亿元，占规模以上工业企业营业收入的 53.79%；全省规模以上中小工业企业完成利润总额为 1693.65 亿元，占规模以上工业企业利润总额的 57.73%。2021 年非公有制经济中工业实现增加值为 13728.8 亿元，占全省工业增加值的 73.08%，而非公有制经济中，大部分企业是中小工业企业。因此，河南省规模以上中小工业企业在缓解从业压力、推动经济高质量发展、活跃市场以及推动科技创新等方面作出了重要贡献。以下将对河南省及各地市规模以上中小工业企业发展现状进行详细分析。

4.1.1 河南省中小工业企业规模发展方面

（1）中小工业企业数缩减

2017—2021 年，河南省规模以上中小工业企业数整体上呈现先下降后上升的态势，占规模以上工业企业数的比重高达 97.35%，可见中小工业企业在河南省经济发展特别是产业发展中具有重要地位。拥有“小而美”独特优势的中小工业企业，已成为保市场主体的重要对象，同时也是保从业的重要力量。

2019 年河南省中小工业企业数为 18995 个，较 2017 年中小工业企业数减少了 2289 个；2019—2021 年，河南省中小工业企业数呈现逐渐增加态势，截至 2021 年，河南省中小工业企业数增加至 21220 个。从企业规模来看：2017—2021 年，河南省中型工业企业数整体上呈现减少态势，2021 年中型工业企业单位数 2225 个，较 2017 年中型工业企业单位数（4689 个）减少了 2464 个，降幅为 52.55%；小型工业企业数呈现先减少后增加的趋势，截至 2021 年，河南省小型工业企业数为 15737 个；近年来，河南省微型企业数呈现持续增加的态势，2017 年，河南省微型企业数仅有 711 个，2018 年突增至 2818 个；截至 2021 年，河南省微型企业数已经达到了 3258 个。2017—2021 年，中小工业企业数占全省规模以上工业企业数比重整体呈上升态势，2021 年该占比为 97.80%，较 2020 年上升 0.33 个百分点。

表 4-2 2017—2021 年河南省中小工业企业单位数变动及占比情况表

年份	2017	2018	2019	2020	2021
中小工业企业数（个）	21293	20506	18995	19310	21220
占比（%）	96.65	97.55	97.29	97.47	97.8

注：表中“占比（%）”是指中小工业企业数占全省规模以上工业企业数的比重。

数据来源：2018—2022 年《河南省统计年鉴》十三、工业

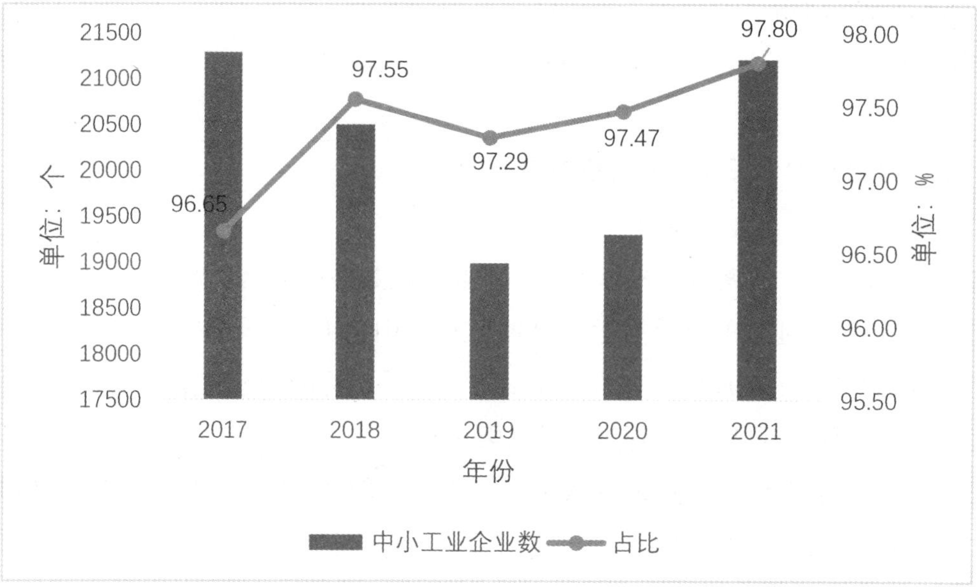

图 4-1 2017—2021 年河南省中小工业企业单位数及占比情况图

（2）中小工业企业平均从业人数变动情况

中小工业企业是我国企业吸纳从业的主力军，人才队伍建设对中小工业企业高质量发展具有重要意义。从河南省中小工业企业平均从业人数来看：2017—2021 年中小工业企业平均从业人数占全省工业企业平均从业人数的 61.4%，表明中小工业企业始终是企业招聘的“主力军”，在河南省从业市场中发挥着不可或缺的作用。与大型企业相比，中小工业企业创办门槛相对较低、量大而且面广，且能够相对灵活地适应劳动力市场供求关系的变化，故称为吸纳从业的主力军。但从中小工业企业平均从业人数来看，近年来河南省中小工业企业平均从业人数呈现明显下降态势，2021 年为 272 万人，较 2017 年减少了 36.27%，表明河南省中小工业企业人才需求总量有所下降，人才需求结构发生较大变化。也说明近年来新冠肺炎疫情不断反复，对中小工业企业

人才需求产生了不利影响。

表 4-3 2017—2021 年河南省中小工业企业平均从业人数及占比情况

年份	2017	2018	2019	2020	2021
中小工业企业平均从业人数（万人）	426.79	329.32	295.02	271.67	272
占比（%）	63.09	62.33	60.31	59.7	61.58

注：表中“占比”是指中小工业企业平均从业人数占全省规模以上工业企业平均从业人数的比重。

数据来源：2018—2022 年《河南省统计年鉴》十三、工业

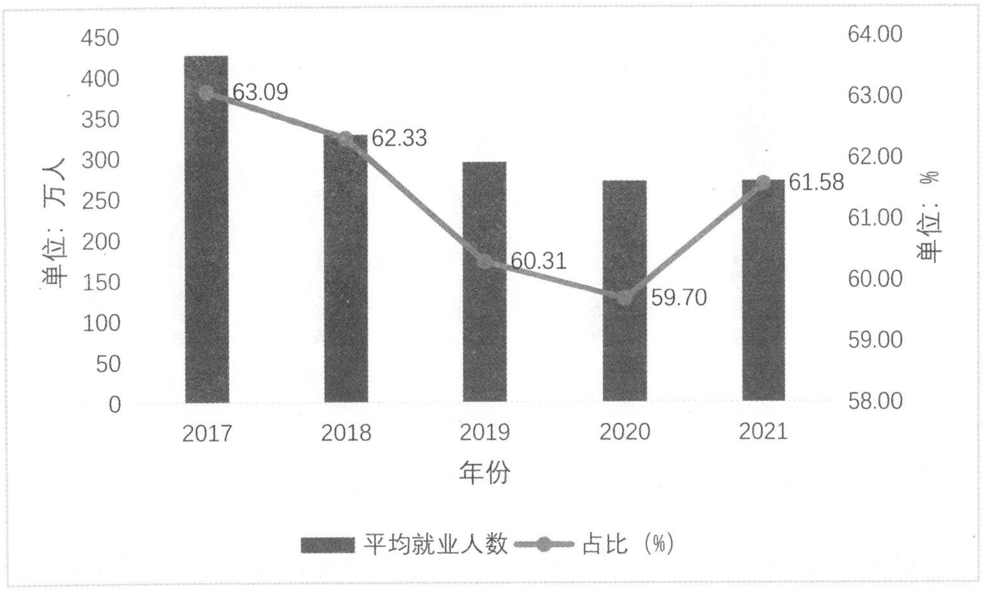

图 4-2 2017—2021 年河南省中小工业企业平均从业人数及占比情况

4.1.2 河南省中小工业企业财务绩效方面

（1）河南省中小工业企业营业收入情况

从河南省规模以上中小工业企业营业收入情况来看，2017—2021 年中小工业企业营业收入总量波动较大，其中 2017—2020 年中小工业企业营业收入呈下降态势，2020 年中小工业企业营业收入总额为 51317.76 亿元，较 2017 年减少了 25221.95 亿元，降幅为 49.15%；2021 年中小工业企业营业收入总额为 30802.29 亿元，较 2020 年增加了 4706.48 亿元，增幅为 18.04%；从中小工业企业营业收入占比情况来看，2017—2021 年中小工业企业营业收入占全部企业营业收入的比重虽有所下降，但始终高于 50%。

表 4-4　河南省中小工业企业营业收入变动及占比情况表

年份	2017	2018	2019	2020	2021
中小工业企业营业收入（亿元）	51317.76	27725.55	26269.99	26095.81	30802.29
占比（%）	64.24	55.26	52.46	53.69	53.79

注：表中“占比”是指中小工业企业营业收入占全省规模以上工业企业营业收入的比重。

数据来源：2018—2022 年《河南省统计年鉴》十三、工业

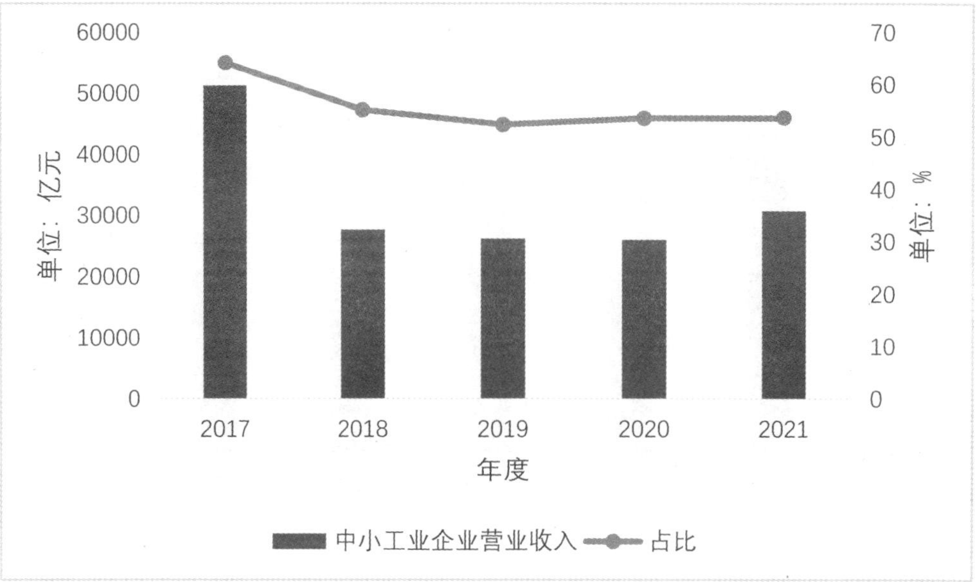

图 4-3　2017—2021 年河南省中小工业企业营业收入变动及占比情况

（2）河南省中小工业企业利润总额变动情况

从表 4-5 中可知，2017—2021 年河南省中小工业企业利润总额均高于大型企业，尤其是 2017 年，中小工业企业利润总额为 3841.3 亿元，占比为 71.85%，但近年来呈现下降的态势，2021 年河南省中小型企业利润总额为 1693.7 亿元，占全省全部工业企业利润总额的 57.73%，是全部工业企业利润总额的一半多。从企业规模来看，近年来中型企业利润总额降幅明显，2017 年河南省中型企业利润总额为 1820.17 亿元，2021 年减少至 699.04 亿元，降幅高达 61.59%；小型企业利润总额近年来也呈现不断下降的态势，2017 年中小工业企业利润总额 1950.3 亿元，2021 年下降至 904.32 亿元，降幅为 50%；小微企业利润总额波动较大，2021 年利润总额为 90.29 亿元，较 2020 年增加 34.83 亿元，增幅为 62.86%。

表 4-5　河南省中小工业企业利润总额变动及占比情况表

年份	2017	2018	2019	2020	2021
中小工业企业利润总额（亿元）	3841.3	2650.2	2192.6	1724.7	1693.7
占比（%）	71.85	66.07	61.8	61.09	57.73

注：表中“占比”是指中小工业企业利润总额占全省规模以上工业企业利润总额的比重。

数据来源：2018—2022 年《河南省统计年鉴》十三、工业

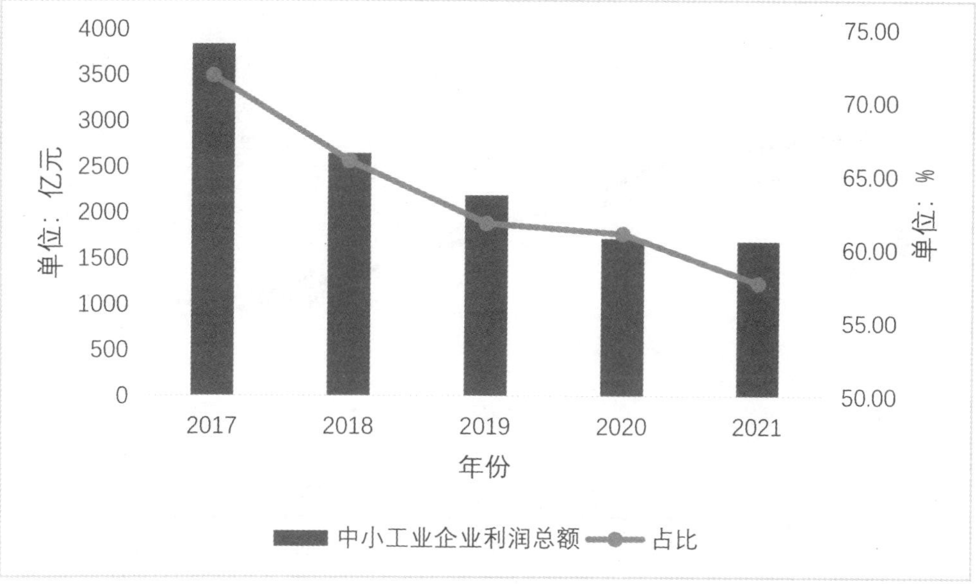

图 4-4　2017—2021 年河南省中小工业利润总额变动及占比情况图

（3）河南省中小工业企业总资产贡献率情况

2017—2021 年，河南省规模以上工业企业总资产贡献率整体上呈现持续下降的态势，2021 年河南省规模以上企业总资产贡献率为 8.7%，较 2017 年下降了 4.3 个百分点；从企业规模来看，2017—2020 年中型、小型工业企业总资产贡献率均高于大型工业企业，但中型、小型工业企业总资产贡献率呈现持续下降态势；2021 年大型工业企业总资产贡献率反超中型、小型企业，反映出中型、小型工业企业盈利能力有所削弱。2017—2021 年河南省小微工业企业总资产贡献率波动较大，整体上也呈现下降趋势，尤其是 2020 年、2021 年，小微工业企业总资产贡献率分别为 4.4%、5.5%，受新冠肺炎疫情影响，小微工业企业盈利能力受到很大冲击。

表 4–6　河南省中小工业企业总资产贡献率变动情况

年份	2017	2018	2019	2020	2021
大型	9.9	10.6	9.9	8.1	9.0
中型	15.1	13.7	12.7	9.2	8.3
小型	16.3	15.1	12.0	9.7	8.8
微型	10.6	7.1	9.6	4.4	5.5
合计	13.0	12.3	11.0	8.6	8.7

数据来源：2018—2022 年《河南省统计年鉴》十三、工业

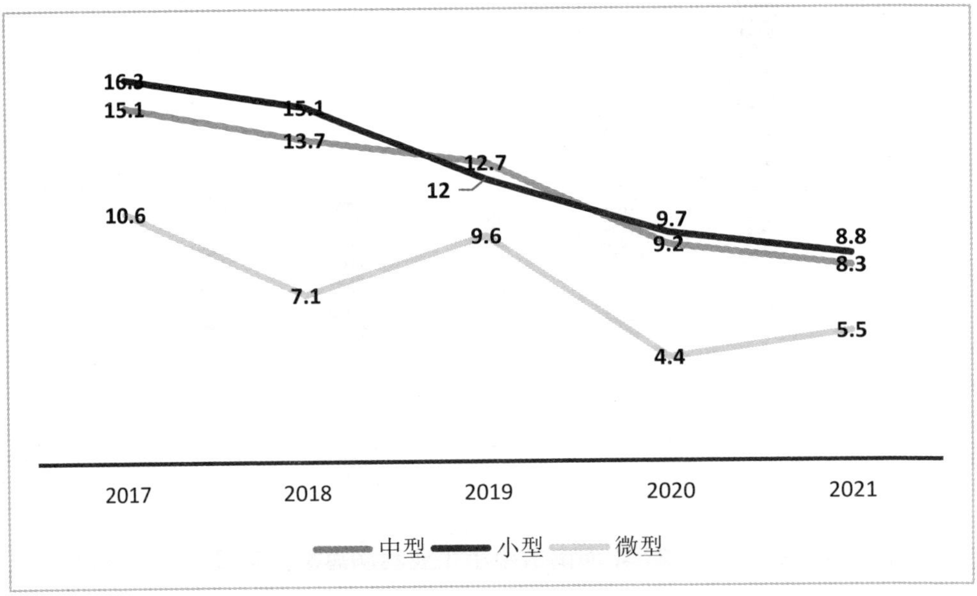

图 4–5　2017—2021 年河南省中小工业企业总资产贡献率变动情况

4.1.3 河南省中小工业企业创新发展情况

（1）中小工业企业 R&D 人员逐年增加

2017—2021 年，河南省规模以上中小工业企业 R&D 人员逐年增加，由 2017 年的 8.51 万人增加至 2021 年的 14.01 万人，共计增加 5.5 万人；从中小工业企业 R&D 人员占规模以上工业企业 R&D 人员比重来看，2017—2021 年中小工业企业 R&D 人员数占比逐年增加，2021 年中小工业企业 R&D 人员数占比 58.12%，较 2017 年上升了 14.19%。

表 4-7　2017—2021 年河南省中小工业企业 R&D 人员数及占比情况

年份	2017 年	2018 年	2019 年	2020 年	2021 年
中小工业企业 R&D 人员（万人）	8.51	8.89	11.34	11.41	14.01
占比（%）	43.94	48.57	51.02	54.96	58.12

注：表中"占比"是指中小工业企业 R&D 人员占全省规模以上工业企业 R&D 人员的比重。

数据来源：2018—2022 年《河南省统计年鉴》二十一、科学技术

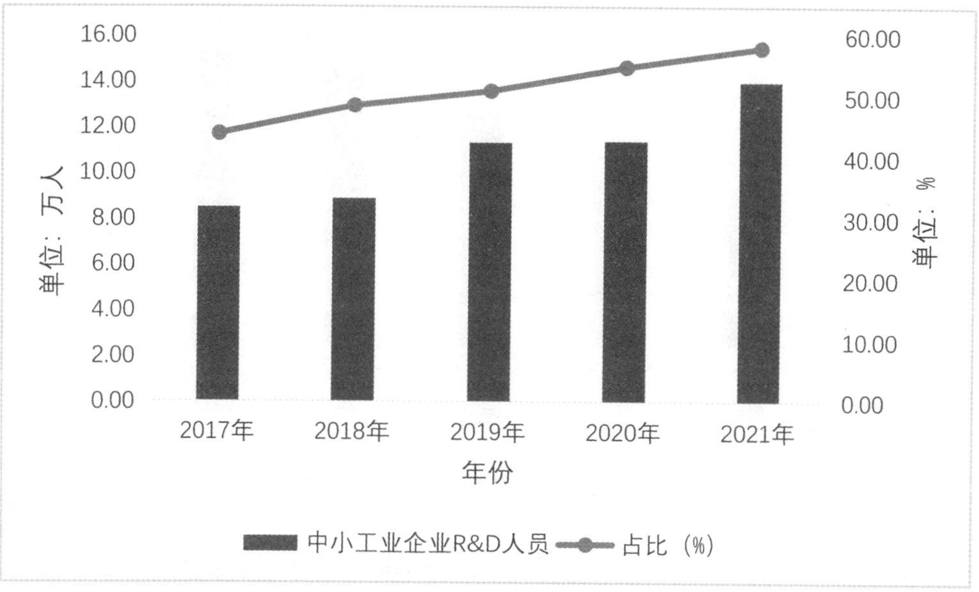

图 4-6　2017—2021 年河南省中小工业企业 R&D 人员数及占比情况

（2）中小工业企业 R&D 经费内部支出情况

2017—2021 年河南省中小工业企业 R&D 经费内部支出波动较大，整体上呈现先下降后上升的态势，其中 2018 年中小工业企业 R&D 经费内部支出为 236.62 亿元，较 2017 年下降 71.26%；2021 年中小工业企业 R&D 经费内部支出为 401.64 亿元，环比较 2020 年上升了 17.13%。从中小工业企业 R&D 经费内部支出占比情况来看，2017—2021 年中小工业企业 R&D 经费内部支出占比逐年上升，2021 年该占比为 52.57%，较 2017 年上升了 11.66 个百分点。 但同时也应看到河南省中小工业企业多处于产业链低端，实力薄弱，部分企业求稳意识强烈，担心研发创新带来的经营风险，这在一定程

度上制约了中小工业企业 R&D 经费内部支出。

表 4–8 2017—2021 年中小工业企业 R&D 经费内部支出及占比

年份	2017 年	2018 年	2019 年	2020 年	2021 年
R&D 经费内部支出（亿元）	193.22	236.62	284.47	342.9	401.64
占比（%）	40.91	44.74	46.73	50.02	52.57

注：表中“占比”是指中小工业企业 R&D 经费内部支出占全省规模以上工业企业 R&D 经费内部支出的比重。

数据来源：2018—2022 年《河南省统计年鉴》二十一、科学技术

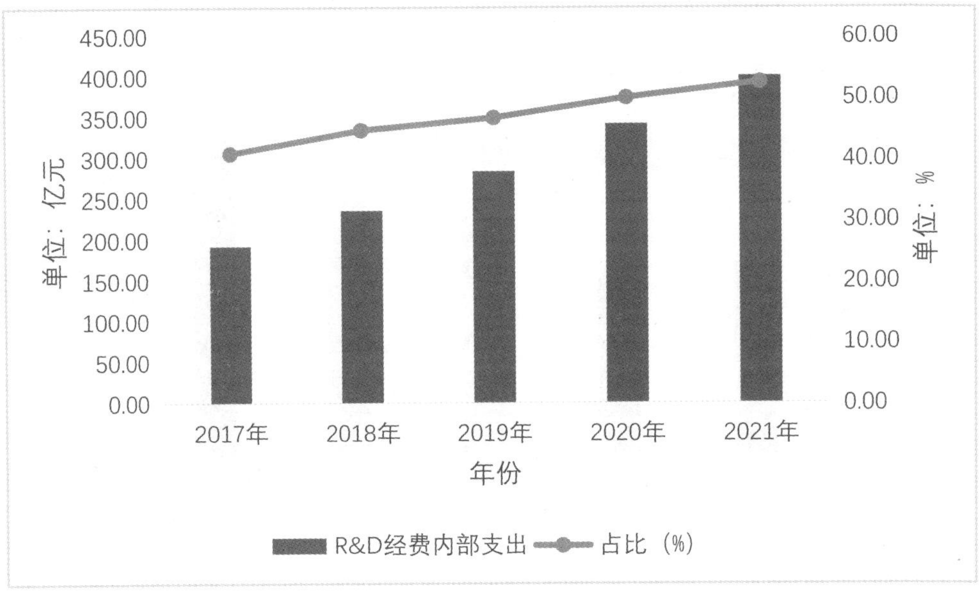

图 4–7 2017—2021 年中小工业企业 R&D 经费内部支出及占比情况

（3）中小工业企业新产品销售收入情况

2017—2021 年河南省中小工业企业新产品销售收入逐年增加，2021 年中小工业企业新产品销售收入为 3203.5 亿元，较 2017 年增加了 2172.85 亿元；从新产品销售收入占比情况来看，2017—2021 年中小工业企业新产品销售收入占比呈现持续上升态势，2021 年该占比为 36.30%，较 2017 年上升 21.77 个百分点。

表 4–9 2017—2021 年中小工业企业新产品销售收入及占比

年份	2017 年	2018 年	2019 年	2020 年	2021 年
新产品销售收入（亿元）	1030.66	1472.95	1753.35	2462.32	3203.5
占比（%）	14.52	19.16	25.83	31.14	36.3

注：表中“占比”是指中小工业企业新产品销售收入占全省规模以上工业企业新产品销售收入的比重。

数据来源：2018—2022 年《河南省统计年鉴》二十一、科学技术

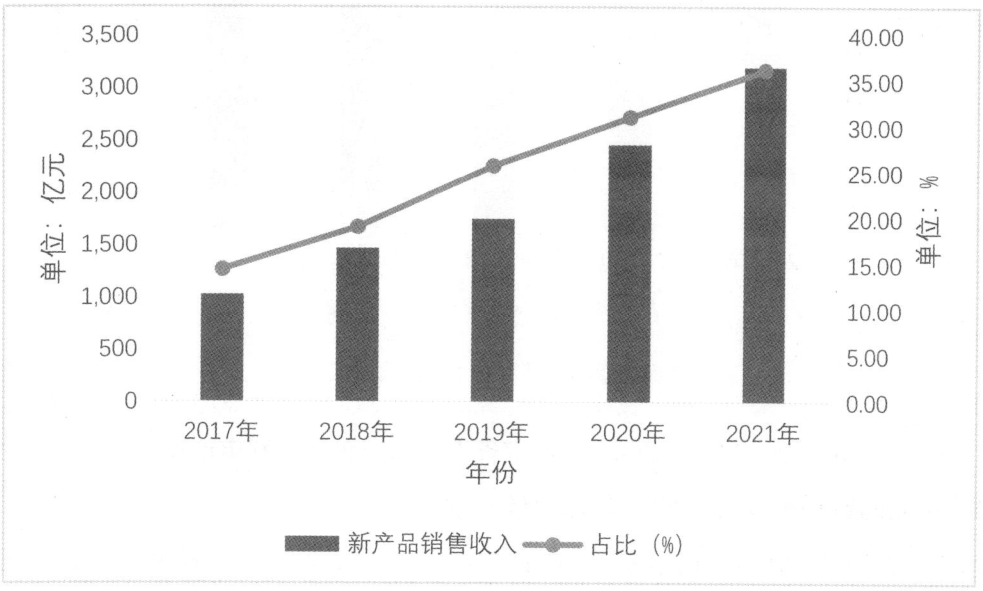

图 4–8　2017—2021 年中小工业企业新产品销售收入及占比情况

（4）中小工业企业专利申请情况

2017—2021 年河南省规模以上中小工业企业专利申请数逐年增加，2021 年中小工业企业专利申请数为 34132 个，较 2017 年增加 22208 个，是 2017 年的 1.86 倍。从中小工业企业占规模以上工业企业专利申请数比重来看，该占比持续上升，2021 年该占比达到了 79.66%，可见中小工业企业专利申请量远高于大型企业专利申请量。中小工业企业数量大、市场敏感度高、机制灵活，是创新发展的重要源泉。众多中小工业企业中涌现出一批“专精特新”企业。

表 4–10　2017—2021 年河南省中小工业企业专利申请情况

年份	2017 年	2018 年	2019 年	2020 年	2021 年
专利申请数（个）	11924	17654	20409	27157	34132
占比（%）	53.31	63.96	67.48	74.4	79.66

注：表中“占比”是指中小工业企业专利申请数占全省规模以上工业企业专利申请数的比重。

数据来源：2018—2022 年《河南省统计年鉴》二十一、科学技术

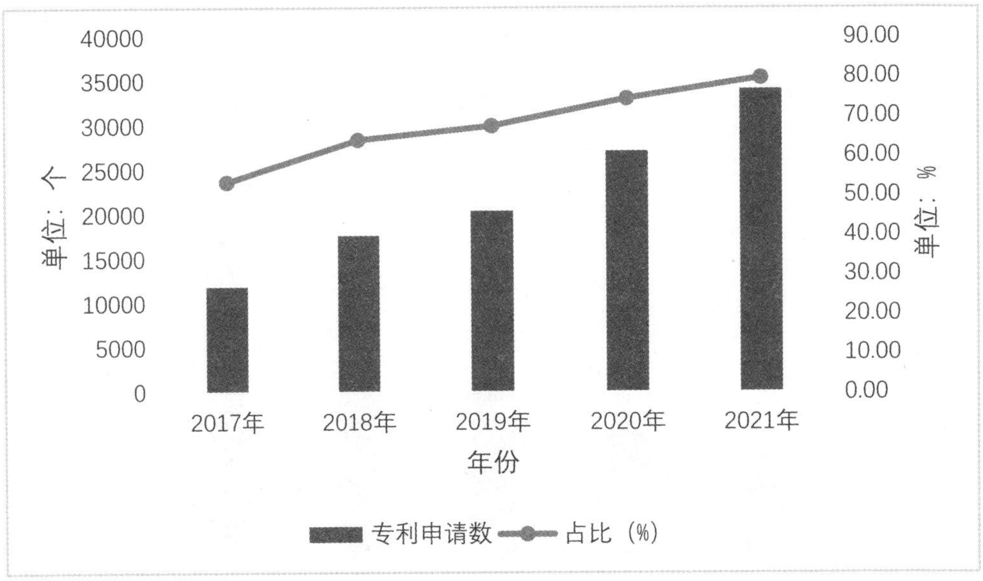

图 4-9　2017—2021 年河南省中小工业企业专利申请情况

4.1.4 河南省规模以上工业企业绿色环保现状

2017—2021 年河南省规模以上工业企业每亿元工业增加值二氧化硫排放量逐年减少，其中 2018 年每亿元工业增加值二氧化硫排放量为 9.28 吨，较 2017 年减少了 3.73 吨，降幅为 40.19%；2021 年每亿元工业增加值二氧化硫排放量降至 2.20 吨，且较 2020 年减少 0.32 吨；2017—2021 年河南省规模以上工业企业每亿元工业增加值氮氧化物排放量也呈现持续减少态势，其中 2021 年河南省工业企业每亿元工业增加值氮氧化物排放量为 3.96 吨，较 2017 年减少 7.60 吨，工业生产质量不断提升；2021 年规模以上工业企业每亿元工业增加值氮氧化物排放量为 14.50 吨，较 2020 年减少 7.60 吨，降幅为 65.72%。2020—2021 年安阳市规模以上工业企业每亿元工业增加值颗粒物排放量均值为 4.94 吨，且 2021 年较 2020 年减少 0.44 吨。河南省绿色环保各项指标持续下降，主要得益于技术的不断进步，另一原因是政府对绿色环保的重视。

表 4-11　2017—2021 年河南省规模以上工业企业绿色环保指标变动情况　单位：吨

年份	2017 年	2018 年	2019 年	2020 年	2021 年
每亿元工业增加值二氧化硫排放量	9.28	5.55	3.92	2.52	2.2
每亿元工业增加值氮氧化物排放量	11.56	8.62	6.35	4.51	3.96
每亿元工业增加值颗粒物排放量	—	—	—	2.69	2.25

注：为消除价格因素影响，工业增加值均以 2016 年为基期，按其增长指数进行平减。

数据来源：《河南统计年鉴》《中国城市统计年鉴》

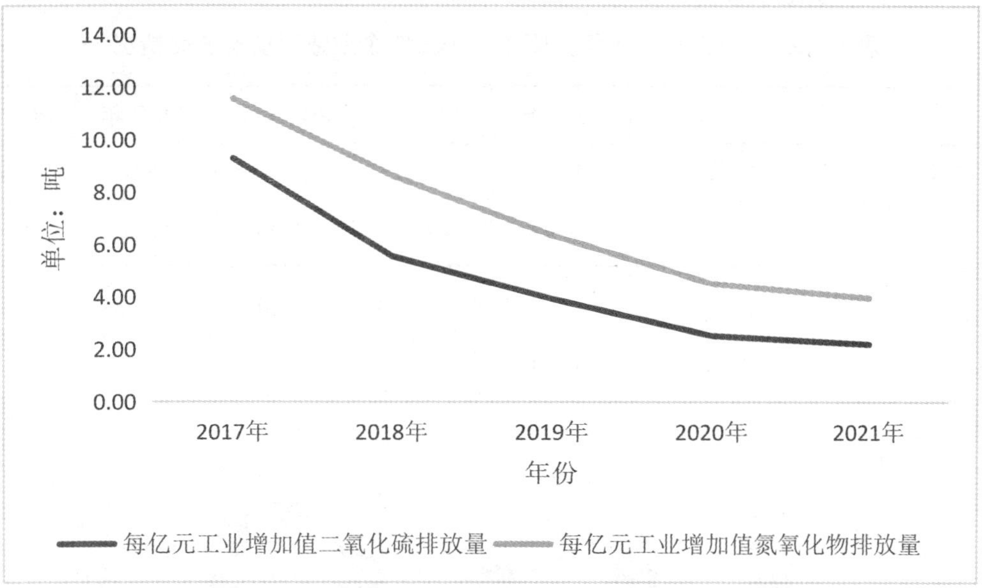

图 4–10　2017—2021 年河南省规模以上工业企业绿色环保各指标变动情况

4.2 河南省各地市中小工业企业发展现状

4.2.1 安阳市中小工业企业发展现状

安阳位于河南省最北部，地处河南、山西、河北三省交界处，东接濮阳，西邻长治，南接鹤壁、新乡，北临邯郸。安阳是豫晋冀三省交界地区区域性中心城市，是省委、省政府明确的黄河流域生态保护和高质量发展核心区城市，是省委、省政府支持建设的重要区域中心城市。2021 年，全市完成生产总值 2512.1 亿元，同比增长 2.4%。

2020 年安阳市 3 家企业被评为国家级绿色工厂，1 家企业被评为省级绿色工厂，累计 6 家企业被认定为国家级专精特新“小巨人”企业；124 个工业企业技术改造项目竣工投产，13 个行业 1341 家企业完成了 ABC 绩效分级，凤宝特钢、翔宇医疗、方快锅炉等 14 家企业进入 A 类行列，为全市中小工业企业转型发展树立了标杆。以下将对安阳市中小工业企业发展现状进行详细分析。

（1）安阳市中小工业企业发展规模方面

①中小工业企业单位数显著增加

2017—2029 年安阳市规模以上中小工业企业单位数呈现先下降后上升态势，2017 年中小工业企业单位数为 914 个，但 2020 年已下降至 760 个，减少了 154 个；2020 年、2021 年中小工业企业单位数有所增加，其中 2021 年中小工业企业单位数为 851 个，较2020年增加了91个；从规模以上中小工业企业单位数占比来看，2017—2021年该占比较为平稳，均值为97.48%。

表4-12　2017—2021年安阳市中小工业企业数变动及占比情况

年份	2017年	2018年	2019年	2020年	2021年
中小工业企业数（个）	914	853	737	760	851
占比（%）	96.82	97.71	97.36	97.56	97.93

注：表中"占比（%）"是指中小工业企业数占安阳市规模以上工业企业数的比重。

数据来源：2018—2022年《安阳统计年鉴》十、工业

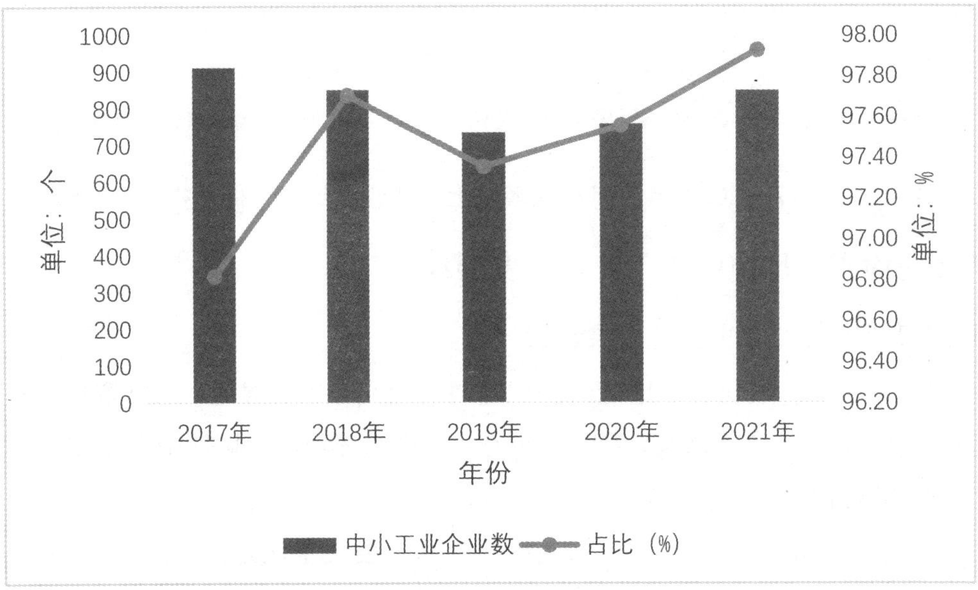

图4-11　2017—2021年安阳市中小工业企业数变动及占比情况图

②中小工业企业平均从业人数稳中有升

从规模以上工业企业平均从业人数来看，2017年中小工业企业平均从业人数为14.46万人，但2019年平均从业人数下降至7.89万人，2020年中小工业企业平均从业人数为8.14万人，较2019年虽有所上升，但升幅较小，仅上升了3.19%。2021年中小工业企业平均从业人数呈现持续上升的态势，中小工业企业平均从业人数达到了8.46万人，较2020年上升了3.86%。从规模以上中小工业企业平均从业人数占比情况来看，2017年该占比最高，为61.42%，2018年、2019年该占比持续下降，其中2019年该占比为55.33%，较2017年下降了6.09%；2020年、2021年该占比呈小幅上升态势，2021年该占比为60.39%，较2019年上升了5.06%。

表 4-13　2017—2021 年安阳市中小工业企业平均从业人数变动及占比情况

年份	2017 年	2018 年	2019 年	2020 年	2021 年
中小工业企业平均从业人数（万人）	14.46	9.35	7.89	8.14	8.46
占比（%）	61.42	58.26	55.33	57.89	60.39

注：表中“占比”是指中小工业企业平均从业人数占安阳市规模以上工业企业平均从业人数的比重。

数据来源：2018—2022 年《安阳统计年鉴》十、工业

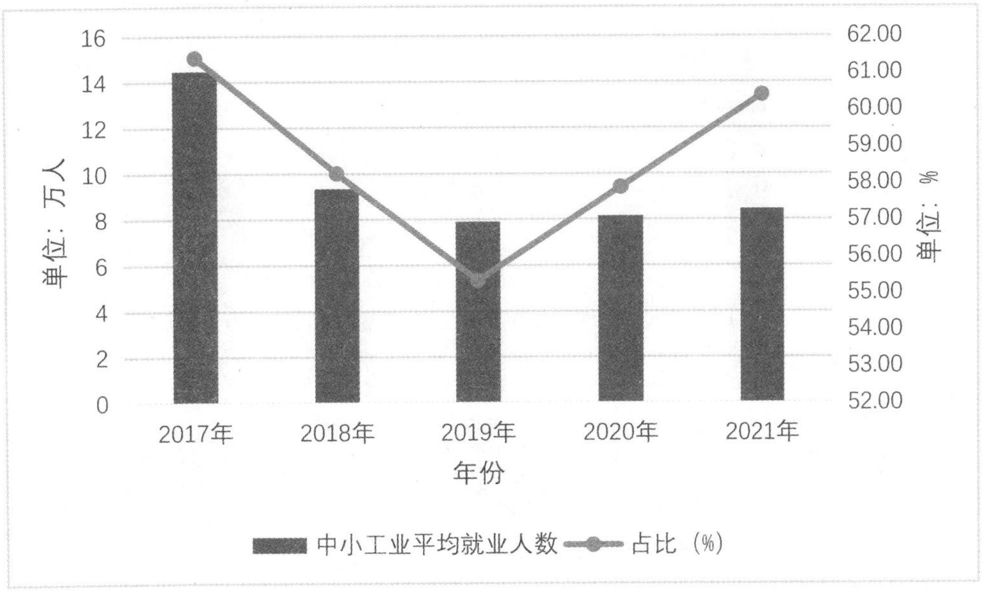

图 4-12　2017—2021 年中小工业企业平均从业人数及占比图

（2）安阳市中小工业企业财务绩效方面

①中小工业企业营业收入有所下降

安阳市规模以上中小工业企业营业收入波动较大，2017—2019 年呈持续下降趋势，2019 年中小工业企业营业收入为 844.35 亿元，较 2017 年减少了 968.27 亿元，2020—2021 年中小工业企业营业收入逐渐回升，2021 年规模以上中小工业企业营业收入达到了 1230.20 亿元，较 2020 年增加了 311.26 亿元。从占比来看，2017 年中小工业企业营业收入占规模以上工业企业营业收入比重较高，达到了 58.76%，2018—2021 年该占比下降较为明显，2021 年该占比为 46.77%，较 2017 年下降了 11.98%。

表 4-14　2017—2021 年安阳市中小工业企业营业收入变动及占比情况

年份	2017 年	2018 年	2019 年	2020 年	2021 年
中小工业企业营业收入（亿元）	1812.63	905.11	844.35	918.94	1230.2
占比（%）	58.76	44.7	44.71	46.93	46.77

注：表中“占比”是指中小工业企业营业收入占安阳市规模以上工业企业营业收入的比重。

数据来源：2018—2022 年《安阳统计年鉴》十、工业

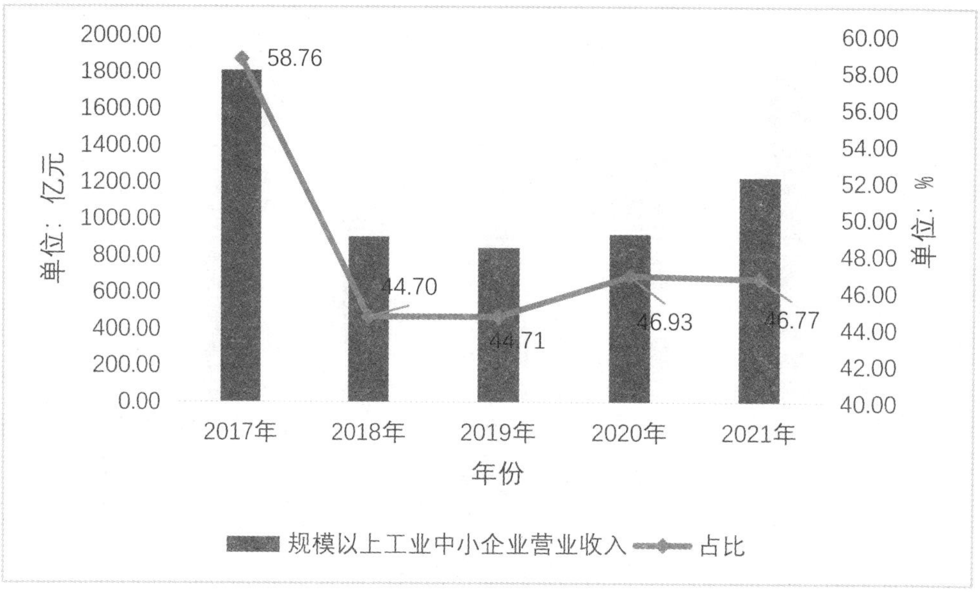

图 4-13　2017—2021 年安阳市中小工业企业营业收入及占比情况

②中小工业企业利润总额先降后升

2017—2021 年安阳市规模以上中小工业企业利润总额呈现先下降后上升的趋势，2018—2019 年规模以上中小工业企业利润总额持续下降，其中 2019 年中小工业企业利润总额仅为 15.49 亿元，而且 2019 年中型企业利润总额为—2.43 亿元，呈亏损状态；2020 年、2021 年中小工业企业利润总额有所上升，其中 2021 年中小工业企业利润总额为 30.73 亿元，较 2020 年增加 3.54 亿元；从中小工业企业利润总额占规模以上工业企业利润总额比重来看，2017—2021 年该占比均值为 44.55%，其中 2017 年该占比较高，达到了 59.55%。

表 4-15　2017—2021 年安阳市中小工业企业利润总额变动及占比情况

年份	2017 年	2018 年	2019 年	2020 年	2021 年
中小工业企业利润总额（亿元）	78.53	39.44	15.49	27.2	30.73
占比（%）	59.55	41.26	41.27	41.31	39.39

注：表中"占比"是指中小工业企业利润总额占安阳市规模以上工业企业利润总额的比重。

数据来源：2018—2022 年《安阳统计年鉴》十、工业

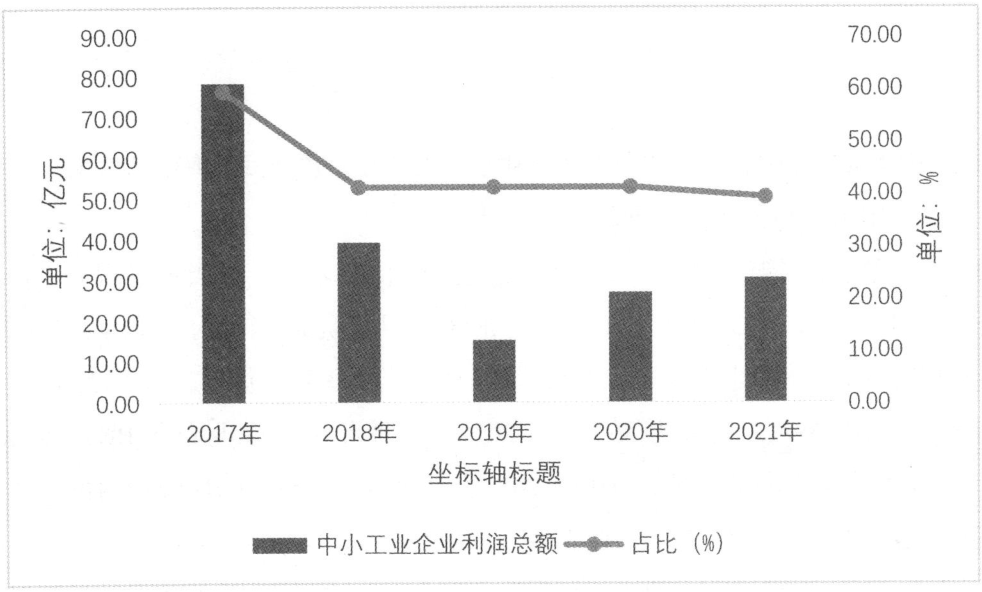

图 4-14　2017—2021 年安阳市中小工业企业利润总额及占比情况

③中小工业企业总资产贡献率呈现下降态势

2017—2021 年安阳市规模以上中小工业企业总资产贡献率整体上呈现下降态势，其中 2017—2019 年中小工业企业总资产贡献率直线下降，2019 年总资产贡献率为 3.66%，较 2017 年下降 6.13 个百分点；2020 年、2021 年中小工业企业总资产贡献率有所上升，其中 2020 年中小工业企业总资产贡献率为 4.98%，较 2019 年上升 1.33 个百分点，2021 年总资产贡献率为 4.42%，较 2020 年略有下降，下降了 0.56 个百分点。

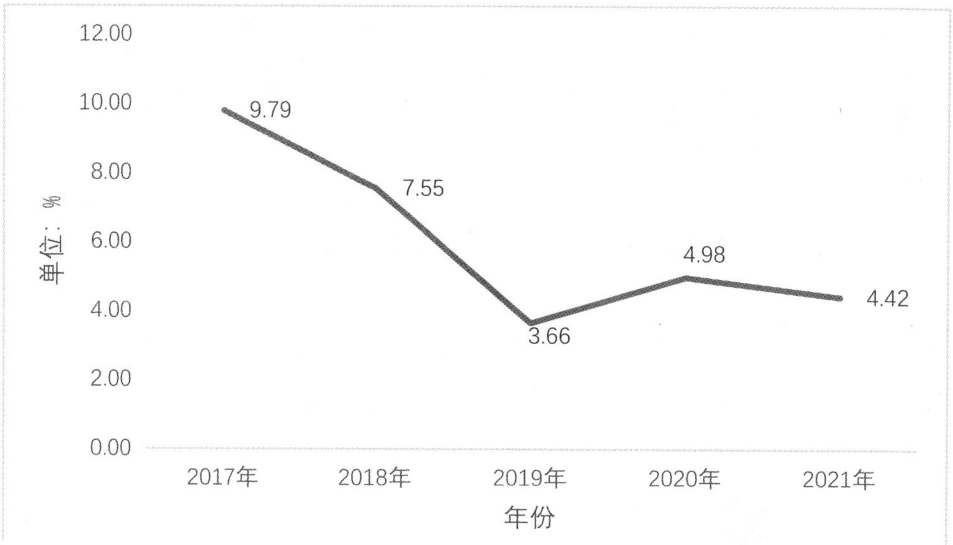

图 4-15　2017—2021 年安阳市中小工业企业总资产贡献率变动情况

（3）安阳市中小工业企业创新发展现状

2017—2021 年安阳市规模以上中小工业企业 R&D 人员全时当量呈现先下降后上升的态势，其中 2017—2019 年中小工业企业 R&D 人员全时当量由 1211 人减少至 990 人，2020 年、2021 年中小工业企业 R&D 人员全时当量逐年增加，2021 年为 1847 人，较 2019 年增加 857 人，增幅为 86.57%；2017—2021 年中小工业企业 R&D 经费内部支出呈现先下降后上升的态势，2017—2021 年中小工业企业 R&D 经费内部支出均值为 5.09 亿元，其中 2021 年中小工业企业 R&D 经费内部支出为 7.69 亿元，较 2020 年增加 1.07 亿元；2017—2021 年中小工业企业新产品销售收入呈现持续上升的态势，2021 年中小工业企业产品销售收入为 112.08 亿元，较 2017 年增加 88.58 亿元，是 2017 年的 3.77 倍；2017—2021 年中小工业企业专利申请数逐年增加，2021 年专利申请数为 1428 个，较 2017 年增加 1071 个，是 2017 年的 3 倍。

表 4-16　2017—2021 年安阳市中小工业企业创新发展各指标变动情况

年份	2017 年	2018 年	2019 年	2020 年	2021 年
R&D 人员全时当量（人年）	1211	944	990	1196	1847
R&D 经费内部支出（亿元）	5.16	2.15	3.86	6.61	7.69
新产品销售收入（亿元）	23.5	26.45	49.38	75.7	112.08
专利申请数（个）	357	591	611	632	1428

数据来源：《安阳统计年鉴》十五、教育、文化、科技和专利

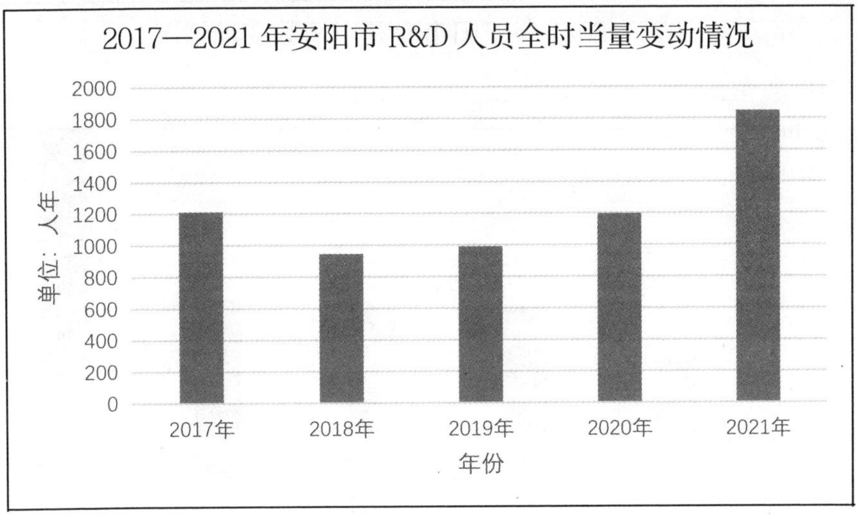
2017—2021 年安阳市 R&D 人员全时当量变动情况
单位：人年
2000
1800
1600
1400
1200
1000
800
600
400
200
0
2017年
2018年
2019年
2020年
2021年
年份

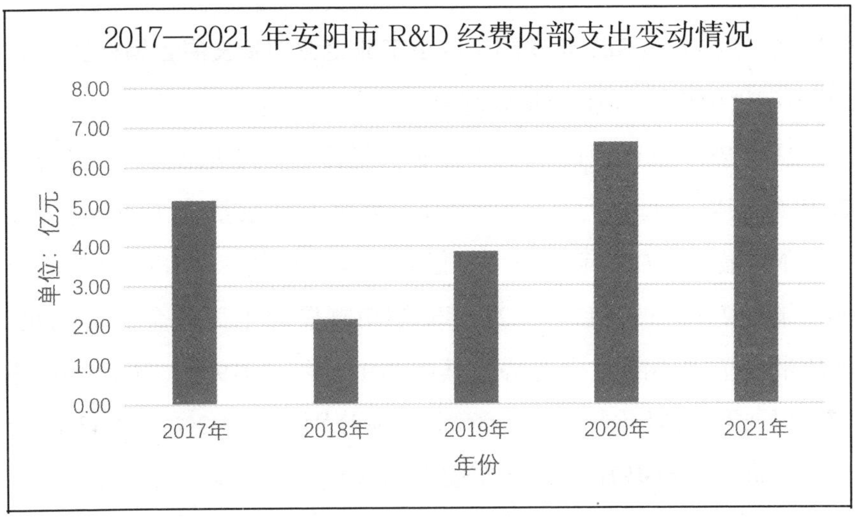
2017—2021 年安阳市 R&D 经费内部支出变动情况
单位：亿元
8.00
7.00
6.00
5.00
4.00
3.00
2.00
1.00
0.00
2017年
2018年
2019年
2020年
2021年
年份

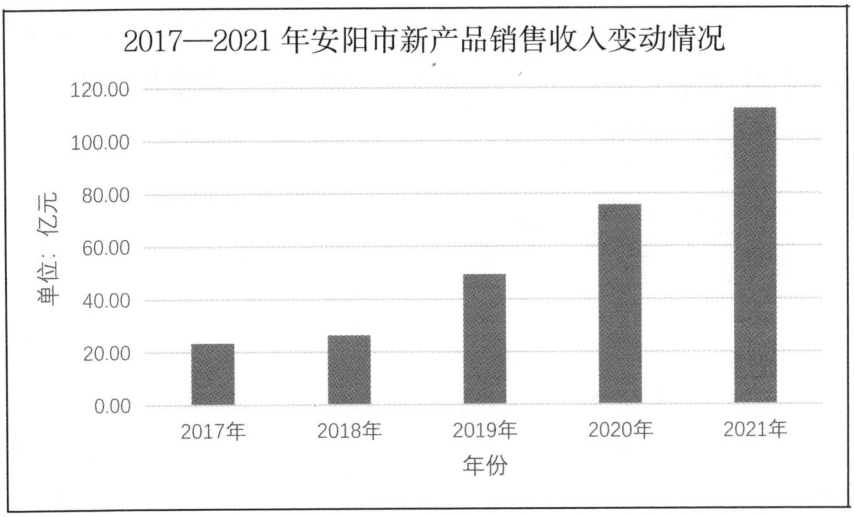
2017—2021 年安阳市新产品销售收入变动情况
单位：亿元
120.00
100.00
80.00
60.00
40.00
20.00
0.00
2017年
2018年
2019年
2020年
2021年
年份

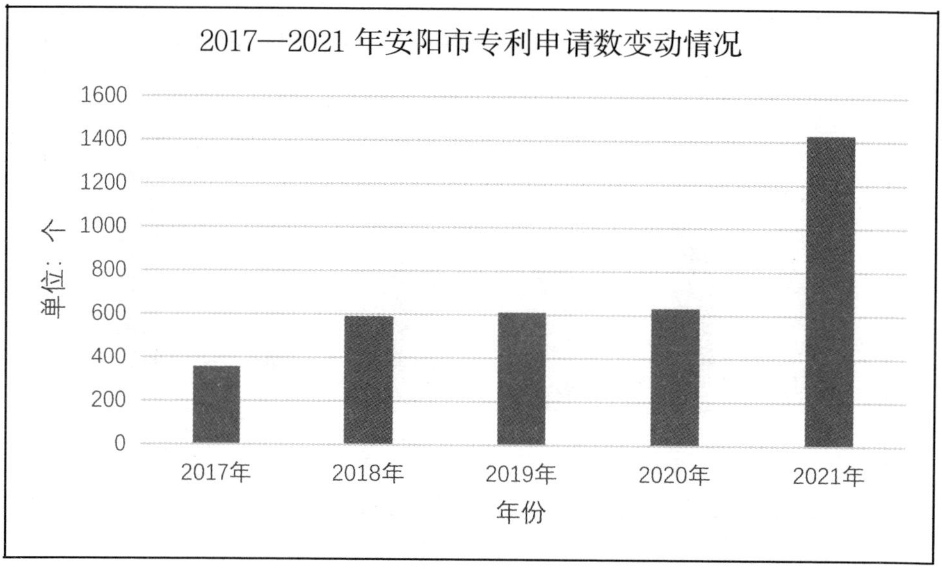

图 4-16　2017—2021 年安阳市中小工业企业创新发展各指标变动情况

（4）安阳市规模以上工业企业绿色发展现状

2017—2021 年安阳市规模以上工业企业每亿元工业增加值二氧化硫排放量逐年减少，其中 2018 年安阳市每亿元工业增加值二氧化硫排放量为 12.83 吨，较 2017 年下降了 67.87%，降幅最大；2021 年安阳市每亿元工业增加值二氧化硫排放量降至 6.55 吨，且较 2020 年下降 12.01%；2017—2021 年安阳市规模以上工业企业每亿元工业增加值氮氧化物排放量也呈现不断减少态势，其中 2018 年、2019 年、2020 年安阳市工业企业每亿元工业增加值氮氧化物排放量环比降幅分别为 27.92%、21.43%、29.78%，由此可见工业生产质量不断提升；2021 年安阳市规模以上工业企业每亿元工业增加值氮氧化物排放量为 14.50 吨，较 2020 年减少 1.43 吨。2020—2021 年安阳市规模以上工业企业每亿元工业增加值颗粒物排放量均值为 7.57 吨，且 2021 年较 2020 年减少 0.83 吨。安阳市绿色环保指标持续下降，主要得益于技术的不断进步，另一个原因是政府主管部门对绿色环保的重视。

表 4-17　2017—2021 年安阳市规模以上工业企业绿色发展各指标变动情况　单位：吨

年份	2017 年	2018 年	2019 年	2020 年	2021 年
每亿元工业增加值二氧化硫排放量	39.92	12.83	10.27	7.44	6.55
每亿元工业增加值氮氧化物排放量	40	28.8	22.68	15.93	14.5
每亿元工业增加值颗粒物排放量	—	—	—	7.98	7.15

注：为消除价格因素影响，工业增加值均以2016年为基期，按其增长指数进行平减。

数据来源：《河南统计年鉴》、《中国城市统计年鉴》

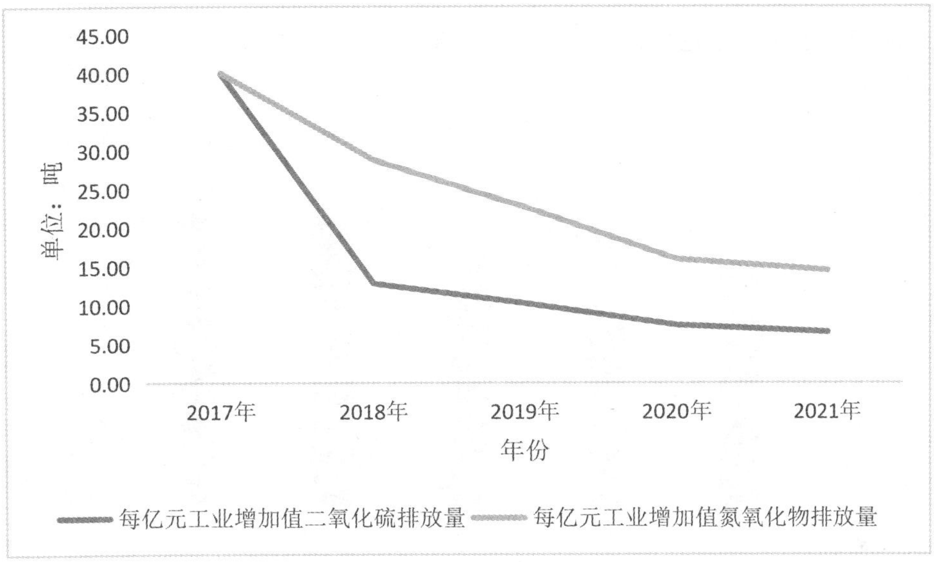

图 4-17　2017—2021 年安阳市规模以上工业企业绿色发展各指标变动情况

4.2.2 新乡市中小工业企业发展现状

新乡市位于河南省北部，南邻黄河，紧邻河南省会郑州，新乡是中原经济区及中原城市群的核心成员，新乡在豫北地区扮演着经济、教育、交通和商贸物流的重要中心角色，其城市规模更是在河南省内位列第三。近年来，新乡市积极响应国家号召，深刻践行“创新、协调、绿色、开放、共享”的新发展理念，在供给侧结构性改革的大背景下，新乡市坚持深化改革，不断优化经济结构，推动产业转型升级。通过创新驱动，新乡市努力提升科技创新能力，培育新兴产业，为城市的可持续发展注入强大动力。

（1）中小工业企业发展规模方面

①中小工业企业数持续增加

从表 4-18、图 4-18 中可以看出，2017—2021 年新乡市规模以上中小工业企业单位数持续增加，2021 年中小工业企业单位数为 1610 个，较 2017 年增加了 417 个；

2017—2021 年中小工业企业单位数占规模以上工业企业单位数整体上呈现上升态势，2021 年中小工业企业单位数占比为 98.41%，可见，中小工业企业在新乡市经济发展中具有重要地位。

表 4–18　2017—2021 年新乡市中小工业企业数及占比情况表

年份	2017 年	2018 年	2019 年	2020 年	2021 年
中小工业企业单位数（个）	1193	1013	1317	1469	1610
占比（%）	96.21	97.87	98.28	98	98.41

注：表中“占比（%）”是指中小工业企业数占新乡市规模以上工业企业数的比重。

数据来源：2018—2022 年《新乡统计年鉴》十二、工业

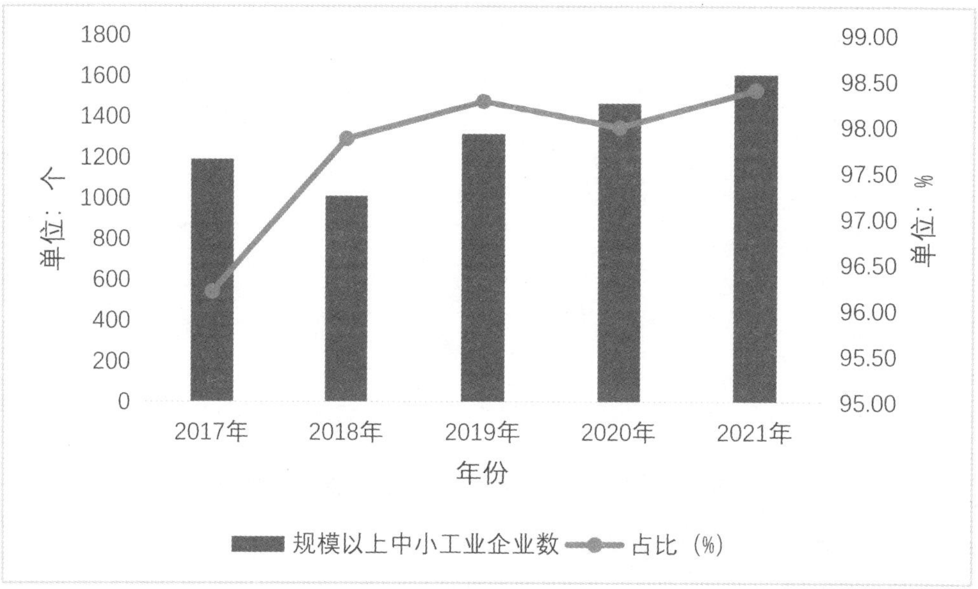

图 4–18　2017—2021 年新乡市中小工业企业数及占比情况

②中小工业企业平均从业人数占比较高

从规模以上中小工业企业平均从业人员数来看，2017—2021 年中小工业企业平均从业人数波动较大，整体上呈现下降态势。从以上分析可以看出，新乡市中小工业企业数量众多且呈现不断增加的态势，但中小工业企业平均每年平均从业人数并未有明显的增加，相反，有减少的趋势；表明中小工业企业稳定性弱，薪资水平、晋升空间等缺失，使得中小工业企业难以留住人才。2021 年规模以上中小工业企业平均从业人员为 16.80 万人；从中小工业企业平均从业人数占规模以上工业企业比重来看，2017—2021 年该占比呈现先升后降的趋势，2019 年该占比达到最大，为 72.59%。尽

管中小工业企业规模不及大型企业，但却在行业细分领域占据市场领先地位。

表 4-19　2017—2021 年新乡市中小工业企业平均从业人数及占比情况表

年份	2017 年	2018 年	2019 年	2020 年	2021 年
中小工业企业平均从业人数（万人）	35.25	20.35	23.84	25.54	25.2
占比（%）	61.59	70.22	72.59	63.43	66.67

注：表中“占比”是指中小工业企业平均从业人数占新乡市规模以上工业企业平均从业人数的比重。

数据来源：2018—2022 年《新乡统计年鉴》十二、工业

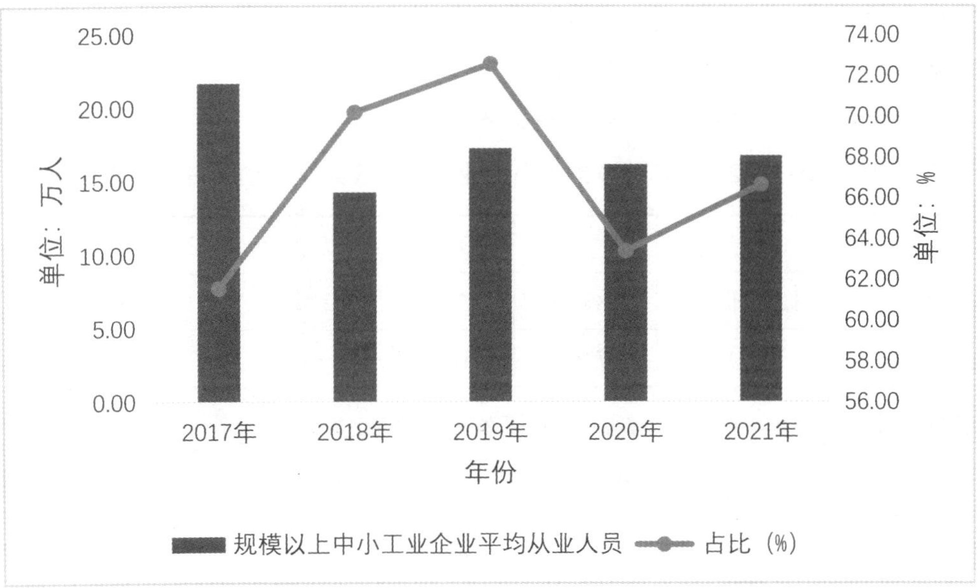

图 4-19　2017—2021 年新乡市中小工业平均从业人数及占比情况

（2）中小工业企业财务绩效方面

①中小工业企业经营收入增加但经营压力较大

2017—2021 年新乡市规模以上中小工业企业营业收入波动较大，2017 年中小工业企业营业收入最高，达到了 2380.63 亿元，2018 年营业收入为 1080.70 亿元，较 2017 年降幅较大，下降了 54.6%。2019 年、2020 年中小工业企业营业收入分别为 1664.30 亿元、1537.44 亿元，2021 年中小工业企业完成营业收入达到了 1926.65 亿元，较 2020 年增加了 389.21 亿元，上升了 25.31%。新乡市中小工业企业营业收入占规模以上工业企业营业收入比重呈现先上升后下降的态势，其中 2019 年该占比达到了最高，为 69.82%；2020—2020 年该占比有所下降，2021 年中小工业企业营业收入占比为 64.58%，较 2020 年上升了 3.34 个百分点。

2017—2021 年中小工业企业应收账款持续增加，2021 年中小工业企业应收账款为 335.63 亿元，较 2017 年增加了 78.08%；从中小工业企业应收账款占中小工业企业营业收入比重来看，2017—2021 年该占比整体上呈现上升态势，2021 年该占比为 17.42%。表明新乡市中小工业企业面临的应收账款困境严峻，流动资金紧张加剧。

表 4-20　2017—2021 年新乡市中小工业企业营业收入及占比情况

年份	2017 年	2018 年	2019 年	2020 年	2021 年
中小工业企业营业收入（亿元）	2380.63	1080.7	1664.3	1537.44	1926.65
占比（%）	59.13	61.23	69.82	61.24	64.58

注：表中“占比”是指中小工业企业营业收入占新乡市规模以上工业企业营业收入的比重。

数据来源：2018—2022 年《新乡统计年鉴》十二、工业

表 4-21　2017—2021 年新乡市中小工业企业应收账款变动及占营业收入比重

年份	2017 年	2018 年	2019 年	2020 年	2021 年
中小工业企业应收账款（亿元）	188.47	178.59	270.05	281.57	335.63
占营业收入比重（%）	7.92	16.53	16.23	18.31	17.42

数据来源：2018—2022 年《新乡统计年鉴》十二、工业

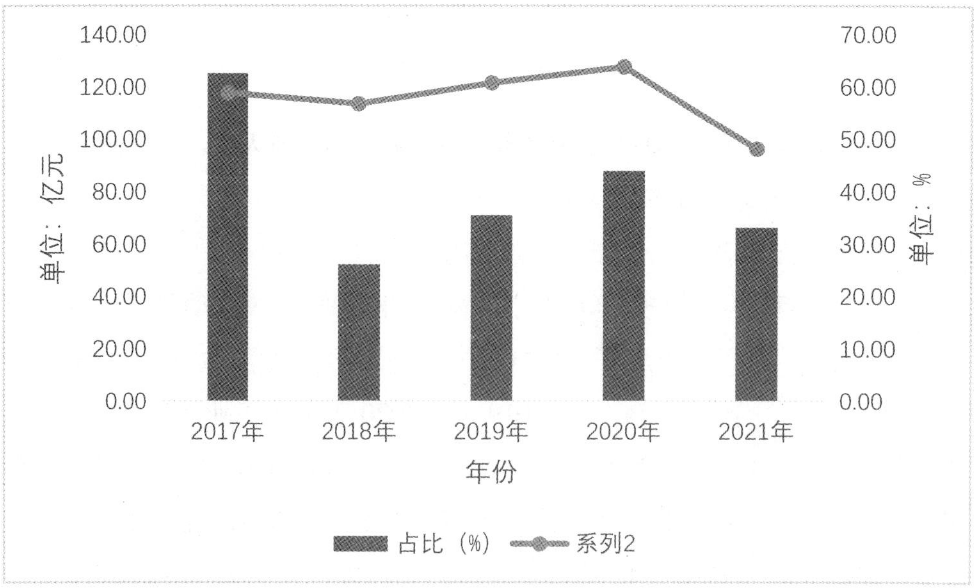

图 4-20　2017—2021 年新乡市中小工业企业营业收入及占比情况

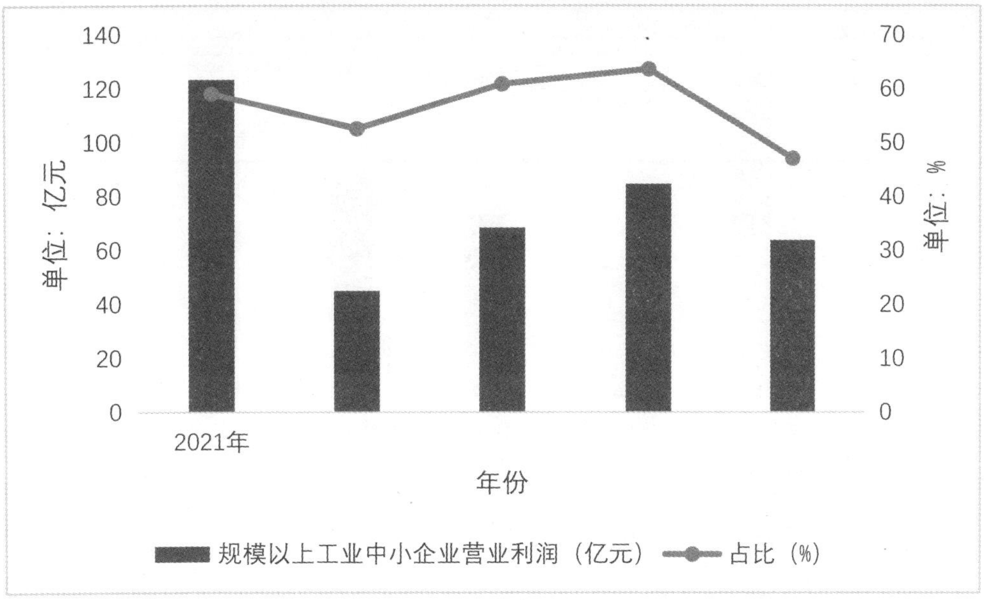

图 4-21　2017—2021 年中小工业企业应收账款及占营业收入比重情况图

②中小工业企业利润总额不均衡

从表 4-22 可以看出，2017—2021 年新乡市规模以上中小工业企业利润总额波动较大，2017 年利润总额最高，达到了 125.43 亿元，2018—2021 年新乡市中小工业企业利润总额均在 90 亿元以下，其中 2018 年中小工业企业利润总额仅为 52.37 亿元；2021 年中小工业企业利润总额为 66.54 亿元，较 2020 年减少了 21.56 亿元，降幅为 24.47%。从中小工业企业利润总额占规模以上工业企业利润总额比重来看，2017—2021 年该占比呈现先上升后下降的态势，其中 2017—2020 年中小工业企业利润总额占比呈现持续上升态势，2020 年该占比为 63.96%，较 2017 年上升了 4.95 个百分点，2021 年该占比最低，仅为 48.24%。

表 4-22　2017—2021 年新乡市中小工业企业利润总额变动及占比情况

年份	2017 年	2018 年	2019 年	2020 年	2021 年
中小工业企业利润总额（亿元）	125.43	52.37	71.27	88.1	66.54
占比（%）	59	56.91	60.87	63.96	48.24

注：表中“占比”是指中小工业企业利润总额占新乡市规模以上工业企业利润总额的比重。

数据来源：2018—2022 年《新乡统计年鉴》十二、工业

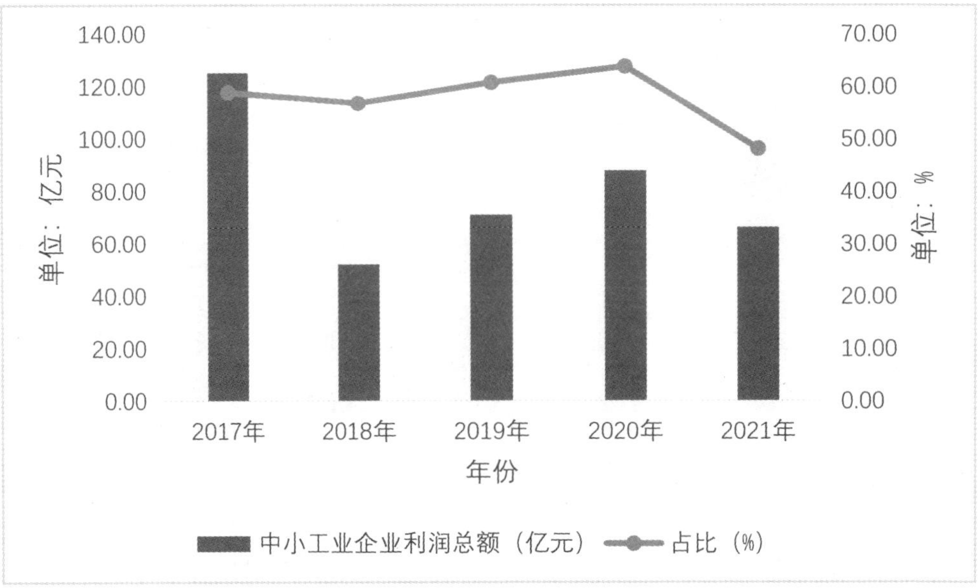

图 4-22　2017—2021 年新乡市中小工业企业营业利润变动及占比情况

③中小工业企业总资产贡献率波动较大

2019—2021 年新乡市规模以上中小企业总资产贡献率有所波动，其中 2020 年中小工业企业总资产贡献率最高，为 11.91%，且较 2019 年上升 6.13 个百分点；2020 年、2021 年中小工业企业总资产贡献率有所上升，其中 2020 年总资产贡献率为 4.98%，较 2019 年上升 2.14 个百分点，2021 年总资产贡献率为 6.44%，较 2020 年下降了 5.48 个百分点。

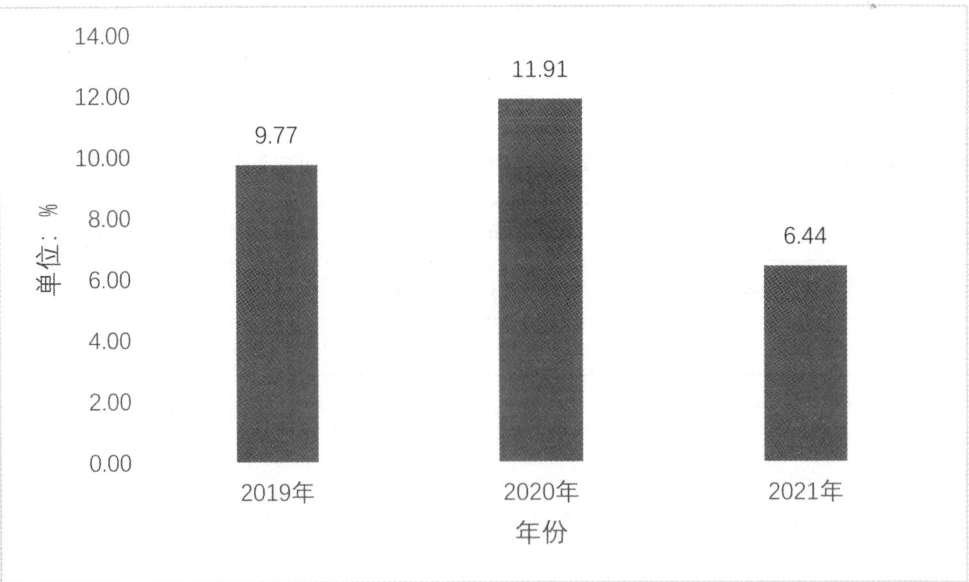

图 4-23　2017—2021 年新乡市中小工业企业总资产贡献率变动及占比情况

（3）新乡中小工业企业创新发展现状

从中小工业企业 R&D 人员全时当量来看，2020 年中小工业企业 R&D 人员全时当量为 5099 人，较 2019 年减少了 105 人，2021 年中小工业企业 R&D 人员全时当量增幅较大，中小工业企业 R&D 人员全时当量为 9849 人，较 2020 年增加 4750 人，增幅为 93.16%；同期中小工业企业 R&D 经费内部支出逐年增加，2021 年中小工业企业 R&D 经费内部支出金额为 41.45 亿元，较 2019 年增加 19.76 亿元；2019—2021 年中小工业企业新产品销售收入逐年增加，2021 年中小工业企业销售收入为 370.19 亿元，较 2019 年增加 209.42 亿元，增长了 1.3 倍；专利申请数持续增加，2021 年专利申请数为 4277 个，较 2019 年增加 2125 个，增幅为 98.75%。

（4）新乡市规模以上工业企业绿色发展现状

2017—2021 年新乡市规模以上工业企业每亿元工业增加值二氧化硫排放量呈现直线下降态势，平均降幅为 27.13%，其中 2021 年工业企业每亿元工业增加值二氧化硫排放量为 1.8 吨，较 2017 年减少了 4.68 吨，降幅为 72.24%。2017—2021 年新乡市规模以上工业企业每亿元工业增加值氮氧化物排放量逐年减少，2018 年、2019 年每亿元工业增加值氮氧化物排放量直线下降，2019 年每亿元工业增加值氮氧化物排放量降至 7.28 吨，且较 2017 年减少 11.85 吨，下降了 61.93%；2020—2021 年每亿元工业增加值氮氧化物排放量均值为 5.20 吨，且 2021 年较 2020 年减少 0.26 吨。2020—2021 年新乡市规模以上工业企业每亿元工业增加值颗粒物排放量均值为 2.52 吨，且 2021 年较 2020 年减少 0.16 吨。表明近年来新乡市工业发展越来越重视环境保护，环保工作取得了良好的成绩。

表 4-23　2017—2021 年新乡市规模以上工业企业绿色发展指标变动情况　单位：吨

年份	2017 年	2018 年	2019 年	2020 年	2021 年
每亿元工业增加值二氧化硫排放量	6.48	4.68	3.31	2.76	1.8
每亿元工业增加值氮氧化物排放量	19.13	13.17	7.28	5.33	5.07
每亿元工业增加值颗粒物排放量	—	—	—	2.6	2.44

注：为消除价格因素影响，工业增加值均以 2016 年为基期，按其增长指数进行平减。

数据来源：《河南统计年鉴》《中国城市统计年鉴》

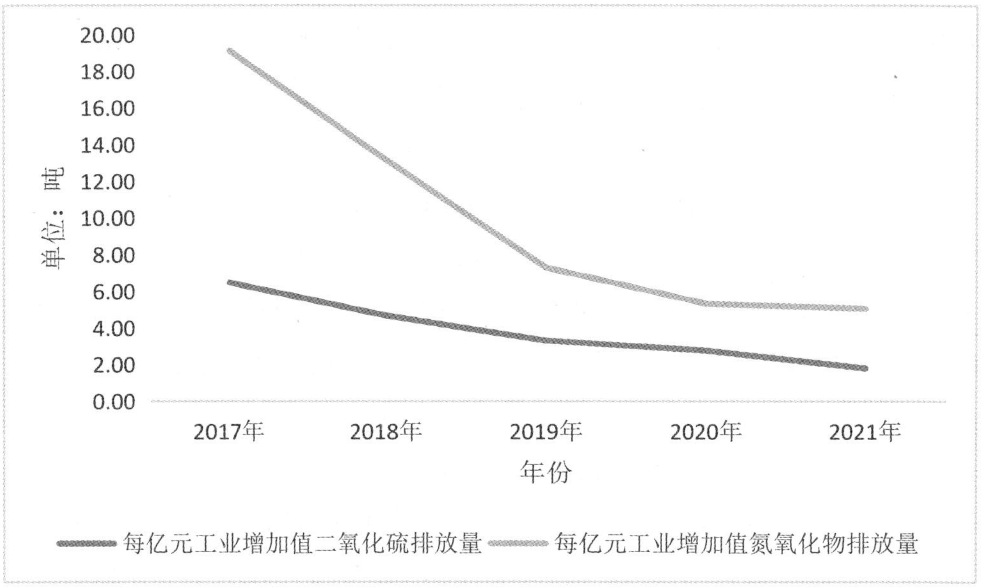

图 4–24　2017—2021 年新乡市规模以上工业企业绿色发展各指标变动情况

4.2.3 郑州市中小工业企业发展现状

郑州市作为河南省的省会城市以及中原城市群的核心成员，不仅是国家交通网络中的重要枢纽，更在经济建设中扮演着举足轻重的角色。自改革开放以来，郑州市的中小工业企业释放出了惊人的发展活力，成为推动郑州市经济增长、科技进步的重要引擎，同时也为社会创造了大量从业机会，并有效促进了出口贸易的扩大。这些中小工业企业，无疑已成为推动郑州市社会生产力发展的不可或缺的力量。然而，值得注意的是，长期以来，融资难题一直困扰着郑州市的中小工业企业，成为制约其快速发展的主要瓶颈。以下将对近年来郑州市中小工业企业发展状况进行分析。

（1）中小工业发展规模增速放缓

①中小工业企业数占比较高

从 2017—2021 年郑州市规模以上中小工业企业单位数变动趋势来看，2017—2020 年郑州市规模以上中小工业企业单位数呈现持续下降态势，2020 年中小工业企业单位数为 2241 个，较 2017 年减少了 525 个；2021 年虽有所增加，但较 2020 年仅增加了 232 个。从中小工业企业单位数占规模以上工业企业单位数比重来看，2018—2021 年该占比较为平稳，均在 97% 左右。由此可见，中小工业企业在郑州经济发展中发挥着非常重要的作用。

表 4-24 2017—2021 年郑州市中小工业企业单位数及占比情况

年份	2017 年	2018 年	2019 年	2020 年	2021 年
中小工业企业单位数（个）	2766	2631	2371	2241	2473
占比（%）	97.22	97.77	97.77	97.65	97.59

注：表中“占比”是指中小工业企业数占郑州市规模以上工业企业数的比重。

数据来源：2018—2022 年《郑州统计年鉴》八、工业

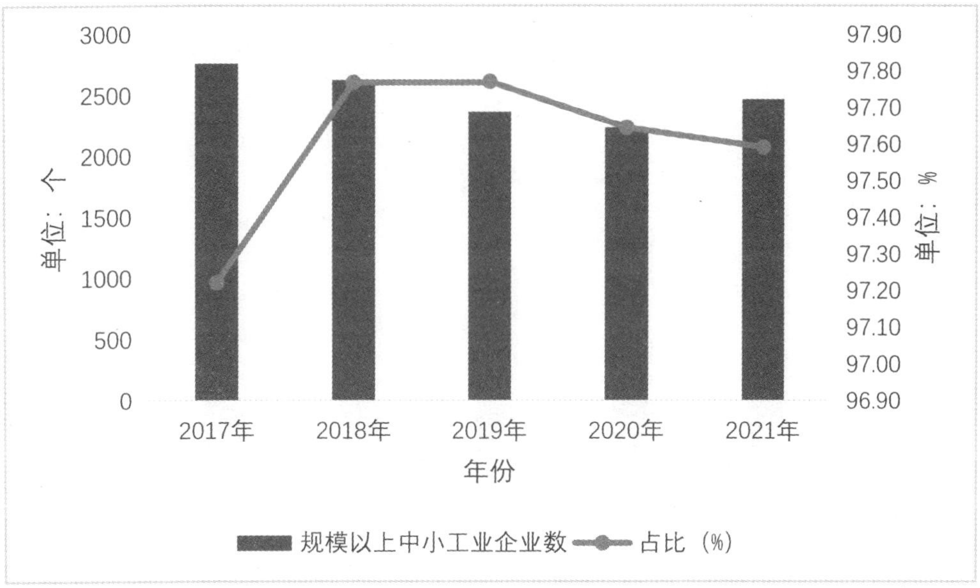

图 4-25 2017—2021 年郑州市中小工业企业数及占比情况

②中小工业企业平均从业人数持续减少

从中小工业企业平均从业人员来看，2017—2021 年郑州市规模以上中小工业企业平均从业人员呈现持续下降态势，由 2017 年的 53.47 万人下降至 2021 年的 26.36 万人，减少了 27.11 万人，降幅为 50.71%。由此可见，郑州市中小工业企业人才需求总量有所下降，人才需求结构发生变化。从中小工业企业平均从业人数占规模以上工业企业平均从业人数的比重来看，2017—2021 年该占比呈持续下降态势，其中 2021 年该占比下降至 37.53%，较 2017 年下降了 14.67 个百分点。这表明在新冠肺炎疫情散发频发、宏观经济下行压力等因素的共同作用下，中小工业企业平均从业人数明显下降。

表 4-25　2017—2021 年郑州市中小工业企业平均从业人数变动情况

年份	2017 年	2018 年	2019 年	2020 年	2021 年
中小工业企业平均从业人数（万人）	53.47	35.7	31.26	27.09	26.36
占比（%）	52.2	44.83	44.7	38.96	37.53

注：表中“占比”是指中小工业企业平均从业人数占郑州市规模以上工业企业平均从业人数的比重。

数据来源：2018—2022 年《郑州统计年鉴》八、工业

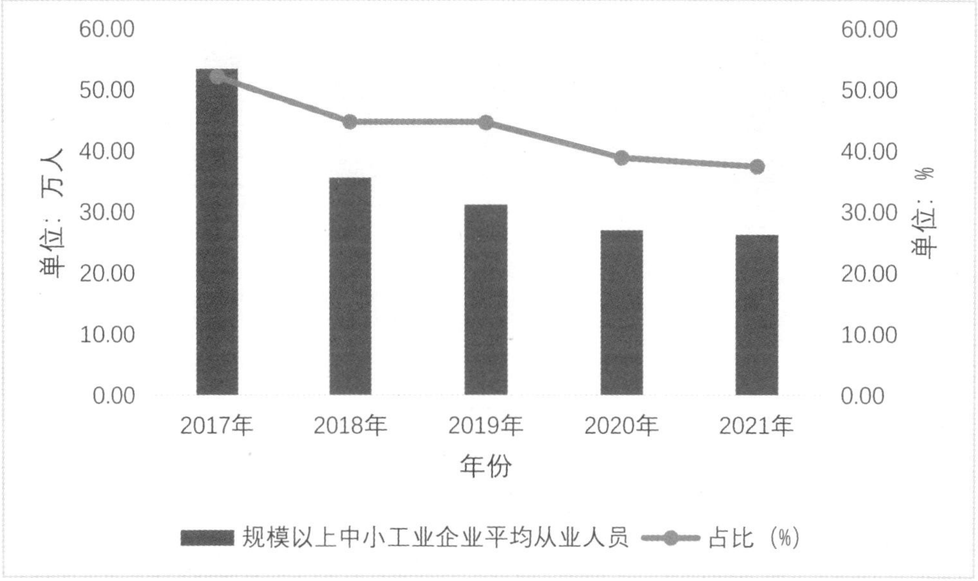

图 4-26　2017—2021 年郑州市中小工业企业平均从业人员数及占比情况

（2）中小工业企业财务绩效方面

①中小工业企业营业收入情况

从郑州市中小工业企业营业收入情况来看：2017—2021 年中小工业企业营业收入波动较大，2017 年规模以上中小工业企业营业收入高达 8760.97 亿元，2018 年下降至 3060.65 亿元，降幅高达 65.06%。2019 年中小工业企业完成营业收入 3060.65 亿元，较 2018 年增加了 543.59 亿元。2020 年受新冠肺炎疫情的影响，中小工业企业营业收入下降至 3274.63 亿元，环比下降了 329.6 亿元，2021 年中小工业企业营业收入为 4000.11 亿元，增幅较小。

从表 4-26 中的数据可以看出，2019—2021 年中小工业企业应收账款整体上呈现上升态势，尤其是 2021 年，中小工业企业应收账款达到了 772.65 亿元。从中小工业

企业应收账款占规模以上中小工业企业营业收入比重来看，2017—2020 年该占比呈现持续上升的态势，2020 年该占比为 21.09%，较 2017 年上升了 13.32 个百分点；2021 年该占比为 19.32%，较 2020 年虽有所下降，但降幅不太明显，仅为 1.77 个百分点。

表 4–26　2017—2021 年郑州市中小工业企业营业收入变动及占比情况表

年份	2017 年	2018 年	2019 年	2020 年	2021 年
中小工业企业营业收入（亿元）	8760.97	3060.65	3604.24	3274.63	4000.11
占比（%）	59.44	34.4	40.23	35.67	31.74

注：表中“占比”是指中小工业企业营业收入占郑州市规模以上工业企业营业收入的比重。

数据来源：2018—2022 年《郑州统计年鉴》八、工业

表 4–27　2017—2021 年郑州市中小工业企业应收账款变动及占比情况

年份	2017 年	2018 年	2019 年	2020 年	2021 年
中小工业企业应收账款（亿元）	680.57	570.05	638.69	690.61	772.65
占营业收入比重（%）	7.77	18.63	17.72	21.09	19.32

数据来源：2018—2022 年《郑州统计年鉴》八、工业

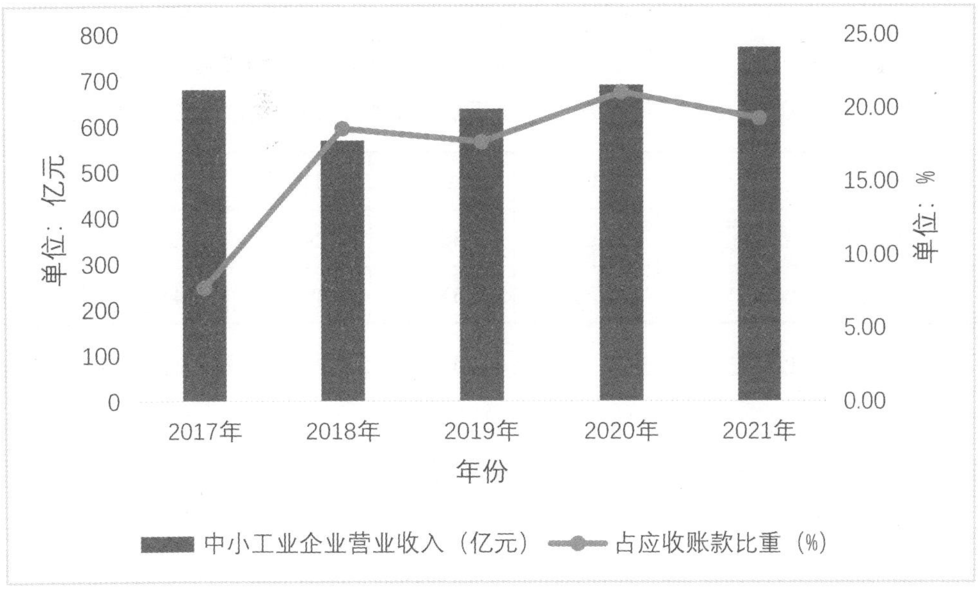

图 4–27　2017—2021 年郑州市中小工业企业应收账款变动及占比情况

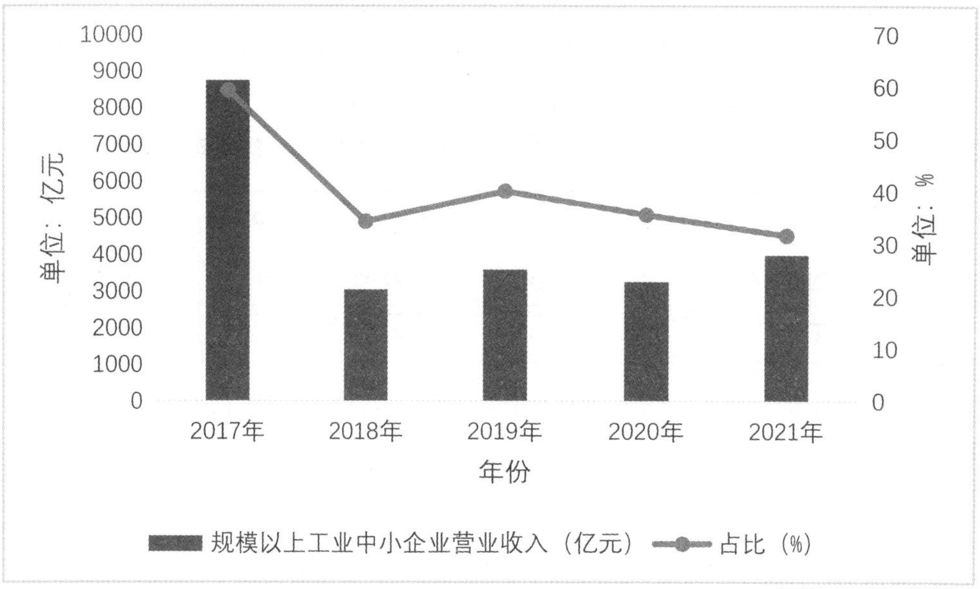

图 4-28　2017—2021 年郑州市中小工业企业营业收入变动情况图

②中小工业企业利润总额持续下降

2017—2021 年规模以上中小工业企业利润总额呈现持续下降态势，2021 年中小工业企业完成利润总额 172.49 亿元，较 2017 年减少 654.12 亿元，降幅为 79.13%。从中小工业企业利润总额占规模以上工业企业利润总额比重来看，该占比呈现持续下降态势，其中 2021 年该占比为 40.35%，较 2017 年下降了 36.81 个百分点。中小工业企业利润总额的持续下降，表明中小工业企业获利能力还需进一步提升。

表 4-28　2017—2021 年郑州市中小工业企业利润总额变动及占比情况表

年份	2017 年	2018 年	2019 年	2020 年	2021 年
中小工业企业利润总额（亿元）	826.61	334.02	254.01	221.68	172.49
占比（%）	77.16	53.6	49.22	41.78	40.35

注：表中“占比”是指中小工业企业利润总额占郑州市规模以上工业企业利润总额的比重。

数据来源：2018—2022 年《郑州统计年鉴》八、工业

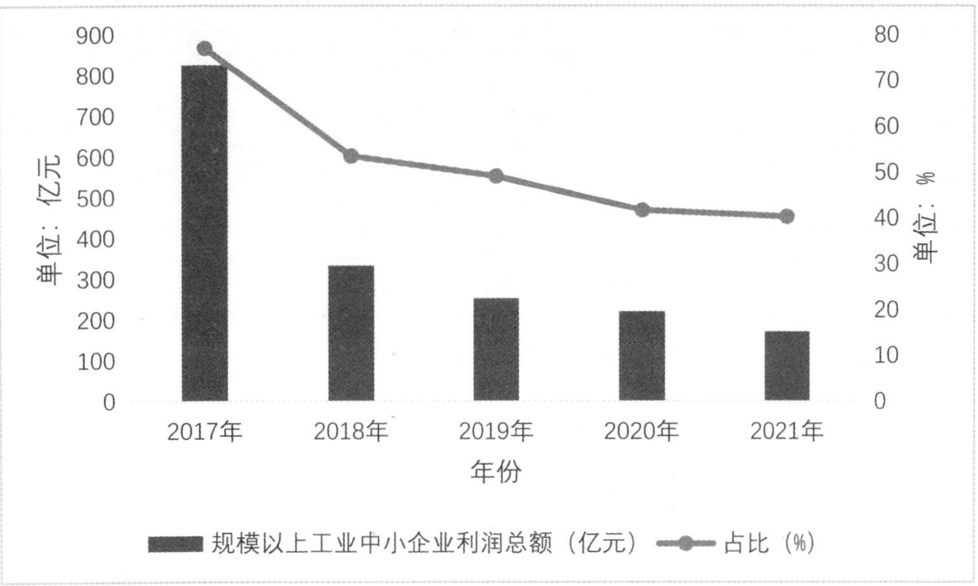

图 4-29　2017—2021 年郑州市中小工业企业利润总额变动情况图

③中小工业企业总资产贡献率呈现下降态势

2017—2021 年郑州市规模以上中小工业企业总资产贡献率整体上呈现下降态势，其中 2017—2020 年中小工业企业总资产贡献率直线下降，2020 年总资产贡献率为 7.83%，较 2017 年下降了 9.83 个百分点；2021 年中小工业企业总资产贡献率为 9.0%，较 2020 年上升 1.17 个百分点。

图 4-30　2017—2021 年郑州市中小工业企业总资产贡献率变动情况图

（3）中小工业企业创新发展情况

2018 年郑州市规模以上中小工业企业 R&D 人员全时当量为 14720 人，较 2017 年减少 1237 人；2019—2021 年中小工业企业 R&D 人员全时当量呈持续上升态势，2021 年中小工业企业 R&D 人员全时当量为 21382 人，较 2018 年增加 6662 人，增幅为 45.26%；2017—2021 年中小工业企业 R&D 经费内部支出持续增加，其中 2021 年 R&D 经费内部支出金额 89.65 亿元，较 2017 年增加了 52.84 亿元，增长了 1.44 倍。由此可见，郑州市中小工业企业重视创新发展，持续不断加大对创新的投入力度；2017—2021 年中小工业企业新产品销售收入逐年增加，2021 年中小工业企业新产品销售收入为 859.70 亿元，较 2017 年增加 623.17 亿元，增长了 2.63 倍；2017—2021 年中小工业企业专利申请量平均为 5969 个，其中 2021 年中小工业企业专利申请量最高为 10001 个，且较 2020 年增加了 1096 个。

表 4-29　2017—2021 年郑州市中小工业企业创新发展相关指标

年份	2017 年	2018 年	2019 年	2020 年	2021 年
R&D 人员全时当量（人年）	15957	14720	18634	21328	21382
R&D 经费内部支出（亿元）	36.81	45.72	67.99	90.58	89.65
新产品销售收入（亿元）	236.53	382.51	477.49	689.53	859.7
专利申请数（个）	3737	4951	2253	8905	10001

数据来源：2018—2022 年《郑州统计年鉴》十四、教育、文化、卫生、体育、科技和民政

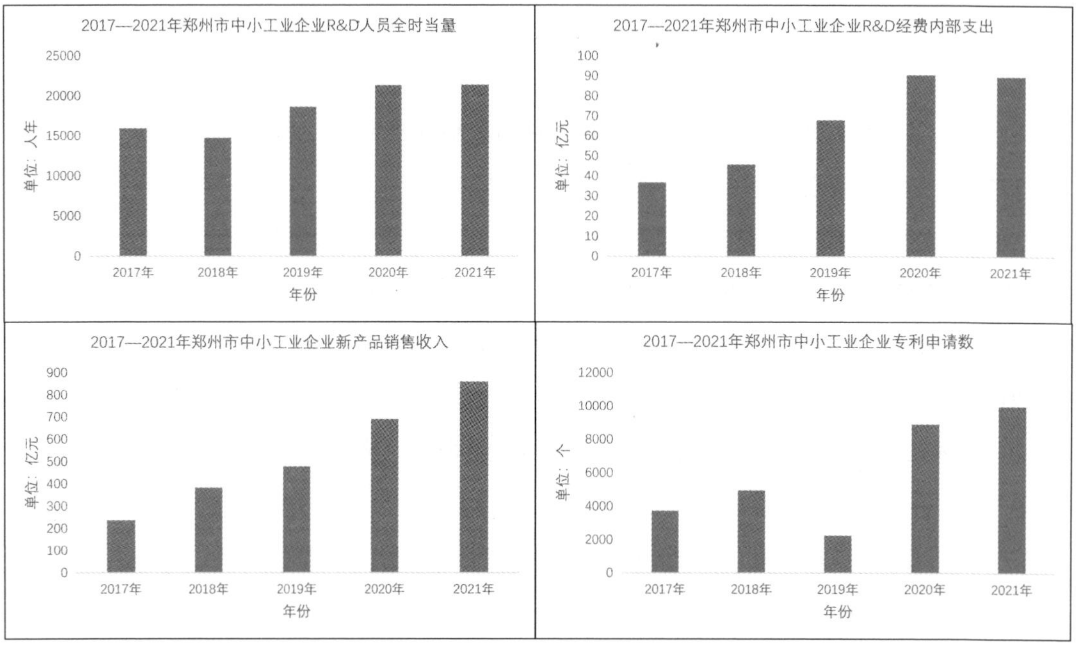

图 4-31　2017—2021 年郑州市中小工业企业创新相关指标

（4）郑州市中小企业绿色发展状况

从表 4-30 和图 4-32 中可以看出，2017—2021 年郑州市规模以上工业企业单位二氧化硫排放量逐年减少，其中 2018 年、2019 年、2020 年规模以上工业企业每亿元工业增加值二氧化硫排放量环比降幅较大，分别下降了 32.48%、39.64%、54.56%；2021 年规模以上工业企业每亿元工业增加值二氧化硫排放量为 0.06 吨，较 2020 年下降 16.02%；2017—2021 年规模以上企业每亿元工业增加值氮氧化物排放量也呈现较明显的下降态势，平均每年减少 1.18 吨，环比降幅均值为 24.65%，其中 2021 年每亿元工业增加值氮氧化物排放量 2.24 吨，较 2020 年下降 21.46%；2020—2021 年郑州市

规模以上工业企业每亿元工业增加值颗粒物排放量均值为 1.59 吨，且 2021 年较 2020 年减少 0.39 吨。

表 4-30　2017—2021 年郑州市规模以上企业绿色发展指标变动情况表　单位：吨

年份	2017 年	2018 年	2019 年	2020 年	2021 年
每亿元工业增加值二氧化硫排放量	6.83	4.61	2.79	1.27	1.06
每亿元工业增加值氮氧化物排放量	6.98	5.28	3.7	2.86	2.24
每亿元工业增加值颗粒物排放量	—	—	—	1.78	1.39

注：为消除价格因素影响，工业增加值均以2016年为基期，按其增长指数进行平减。

数据来源：《河南统计年鉴》《中国城市统计年鉴》

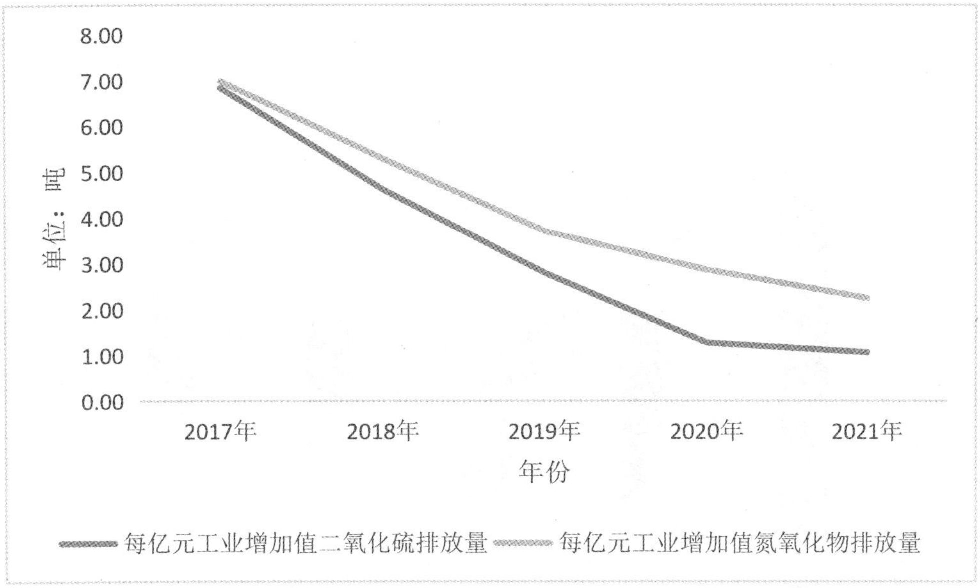

图 4-32　2017—2021 年郑州市规模以上企业绿色发展指标变动情况表

4.2.4 洛阳市中小工业企业发展现状

洛阳市作为河南省的重要城市，拥有丰富的人文和自然资源，为当地企业的发展提供了良好的环境和条件。然而，随着全球经济形势的不断变化和国家经济政策的调整，洛阳企业的生存现状也面临着不小的挑战。以下是对洛阳市中小工业企业发展现状的分析。

（1）中小工业企业规模发展方面

①中小工业企业数有所减少

2017—2021 年洛阳市规模以上中小工业企业单位数整体上呈现逐渐减少的态势，

其中 2017—2020 年中小工业企业单位数持续减少，2020 年中小工业企业单位数为 1731 个，较 2017 年减少了 97 个；2021 年虽有所增加，但较 2020 年仅增加了 17 个。从中小工业企业单位数占规模以上工业企业单位数的比重来看，2017—2021 年该比重均在 96.6% 以上，表明中小工业企业在洛阳市经济发展中具有重要地位。

表 4-31　2017—2021 年洛阳市中小工业企业数变动及占比情况表

年份	2017 年	2018 年	2019 年	2020 年	2021 年
中小工业企业单位数（个）	340.03	278.83	256.94	276.36	395.1
占比（%）	97.77	97.14	96.66	96.97	97.65

注：表中“占比（%）”是指中小工业企业数占洛阳市规模以上工业企业数的比重。

数据来源：2018—2022 年《洛阳统计年鉴》十二、工业

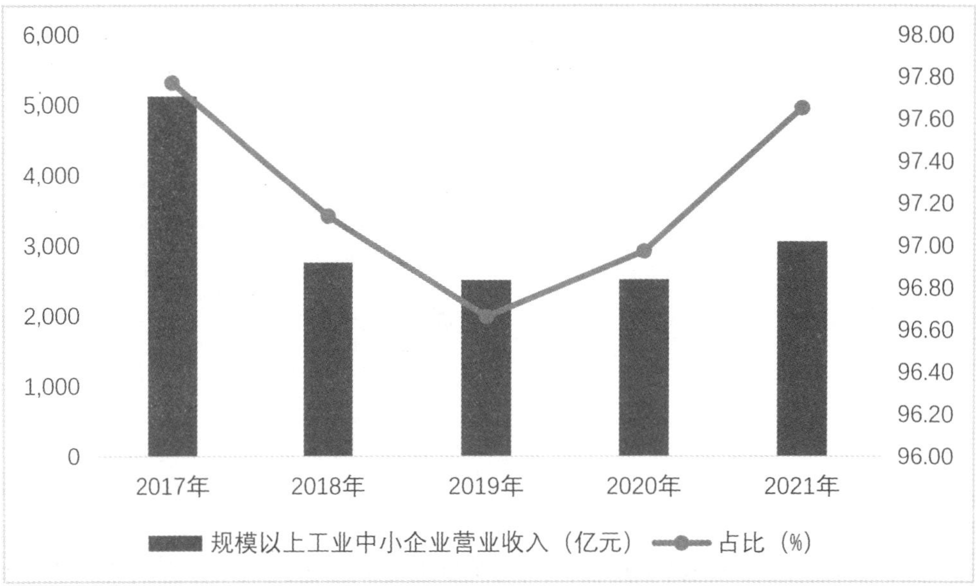

图 4-33　2017—2021 年洛阳市中小工业企业数及占比情况图

②中小工业企业平均从业人数逐年减少

从中小工业企业平均从业人数来看，2017—2021 年洛阳市规模以上中小工业企业平均从业人数呈现直线下降的态势，由 2017 年的 36.72 万人减少至 2021 年的 20.51 万人，平均从业人员共计减少了 16.21 万人，降幅为 44.15%。

表 4-32　2017—2021 年洛阳市中小工业平均从业人员数变动及占比情况表

年份	2017 年	2018 年	2019 年	2020 年	2021 年
中小工业企业平均从业人数（万人）	36.72	25.8	24.29	22.95	20.51
占比（%）	54.26	43.93	42.11	39.65	33.73

注：表中“占比”是指中小工业企业平均从业人数占洛阳市规模以上工业企业平均从业人数的比重。

数据来源：2018—2022 年《洛阳统计年鉴》十二、工业

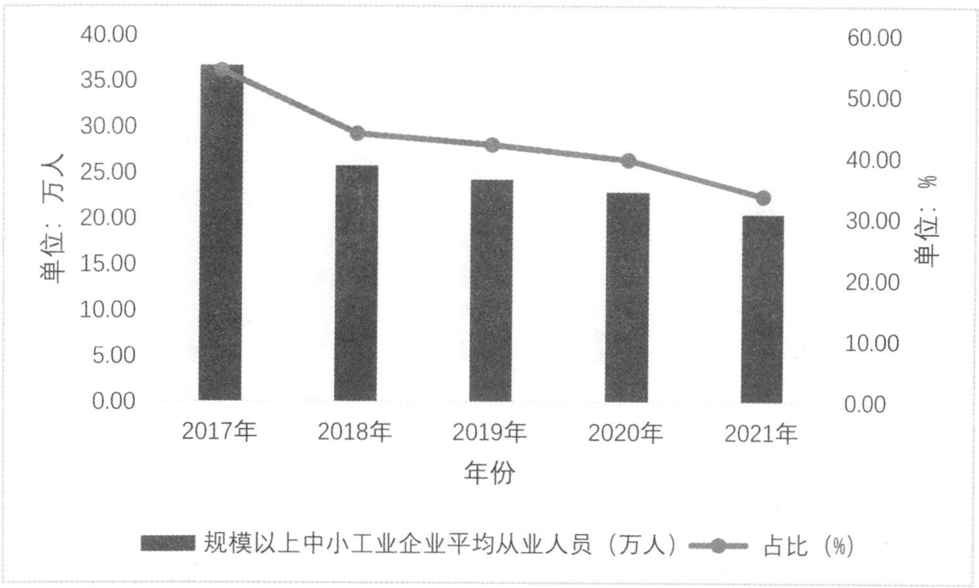

图 4-34　2017—2021 年洛阳市中小工业平均从业人员数及占比情况图

（2）中小工业企业财务绩效方面

①中小工业企业营业收入上升态势明显

从洛阳市中小工业企业营业收入变动趋势来看，2017—2020 年中小工业企业营业收入呈现先下降后上升的态势，2019 年中小工业企业营业收入总额为 2511.95 亿元，较 2017 年减少了 2612.69 亿元，营业收入总额减少了近一半。2020—2021 年中小工业企业营业收入总额有所回升，其中 2021 年中小工业企业营业收入总额为 3061.21 亿元，较 2019 年增加了 549.26 亿元。从中小工业企业营业收入占规模以上工业企业营业收入比重来看，2017—2021 年该占比虽有所下降，但始终高于 50%。可见中小工业企业是洛阳市创收的主要贡献者。

表 4-33　2017—2021 年洛阳市中小工业企业营业收入变动及占比情况表

年份	2017 年	2018 年	2019 年	2020 年	2021 年
中小工业企业营业收入(亿元)	5124.64	2760.73	2511.95	2522.69	3061.21
占比(%)	66.54	52.25	50.46	50.3	58.02

注：表中“占比”是指中小工业企业营业收入占洛阳市规模以上工业企业营业收入的比重。

数据来源：2018—2022 年《洛阳统计年鉴》十二、工业

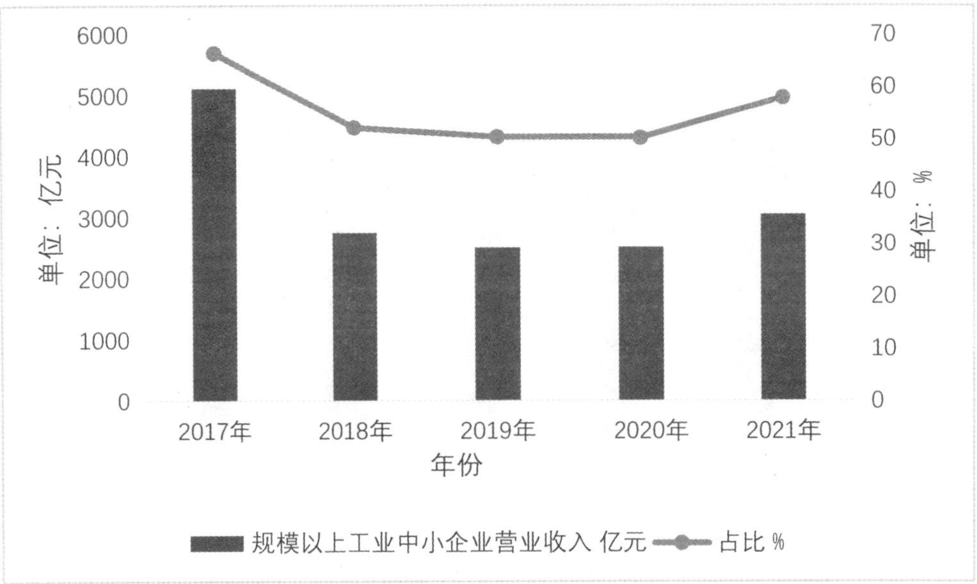

图 4-35　2017—2021 年洛阳市中小工业企业营业收入变动及占比情况

从中小工业企业应收账款情况来看，2017—2021 年规模以上中小工业企业应收账款金额呈现先减少后增加的态势，2017 年规模以上中小工业企业应收账款金额为 340.03 亿元，2019 年减少至 256.94 亿元，共计减少了 63.67 亿元，2021 年规模以上中小工业企业应收账款为 395.10 亿元，较 2020 年增加 118.74 亿元。从规模以上中小工业企业应收账款占营业收入比重来看，该占比呈现持续上升的态势，2021 年规模以上中小工业企业应收账款占比为 12.91%，较 2017 年上升 6.27 个百分点，规模以上中小工业企业应收账款占比持续上升，易造成企业流动资金紧张。

表 4-34　2017—2020 年洛阳市中小工业企业应收账款变动及占应收账款比重情况

年份	2017 年	2018 年	2019 年	2020 年	2021 年
中小工业企业应收账款（亿元）	340.03	278.83	256.94	276.36	395.1
占营业收入比重（%）	6.64	10.1	10.23	10.95	12.91

数据来源：2018—2022 年《洛阳统计年鉴》十二、工业

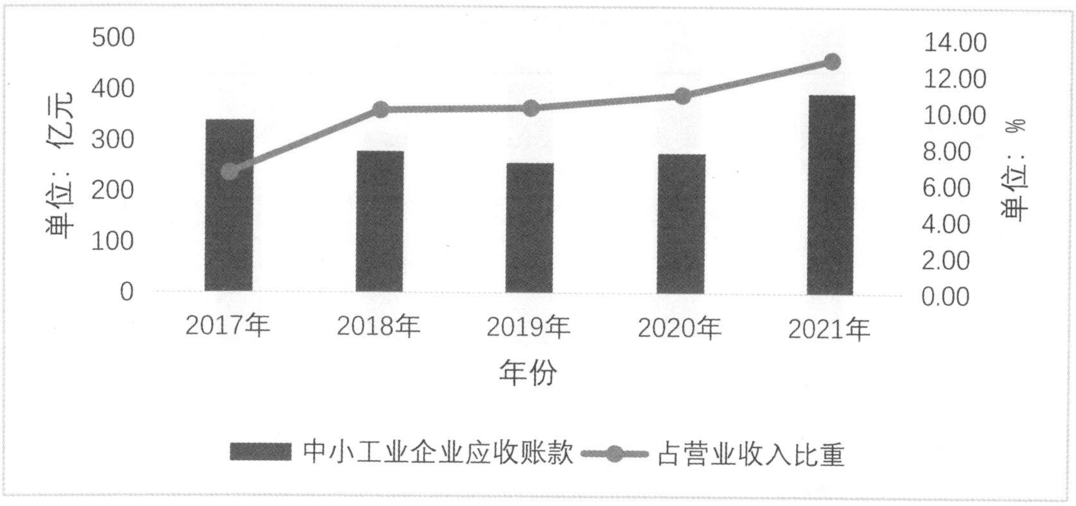

图 4–36　2017—2020 年中小工业企业应收账款变动及占营业收入比重情况

②中小工业企业利润总额持续下降

从洛阳市规模以上中小工业企业利润总额来看，2017—2021 年中小工业企业利润总额呈现持续下降态势，其中 2021 年中小工业企业利润总额为 136.25 亿元，较 2017 年中小工业企业利润总额减少了 129.13 亿元，降幅为 48.66%。从中小工业企业占规模以上工业企业利润总额的比重来看，2017—2021 年该占比呈现持续下降的态势，2021 年该占比为 42.81%，较 2017 年下降 27.55%。

表 4–35　2017—2021 年洛阳市中小工业企业利润总额变动及占比情况表

主要指标	2017 年	2018 年	2019 年	2020 年	2021 年
中小工业企业利润总额（亿元）	265.38	268.32	233.94	175.98	136.25
占比（%）	70.37	69.04	73.07	65.48	42.81

注：表中“占比”是指中小工业企业利润总额占洛阳市规模以上工业企业利润总额的比重。

数据来源：2018—2022 年《洛阳统计年鉴》十二、工业

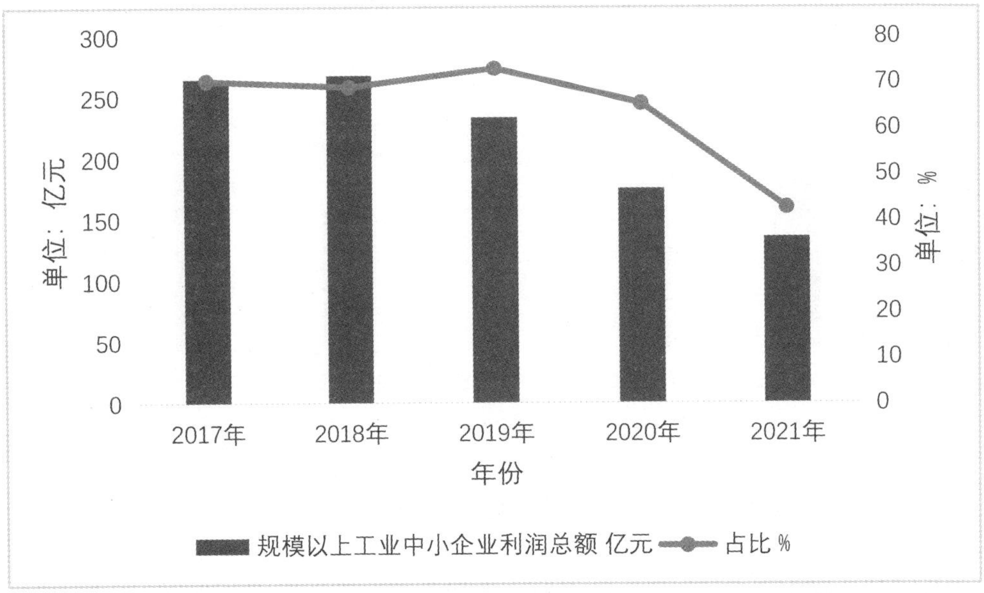

图 4-37　2017—2021 年洛阳市中小工业企业利润总额变动及占比情况图

③中小工业企业总资产贡献率有所下降

2017—2019 年洛阳市规模以上中小工业企业总资产贡献率整体上呈现上升态势，其中 2019 年中小工业企业总资产贡献率为 11.92%，较 2017 年上升 1.19 个百分点；2020 年、2021 年中小工业企业总资产贡献率呈现下降态势，其中 2021 年总资产贡献率为 7.32%，较 2019 年下降了 4.6 个百分点。

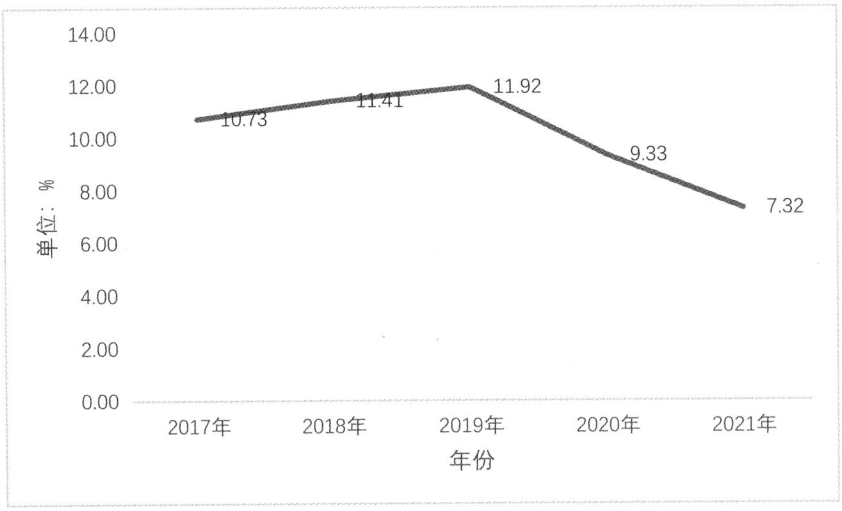

图 4-38　2017—2021 年洛阳市中小工业企业总资产贡献率变动情况图

（3）洛阳市中小工业企业创新发展现状

2017—2021 年洛阳市中小工业企业 R&D 人员全时当量均值为 9583.4 人，2020 年、

2021 年中小工业企业 R&D 人员全时当量持续提升，2021 年中小工业企业 R&D 人员全时当量达到了五年内最高值 12942 人，较 2020 年增加 3227 人，增幅为 33.21%；2017—2021 年洛阳市中小工业企业 R&D 经费内部支出金额逐年提升，2021 年中小工业企业 R&D 经费内部支出金额为 50.67 亿元，较 2017 年增加了 28.74 亿元，增长了 1.31 倍；同期中小工业企业新产品销售收入逐年提升，2021 年中小工业企业新产品销售收入金额为 308.01 亿元，较 2017 年增加了 157.55 亿元，增长了 1.04 倍；2017—2021 年中小工业企业专利申请数均值为 2822.6 个，其中 2021 年中小工业企业专利申请数为 3707 个，较 2020 年增加了 942 个。

表 4-36　2017—2021 年洛阳市中小工业企业创新发展各指标变动情况

年份	2017 年	2018 年	2019 年	2020 年	2021 年
R&D 人员全时当量（人年）	6360	9936	894	9715	12942
R&D 经费内部支出（亿元）	21.93	34.27	36.85	42.69	50.67
新产品销售收入（亿元）	150.46	211.2	214.38	256.5	308.1
专利申请数（个）	2040	3046	2555	2765	3707

数据来源：2018—2022 年《洛阳统计年鉴》十五、科学技术

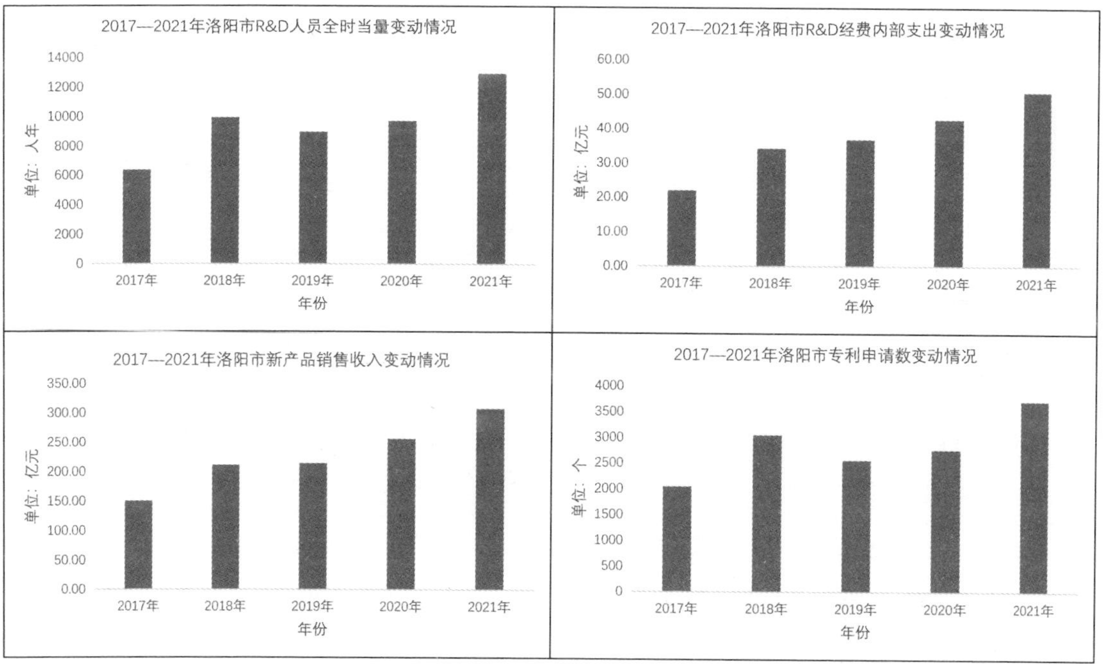

图 4-39　2017—2021 年洛阳市中小工业企业创新发展各指标变动情况

（4）洛阳市规模以上工业企业绿色发展现状

2017—2021 年洛阳市规模以上工业企业每亿元工业增加值二氧化硫排放量呈现逐年下降态势，平均每年减少 1.84 吨，其中 2021 年工业企业每亿元工业增加值二氧化硫排放量为 2.72 吨，较 2017 年减少 7.37 吨，降幅为 73.04%；2017—2021 年洛阳市规模以上工业企业每亿元工业增加值氮氧化物排放量逐年减少，2021 年规模以上工业企业每亿元工业增加值氮氧化物排放量为 5.03 吨，较 2017 年减少 5.73 吨，降幅为 53.25%；2020—2021 年洛阳市规模以上工业企业每亿元工业增加值颗粒物排放量均值为 7.57 吨，且 2021 年较 2020 年减少 0.83 吨。

表 4-37　2017—2021 年洛阳市规模以上企业绿色发展指标变动情况表　单位：吨

年份	2017 年	2018 年	2019 年	2020 年	2021 年
每亿元工业增加值二氧化硫排放量	10.09	7.37	5.88	2.75	2.72
每亿元工业增加值氮氧化物排放量	10.76	8.07	6.91	5.47	5.03
每亿元工业增加值颗粒物排放量	—	—	—	3.92	2.36

注：为消除价格因素影响，工业增加值均以 2016 年为基期，按其增长指数进行平减。

数据来源：《河南统计年鉴》《中国城市统计年鉴》

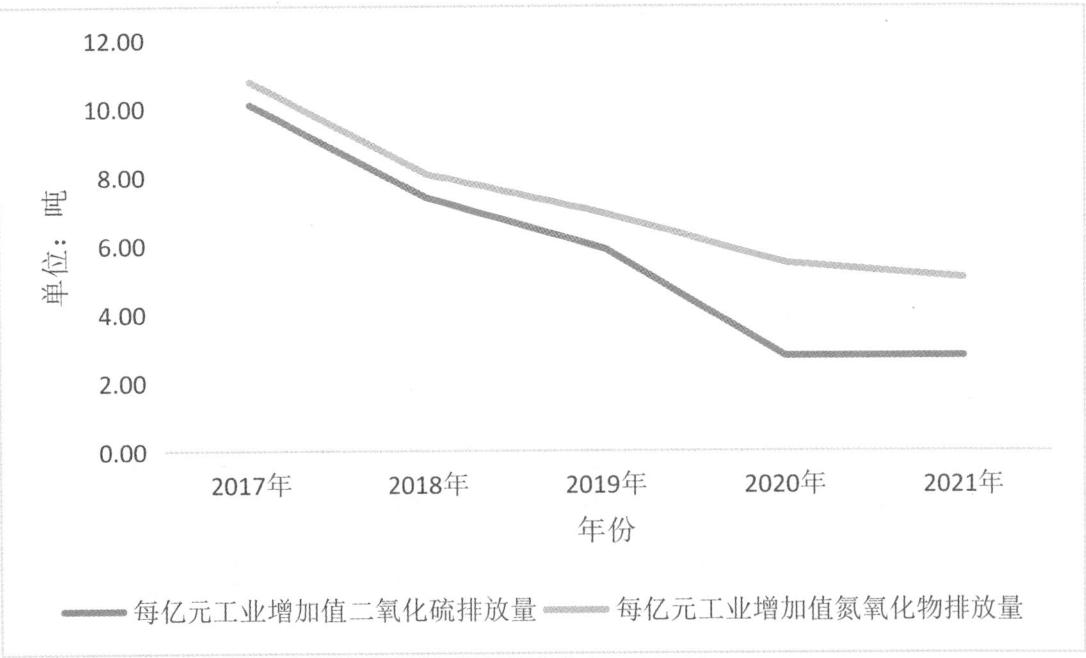

图 4-40　2017—2021 年洛阳市规模以上企业绿色发展指标变动情况

4.2.5 三门峡中小工业企业发展现状

近年来，三门峡市加大“专精特新”中小工业企业培育力度，引导中小工业企业走专业化、精细化、特色化、新颖化发展道路，以创新推动产业转型升级，为实现新一轮高质量发展赋能加力。2021 年全市新增国家级专精特新“小巨人”企业 4 家、省级“专精特新”中小工业企业 21 家，迅速成为新的经济增长点、动力源，展现出蓬勃生机和巨大潜力。面对复杂严峻的经济形势和疫情影响，三门峡市“专精特新”中小工业企业普遍实现逆势增长，整体呈现出快速发展的良好势头。2021 年度，全市 23 家“专精特新”中小工业企业实现主营业务收入 127.7 亿元，同比增长 80%，企业利润同比增长 200%；5 家“小巨人”企业主营业务收入 88.9 亿元，同比增长 124%。三门峡中小工业企业已成为全市经济增长、科技创新的主力军。以下是对三门峡市中小工业企业发展现状的分析。

（1）中小工业企业规模发展方面

①中小工业企业单位数有所回升

2017—2021 年三门峡规模以上中小工业企业单位数呈现先减少后增加的态势，2019 年三门峡中小工业企业单位数为 381 个，较 2017 年减少 513 个，2020 年中小工业企业单位数为 381 个，较 2019 年增加了 53 个；2021 年中小工业企业单位数增加至 416 个，较 2020 年增加了 35 个。从中小工业企业单位数占规模以上工业企业单位数的比重来看，2017—2021 年中小工业企业单位数占比均在 95% 以上，其中 2021 年中小工业企业单位数占规模以上工业企业单位数比重为 97.2%。

表 4-38　2017—2021 年三门峡市中小工业企业单位数变动及占比情况表

年份	2017 年	2018 年	2019 年	2020 年	2021 年
中小工业企业单位数（个）	866	406	353	381	416
占比（%）	98.52	97.13	95.66	95.97	97.2

注：表中“占比（%）”是指中小工业企业数占三门峡规模以上工业企业数的比重。

数据来源：2018—2022 年《三门峡统计年鉴》四、工业

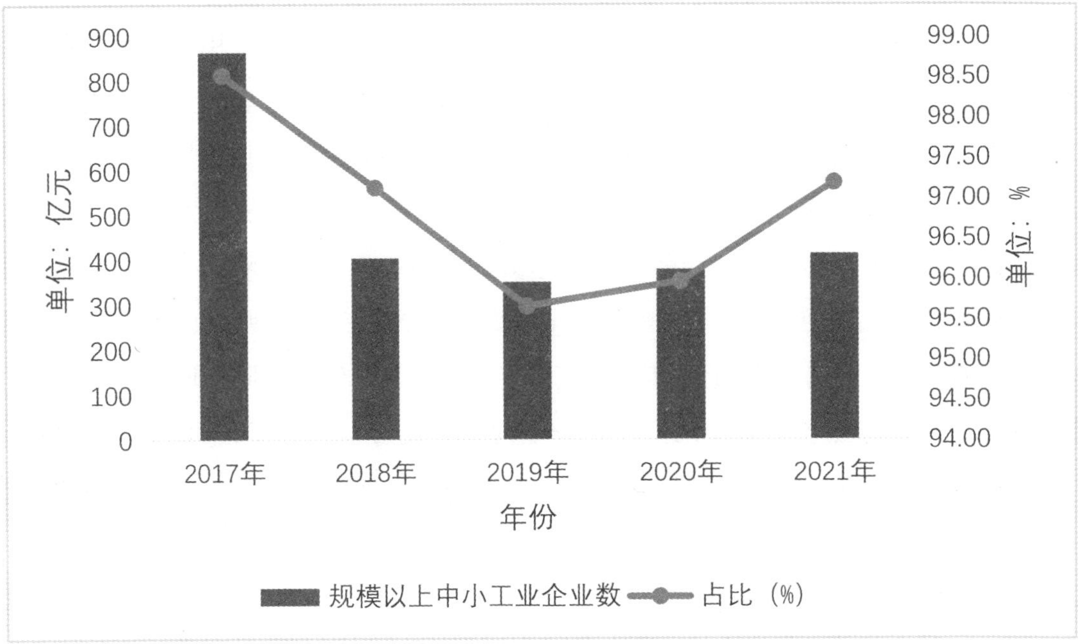

图 4–41　2017—2021 年三门峡市中小工业企业数及占比情况图

②中小工业企业平均从业人数持续减少

从中小工业企业每年平均从业人数来看，2017 年中小工业企业平均从业人数高达 1573.42 万人，2018 年减少至 694.85 万人，2017—2021 年中小工业企业平均从业人数呈现持续减少的态势，2021 年中小工业企业平均从业人数为 461.88 万人，较 2017 年减少了 1111.54 万人，降幅为 70.65%。

表 4–39　2017—2021 年三门峡市中小工业企业平均从业人数变动及占比情况表

年份	2017 年	2018 年	2019 年	2020 年	2021 年
中小工业企业平均从业人数(万人)	1573.42	694.85	493.96	464.17	461.88
占比（%）	69.78	52.79	50.02	50.5	57.79

注：表中“占比”是指中小工业企业平均从业人数占三门峡规模以上工业企业平均从业人数的比重。

数据来源：2018—2022 年《三门峡统计年鉴》四、工业

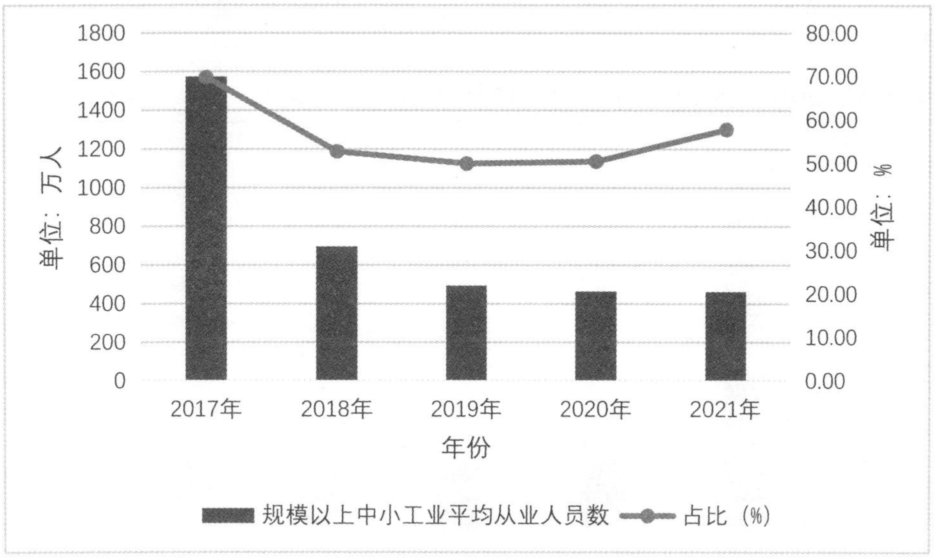

图 4-42　2017—2021 年三门峡市中小工业平均从业人数及占比情况图

（2）中小工业企业财务绩效方面

①中小工业企业营业收入有所缩减

2017—2021 年三门峡市中小工业企业营业收入呈现先减少后增加的态势，2017 年中小工业企业营业收入达到了 2806.54 亿元，2018—2020 年中小工业企业营业收入金额持续下降，其中 2020 年中小工业企业营业收入为 597.34 亿元，较 2017 年减少 2209.2 亿元，2021 年中小工业企业营业收入为 767.98 亿元，虽然较 2020 年有所增加，但仅增加了 173.63 亿元。从中小工业企业营业收入占规模以上工业企业营业收入比重来看，2017—2021 年该占比整体上呈现下降态势，2017 年该占比为 74.83%，为五年内最高；2018—2021 年该占比平均值为 45.93%，较 2017 年下降了 28.9 个百分点。

2017—2021 年中小工业企业应收账款呈先下降后上升态势，2017 年规模以上中小工业企业应收账款金额为 154.17 亿元，2018 年减少至 75.81 亿元，较 2017 年下降了 50.83%。2018—2021 年中小工业企业应收账款金额呈现上升态势，2021 年中小工业企业应收账款金额为 118.43 亿元，较 2018 年增加了 42.61 亿元。从中小工业企业应收账款占营业收入比重来看，该占比整体上呈现上升态势，尤其是 2021 年中小工业企业占规模以上工业企业比重为 80.17%，较 2020 年上升了 20.57 个百分点。

表 4-40　2017—2021 年三门峡市中小工业企业营业收入变动及占比情况表

年份	2017 年	2018 年	2019 年	2020 年	2021 年
中小工业企业营业收入（亿元）	2806.54	956.83	553.15	597.34	767.98
占比（%）	74.83	52	41.56	44.09	46.07

注：表中“占比”是指中小工业企业营业收入占三门峡规模以上工业企业营业收入的比重。

数据来源：2018—2022 年《三门峡统计年鉴》四、工业

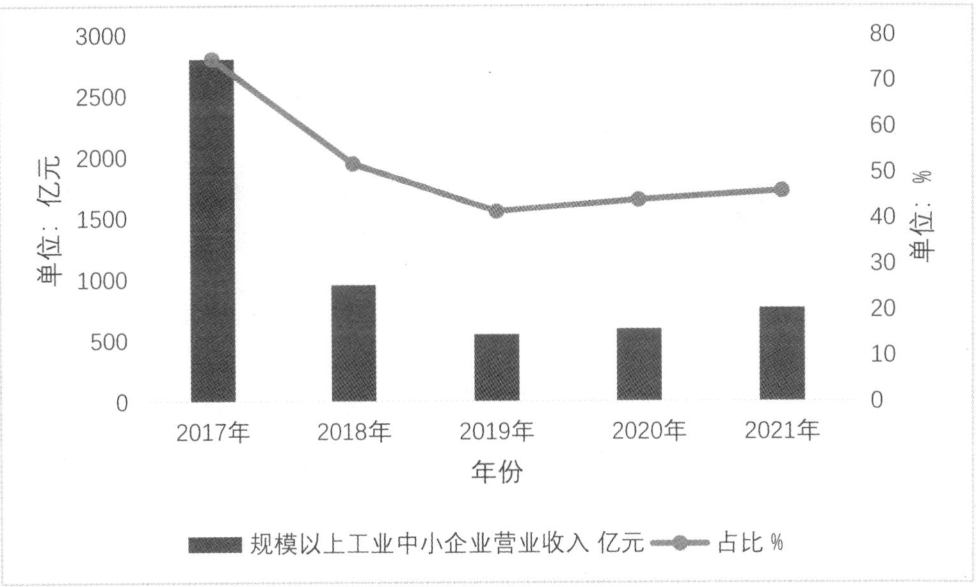

图 4-43　2017—2021 年三门峡市中小工业企业营业收入变动情况

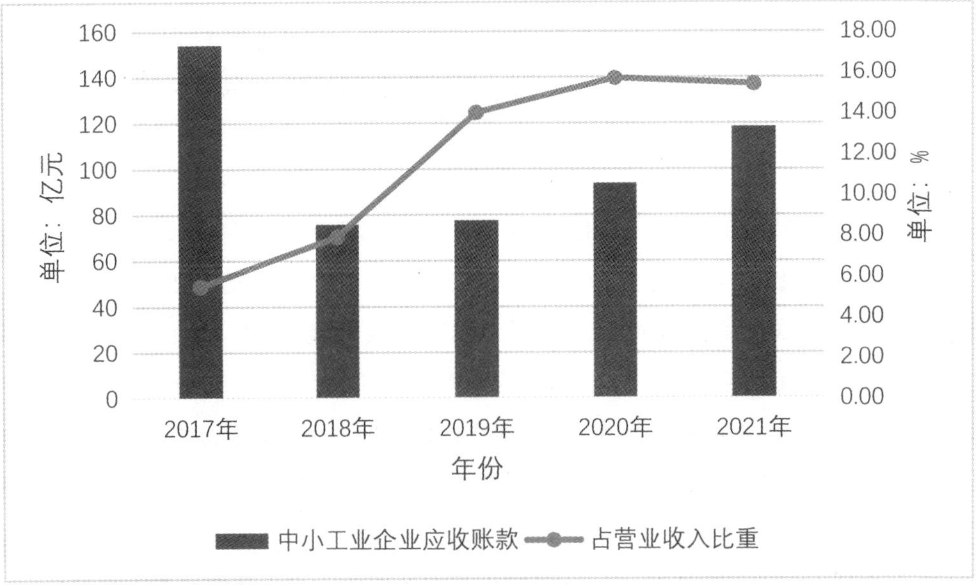

图 4-44　2017—2021 年三门峡市中小工业企业应收账款变动情况

②中小工业企业利润总额波动较大

2017—2021 年三门峡市中小工业企业利润总额呈现先降低后上升的态势，2017 年中小工业企业利润总额为 200.91 亿元，2018 年中小工业企业利润总额减少至 139.77

亿元，共计减少了 61.15 亿元；2019—2020 年新冠肺炎疫情期间，中小工业企业利润总额锐减，2020 年中小工业企业利润总额仅为 15.58 亿元，2021 年中小工业企业利润总额为 46.16 亿元，较 2020 年增加了 30.58 亿元；从中小工业企业利润总额占规模以上工业企业利润总额的比重来看，受新冠肺炎疫情影响，2019 年、2020 年该占比分别为 37.54%、22.91%，2021 年该占比有所提升，达到了 74.13%。

表 4-41　2017—2021 年三门峡市中小工业企业利润总额变动及占比情况表

年份	2017 年	2018 年	2019 年	2020 年	2021 年
中小工业企业利润总额（亿元）	200.91	139.77	27.2	15.58	46.16
占比（%）	88.64	68.07	37.54	22.91	74.13

注：表中“占比”是指中小工业企业利润总额占三门峡规模以上工业企业利润总额的比重。

数据来源：2018—2022 年《三门峡统计年鉴》四、工业

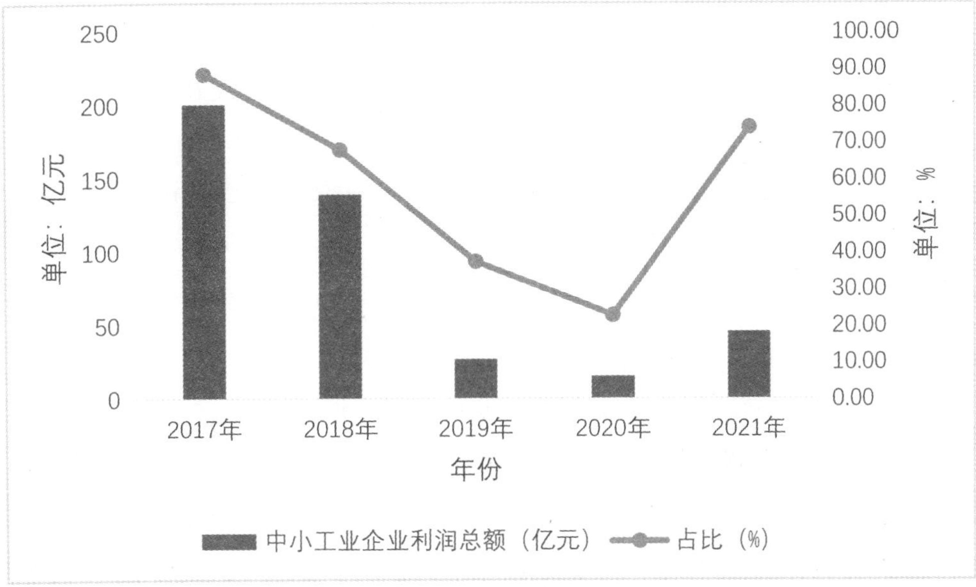

图 4-45　2017—2021 年三门峡市中小工业企业利润总额变动及占比情况

③中小工业企业总资产贡献率呈现明显下降态势

2017—2020 年三门峡市规模以上中小工业企业总资产贡献率整体上呈现下降态势，其中 2020 年中小工业企业总资产贡献率为 5.12%，较 2017 年下降了 10.81 个百分点；2021 年中小工业企业总资产贡献率为 7.9%，较 2020 年有所回升，上升了 2.78 个百分点。

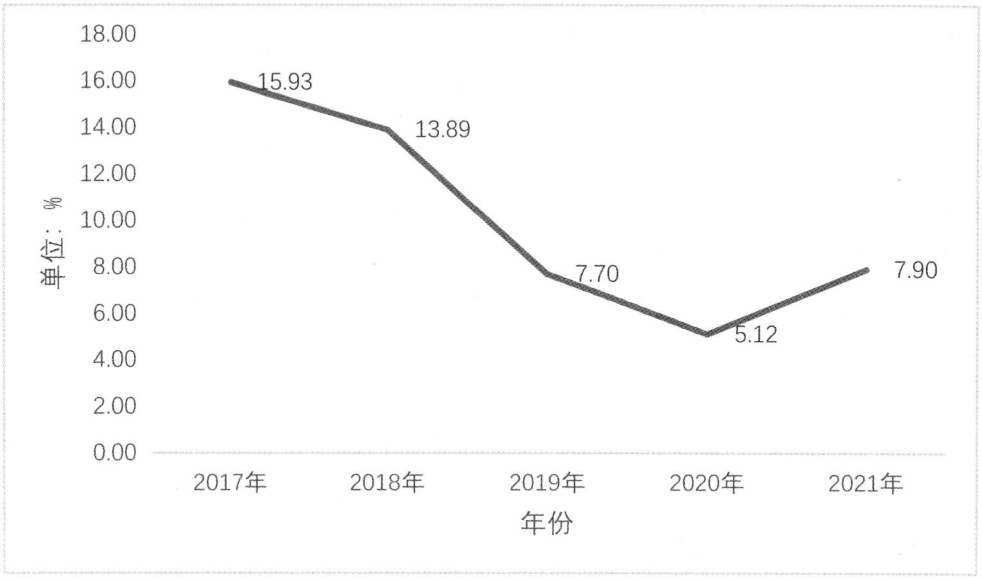

图 4-46　2017—2021 年三门峡市规模以上中小工业企业总资产贡献率变动情况

（4）三门峡中小工业企业创新发展现状

2019—2021 年三门峡市规模以上中小工业企业 R&D 人员全时当量均值为 1294 人，其中 2021 年中小工业企业 R&D 人员全时当量为 1589 人，较 2020 年增加了 489 人；中小工业企业 R&D 经费内部支出呈现逐年增加的态势，2021 年中小工业企业 R&D 经费内部支出为 7.34 亿元，较 2019 年增加 3.82 亿元；2019—2021 年中小工业新产品销售收入逐年增加，2021 年产品销售收入金额为 42.26 亿元，较 2019 年增加了 25.48 亿元，增长了 1.52 倍；2019—2021 年中小工业企业专利申请数均值为 378 个，2021 年中小工业企业专利申请数为 405 个，较 2020 年增加 47 个。

（5）三门峡市规模以上工业企业绿色发展现状

2017—2021 年三门峡市规模以上工业企业每亿元工业增加值二氧化硫排放量呈现逐年下降态势，其中 2019 年工业企业单位二氧化硫排放量降幅最大，环比下降了 42.12%；2021 年每亿元工业增加值二氧化硫物排放量为 2.88 吨，较 2020 年减少了 0.3 吨；2017—2021 年三门峡市规模以上工业企业每亿元工业增加值氮氧化物排放量逐年减少，年均减少量为 2.76 吨，2021 年每亿元工业增加值氮氧化物排放量为 5.45 吨，较 2017 年减少 11.03 吨，降幅为 66.93%。2020—2021 年三门峡市规模以上工业企业每亿元工业增加值颗粒物排放量均值为 1.03 吨，且 2021 年较 2020 年减少 0.18 吨。表明三门峡市更加重视环境保护，并且取得了良好的效果。

表 4-42　2017—2021 年三门峡市规模以上企业绿色发展各指标变动情况表　单位：吨

年份	2017 年	2018 年	2019 年	2020 年	2021 年
每亿元工业增加值二氧化硫排放量	12.69	9.11	5.27	3.18	2.88
每亿元工业增加值氮氧化物排放量	16.49	11.52	9.57	6.1	5.45
每亿元工业增加值颗粒物排放量	—	—	—	1.12	0.94

注：为消除价格因素影响，工业增加值均以 2016 年为基期，按其增长指数进行平减。

数据来源：《河南统计年鉴》《中国城市统计年鉴》

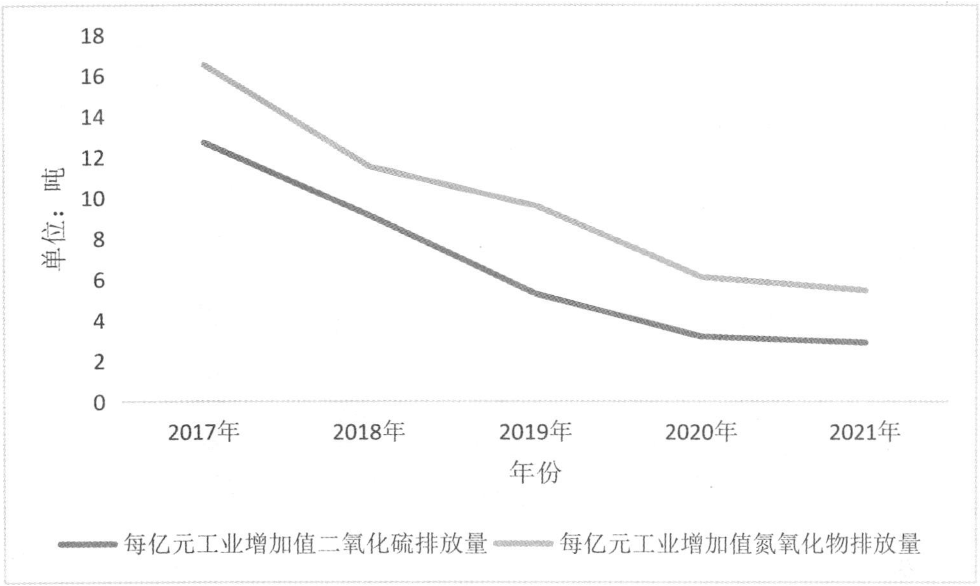

图 4-47　2017—2021 年三门峡市规模以上企业绿色发展指标变动情况

4.2.6 商丘市中小工业企业发展现状

商丘市位于河南省东部，是重要的物资集散中心和中国东西部地区衔接处。东临淮北、宿州，西靠开封，北接菏泽，南襟周口、亳州。近年来，商丘市一直鼓励企业加强产业关键技术和核心环节专利申请，鼓励企业开展技术创新、管理创新和商业模式创新，鼓励企业加大研发投入，提高自主创新、集成创新和引进消化吸收再创新能力，取得了丰厚成果。截至 2021 年底，全市已培育国家级专精特新"小巨人"企业 2 家、培育省级"专精特新"中小企业 29 家。以下将对商丘市中小工业企业发展现状进行分析。

（1）商丘市中小工业企业规模逐渐增大

①中小工业企业数逐年递增

2017—2021 年商丘市规模以上中小工业企业数量呈现持续上升的态势，2021 年中小工业企业数为 1787 个，较 2017 年增加了 701 个，增幅为 64.55%；从中小工业企业数占规模以上工业企业数的比重来看，该占比整体上呈现上升态势，2017—2021 年该占比均值为 97%，其中 2021 年该占比为 98.03%，达到了五年内最高。

表 4-43　2017—2021 年商丘市规模以上中小工业企业数变动及占比情况

年份	2017 年	2018 年	2019 年	2020 年	2021 年
中小工业企业数（个）	1086	1108	1357	1525	1787
占比（%）	95.43	97.11	96.93	97.51	98.03

注：表中“占比（%）”是指中小工业企业数占商丘市规模以上工业企业数的比重。

数据来源：2018—2022 年《商丘统计年鉴》十三、工业

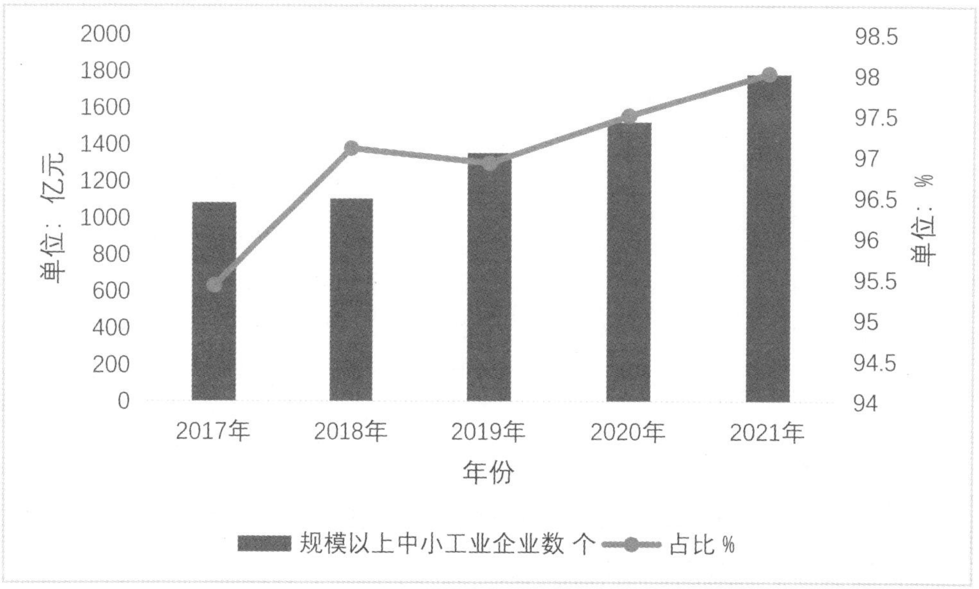

图 4-48　2017—2021 年商丘市规模以上中小工业企业数变动及占比情况

②中小工业企业平均从业人数波动较大

从商丘市规模以上工业企业平均从业人数来看，2017—2021 年商丘市规模以上中小工业企业平均从业人数波动较大，年平均从业人数为 26.95 万人，其中 2020 年中小工业企业平均从业人数最多，达到了 29 万人；2021 年中小工业企业平均从业人数为 25.88 万人，较 2020 年减少 3.12 万人；从中小工业企业平均从业人数占规模以上工业企业平均从业人数的比重来看，2017—2020 年中小工业企业平均从业人数所占比重均值为 72.55%，其中 2021 年该占比为 71.53%，表明商丘市中小工业企业平均从业人数虽然有所减少，但依旧在商丘市经济发展中占据重要的地位。

表 4-44　2017—2021 年商丘市规模以上中小工业企业平均从业人数变动及占比情况

年份	2017 年	2018 年	2019 年	2020 年	2021 年
中小工业企业平均从业人数（万人）	26.69	25.1	28.09	29	25.88
占比（%）	69.66	77.67	71.38	72.5	71.53

注：表中“占比”是指中小工业企业平均从业人数占商丘市规模以上工业企业平均从业人数的比重。

数据来源：2018—2022 年《商丘统计年鉴》十三、工业

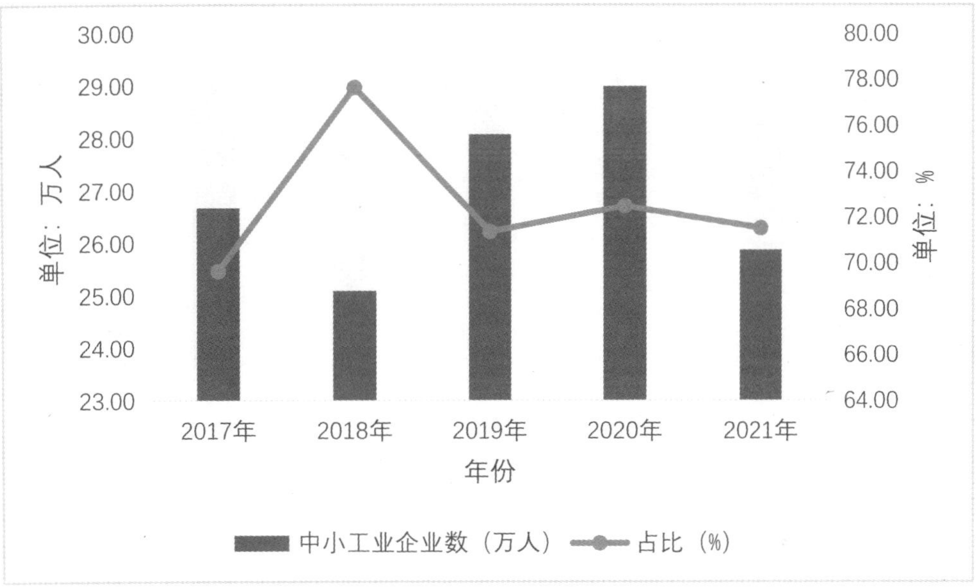

图 4-49　2017—2021 年规模以上中小工业企业平均从业人数及占比情况

（2）中小工业企业财务绩效方面

①中小工业企业营业收入逐年上升

从表 4-45 中可以看出，中小工业企业营业收入整体上呈现上升态势，除了 2018 年中小工业企业完成营业收入总额为 1969.59 亿元，较 2017 年中小工业企业营业收入下降了 14.2% 之外，其他年份均呈现上升态势，2021 年中小工业企业营业收入总额为 2564.39 亿元，较 2020 年增加了 263.45 亿元，增幅为 11.45%。从中小工业企业营业收入占规模以上工业企业营业收入的比重来看，2017—2021 年该占比均在 70% 以上。

表 4-45 2017—2021 年商丘市中小工业企业营业收入变动及占比情况

年份	2017 年	2018 年	2019 年	2020 年	2021 年
中小工业企业营业收入（亿元）	2295.47	1969.59	2431	2300.95	2564.39
占比（%）	73.68	76.99	70.66	71.17	72.4

注：表中“占比”是指中小工业企业营业收入占商丘市规模以上工业企业营业收入的比重。

数据来源：2018—2022 年《商丘统计年鉴》十三、工业

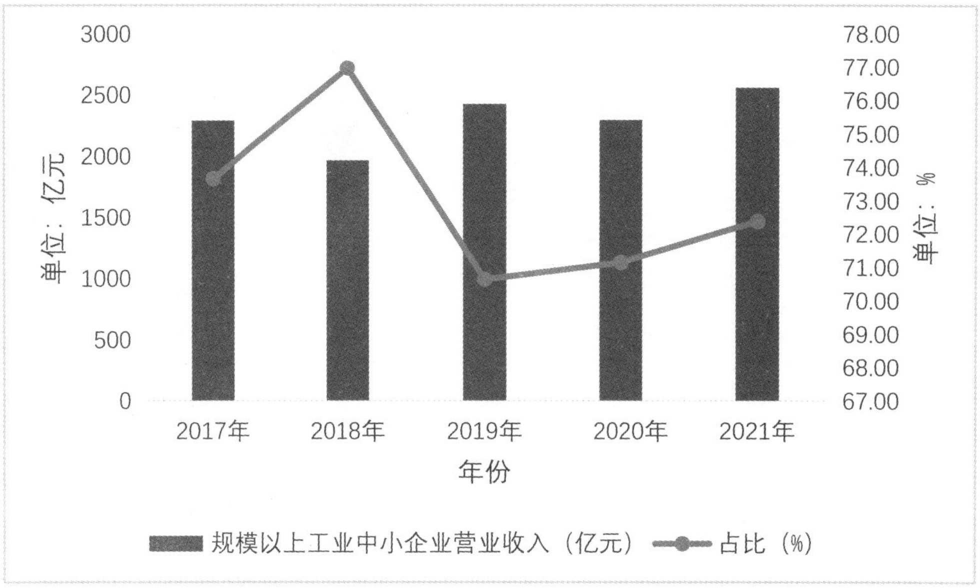

图 4-50 2017—2021 年商丘市中小工业企业营业收入变动及占比情况

②中小工业企业利润总额波动较大

从表 4-46 中可以看出，2017—2021 年商丘市规模以上中小工业企业利润总额呈现先上升后下降的态势，2019 年中小工业企业利润总额达到了 222.40 亿元，较 2017 年增加 89.26 亿元；但 2020 年中小工业企业利润减少至 160.77 亿元，较 2019 年下降了 20.71%；2021 年中小工业企业利润总额虽有提升，达到了 1823.31 亿元，但升幅较小。从中小工业企业利润总额占比来看，2017—2021 年中小工业企业利润总额占规模以上工业企业利润总额比重均值为 77.10%，其中 2018 年该占比达到了 81.35%，可见商丘市中小工业企业是企业利润的主要贡献者。

表 4-46　2017—2021 年商丘市中小工业企业利润总额变动及占比情况

年份	2017 年	2018 年	2019 年	2020 年	2021 年
中小工业企业利润总额（亿元）	133.13	208.38	222.4	160.77	182.31
占比（%）	74.61	81.35	73.37	79.51	76.65

注：表中“占比”是指中小工业企业利润总额占商丘市规模以上工业企业利润总额的比重。

数据来源：2018—2022 年《商丘统计年鉴》十三、工业

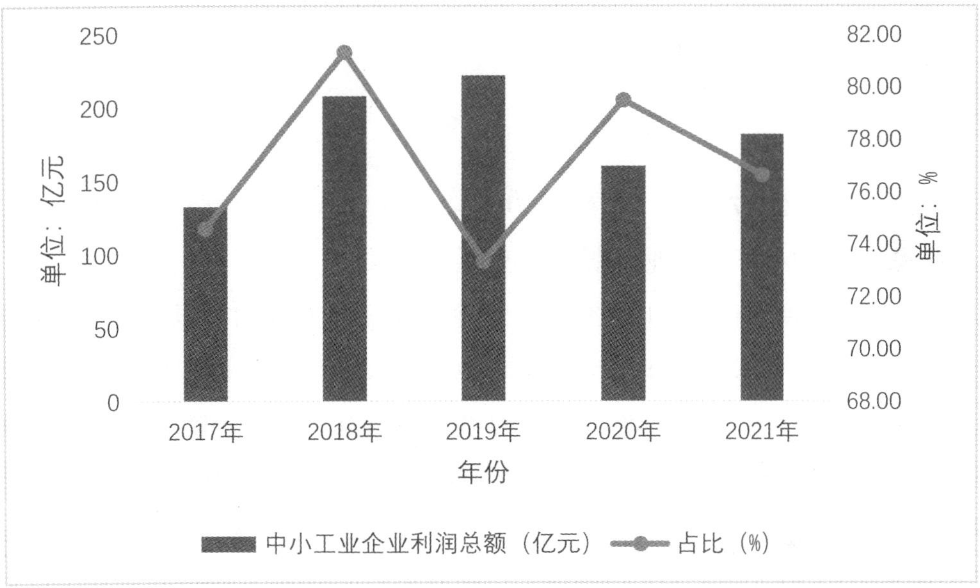

图 4-51　2017—2021 年商丘市中小工业企业利润总额变动及占比情况

③中小工业企业总资产贡献率有所下降

2017—2021 年商丘市规模以上中小工业企业总资产贡献率呈现先上升后下降的态势，2017—2019 年中小工业企业总资产贡献率持续上升，2019 年中小工业企业总资产贡献率为 23.6%，较 2017 年上升 7.7 个百分点；2020 年、2021 年中小工业企业总资产贡献率持续下降，2021 年中小工业企业总资产贡献率为 17%，较 2019 年下降 6.6 个百分点。

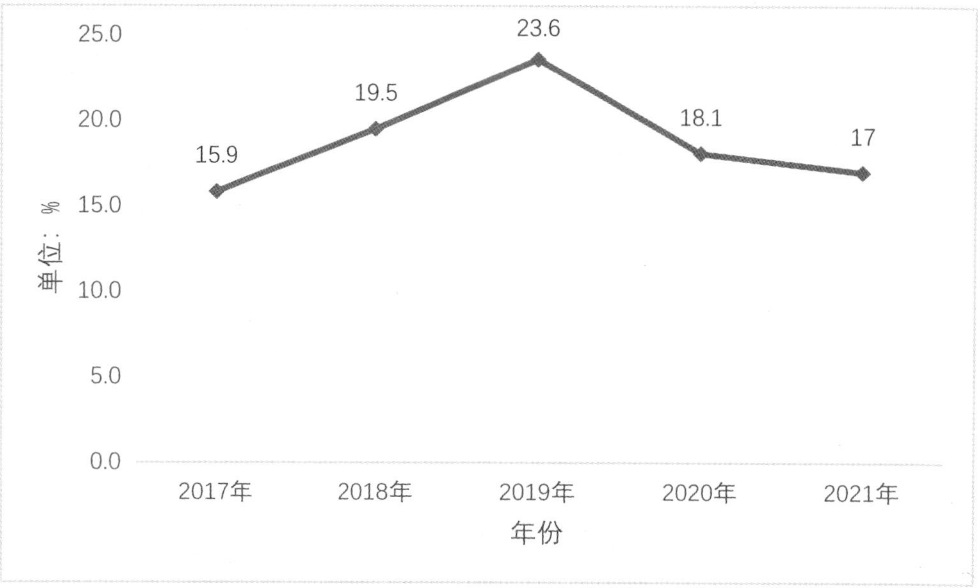

图 4-52　2017—2021 年商丘市中小工业企业总资产贡献率变动情况

（3）商丘市中小工业企业创新发展现状

2017—2021年商丘市规模以上中小工业企业R&D人员全时当量呈逐年上升态势，2021 年中小工业企业 R&D 人员全时当量为 3098 人，较 2017 年增加 1029 人，增幅为 49.81%；2017—2021 年中小工业企业 R&D 经费内部支出金额不断上升，2021 年达到了 18.70 亿元，较 2017 年增加 11.08 亿元，增长了 1.46 倍；2017—2021 年中小工业企业新产品销售收入持续增加，2021 年中小工业企业新产品销售收入为 86.31 亿元，较 2017 年增加 60.81 亿元，是 2017 年的 2.38 倍；同期中小工业企业专利申请数持续增加，由 2017 年的 216 个增加至 2021 年的 950 个，增加了 3.4 倍。

表 4-47　2017—2021 年商丘市中小工业企业创新发展各指标变动情况

年份	2017 年	2018 年	2019 年	2020 年	2021 年
R&D 人员全时当量（人年）	2066	2089	2163	2898	3095
R&D 经费内部支出（亿元）	7.61	9.83	12.94	15.05	18.7
新产品销售收入（亿元）	25.5	38.96	46.9	86.79	86.31
专利申请数（个）	216	348	529	719	950

数据来源：2018—2022 年《商丘统计年鉴》二十一、科学技术

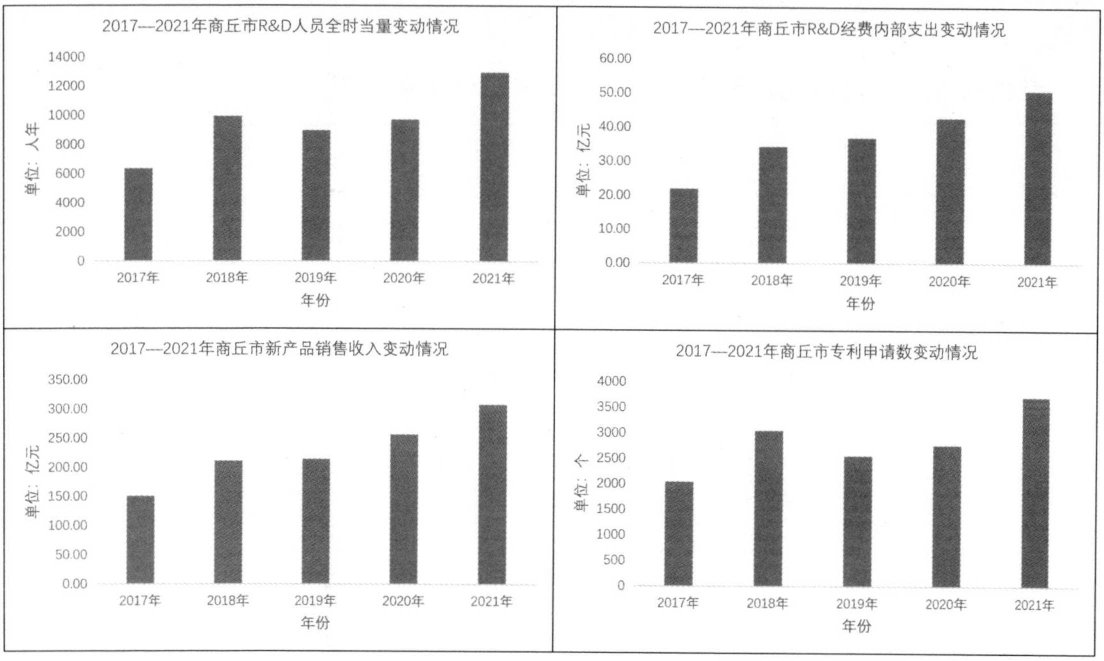

图 4–53　2017—2021 年商丘市中小工业企业创新发展各指标变动情况

（4）规模以上工业企业绿色发展现状

2017—2021 年商丘市规模以上工业企业每亿元工业增加值二氧化硫排放量直线下降，年均减少 1.75 吨，2021 年每亿元工业增加值二氧化硫排放量为 4.05 吨，较 2017 年减少了 6.99 吨，降幅为 63.30%。2017—2021 年商丘市规模以上工业企业每亿元工业增加值氮氧化物排放量整体上呈现下降态势，2018 年、2019 年、2020 年单位氮氧化物排放量持续下降，2020 年每亿元工业增加值氮氧化物排放量为 4.87 吨，较 2017 年减少 6.17 吨，降幅为 61.27%；2021 年每亿元工业增加值氮氧化物排放量为 4.54 吨，较 2020 年略有增加，增加了 0.82 吨。2020—2021 年商丘市规模以上工业企业每亿元工业增加值颗粒物排放量均值为 2.45 吨，且 2021 年较 2020 年减少 0.11 吨。这表明商丘市在工业发展过程中，更加重视工业生产与环境保护的和谐统一。

表 4–48　2017—2021 年商丘市规模以上企业绿色发展指标变动情况表　单位：吨

年份	2017 年	2018 年	2019 年	2020 年	2021 年
每亿元工业增加值二氧化硫排放量	11.04	8.42	6.19	4.87	4.05
每亿元工业增加值氮氧化物排放量	10.07	8.83	6.18	4.46	4.54
每亿元工业增加值颗粒物排放量	—	—	—	2.51	2.4

注：为消除价格因素影响，工业增加值均以 2016 年为基期，按其增长指数进行平减。

数据来源：《河南统计年鉴》《中国城市统计年鉴》

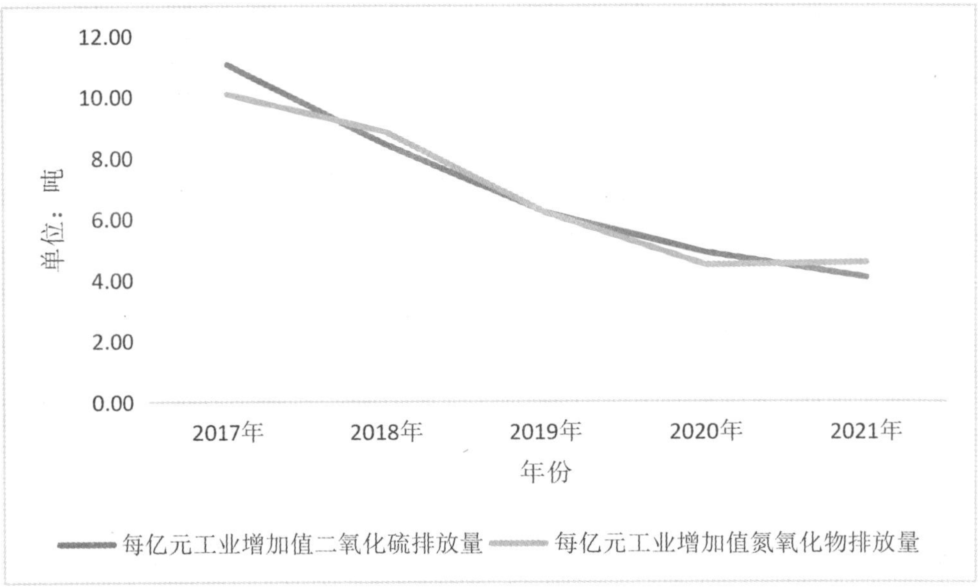

图 4-54　2017—2021 年商丘市企业规模以上绿色发展指标变动情况表

4.2.7 信阳市中小工业企业高质量发展情况

近年来，信阳市为提升中小工业企业专业化、特色化、集群化发展水平，着力培育以新发展理念为引领，以中小工业企业为主体，主导产业聚焦、优势特色突出、资源要素汇聚、协作网络高效、治理服务完善的县域中小工业企业特色产业集群。不断优化营商环境，全面贯彻落实惠企利企政策，在政策扶持、精减程序、完善服务上全力为企业的健康发展保驾护航，奋力打造经济发展新高地。以打造营商品牌为抓手，切实帮助企业解决困难和问题，不断提升企业的获得感、满意度，以更加有力的举措，充分激发企业的创新活力，推动企业提质增效，助力经济高质量发展。以下是对信阳市中小工业企业发展现状的分析。

（1）中小工业企业规模发展方面

①中小工业企业数持续增加

从中小工业企业数量来看，2017—2021 年信阳市中小工业企业数呈现先减少后增加的态势，2019 年规模以上中小工业企业数为 1039 个，较 2017 年减少了 162 个，2020 年、2021 年中小工业企业数呈持续增加态势，2021 年中小工业企业数为 1379 个，较 2020 年增加 249 个。从中小工业企业数占规模以上工业企业数的比重来看，

2017—2021 年该占比均在 98% 以上，2021 年该占比为 98.92%，且较 2020 年上升了 0.06 个百分点。

表 4-49　2017—2021 年信阳市中小工业企业数变动及占比情况表

年份	2017 年	2018 年	2019 年	2020 年	2021 年
中小工业企业数（个）	1201	1039	1039	1129	1378
占比（%）	93.12	98.67	99.14	98.86	98.92

注：表中“占比（%）”是指中小工业企业数占信阳市规模以上工业企业数的比重。

数据来源：2018—2022 年《信阳统计年鉴》十一、工业

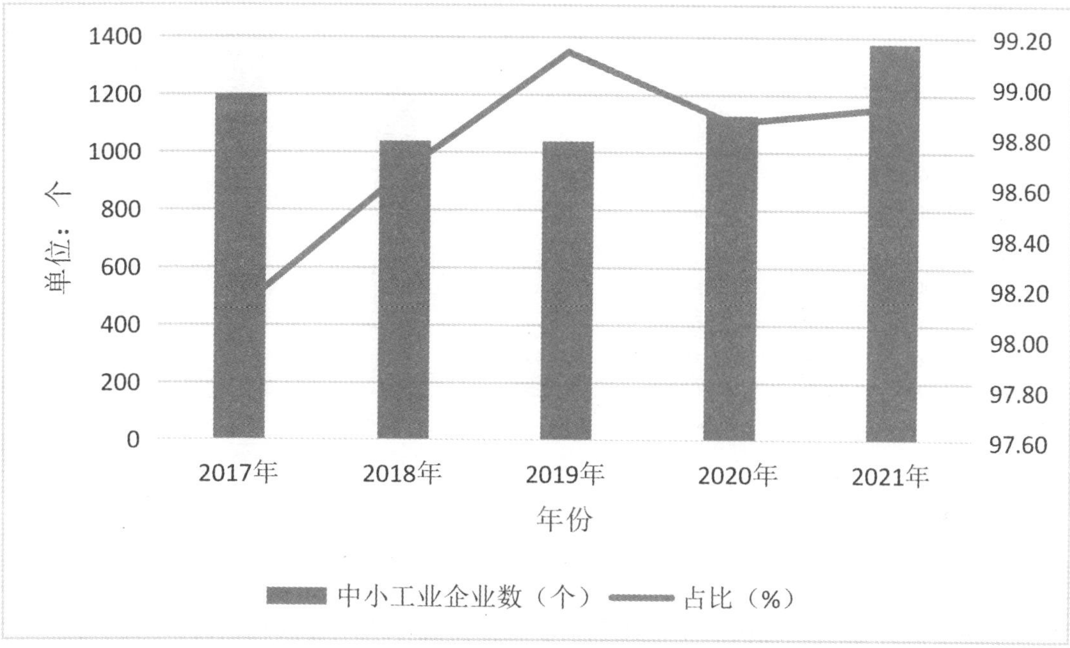

图 4-55　2017—2021 年信阳市中小工业企业数及占比情况

②中小工业企业平均从业人数有所增加

从中小工业企业平均从业人数来看，2018 年中小工业企业平均从业人数为 18.51 万人，2019 年中小工业企业平均从业人数为 17.53 万人，较 2018 年下降了 0.97 个百分点；2020 年、2021 年均有所上升，2021 年中小工业企业平均从业人员为 19.37 万人，从中小工业企业平均从业人员数占规模以上工业企业平均从业人数的比重来看，2017—2021 年该占比波动较大，其中 2019 年该占比为 82.48%，2020 年、2021 年该占比虽有所下降，但 2021 年该占比仍然达到了 79.52%，表明信阳市中小工业企业是吸纳劳动力的主力。

表 4–50　2017—2021 年信阳市中小工业企业平均从业人数变动及占比情况表

年份	2017 年	2018 年	2019 年	2020 年	2021 年
中小工业企业平均从业人数（万人）	16.35	18.51	17.53	19.36	19.37
占比（%）	69.48	80.04	82.48	79.14	79.52

注：表中“占比”是指中小工业企业平均从业人数占信阳市规模以上工业企业平均从业人数的比重。

数据来源：2018—2022 年《信阳统计年鉴》十一、工业

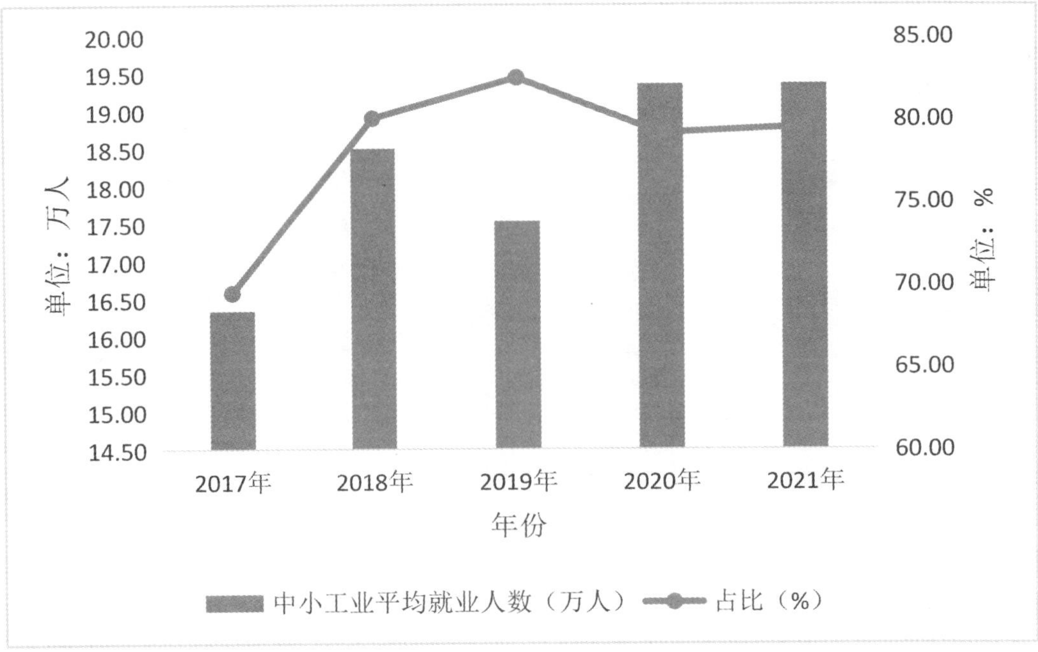

图 4–56　2017—2021 年信阳市中小工业企业平均从业人员数及占比情况

（2）中小工业企业财务绩效方面

①中小工业企业营业收入波动较大

从信阳市规模以上中小工业企业营业收入金额来看，2017—2021 年中小工业企业营业收入呈现先上升后下降的态势，其中 2017—2020 年中小工业企业营业收入金额呈现下降态势，2020 年中小工业企业营业收入为 996.94 亿元，较 2017 年减少了 904 亿元，2021 年中小工业企业营业收入为 1581.42 亿元，较 2020 年上升了 58.63 个百分点。从中小工业企业营业收入占规模以上工业企业营业收入的比重来看，该占比整体上呈现下降趋势，2017—2020 年中小工业企业营业收入占规模以上工业企业营业收入比重持续下降，由 2017 年的 75.74% 下降至 2020 年的 63.86%，下降了 11.88 个百分点，

2021 年该占比为 69.21%，较 2020 年上升了 5.34 个百分点。

表 4–51　2017—2021 年信阳市中小工业企业营业收入变动及占比情况表

年份	2017 年	2018 年	2019 年	2020 年	2021 年
中小工业企业营业收入（亿元）	1900.93	1290.31	1207.9	996.94	1581.42
占比（%）	75.74	73.64	72.21	63.86	69.21

注：表中“占比”是指中小工业企业营业收入占信阳市规模以上工业企业营业收入的比重。

数据来源：2018—2022 年《信阳统计年鉴》十一、工业

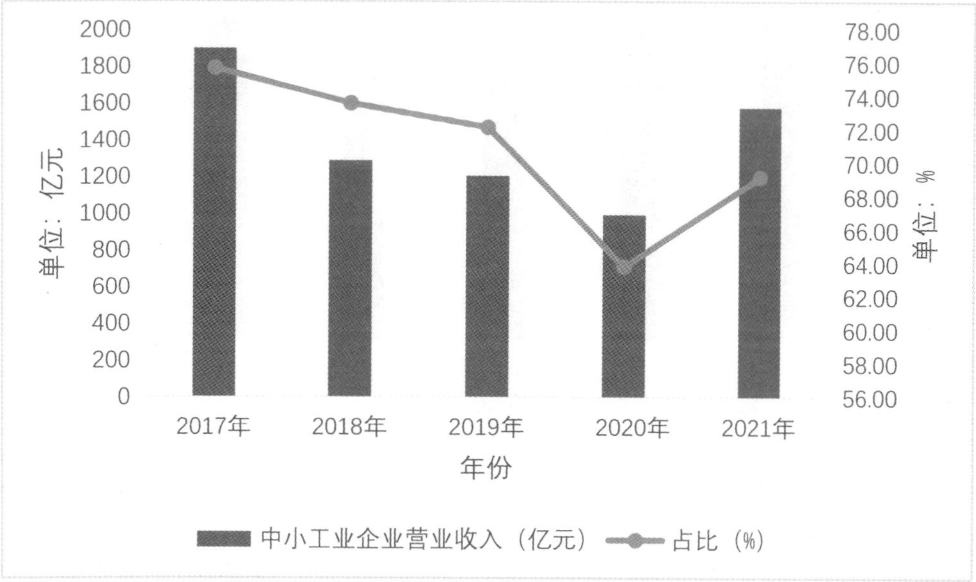

图 4–57　2017—2021 年信阳市中小工业企业营业收入变动及占比情况

②中小工业企业利润总额有所回升

从规模以上中小工业企业利润总额来看，2017—2019 年中小工业企业利润总额呈下降态势，其中 2019 年中小工业企业利润总额为 101.16 亿元，较 2017 年减少了 27.37 亿元，2020 年、2021 年中小工业企业利润总额有所回升，其中 2021 年中小工业企业利润总额为 110.54 亿元，较 2019 年增加 9.83 亿元；从中小工业企业利润总额占规模以上工业企业利润总额的比重来看，五年内该比重均值为 82.26%，其中 2020 年该占比较低，为 79.88%，其他年份该占比均在 80% 以上。

表 4-52　2017—2021 年信阳市中小工业企业利润总额变动及占比情况表

年份	2017 年	2018 年	2019 年	2020 年	2021 年
中小工业企业利润总额（亿元）	128.53	119.95	101.16	102.2	110.54
占比（%）	83.71	81.52	82.2	79.88	83.99

注：表中“占比”是指中小工业企业利润总额占信阳市规模以上工业企业利润总额的比重。

数据来源：2018—2022 年《信阳统计年鉴》十一、工业

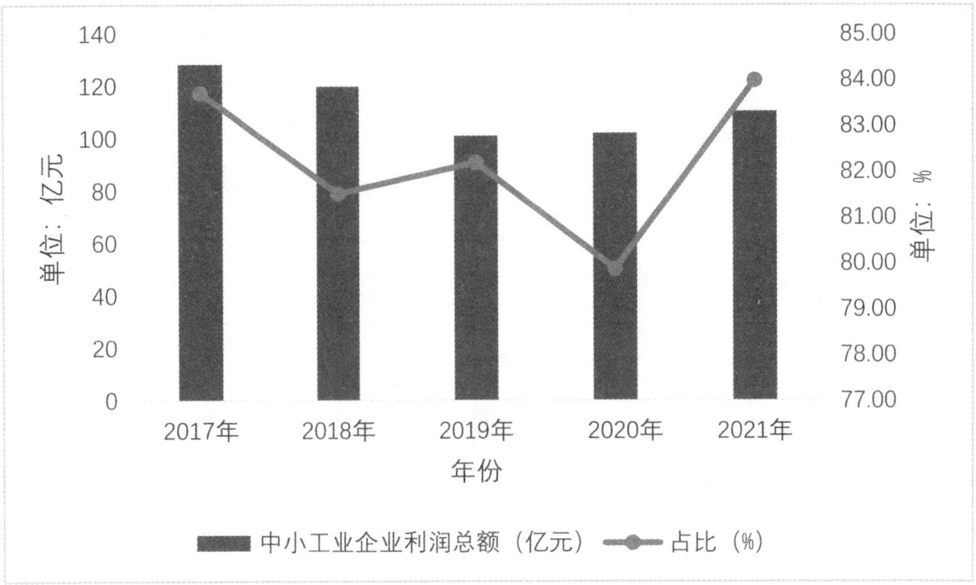

图 4-58　2017—2021 年信阳市中小工业企业利润总额变动及占比情况

（3）规模以上工业企业绿色发展现状

2017—2021 年信阳市规模以上工业企业每亿元工业增加值二氧化硫排放量整体上呈现下降态势，其中 2018 年每亿元工业增加值二氧化硫排放量为 5.97 吨，较 2017 年减少了 10.05 吨，下降了 62.73%，降幅最大；2020 年每亿元工业增加值二氧化硫物排放量为 2.86 吨，较 2019 年降幅较明显，下降了 49.28%；2021 年持续下降至 1.82 吨。2017—2021 年信阳市规模以上工业企业每亿元工业增加值氮氧化物排放量整体上呈现逐年下降态势，年均减少 4.26 吨，其中 2018 年每亿元工业增加值氮氧化物排放量为 12.54 吨，较 2017 年减少 7.85 吨，下降幅度较显著，降幅为 38.50%；2020 年受新冠肺炎疫情的影响，工厂频繁停工停产，每亿元工业增加值氮氧化物排放量为 5.25 吨，较 2019 年减少 5.93 吨，环比下降 53.05%；2021 年每亿元工业增加值氮氧化物排放量

持续下降至 3.34 吨，为五年内最低值。2020—2021 年信阳规模以上工业企业每亿元工业增加值颗粒物排放量均值为 2.1 吨，但 2021 年较 2020 年增加 0.24 吨。由此可见，信阳市工业企业绿色环保各指标整体上呈现下降态势，表明商丘市在工业发展过程中，更加重视绿色发展。

表 4–53　2017—2021 年信阳市规模以上企业绿色发展各指标变动情况表　单位：吨

年份	2017 年	2018 年	2019 年	2020 年	2021 年
每亿元工业增加值二氧化硫排放量	16.02	5.97	5.64	2.86	1.82
每亿元工业增加值氮氧化物排放量	20.38	12.54	11.17	5.25	3.34
每亿元工业增加值颗粒物排放量	—	—	—	1.98	2.22

注：为消除价格因素影响，工业增加值均以 2016 年为基期，按其增长指数进行平减。

数据来源：《河南统计年鉴》《中国城市统计年鉴》

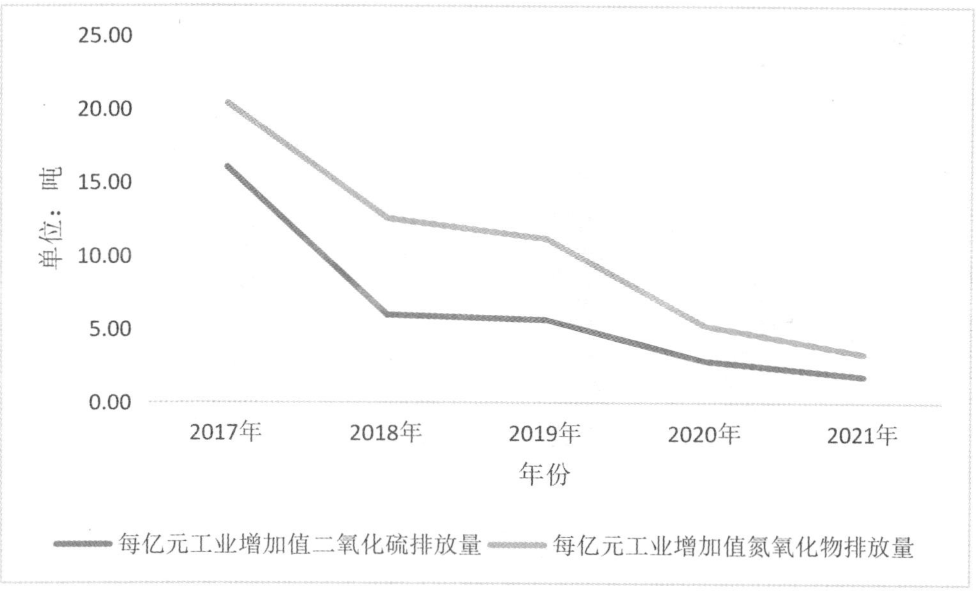

图 4–59　2017—2021 年信阳市规模以上企业绿色发展指标变动情况表

4.2.8 焦作市中小工业企业发展现状

焦作位于中原经济区的中部，是中国南水北调的起点。焦作市的冶金、能源和化工等产业发展水平较高，为工业发展奠定了较好的产业基础；焦作市拥有丰富的煤炭资源，为工业发展提供了坚实的基础；此外，焦作市紧邻省会郑州市，地理位置较为优越，为工业发展提供了便利条件。以下将对焦作市中小工业企业发展现状进行分析。

（1）中小工业企业规模发展方面

①中小工业企业数呈现减少趋势

从表4-54中可以看出，2017—2021年焦作市规模以上中小工业企业数呈现持续减少态势，其中2021年焦作市中小工业企业数为879个，较2017年减少了348个；从中小工业企业数占规模以上工业企业数的比重来看，2017—2021年中小工业企业数占比均在95%以上，表明中小工业企业是焦作经济发展的生力军。

表4-54 2017—2021年焦作市中小工业企业数及占比情况

年份	2017年	2018年	2019年	2021年
中小工业企业数（个）	1227	1175	1058	879
占比（%）	95.19	97.27	96.01	96.91

注：表中“占比（%）”是指中小工业企业数占焦作市规模以上工业企业数的比重。

数据来源：2018年、2019年、2020年、2022年《焦作统计年鉴》十二、工业

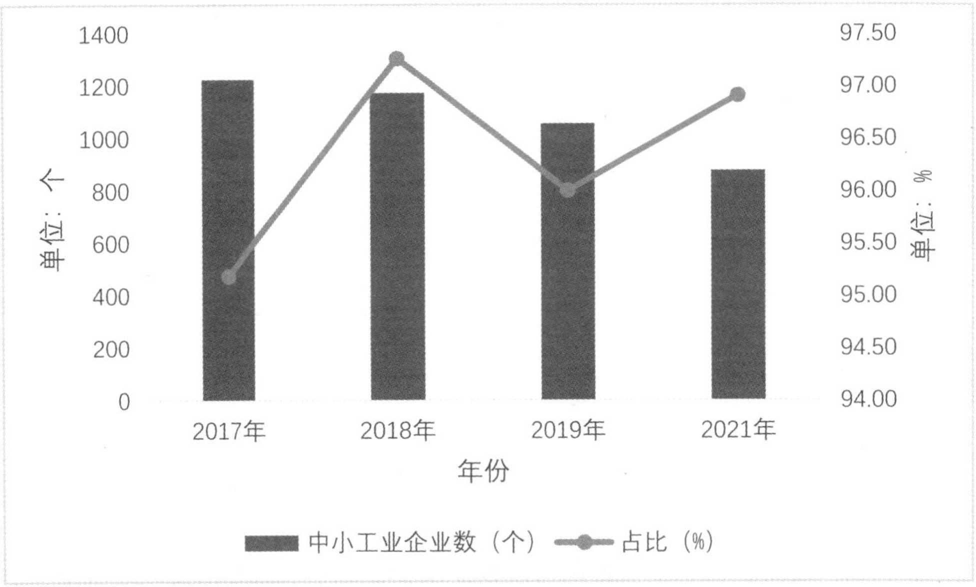

图4-60 2017—2021年焦作市中小工业企业数及占比情况

（2）中小工业企业财务绩效方面

①中小工业企业主营业务收入持续减少

2017—2021年焦作市规模以上中小工业企业主营业务收入呈持续减少态势，2017年中小工业企业主营业务收入为4209.45亿元，占规模以上工业企业主营业务收入的比重为66.64%，2018—2021年中小工业企业主营业务收入持续减少，其占规模以上

工业企业主营业务收入也呈现逐渐下降态势，2021 年中小工业企业主营业务收入为 1246.28 亿元，较 2017 年减少了 2963.17 亿元，降幅为 70.39%；其占规模以上工业企业主营业务收入比重降低至 52.75%，较 2017 年下降了 13.89 个百分点。

从中小工业企业应收账款情况来看，2017—2021 年焦作市中小工业企业应收账款金额有较大波动，但整体上呈上升态势，2021 年中小工业企业应收账款金额为 173.88 亿元，较 2019 年增加了 16.63 亿元，从中小工业企业应收账款金额占规模以上工业企业应收账款金额的比重来看，2017—2021 年连续四年中小工业企业应收账款占比均在 64% 以上，2021 年该占比为 65.92%，较 2019 年下降了 1.3 个百分点。

表 4-55　2017—2021 年焦作市中小工业企业营业收入变动及占比情况

年份	2017 年	2018 年	2019 年	2021 年
中小工业企业主营业务收入（亿元）	4209.45	2440.46	1964.04	1246.28
占比（%）	66.64	66.87	57.59	52.75

注：表中“占比”是指中小工业企业主营业务收入占焦作市规模以上工业企业主营业务收入的比重。

数据来源：2018 年、2019 年、2020 年、2022 年《焦作统计年鉴》十二、工业

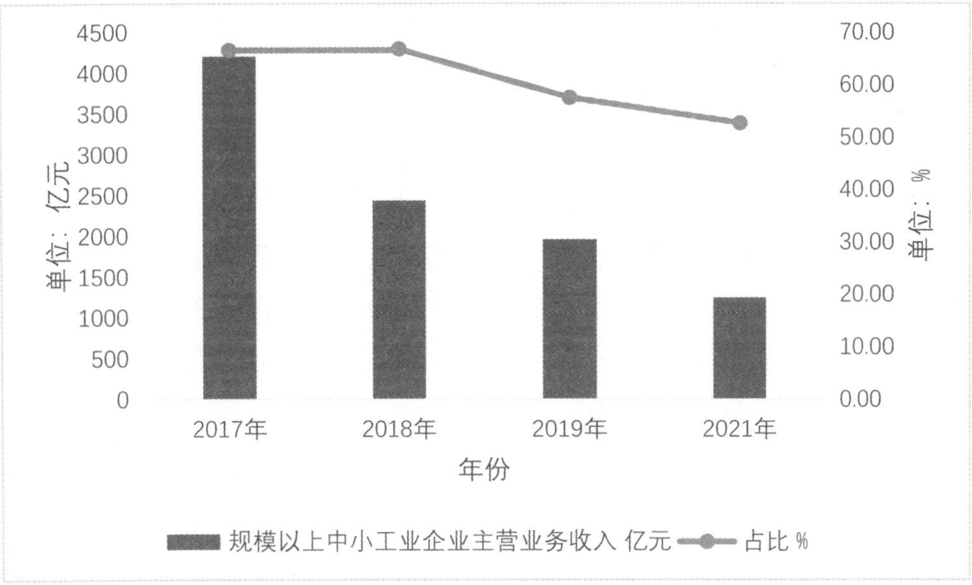

图 4-61　2017—2021 年焦作市中小工业企业营业收入变动及占比情况

表 4-56　2017—2021 年焦作市中小工业企业应收账款变动及占比情况

年份	2017 年	2018 年	2019 年	2021 年
中小工业企业应收账款（亿元）	144.79	166.75	157.24	173.86
占营业收入比重（%）	3.44	6.83	8.01	13.95

数据来源：2018 年、2019 年、2020 年、2022 年《焦作统计年鉴》十二、工业

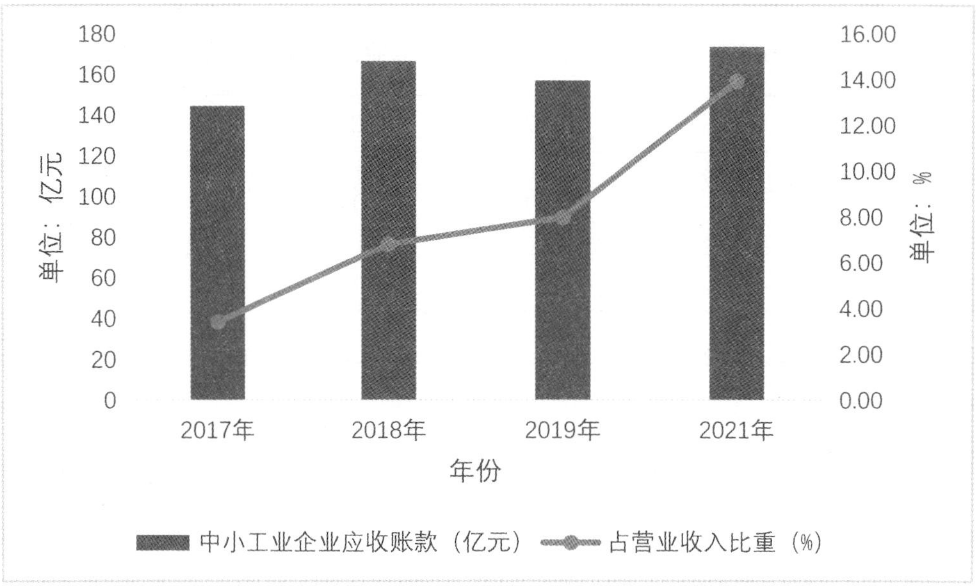

图 4-62　2017—2021 年焦作市中小工业企业应收账款变动及占营业收入比重

②中小工业企业利润总额缩减幅度较大

从整体上来看，2017—2021 年焦作市中小工业企业利润总额呈现先上升后下降的态势，其中 2018 年中小工业企业利润总额为 279.56 亿元，较 2017 年增加了 12.84 亿元，中小工业企业利润总额占比为 73.99%，较 2017 年上升了 4.3 个百分点；2019 年中小工业企业利润总额为 158.93 亿元，较 2018 年减少了 120.63 亿元，相应地，中小工业企业利润总额占比也较 2018 年下降至 56.37%，下降了 17.62 个百分点；2021 年中小工业企业利润总额仅 40.12 亿元，较 2019 年减少了 118.81 亿元，中小工业企业利润总额占规模以上工业企业利润总额的比重下降至 32.01%，较 2019 年下降了 24.36 个百分点。

表 4–57　2017—2021 年焦作市中小工业企业利润总额变动及占比情况

年份	2017 年	2018 年	2019 年	2021 年
中小工业企业利润总额（亿元）	266.73	279.56	158.93	40.12
占比（%）	69.69	73.99	56.37	32.01

注：表中“占比”是指中小工业企业利润总额占焦作市规模以上工业企业利润总额的比重。

数据来源：2018 年、2019 年、2020 年、2022 年《焦作统计年鉴》十二、工业

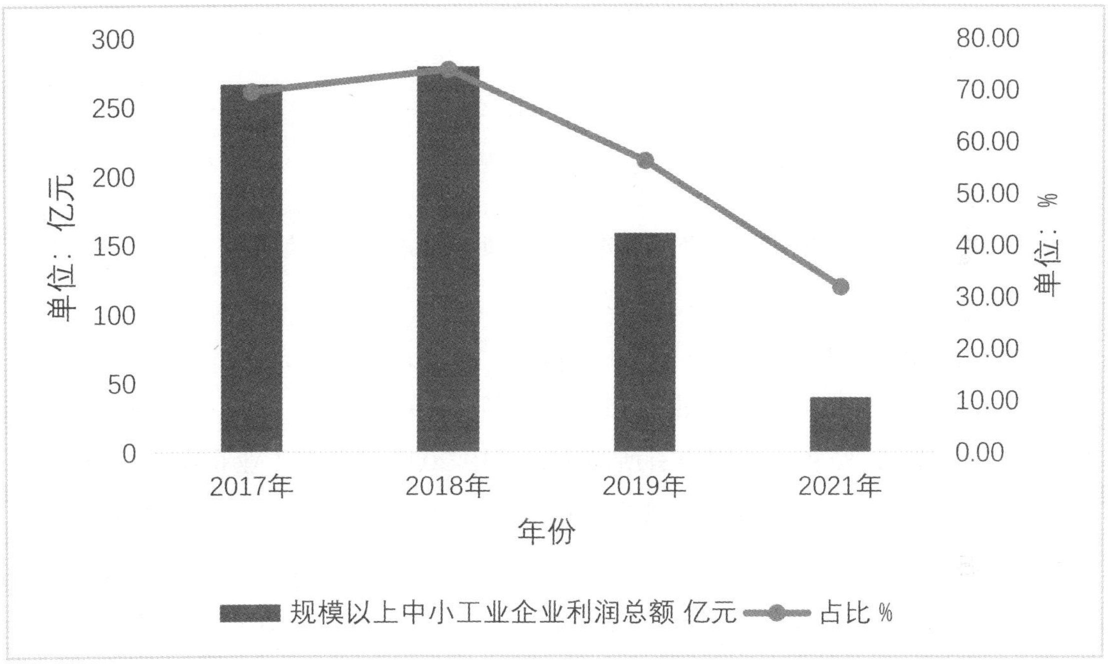

图 4–63　2017—2021 年焦作市中小工业企业利润总额变动及占比情况

③中小工业企业总资产贡献率呈现下降态势

2017—2021 年焦作市规模以上中小工业企业总资产贡献率呈现先上升后下降的态势，2017—2019 年中小工业企业总资产贡献率持续上升，其中 2019 年中小工业企业总资产贡献率为 26%，较 2017 年上升 7.3 个百分点；2020 年、2021 年中小工业企业总资产贡献率持续下降，2021 年中小工业企业总资产贡献率为 7.9%，较 2019 年下降 18.1 个百分点。

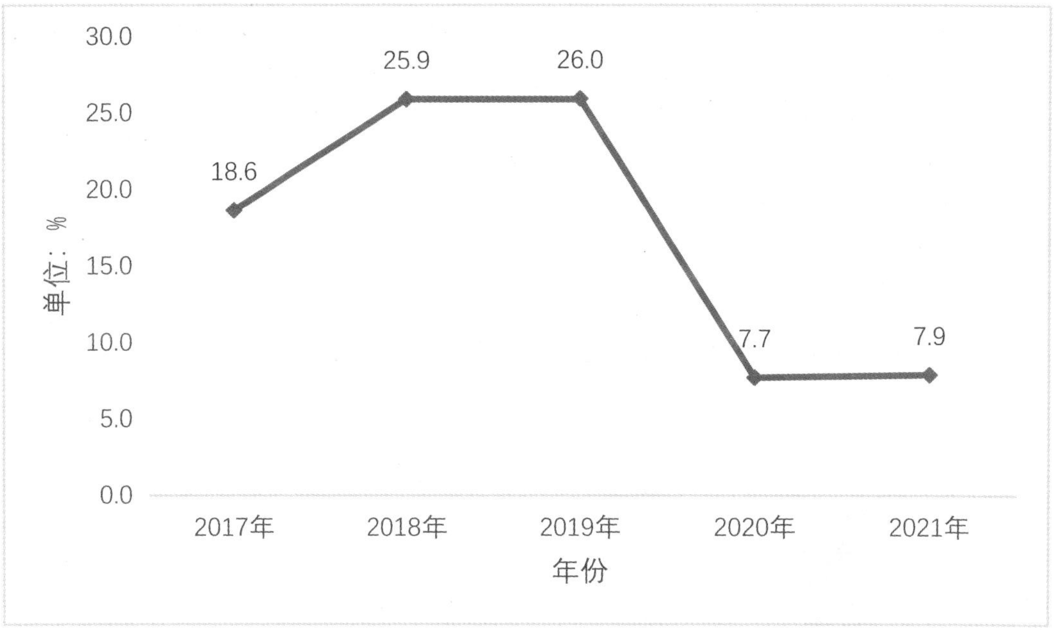

图 4-64　2017—2021 年焦作市中小工业企业总资产贡献率变动情况

（3）焦作中小工业企业创新发展现状

2019—2021 年焦作市中小工业企业 R&D 人员全时当量呈持续上升态势，2021 年中小工业企业 R&D 人员全时当量为 4530 人，较 2019 年增加 271 人；2019—2021 年中小工业企业 R&D 经费内部支出有所减少，其中 2020 年中小工业企业 R&D 经费内部支出为 13.54 亿元，较 2019 年减少了 5.08 亿元，2021 年中小工业企业 R&D 经费内部支出为 16.73 亿元，较 2020 年增加 3.18 亿元；2019—2021 年中小工业企业专利申请数有所增加，2020 年中小工业企业专利申请数为 1639 个，较 2019 年增加 474 个，2021 年专利申请数 1595 个，较 2020 年减少了 44 个。

（4）焦作市规模以上工业绿色发展现状

2017—2021 年焦作市规模以上工业企业每亿元工业增加值二氧化硫排放量整体上呈现下降态势，其中 2018 年、2019 年每亿元工业增加值二氧化硫物排放量逐年下降，2019 年每亿元工业增加值二氧化硫物排放量为 3.76 吨，较 2017 年减少了 5.45 吨，降幅为 59.17%；2020 年、2021 年每亿元工业增加值二氧化硫物排放量较 2019 年有所上升，2020 年每亿元工业增加值二氧化硫物排放量为 4.33 吨，环比上升了 15.27%，2021 年较 2020 年略有减少，减少了 0.06 吨；2017—2021 年焦作市规模以上工业企业每亿元工业增加值氮氧化物排放量呈现先下降后上升的态势，其中 2018 年、2019 年每亿元工业增加值氮氧化物排放量逐年下降，2019 年每亿元工业增加值氮氧化物排放量为

5.58 吨，较 2018 年减少 2.97 吨，2020 年、2021 年每亿元工业增加值氮氧化物排放量较 2019 年均有所提升，年平均值为 7.7 吨，2021 年每亿元工业增加值氮氧化物排放量为 7.6 吨，较 2020 年减少 0.22 吨；2020—2021 年焦作市规模以上工业企业每亿元工业增加值颗粒物排放量均值为 3.19 吨，且 2021 年较 2020 年减少 0.46 吨。被称为“中国矿都”的焦作市在工业发展过程中，应该更加重视工业企业的转型发展。

表 4–58　2017—2021 年焦作市规模以上企业绿色发展指标变动情况表　单位：吨

年份	2017 年	2018 年	2019 年	2020 年	2021 年
每亿元工业增加值二氧化硫排放量	9.21	5.49	3.76	4.33	4.27
每亿元工业增加值氮氧化物排放量	8.55	7.29	5.58	7.81	7.6
每亿元工业增加值颗粒物排放量	—	—	—	3.42	2.96

注：为消除价格因素影响，工业增加值均以2016年为基期，按其增长指数进行平减。
数据来源：《河南统计年鉴》《中国城市统计年鉴》

图 4–65　2017—2021 年焦作市规模以上企业绿色发展指标变动情况表

4.2.9 周口中小工业企业高质量发展现状

（1）中小工业企业规模发展方面

①中小工业企业数逐年减少

2018—2021 年周口市中小工业企业数呈现持续减少的态势，2018 年中小工业企业数最多，为 1227 个，但 2021 年周口市中小工业企业仅为 879 个，较 2018 年减少

348 个；从中小工业企业占规模以上工业企业数的比重来看，2018—2021 年该占比波动较小，其中 2019 年该占比最低，为 94.44%；2020 年、2021 年该占比持续上升，2021 年该占比为 95.90%，较 2019 年上升了 1.45 个百分点。

表 4-59　2018—2021 年周口市中小工业企业数及占比情况

年份	2018 年	2019 年	2020 年	2021 年
中小工业企业数（个）	1227	1175	1058	879
占比（%）	95.79	94.44	95.37	95.9

注：表中“占比（%）”是指中小工业企业数占周口市规模以上工业企业数的比重。

数据来源：2019 年、2020 年、2021 年、2022 年《周口统计年鉴》四、工业

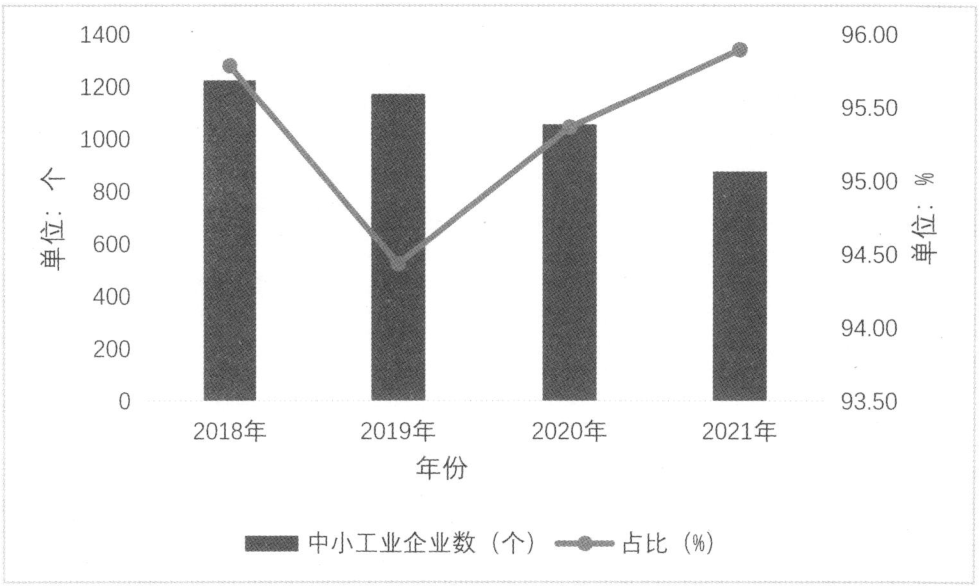

图 4-66　2018—2021 年周口市中小工业企业数及占比情况

②中小工业企业平均从业人数有所减少

2018—2021 年周口市规模以上中小工业企业平均从业人数波动较大，中小工业企业平均从业人数年均值为 24.98 万人，其中 2021 年中小工业企业平均从业人数为 24.51 万人，较 2020 年减少了 0.75 万人；从中小工业企业平均从业人数占规模以上工业平均从业人数的比重来看，2017—2021 年该占比虽有波动，但整体上比较平稳，年均值为 60.83%，其中 2021 年该占比为 60.77%，较 2020 年上升了 1.35 个百分点。

表 4-60　2018—2021 年周口市中小工业企业平均从业人数变动及占比情况表

年份	2018 年	2019 年	2020 年	2021 年
中小工业企业平均从业人数（万人）	27	23.15	25.25	24.51
占比（%）	63.46	59.66	59.43	60.77

注：表中“占比”是指中小工业企业平均从业人数占周口市规模以上工业企业平均从业人数的比重。

数据来源：2019 年、2020 年、2021 年、2022 年《周口统计年鉴》四、工业

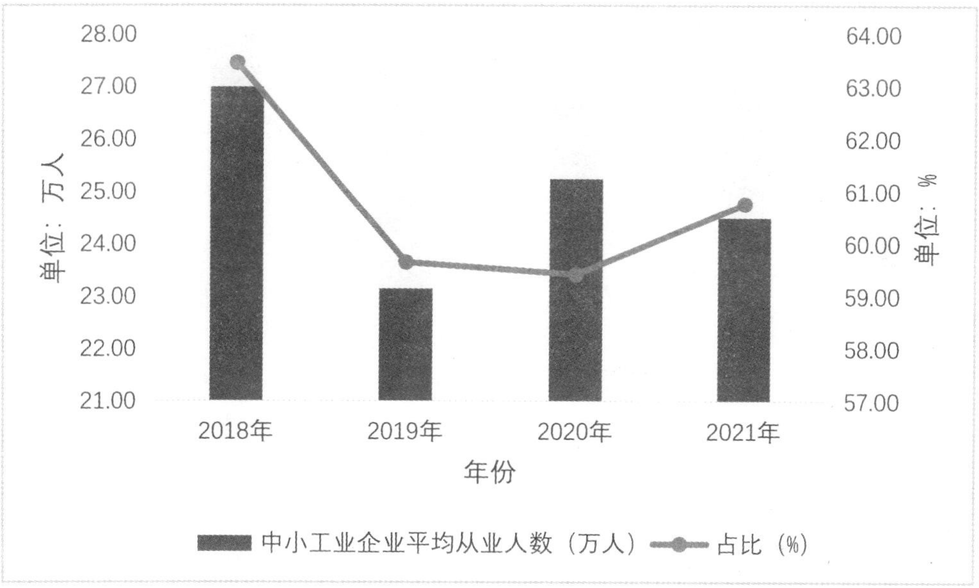

图 4-67　2018—2021 年中小工业企业平均从业人数变动情况

（2）中小工业企业财务绩效方面

①中小工业企业营业收入呈上升态势

2018—2021 年周口中小工业企业营业收入整体上呈现上升态势，其中 2019 年中小工业企业营业收入金额为 2123.24 亿元，较 2018 年减少了 31.2 亿元，2020 年、2021 年中小工业企业营业收入均有所增加，其中 2020 年中小工业企业营业收入为 2297.84 亿元，较 2019 年增加 174.6 亿元，增幅为 8.22 个百分点；2021 年中小工业企业营业收入为 2615.33 亿元，较 2020 年增加了 317.49 亿元，增幅为 13.81 个百分点。从中小工业企业营业收入占规模以上工业企业营业收入的比重来看：2018—2021 年该占比呈先下降后上升的态势，其中 2020 年该占比最低，为 63.98%；2021 年该占比为 66.47%，较 2020 年上升了 2.49 个百分点。

表 4-61　2018—2021 年周口市中小工业企业营业收入及占比情况

年份	2018 年	2019 年	2020 年	2021 年
中小工业企业营业收入（亿元）	2154.44	2123.24	2297.84	2615.33
占比（%）	68.12	64.02	63.98	66.47

注：表中"占比"是指中小工业企业营业收入占周口市规模以上工业企业营业收入的比重。

数据来源：2019 年、2020 年、2021 年、2022 年《周口统计年鉴》四、工业

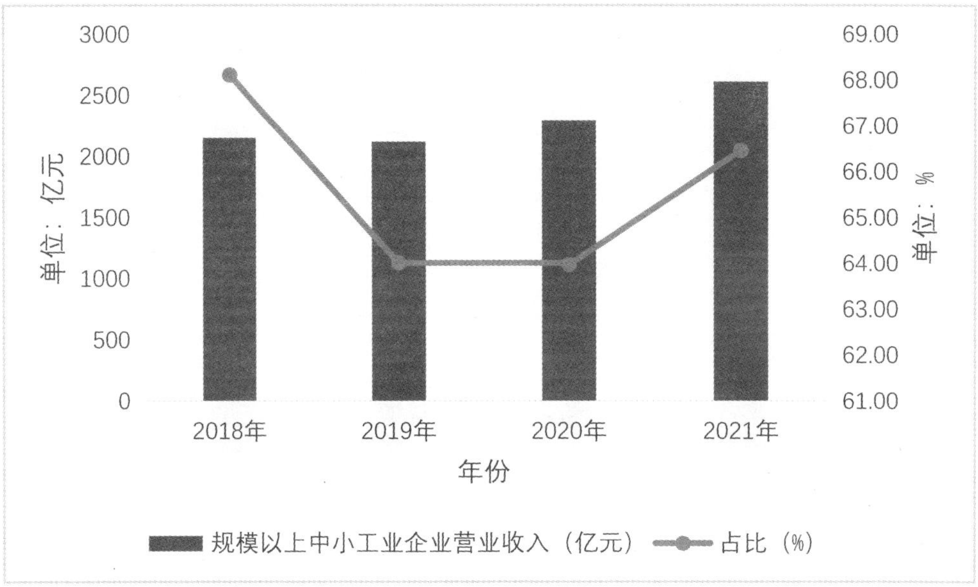

图 4-68　2018——2021 年周口市中小工业企业营业收入及占比情况

②中小工业企业利润总额整体上呈下降态势

从周口市中小工业企业利润总额来看，2018—2021 年中小工业企业利润总额整体上呈现下降态势，其中 2021 年中小工业企业利润总额为 236.47 亿元，较 2018 年下降了 87.93 亿元，降幅为 27.11%；从中小工业企业利润总额占规模以上工业企业利润总额的比重来看，该占比呈现先下降后上升的态势，其中 2019 年、2020 年中小工业企业利润总额占比持续下降，2020 年该占比为 62.01%，较 2018 年下降 2.07 个百分点；2021 年该占比为 64.69%，较 2020 年有所上升，上升了 2.69 个百分点。

表 4-62　2018—2021 年周口市中小工业企业利润总额变动及占比情况

年份	2018 年	2019 年	2020 年	2021 年
中小工业企业利润总额（亿元）	324.39	295.37	230.35	236.47
占比（%）	64.08	63.96	62.01	64.69

注：表中“占比”是指中小工业企业利润总额占周口市规模以上工业企业利润总额的比重。

数据来源：2019 年、2020 年、2021 年、2022 年《周口统计年鉴》四、工业

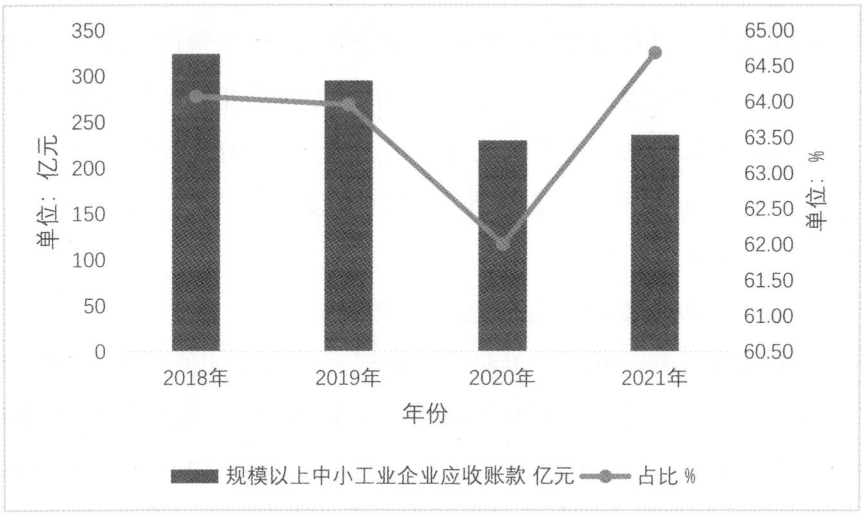

图 4-69　2018—2021 年周口市中小工业企业利润总额变动及占比情况

③ 中小工业企业总资产贡献率有所下降

2017—2021 年周口市中小工业企业总资产贡献率呈现先上升后下降的态势，2017—2019 年中小工业企业总资产贡献率持续上升，2019 年中小企业总资产贡献率为 25%，较 2017 年上升 4.6 个百分点；2020 年、2021 年中小工业企业总资产贡献率持续下降，2021 年中小工业企业总资产贡献率为 16.6%，较 2019 年下降 8.4 个百分点。

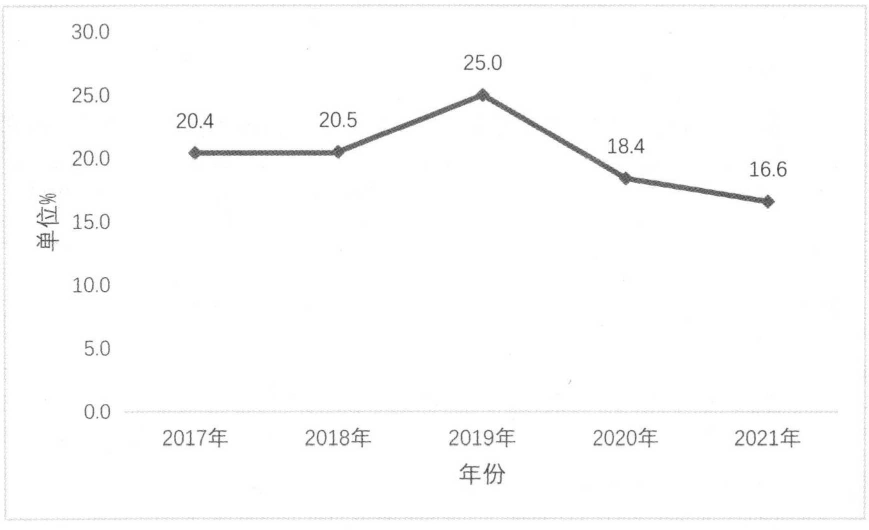

图 4-70　2018—2021 年周口市中小工业企业总资产贡献率变动情况

（3）周口中小工业企业创新发展现状

从周口中小工业企业 R&D 人员全时当量来看，2020 年中小工业企业 R&D 人员全时当量为 2499 人，较 2019 年增加 471 人，但 2021 年中小工业企业 R&D 人员全时当量为 2104 人，较 2020 年减少 395 人；2019—2021 年中小工业企业平均 R&D 经费内部支出为 8.28 亿元，其中 2021 年中小工业企业 R&D 经费内部支出金额为 8.30 亿元，较 2020 年减少 0.74 亿元；2017—2021 年中小工业企业新产品销售收入逐年增加，2021 年中小工业企业新产品销售收入为 48.10 亿元，较 2019 年增加 10.22 亿元，增幅为 26.97%；2019—2021 年中小工业企业专利申请数逐年增加，2021 年专利申请数为 721 个，较 2019 年增加 272 个。

（4）周口市规模以上工业企业绿色发展现状

2017—2021 年周口市规模以上工业企业每亿元工业增加值二氧化硫排放量呈现先下降后上升的态势，其中 2017—2019 年每亿元工业增加值二氧化硫排放量逐年下降，2019 年每亿元工业增加值二氧化硫排放量为 1.27 吨，较 2017 年减少 1.33 吨，降幅为 51.11%；2020 年、2021 年周口市规模以上工业企业每亿元工业增加值二氧化硫排放量呈现逐年上升态势，其中 2021 年二氧化硫排放量为 2.25 吨，较 2020 年增加 0.49 吨，增幅为 27.71%。2017—2021 年周口市规模以上工业企业每亿元工业增加值氮氧化物排放量呈现先下降后上升态势，其中 2018 年、2019 年每亿元工业增加值氮氧化物排放量逐年下降，2020—2021 年每亿元工业增加值氮氧化物排放量逐年上升，其中 2021 年每亿元工业增加值氮氧化物排放量为 2.16 吨，较 2020 年增加 0.19 吨。2020—2021 年周口市规模以上工业企业每亿元工业增加值颗粒物排放量均值为 0.42 吨，2021 年较 2020 年增加 0.1 吨。因此，周口市在中小工业企业高质量发展的过程中，应特别关注经济发展对环境产生的影响。

表 4-63　2017—2021 年周口市规模以上企业绿色发展各指标变动情况　单位：吨

年份	2017 年	2018 年	2019 年	2020 年	2021 年
每亿元工业增加值二氧化硫排放量	2.6	1.79	1.27	1.77	2.25
每亿元工业增加值氮氧化物排放量	2.31	1.87	1.48	1.97	2.16
每亿元工业增加值颗粒物排放量	—	—	—	0.37	0.47

注：为消除价格因素影响，工业增加值均以 2016 年为基期，按其增长指数进行平减。

数据来源：《河南统计年鉴》《中国城市统计年鉴》

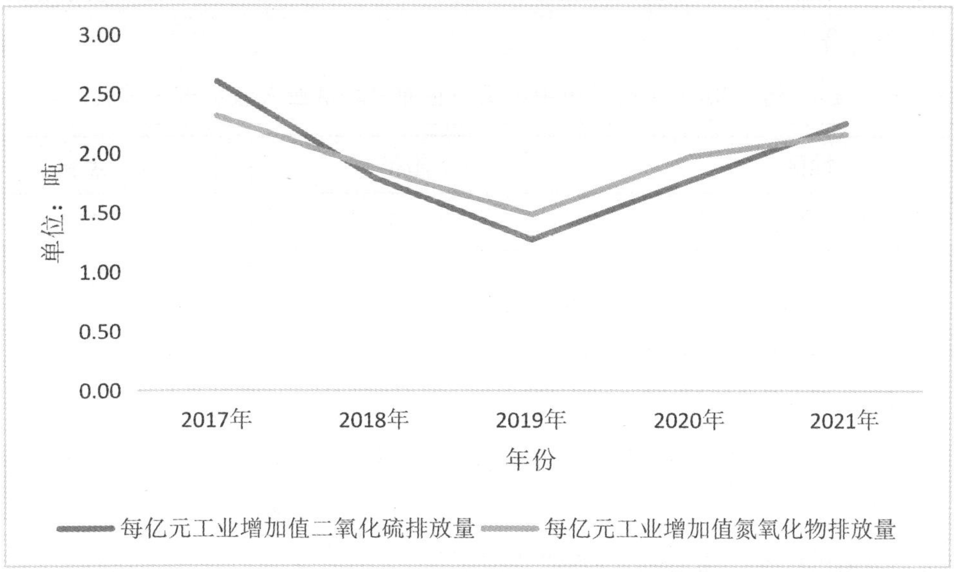

图 4–71　2017—2021 年周口市规模以上企业绿色发展指标变动情况

4.2.10 南阳中小工业企业发展现状

（1）南阳市中小工业企业规模发展情况

①中小工业企业数占比较高

2021 年南阳市规模以上工业企业中，中小工业企业数为 1462 个，其中中型企业数为 114 个，小型企业数为 1348 个，微型企业数为 172 个，中小企业数（含微型企业）占比为 98.02%；高于河南省全部中小企业占规模以上工业企业比重 0.22 个百分点，由此可见中小工业企业在南阳市工业发展的重要性。

表 4–64　2021 年南阳市中小工业企业数及占比情况

地区	南阳市	全省
中小工业企业数（个）	1634	21220
占比（%）	98.02	97.8

注：表中“占比（%）”是指中小工业企业数占南阳市及全省规模以上工业企业数的比重。

数据来源：2022 年《南阳统计年鉴》四、工业；2022 年《河南省统计年鉴》十三、工业

②中小工业企业平均从业人数占比较高

2021 年南阳市中小工业企业平均从业人员数为 16.15 万人，其中中型企业平均从业人数为 5.61 万人，小型（含微型）工业企业平均从业人数为 10.54 万人，中小工业

企业平均从业人数占规模以上工业企业平均从业人员数比重为62.94%，高出全省平均水平1.36个百分点。

表4-65　2021年南阳市中小工业企业平均从业人数及占比情况

地区	南阳市	全省
中小工业企业平均从业人数（万人）	16.15	272
占比（%）	62.94	61.58

注：表中“占比”是指中小工业企业平均从业人数占南阳市及全省规模以上工业企业平均从业人数的比重。

数据来源：2022年《南阳统计年鉴》四、工业；2022年《河南省统计年鉴》十三、工业

（2）南阳市中小工业企业财务绩效情况

①小型工业企业对工业企业营业收入贡献较大

2021年南阳市中小工业企业营业收入为1449.04亿元，其中中型工业企业营业收入为477.02亿元，小型企业（含微型企业）营业收入为972.02亿元，中小工业企业营业收入占规模以上工业企业营业收入的比重为56.81%，高出全省平均水平3.02个百分点。

表4-66　2021年南阳市中小工业企业营业收入及占比情况

地区	南阳市	全省
中小工业企业营业收入（亿元）	1449.04	30802
占比（%）	56.81	53.79

注：表中“占比”是指中小工业企业营业收入占南阳市及全省规模以上工业企业营业收入的比重。

数据来源：2022年《南阳统计年鉴》四、工业；2022年《河南省统计年鉴》十三、工业

②中小工业企业利润总额现状

2021年南阳市中小工业企业利润总额为73.2亿元，其中中型工业企业利润总额为24.12亿元，小型企业（含微型）利润总额为49.08亿元；中小工业企业利润总额占规模以上工业企业利润总额的比重为57.27%，低于全省平均水平0.46个百分点。

表 4-67　2021 年南阳市中小工业企业利润总额及占比情况

地区	南阳市	全省
中小工业利润总额（亿元）	73.2	1694
占比（%）	57.27	57.73

注：表中“占比”是指中小工业企业利润总额占南阳市及全省规模以上工业企业利润总额的比重。

数据来源：2022 年《南阳统计年鉴》四、工业；2022 年《河南省统计年鉴》十三、工业

③南阳市中小工业企业总资产报酬率

从表 4-68 与图 4-72 中可以看出，南阳市规模以上中型工业企业与小型工业企业总资产贡献率整体上均高于大型企业，除 2019 年、2021 年中型工业企业总资产贡献率环比有所下降外，其余年份中型工业企业总资产贡献率均呈现上升态势，2020—2021 年中型企业总资产贡献率均值为 10.64%，高于 2017—2019 年总资产贡献率均值 8.5 个百分点；小型工业企业总资产贡献率波动较大，其中 2017 年、2019 年小型企业总资产贡献率较高，分别为 11.45%、11.09%；2018 年、2020 年、2021 年小型工业企业总资产贡献率较低，三年均值仅为 6.53%，整体上低于中型工业企业总资产贡献率。

表 4-68　2017—2021 年南阳市大中小工业企业总资产贡献率变动情况

总资产贡献率	2017 年	2018 年	2019 年	2020 年	2021 年
大型	5.48	9.08	3.8	5.52	6.83
中型	9.03	9.38	7.08	11.24	10.03
小型	11.45	6.18	11.09	6.76	6.62

数据来源：2022 年《南阳统计年鉴》四、工业

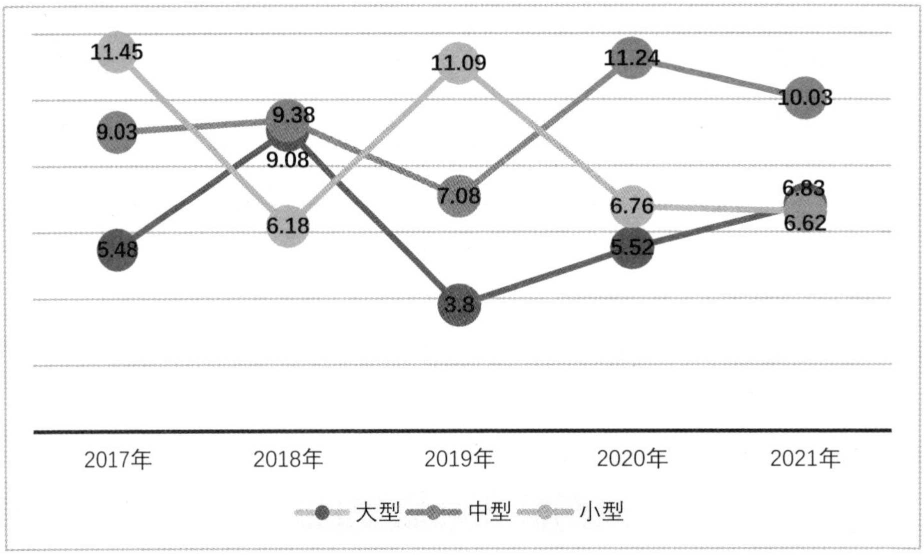

图 4-72　2017—2021 年南阳市大中小工业企业总资产贡献率变动情况

（3）南阳市中小工业企业创新发展现状

2019—2021 年南阳市规模以上中小工业企业 R&D 人员全时当量均值为 6767 人，其中 2021 年中小工业企业 R&D 人员全时当量为 8666 人，较 2020 年增加 3476 人，增幅为 66.98%；2019—2021 年中小工业企业 R&D 经费内部支出金额不断上升，2021 年中小工业企业 R&D 经费内部支出金额为 36.04 亿元，较 2019 年增加 13.95 亿元；2019—2021 年中小工业企业新产品销售收入逐年增加，2021 年中小工业企业新产品销售收入为 180.39 亿元，较 2019 年增加 65.29 亿元，增幅为 56.72%；专利申请数逐年增加，2021 年中小工业企业专利申请数为 2659 个，较 2019 年增加 1336 个，增长了约 1 倍。

（4）南阳市规模以上工业企业绿色发展现状

2017—2021 年南阳市规模以上工业企业每亿元工业增加值二氧化硫排放量呈现逐年下降态势，2021 年每亿元工业增加值二氧化硫排放量为 1.74 吨，较 2017 年减少 2.76 吨，降幅为 61.34%。2017—2021 年南阳市规模以上工业企业每亿元工业增加值氮氧化物排放量也呈现逐年下降态势，其中 2021 年每亿元工业增加值氮氧化物排放量为 3.47 吨，较 2017 年减少 5.97 吨，降幅为 63.27%。2020—2021 年南阳市规模以上工业企业每亿元工业增加值颗粒物排放量均值为 2.25 吨，且 2021 年较 2020 年减少 0.34 吨。表明南阳市在工业发展过程中，越来越重视工业生产与环境保护的和谐统一。

表 4–69　2017—2021 年南阳市规模以上企业绿色发展指标变动情况表　单位：吨

年份	2017 年	2018 年	2019 年	2020 年	2021 年
每亿元工业增加值二氧化硫排放量	4.49	3.42	2.58	1.91	1.74
每亿元工业增加值氮氧化物排放量	9.44	7.85	6.03	4.61	3.47
每亿元工业增加值颗粒物排放量）	—	—	—	2.43	2.08

注：为消除价格因素影响，工业增加值均以2016年为基期，按其增长指数进行平减。

数据来源：《河南统计年鉴》《中国城市统计年鉴》

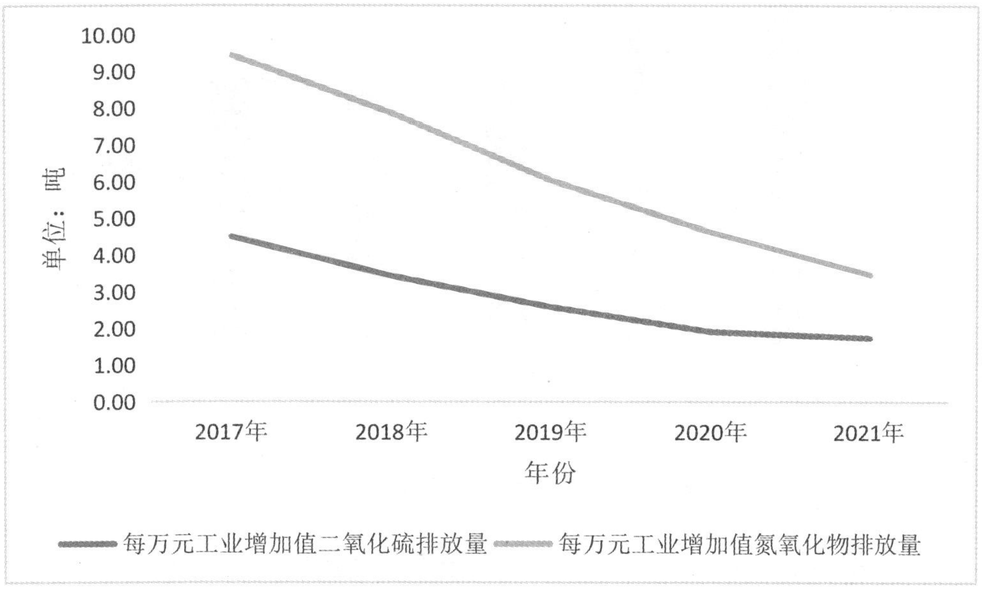

图 4–73　2017—2021 年南阳市规模以上工业企业绿色发展指标变动情况表

4.2.11 濮阳中小工业企业发展现状

（1）中小工业企业规模发展方面

①中小工业企业数有所减少

由表 4–70 可知，2017—2021 年濮阳市中小工业企业数整体上呈现下降态势，其中 2017—2020 年中小工业企业数持续减少，2020 年中小工业企业数为 622 个，较 2017 年减少 246 个，降幅为 28.34%。2021 年中小工业企业数为 657 个，较 2020 年增加 35 个，从濮阳市中小工业企业数占规模以上工业企业数的比重来看，2017—2021 年该占比均在 97.5% 以上，而且在中小工业企业中，小型工业企业在濮阳经济发展中发挥着重要的作用，2017—2021 年小型工业企业数占中小工业企业数的比重呈现上升态势，2021 年小型工业企业占中小型工业企业的比重已达到 95.43%。

表 4-70　2017—2021 年濮阳市中小工业企业数及占比情况

年份	2017 年	2018 年	2019 年	2020 年	2021 年
中小工业企业数（个）	868	809	678	622	657
占比（%）	97.53	99.02	98.69	98.73	98.65

注：表中“占比（%）”是指中小工业企业数占濮阳市规模以上工业企业数的比重。

数据来源：2018—2022 年《濮阳统计年鉴》十一、工业

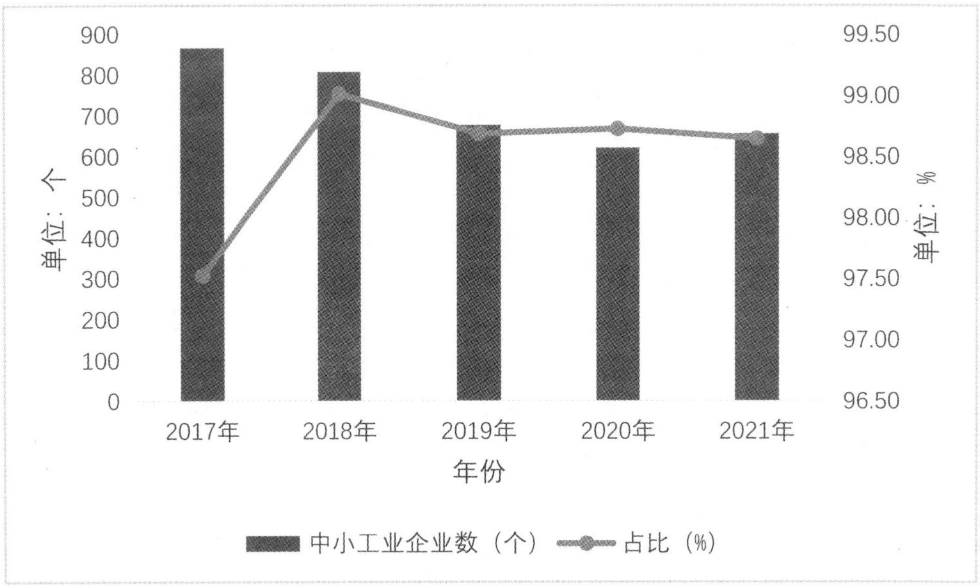

图 4-74　2017—2021 年濮阳市中小工业企业数及占比情况

②中小工业企业平均从业人数波动较大

2017—2021 年濮阳市中小工业企业平均从业人数呈现先下降后上升的态势，其中 2017—2019 年中小工业企业平均从业人数逐年减少，2019 年规模以上中小工业企业平均从业人数为 5.64 万人，较 2017 年减少 9.94 万元，降幅为 63.81%；2020 年、2021 年中小工业企业平均从业人数虽有所增加，但增幅不显著，其中 2021 年中小工业企业平均从业人数为 5.81 万人，较 2019 年增加 0.17 万人；从中小工业企业平均从业人员占规模以上工业企业平均从业人数的比重来看，该占比呈现先下降后上升的态势，其中 2017—2019 年该占比持续下降，2019 年该占比为 51.07%，较 2017 年下降了 16.67%；2020 年、2021 年该占比有所上升，其中 2021 年该占比为 54.97%，较 2019 年上升 3.9 个百分点。

表 4–71　2017—2021 年濮阳市中小工业企业平均从业人数及占比情况

年份	2017 年	2018 年	2019 年	2020 年	2021 年
中小工业企业平均从业人数（万人）	15.57	7.16	5.64	5.79	5.81
占比（%）	67.75	56.18	51.07	54.22	54.97

注：表中“占比”是指中小工业企业平均从业人数占濮阳市规模以上工业企业平均从业人数的比重。

数据来源：2018—2022 年《濮阳统计年鉴》十一、工业

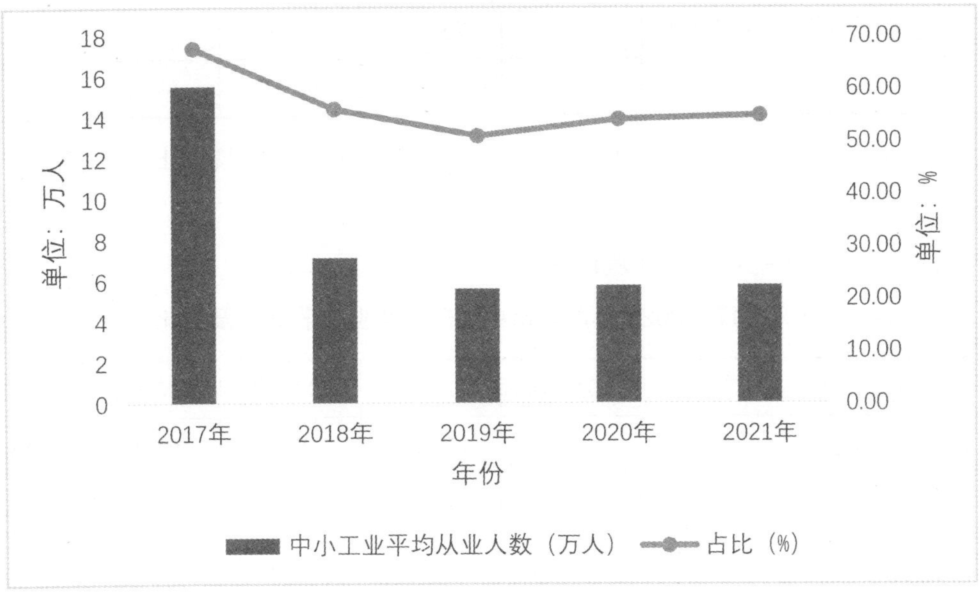

图 4–75　2017—2021 年濮阳市中小工业企业平均从业人数及占比情况

（2）中小工业企业财务绩效方面

①中小工业企业营业收入整体上明显下滑

从中小工业企业营业收入情况来看，2017—2021 年濮阳市中小工业企业营业收入呈现断崖式下降后缓慢增加，2017 年中小工业企业营业收入为 3078.66 亿元，但 2018 年中小工业企业营业收入仅为 724.05 亿元，较 2017 年减少 2354.61 亿元，降幅高达 76.48%；2019 年中小工业企业营业收入持续走低，为 631.86 亿元，2020 年、2021 年中小工业企业营业收入持续提升，但增幅较小，2021 年中小工业企业营业收入为 869.76 亿元，较 2019 年增加了 237.90 亿元。从中小工业企业营业收入占规模以上工业企业营业收入的比重来看，该占比呈现先下降后上升的态势，其中 2017—2019 年

该占比持续下降，2019 年该占比为 60.17%，较 2017 年下降 21.98 个百分点；2021 年、2021 年该占比均平衡，两年均值为 67.48%。

濮阳市规模以上中小工业企业应收账款金额呈现逐年增加的态势，其中 2021 年中小工业企业应收账款金额为 115.04 亿元，较 2017 年增加 63.7 亿元，增加了 1.24 倍；从中小工业企业应收账款占中小工业企业营业收入的比重来看，该占比呈现持续上升的态势，2021 年该占比为 13.23%，较 2018 年上升 5.05%。应收账款占营业收入比重持续增大，表明中小工业企业面临严峻的应收账款困境，流动资金紧张加剧。

表 4-72　2017—2021 年濮阳市中小工业企业营业收入及占比情况

年份	2017 年	2018 年	2019 年	2020 年	2021 年
中小工业企业营业收入（亿元）	—	724.05	631.86	708.56	869.76
占比	—	62.42	60.17	67.82	67.14

注：表中“占比”是指中小工业企业营业收入占濮阳市规模以上工业企业营业收入的比重。

数据来源：2018—2022 年《濮阳统计年鉴》十一、工业

表 4-73　2017—2021 年濮阳市中小工业企业应收账款及占比情况

年份	2017 年	2018 年	2019 年	2020 年	2021 年
中小工业企业应收账款（亿元）	—	59.21	73.2	92.95	115.04
占营业收入比重（%）	—	8.18	11.58	13.12	13.23

注：表中“占比”是指中小工业企业应收账款占濮阳市规模以上工业企业营业收入的比重。

数据来源：2018—2022 年《濮阳统计年鉴》十一、工业

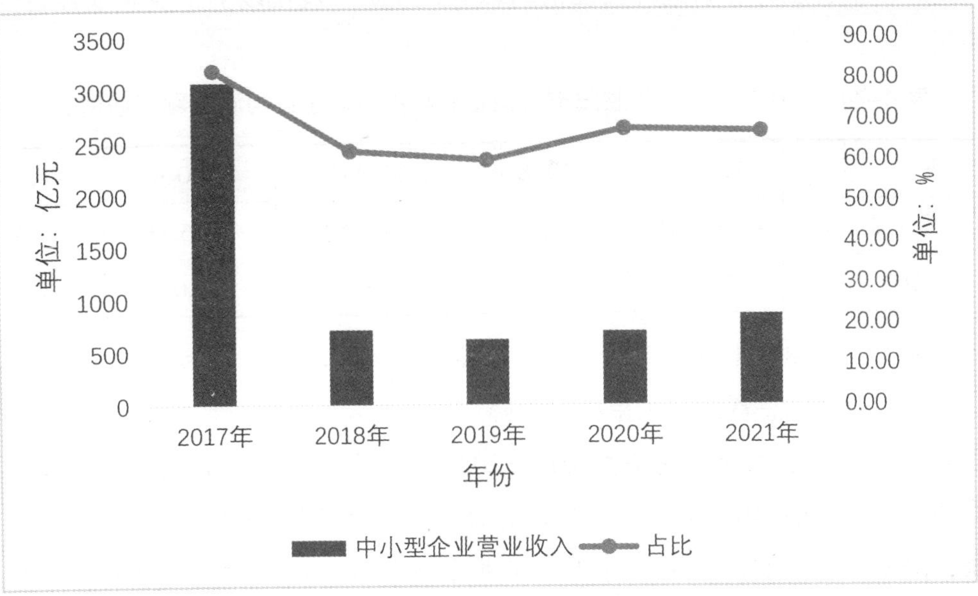

图 4–76　2017—2021 年濮阳市中小工业企业营业收入及占比情况

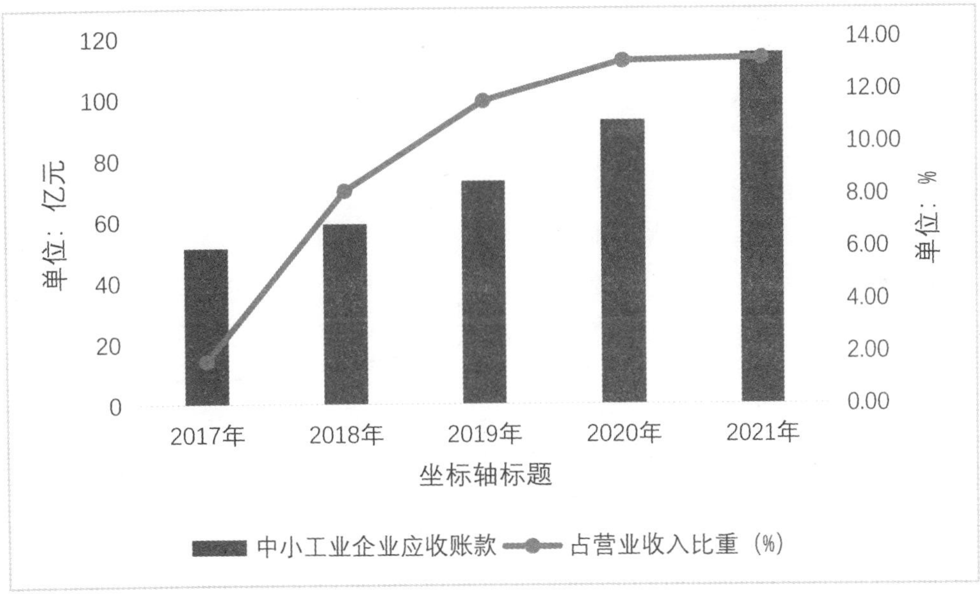

图 4–77　2017—2021 年濮阳市中小工业企业应收账款及占营业收入比重情况

②中小工业企业利润总额出现负增长

从 2017—2021 年濮阳市规模以上工业企业利润总额来看，中小工业企业利润总额整体上呈下降态势，尤其是 2018 年中小工业企业利润总额为 37.39 亿元，较 2017 年减少 231.64 亿元，降幅高达 86.1%，2019 年、2020 年、2021 年中小工业企业利润总额均较低，三年平均值为 20.98 亿元，而同期濮阳市大型工业企业利润总额始终为负值。受经济下行压力和新冠肺炎疫情的影响，濮阳市规模以上工业企业经营受到较大影响。

表 4–74　2017—2021 年濮阳市大型企业与中小型企业利润总额变动情况

年份	2017 年	2018 年	2019 年	2020 年	2021 年
大型企业	—60.51	—17.4	—3.52	—36.31	—49.41
中小型企业	269.03	37.39	23.87	19.06	20.02

数据来源：2018—2022 年《濮阳统计年鉴》十一、工业

③中小工业企业总资产贡献率持续下降

濮阳市规模以上工业企业中，2017—2021 年中小工业企业总资产贡献率呈现持续下降的态势，其中 2018 年中小工业企业总资产贡献率为 8.22%，较 2017 年下降了 15.21%，降幅较大；2019—2021 年中小工业企业总资产贡献率持续下降，2021 年中小工业企业资产贡献率为 4.90%，较 2019 年下降 3.32 个百分点。

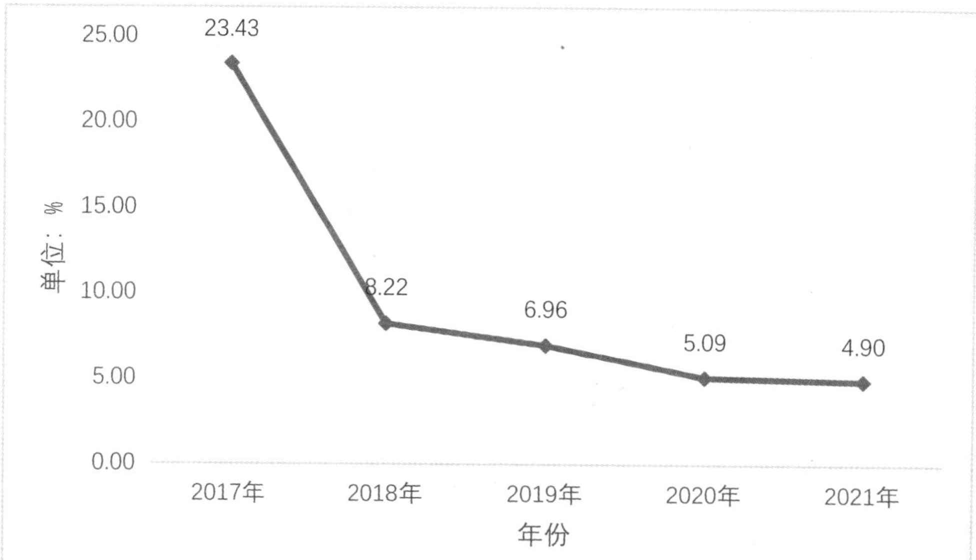

图 4–78　2017—2021 年濮阳市中小工业企业总资产贡献率变动情况

（4）中小工业企业创新发展现状

2017—2019 年濮阳市规模以上中小工业企业 R&D 人员全时当量持续下降，2019 年中小工业企业 R&D 人员全时当量为 1220 人，较 2017 年下降了 852 人，2020 年、2021 年中小工业企业 R&D 人员全时当量上升至 1577 人，较 2019 年增加了 357 人；2017—2021 年中小工业企业 R&D 经费内部支出呈现先下降后上升的态势，2018 年中

小工业企业 R&D 经费内部支出金额最低为 7.43 亿元，较 2017 年减少 2 亿元，2020 年、2021 年中小工业企业 R&D 经费内部支出逐年增加，2021 年中小工业企业 R&D 经费内部支出为 10.20 亿元，较 2019 年增加 2.77 亿元；2017—2021 年中小工业企业新产品销售收入逐年增加，2021 年中小工业企业新产品销售收入为 83.36 亿元，较 2017 年增加 41.26 亿元，增幅为 98.02%；2017—2021 年中小工业企业专利申请数呈现先下降后上升的态势，其中 2021 年中小工业企业专利申请数为 651 个，较 2020 年增加 175 个。

表 4-75　2017—2021 年濮阳市中小工业企业创新发展各指标变动情况

年份	2017 年	2018 年	2019 年	2020 年	2021 年
R&D 人员全时当量（人年）	2072	1335	1220	1511	1577
R&D 经费内部支出（亿元）	9.7	7.43	7.69	8.9	10.2
新产品销售收入（亿元）	42.09	64.43	44.83	48.97	83.36
专利申请数（个）	433	379	373	476	651

数据来源：2018—2022 年《濮阳统计年鉴》十八、科技

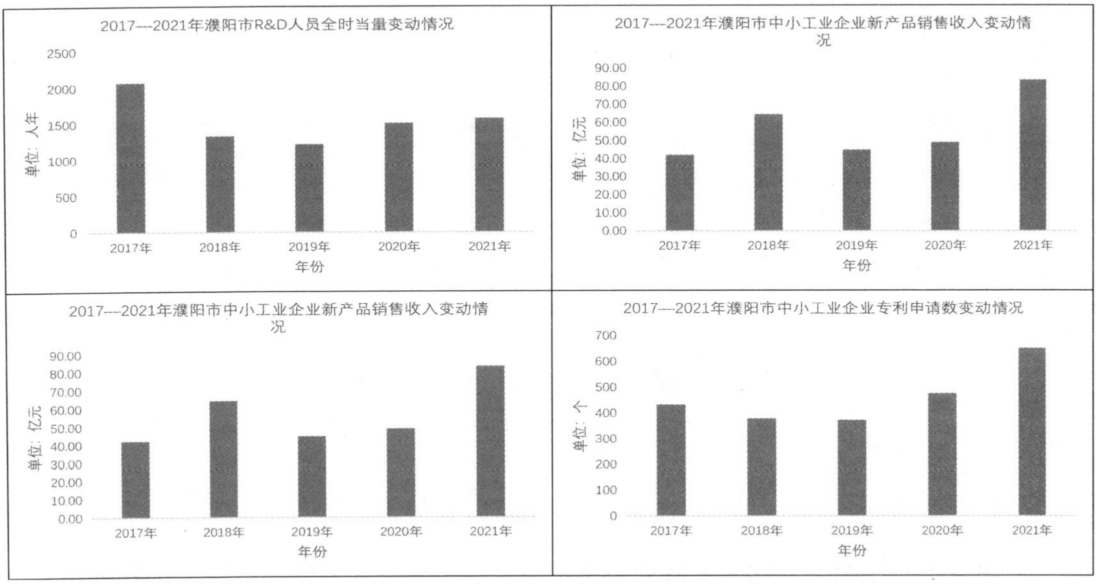

图 4-79　2017—2021 年濮阳市中小工业企业创新发展各指标变动情况

（5）濮阳市规模以上工业企业绿色发展现状

2017—2021 年濮阳市规模以上工业企业每亿元工业增加值二氧化硫排放量较为平稳，年平均值为 1.25 吨，其中 2021 年每亿元工业增加值二氧化硫排放量为 1.14 吨，较 2020 年减少 0.2 吨，降幅为 15.11%；2017—2021 年濮阳市规模以上工业企业

每亿元工业增加值氮氧化物排放量呈现逐年下降的态势，年平均值为2.73吨，其中2021年每亿元工业增加值氮氧化物排放量为2.52吨，较2017年减少0.92吨，降幅为26.84%；2020—2021年濮阳市规模以上工业企业每亿元工业增加值颗粒物排放量均值为0.60吨，且2021年较2020年减少0.17吨。表明濮阳市在工业企业生产过程中更加重视绿色发展，环境保护成效逐渐显现。

表4–76　2017—2021年濮阳市规模以上工业企业绿色发展指标变动情况表　单位：吨

年份	2017年	2018年	2019年	2020年	2021年
每亿元工业增加值二氧化硫排放量	1.67	1.05	1.06	1.34	1.14
每亿元工业增加值氮氧化物排放量	3.44	2.63	2.46	2.59	2.52
每亿元工业增加值颗粒物排放量	—	—	—	0.69	0.52

注：为消除价格因素影响，工业增加值均以2016年为基期，按其增长指数进行平减。
数据来源：《河南统计年鉴》《中国城市统计年鉴》

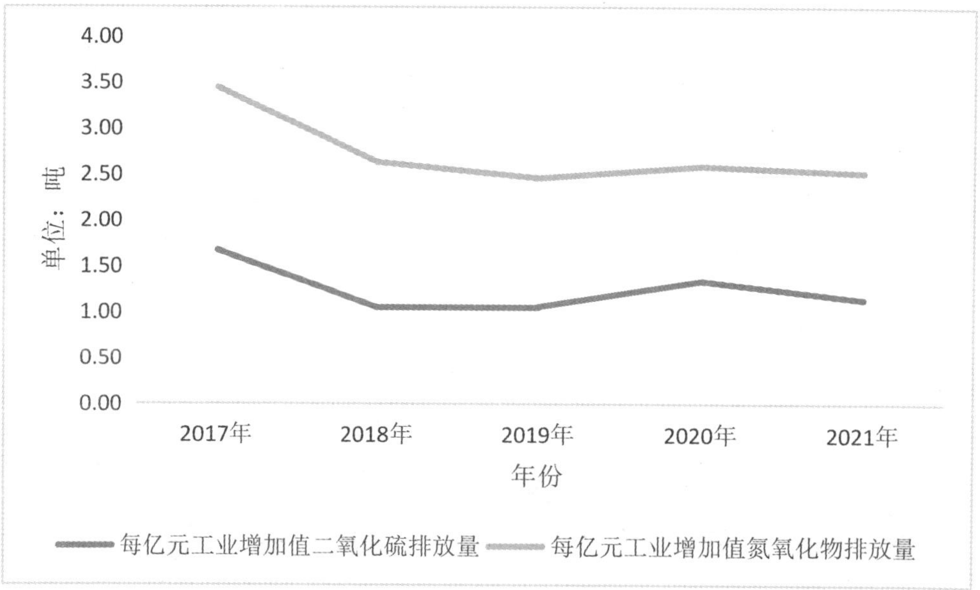

图4–80　2017—2021年濮阳市规模以上工业企业绿色发展指标变动情况

4.2.12 鹤壁市中小工业企业发展现状

（1）中小工业企业规模发展方面

①中小工业企业数有所回升

鹤壁市中小工业企业数呈现先减少后增加的态势，2017—2019年中小工业企业数持续减少，2019年中小工业企业数为375个，较2017年减少了87个；2020年、

2021 年中小工业企业数逐年上升，2021 年中小工业企业数为 428 个，较 2019 年增加 53 个。从中小工业企业占规模以上工业企业数的比重来看，该占比持续保持在 95% 以上，尤其是 2018 年该占比最高，为 97.40%；2021 年该占比为 96.40%，较 2020 年上升了 0.16 个百分点。

表 4-77　2017—2021 年鹤壁市中小工业企业数及占比情况

年份	2017 年	2018 年	2019 年	2020 年	2021 年
中小工业企业数（个）	462	449	375	384	428
占比（%）	95.45	97.4	96.9	96.24	96.4

注：表中“占比（%）”是指中小工业企业数占鹤壁市规模以上工业企业数的比重。

数据来源：2018—2022 年《鹤壁统计年鉴》五、工业

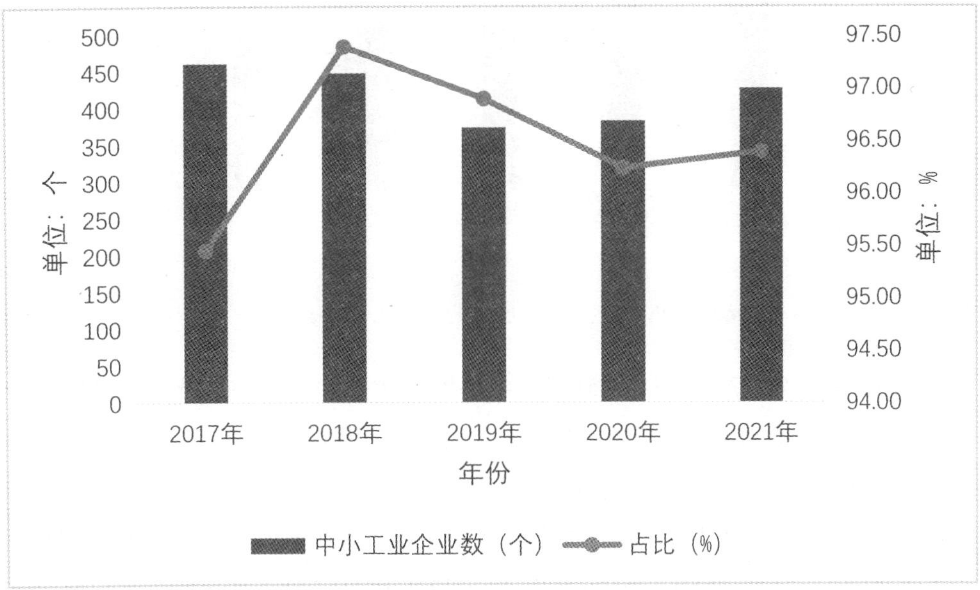

图 4-81　2017—2021 年鹤壁市中小工业企业数变动及占比情况

②中小工业企业平均从业人员数呈下降态势

2017—2021 年中小工业企业平均从业人数呈现逐年减少态势，2021 年中小工业企业平均从业人数为 7.03 万人，较 2017 年减少 4.97 万人， 2018 年、2019 年环比降幅较大，其中 2018 年环比下降 20.58%，2019 年环比下降 17.22%；2020 年、2021 年环比降幅缩小，其中 2021 年环比下降 5.51%。从中小工业企业占规模以上工业企业平均从业人数来看，该占比波动较大，但中小工业企业是吸纳从业的主力军。2021 年该占比为 61.29%，较 2020 年上升 1.96 个百分点。

表 4-78 2017—2021 年鹤壁市中小工业企业平均从业人数及占比情况

年份	2017 年	2018 年	2019 年	2020 年	2021 年
中小工业企业平均从业人数(万人)	12	9.29	7.69	7.44	7.03
占比(%)	63.16	66.4	60.65	59.33	61.29

注：表中“占比”是指中小工业企业平均从业人数占鹤壁市规模以上工业企业平均从业人数的比重。

数据来源：2018—2022 年《鹤壁统计年鉴》五、工业

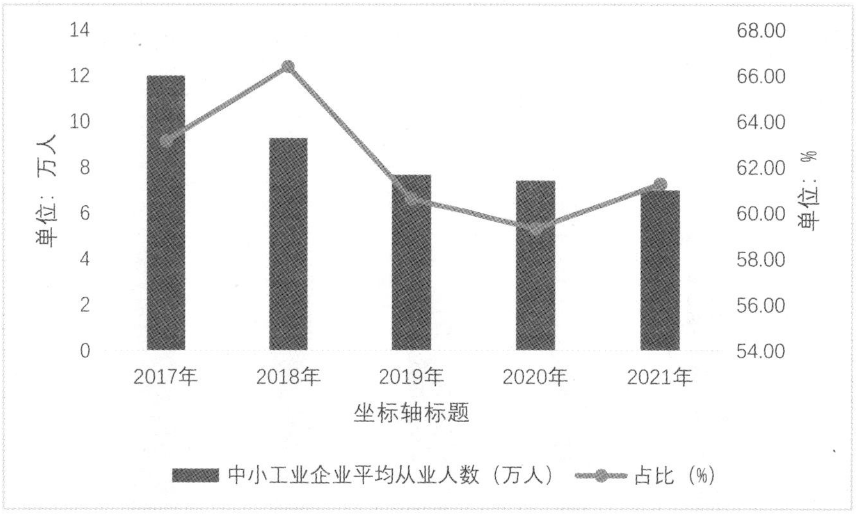

图 4-82 2017—2021 年鹤壁市中小型企业平均从业人数及占比情况

（2）中小工业企业财务绩效方面

①中小工业企业营业收入有所回升

从规模以上工业企业营业收入来看，中小工业企业营业收入呈现先下降后上升的态势，其中 2017—2020 年中小工业企业营业收入持续下降，2020 年中小工业企业营业收入为 581.95 亿元，较 2017 年减少 861.99 亿元，2021 年应收账款金额为 621.49 亿元，较 2020 年增加了 39.54 亿元。从中小工业企业营业收入占规模以上工业企业营业收入的比重来看，2017—2021 年该占比均值为 71.02%，其中 2018 年该占比最高，达到 82.57%，2020 年该占比最低，为 59.52%。

2017—2021 年中小工业企业应收账款整体上呈现上升态势，2021 年中小工业企业应收账款为 74.16 亿元，较 2017 年上升了 18.4 亿元，升幅为 33%。从中小工业企业应收账款占营业收入的比重来看，该占比呈现持续上升的态势，2021 年该占比为 11.93%，较 2017 年上升 8.07%。

表 4-79　2017—2021 年鹤壁市中小工业企业营业收入及占比情况

年份	2017 年	2018 年	2019 年	2020 年	2021 年
中小工业企业营业收入（亿元）	1443.94	1148.49	868.36	581.95	621.49
占比（%）	69.91	82.57	71.43	59.52	71.65

注：表中“占比”是指中小工业企业营业收入占鹤壁市规模以上工业企业营业收入的比重。

数据来源：2018—2022 年《鹤壁统计年鉴》五、工业

表 4-80　2017—2021 年鹤壁市中小工业企业应收账款及占比情况

年份	2017 年	2018 年	2019 年	2020 年	2021 年
中小企业应收账款（亿元）	55.76	58.29	64.17	50.62	74.16
占营业收入比重（%）	3.86	5.08	7.39	8.7	11.93

注：表中“占比”是指中小工业企业应收账款占鹤壁市规模以上工业企业营业收入的比重。

数据来源：2018—2022 年《鹤壁统计年鉴》五、工业

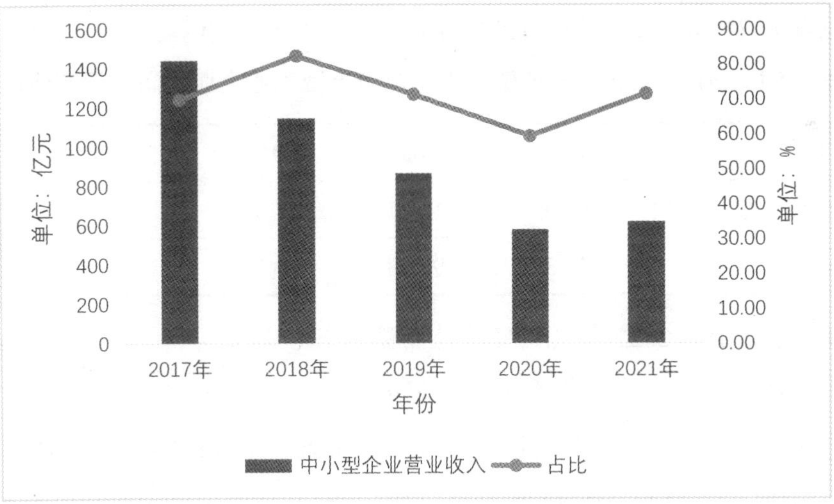

图 4-83　2017—2021 年鹤壁市工业企业营业收入及占比情况

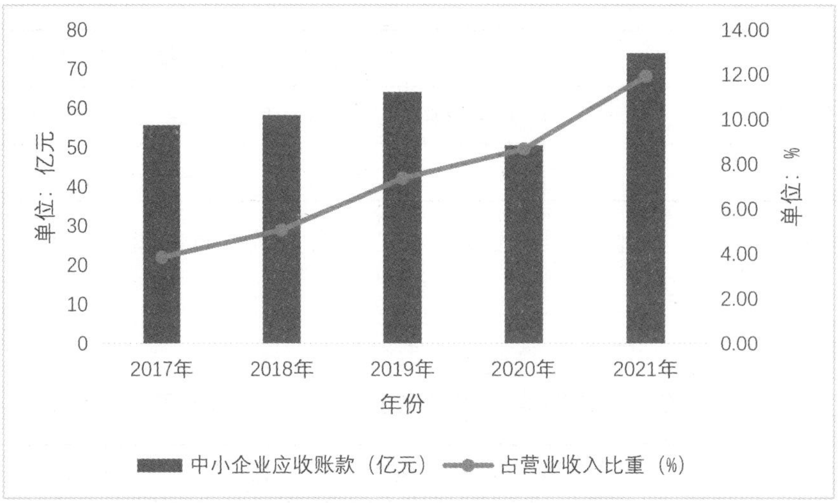

图 4–84　2017—2021 年鹤壁市中小工业企业应收账款及占营业收入比重情况

②中小工业企业利润逐年下降

从规模以上工业企业利润总额来看，2019—2021 年大型企业利润总额下滑较严重，其中 2019 年、2020 年大型企业利润总额分别为—1.14 亿元、—0.50 亿元；2019—2021 年中小工业企业利润总额也呈现逐年下降的态势，其中 2019 年中小工业企业利润总额为 53.71 亿元，较 2018 年减少 43.87 亿元，降幅为 44.96%；2021 年中小工业企业利润总额为 21.18 亿元，较 2019 年下降 60.57 个百分点。

表 4–81　2017—2021 年鹤壁市大型及中小型工业企业利润总额变动情况

年份	2017 年	2018 年	2019 年	2020 年	2021 年
大型工业企业（亿元）	18.26	10.45	—1.14	4.92	—0.5
中小工业企业（亿元）	95.13	97.58	53.71	36.59	21.18

数据来源：2018—2022 年《鹤壁统计年鉴》五、工业

③中小工业企业总资产贡献率呈下降趋势

2019—2021 年鹤壁市规模以上中小工业企业总资产贡献率呈现持续下降态势，2019 年中小工业企业总资产贡献率为 10.22%，2020 年下降至 6.54%，降幅为 3.67 个百分点；2021 年中小工业企业总资产贡献率持续下降至 4.82%，较 2020 年下降 1.72 个百分点。

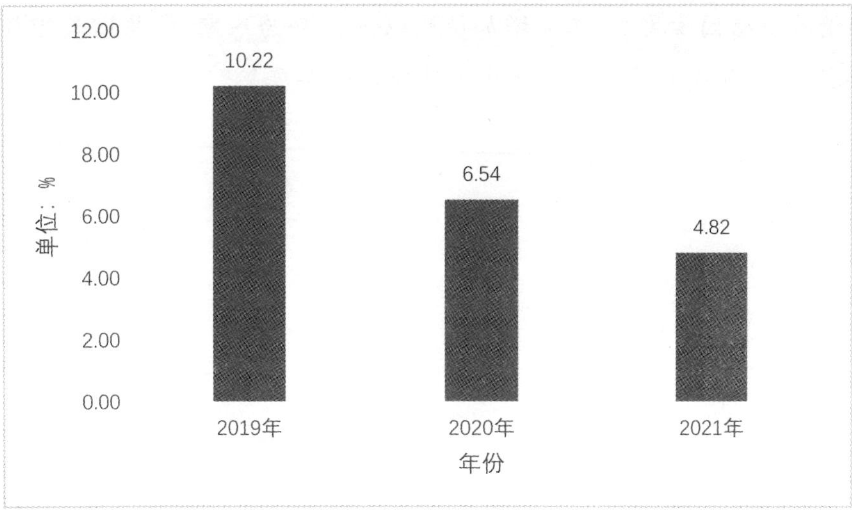

图 4-85　2019—2021 年鹤壁市中小工业企业总资产贡献率变动情况

（3）鹤壁中小工业企业创新发展现状

从近三年统计数据来看，2019—2021 年鹤壁市中小工业企业 R&D 人员全时当量呈现持续增加态势，2021 年中小工业企业 R&D 人员全时当量为 1535 人，较 2019 年增加 290 人；同期中小工业企业 R&D 经费内部支出金额逐年上升，2021 年中小工业企业 R&D 经费内部支出金额为 5.31 亿元，较 2019 年增加 1.43 亿元；2019—2021 年中小工业企业新产品销售收入有所波动，2020 年中小工业企业新产品销售收入为 38.73 亿元，较 2019 年减少 3.17 亿元，2021 年中小工业企业新产品销售收入大幅上涨，新产品销售收入为 52.87 亿元，较 2020 年增加 14.13 亿元；同期中小工业企业专利申请数逐年增加，2021 年专利申请数为 485 个，较 2019 年增加 210 个。

（4）鹤壁市规模以上工业企业绿色发展现状

2017—2021 年鹤壁市规模以上工业企业每亿元工业增加值二氧化硫排放量呈现逐年下降态势，2021 工业企业每亿元工业增加值二氧化硫排放量为 1282 万吨，较 2017 年减少了 2616 万吨，降幅为 67.11%。2017—2021 年鹤壁市规模以上工业企业每亿元工业增加值氮氧化物排放量也呈现逐年减少态势，2021 年每亿元工业增加值氮氧化物排放量为 2310 万吨，较 2017 年减少 3613 万吨，降幅为 61%。

表 4-82　2017—2021 年鹤壁市规模以上工业企业绿色发展指标变动情况　单位：吨

年份	2017 年	2018 年	2019 年	2020 年	2021 年
每亿元工业增加值二氧化硫排放量	7.82	4.29	3.55	2.81	1.99
每亿元工业增加值氮氧化物排放量	11.88	7.64	5.94	4.85	3.59
每亿元工业增加值颗粒物排放量	—	—	—	1.56	1.56

注：为消除价格因素影响，工业增加值均以2016年为基期，按其增长指数进行平减。

数据来源：《河南统计年鉴》《中国城市统计年鉴》

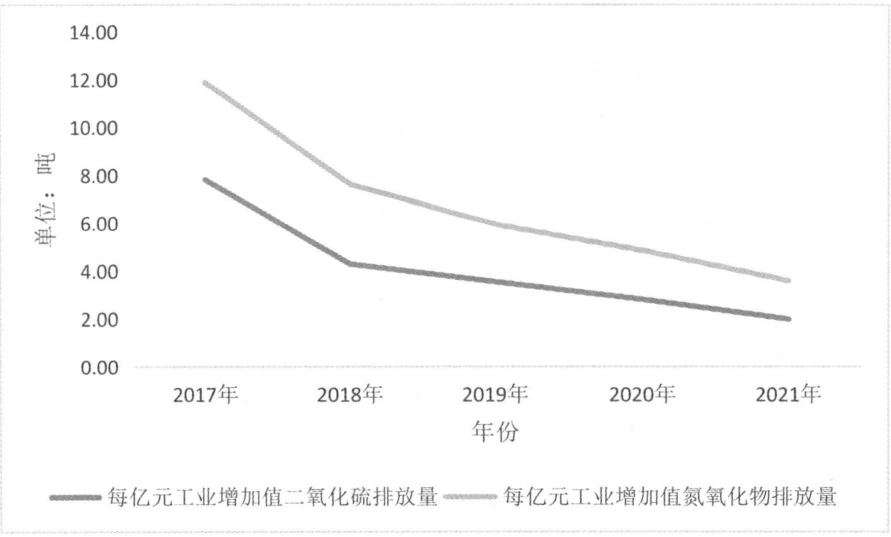

图　4-86　2017—2021 年鹤壁市规模以上工业企业绿色发展指标变动情况

4.2.13 漯河中小工业企业发展现状

（1）中小工业企业规模发展方面

①中小工业企业数大幅增加

漯河市规模以上工业企业中，2019—2021 年中小工业平均企业数为 579.67 个，其中 2019 年中小工业企业数为 542 个，较 2019 年减少 12 个，2021 年中小工业企业数为 643 个，较 2020 年增加了 101 个；从中小工业企业数占规模以上工业企业数的比重来看，2019—2021 年该占比均值为 97.13%，其中 2021 年该占比为 97.57%。

表 4-83　2019—2021 年漯河市中小工业企业数及占比情况

年份	2019 年	2020 年	2021 年	均值
中小工业企业数（个）	554	542	643	579.67
占比（%）	96.85	96.96	97.57	97.13

注：表中“占比（%）”是指中小工业企业数占漯河市规模以上工业企业数的比重。

数据来源：漯河统计局

②中小工业企业平均从业人数逐年减少

2019—2021 年漯河市规模以上中小工业企业从业平均人数均值为 9.38 万人，且呈现逐年减少的态势，2021 年中小工业企业平均从业人数为 7.60 万人，较 2019 年减少 3.70 万人；从中小工业企业平均从业人数占规模以上工业企业平均从业人数的比重来看，该占比均值为 64.74%，且逐年呈现先下降后上升态势，2021 年该占比为 65.01%，较 2019 年上升了 1.40 个百分点。

表 4–84　2019—2021 年漯河市中小工业企业平均从业人数变动及占比情况

年份	2019 年	2020 年	2021 年	均值
中小工业企业平均从业人数（万人）	11.3	9.24	7.6	9.38
占比（%）	63.61	65.59	65.01	64.74

注：表中“占比”是指中小工业企业平均从业人数占漯河市规模以上工业企业平均从业人数的比重。

数据来源：漯河统计局

（2）中小工业企业财务绩效方面

①中小工业企业营业收入逐年增加

2019—2021 年漯河中小工业企业营业收入均值为 85.95 亿元，且呈现逐年增加的态势，其中 2021 年中小工业企业营业收入为 865.49 亿元，较 2019 年增加 24.97 亿元；从中小工业企业营业收入占规模以上工业企业营业收入的比重来看，2019—2021 年该占比均值为 49.06%，且呈现逐年上升态势，2021 年该占比达到了 52.69%，较 2019 年上升 9.08 个百分点。

2019—2021 年中小工业企业应收账款均值为 69.31 亿元，其中 2020 年中小工业企业应收账款为 62.74 亿元，较 2019 年减少 4.17 亿元，2021 年中小工业企业应收账款为 78.29 亿元，较 2020 年增加 15.51 亿元；从中小工业企业应收账款占中小工业企业营业收入的比重来看，2019—2021 年该占比均值为 8.14%，呈现逐年上升的态势，其中 2021 年中小工业企业应收账款占比为 8.14%，较 2019 年上升 1.64 个百分点。

表 4–85　2019—2021 年漯河市中小工业企业营业收入变动及占比情况

年份	2019 年	2020 年	2021 年	均值
中小工业企业营业收入（亿元）	840.52	846.83	865.49	850.95
占比（%）	43.6	50.89	52.69	49.06

注：表中“占比”是指中小工业企业营业收入占漯河市规模以上工业企业营业收入的比重。

数据来源：漯河统计局

表 4-86　2019—2021 年漯河市中小工业企业应收账款变动及占营业收入比重情况

年份	2019 年	2020 年	2021 年	均值
中小工业企业应收账款（亿元）	66.91	62.74	78.29	69.31
占营业收入比重（%）	7.96	7.41	9.05	8.14

注：表中“占比”是指中小工业企业应收账款占漯河市规模以上工业企业营业收入的比重。

数据来源：漯河统计局

②中小工业企业利润总额有所缩减

从漯河市中小工业企业利润总额来看，2019—2021 年中小工业企业利润总额均值为 53.30 亿元，其中 2020 年中小工业企业利润总额最高，为 61.15 亿元，且较 2019 年增加 5.45 亿元；2021 年中小工业企业利润总额减少至 43.06 亿元，较 2020 年减少了 18.08 亿元；从中小工业企业利润总额占规模以上工业企业利润总额的比重来看，2019—2021 年该占比均值为 49.10%，其中 2021 年该占比为 49.10%，较 2020 年下降 34.37 个百分点。

表 4-87　2019—2021 年漯河市中小工业企业利润总额变动及占比情况

年份	2019 年	2020 年	2021 年	均值
中小工业企业利润总额（亿元）	55.7	61.15	43.06	53.3
占比（%）	47.39	67.14	32.77	49.1

注：表中“占比”是指中小工业企业利润总额占漯河市规模以上工业企业利润总额的比重。

数据来源：漯河统计局

③中小工业企业总资产贡献率有所波动

2019—2021 年漯河市规模以上中小工业企业总资产贡献率均值为 12.62%，2019 年中小工业企业总资产贡献率为 10.22%，2020 年上升至 14.85%，降幅为 3.72 个百分点；2021 年中小工业企业总资产贡献率持续下降至 11.50%，较 2020 年下降 2.95 个百分点。

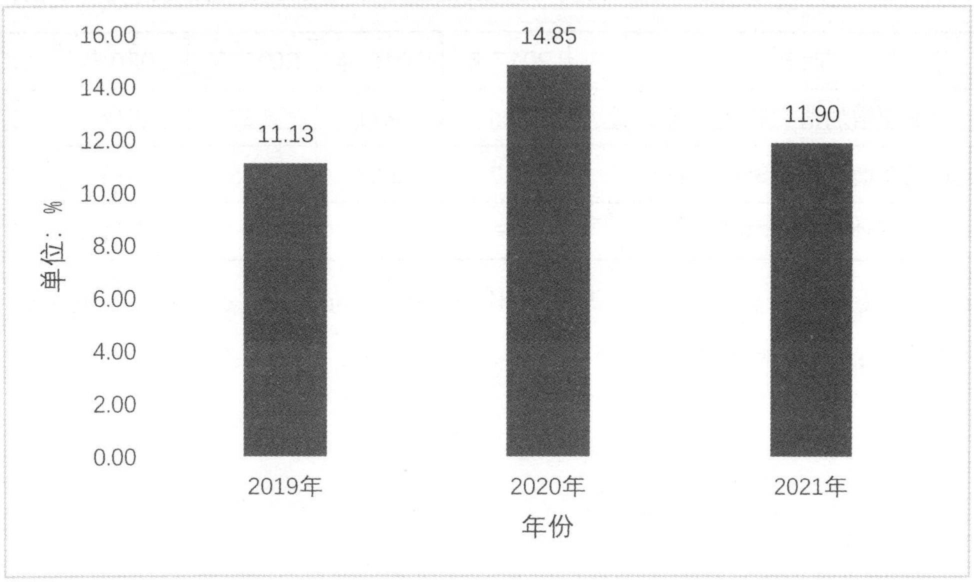

图 4-87　2019—2021 年漯河市中小工业企业总资产贡献率变动情况

（3）漯河中小工业企业创新发展现状

2019—2021 年漯河市规模以上中小工业企业 R&D 人员全时当量逐年增加，其中中小工业企业 R&D 人员全时当量为 2167 人，较 2019 年增加 874 人，增幅为 67.59%；中小工业企业 R&D 经费内部支出也呈现逐年递增态势，2021 年其 R&D 经费内部支出金额 10.05 亿元，较 2017 年增加 5.22 亿元，增长了 1.08 倍；2021 年中小工业企业新产品销售收入为 58.47 亿元，较 2017 年增加 27.36 亿元，增幅为 87.93%；2019—2021 年中小工业企业专利申请数持续增加，2021 年中小工业企业专利申请数为 732 个，较 2019 年增加 252 个，从以上指标可以看出，近年来漯河市中小工业企业加大对创新的投入，并取得了较好的成效。

（4）漯河市规模以上工业企业绿色发展现状

2017—2020 年工业企业每亿元工业增加值二氧化硫排放量呈现不断下降态势，其中 2021 年每亿元工业增加值二氧化硫排放量为 2.88 吨，较 2017 年减少 9.81 吨，降幅为 77.30%。2017—2020 年漯河市规模以上工业企业每亿元工业增加值氮氧化物排放量逐年减少，其中 2020 年规模以上工业企业每亿元工业增加值氮氧化物排放量为 1.13 吨，较 2017 年减少 3.57 吨，降幅为 75.96%；2021 年每亿元工业增加值氮氧化物排放量为 1.33 吨。2020—2021 年鹤壁市规模以上工业企业每亿元工业增加值颗粒物排放量均为 0.2 吨，且 2021 年每亿元工业增加值颗粒物排放量较 2020 年减少 0.03 吨。表明漯河市在工业生产中越来越重视环境保护，企业绿色发展成效显著。

表 4-88　2017—2021 年漯河市规模以上工业企业绿色发展各指标变动情况　单位：吨

年份	2017 年	2018 年	2019 年	2020 年	2021 年
每亿元工业增加值二氧化硫排放量	12.69	9.11	5.27	3.18	2.88
每亿元工业增加值氮氧化物排放量	4.7	3.03	1.45	1.13	1.33
每亿元工业增加值颗粒物排放量	—	—	—	0.21	0.18

注：为消除价格因素影响，工业增加值均以2016年为基期，按其增长指数进行平减。
数据来源：《河南统计年鉴》《中国城市统计年鉴》

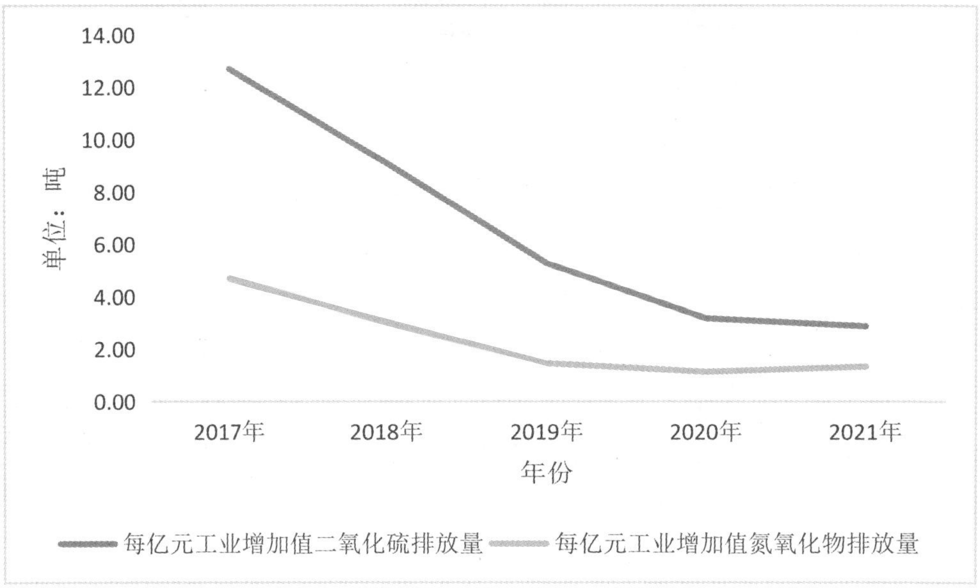

图 4-88　2017—2021 年漯河市规模以上工业企业绿色发展指标变动情况

4.2.14 许昌市中小工业企业发展现状

（1）中小工业企业规模发展方面

①中小工业企业数增速加快

2017—2021 年许昌市规模以上中小工业企业数呈现先减少后增加的态势，2019 年许昌市中小工业企业数 1496 个，为五年内最低值，且较 2018 年减少了 42 个；2020 年、2021 年中小工业企业数逐年增加，其中 2021 年中小工业企业数为 1676 个，较 2019 年增加 180 个。从中小工业企业数占规模以上工业企业数的比重来看，五年内该比重均值为 97.74%，2021 年该占比达到了 98.07%，较 2020 年上升了 47.32%。

表 4-89　2017—2021 年许昌市中小工业企业数及占比情况

年份	2017 年	2018 年	2019 年	2020 年	2021 年
中小工业企业数（个）	1535	1538	1496	1502	1676
占比（%）	97.52	97.71	97.78	97.6	98.07

注：表中“占比（%）”是指中小工业企业数占许昌市规模以上工业企业数的比重。

数据来源：2018—2022 年《许昌统计年鉴》十二、工业

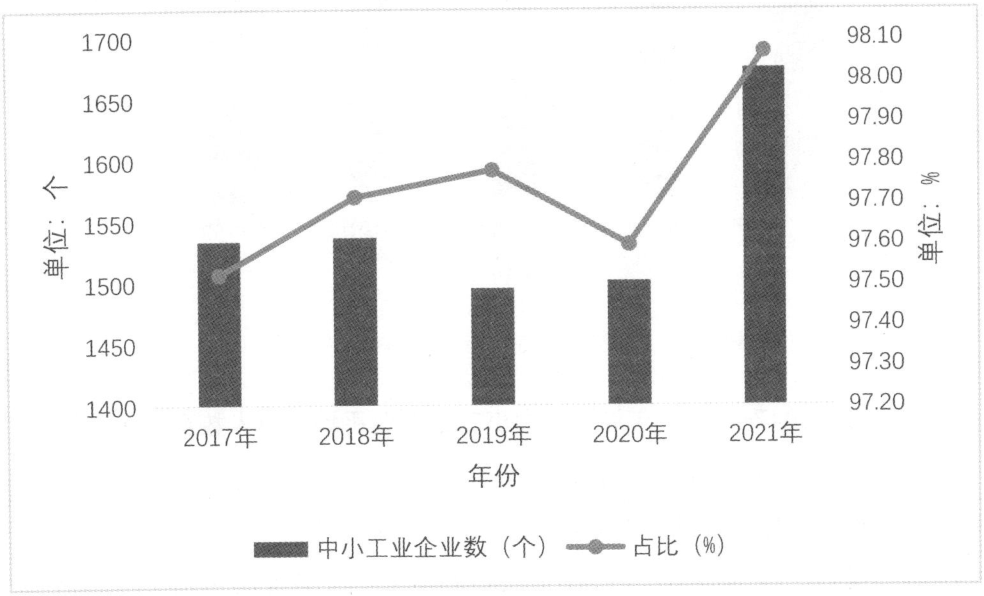

图 4-89　2017—2021 年许昌市中小工业企业数变动及占比情况

②中小工业企业平均从业人数有所减少

许昌市规模以上中小型企业每年平均从业人数呈现逐年减少态势，其中 2021 年中小型工业企业平均从业人数为 21.29 万人，较 2017 年减少 12.2 万人，降幅为 36.43%；从中小型工业企业每年平均从业人数占规模以上工业企业平均从业人数的比重来看，2017—2021 年该占比均值为 71.08%，可见许昌市中小型企业是吸纳劳动力的主力军。

表 4-90　2017—2021 年许昌市中小工业企业平均从业人数及占比情况

年份	2017 年	2018 年	2019 年	2020 年	2021 年
中小工业企业平均从业人数（万人）	33.49	28.8	25.87	25.3	21.29
占比（%）	71.91	70.21	69.2	73.45	70.61

注：表中“占比”是指中小工业企业平均从业人数占许昌市规模以上工业企业平均从业人数的比重。

数据来源：2018—2022 年《许昌统计年鉴》十二、工业

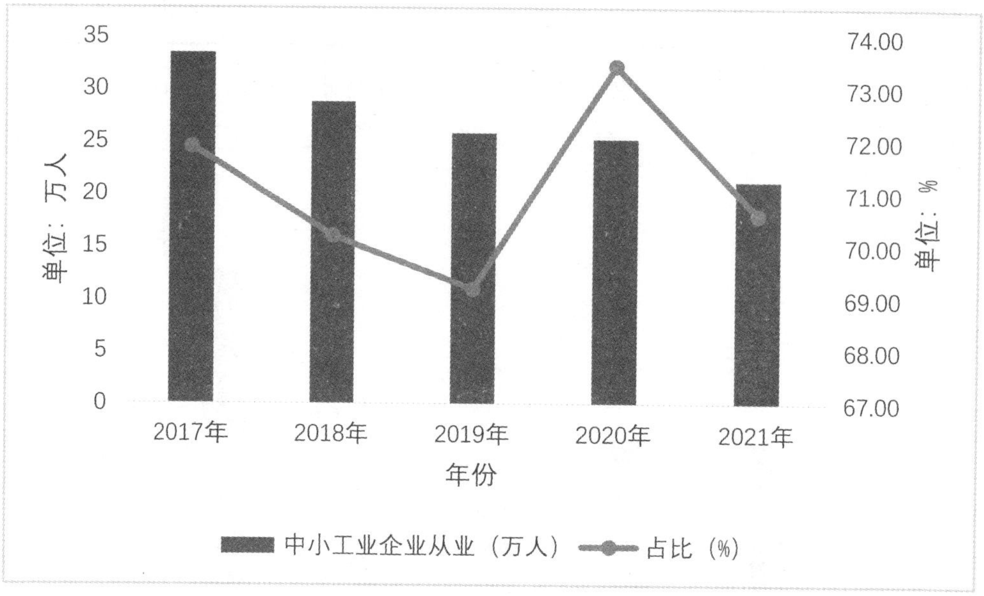

图 4-90　2017—2021 年许昌市中小工业企业平均从业人数及占比情况

（2）中小工业企业财务绩效方面

①中小工业企业是创收的主要来源

许昌市规模以上工业企业中，2017—2021 年中小工业企业营业收入呈现下滑态势，2017—2020 年中小工业企业营业收入持续减少，2020 年中小工业企业营业收入为 581.95 亿元，较 2017 年减少 861.99 亿元，下降了 59.70 个百分点；2021 年中小工业企业营业收入为 621.19 亿元，虽然较 2020 年增加 39.54 亿元，但增幅仅为 6.79%。从中小工业企业营业收入占规模以上工业企业营业收入的比重来看，2017—2021 年该占比均值为 63.5%，可以看出，许昌市规模以上工业企业创收的一多半来自中小工业企业。

2017—2021 年许昌市规模以上中小型工业企业应收账款整体上呈现上升态势，其中 2017—2019 年中小工业企业应收账款平均为 173.47 亿元，且呈现下降态势；2020—2021 年中小工业企业应收账款均值为 227.94 亿元，较 2017—2019 年中小工业企业应收账款均值增加 54.47 亿元。从中小工业企业应收账款占规模以上工业企业应收账款的比重来看，中小工业企业应收账款占比呈现增长态势，2020—2021 年该占比均值为 58.02%，较 2017—2019 年中小工业企业应收账款占比提升了 15.75 个百分点。

表 4-91　2017—2021 年许昌市中小工业企业营业收入及占比情况

年份	2017 年	2018 年	2019 年	2020 年	2021 年
中小工业企业营业收入（亿元）	1443.94	1148.49	868.36	581.95	621.49
占比（%）	67.52	58.47	59.56	64.94	67.02

注：表中“占比”是指中小工业企业营业收入占许昌市规模以上工业企业营业收入的比重。

数据来源：2018—2022 年《许昌统计年鉴》十二、工业

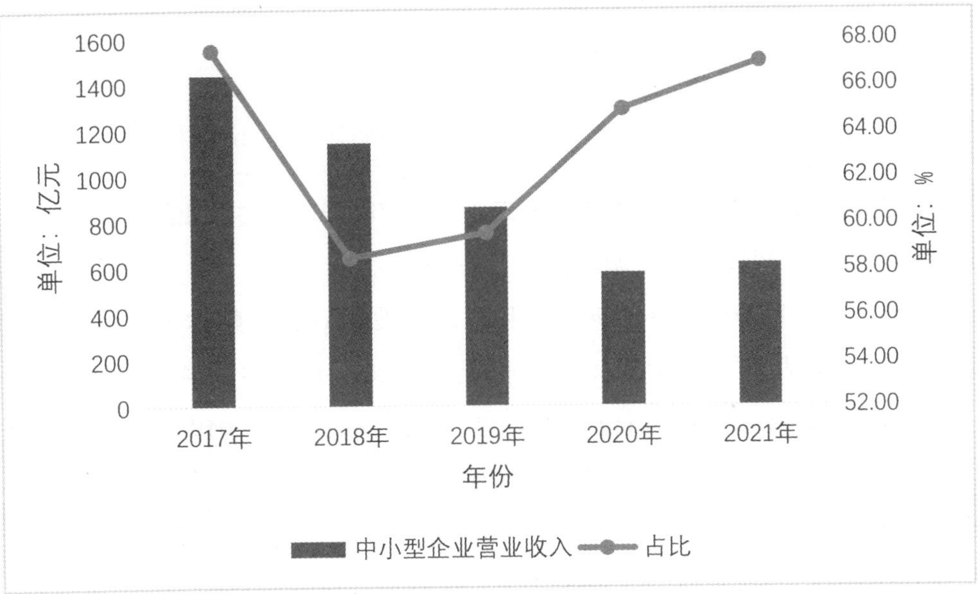

图 4-91　2017—2021 年许昌市中小工业企业营业收入及占比情况

表 4-92　2017—2021 年许昌市中小工业企业应收账款变动及占比情况

年份	2017 年	2018 年	2019 年	2020 年	2021 年
中小工业企业应收账款（亿元）	191.11	167.54	161.76	236	219.87
占营业收入比重（%）	13.24	14.59	18.63	40.55	35.38

注：表中“占比”是指中小工业企业应收账款占许昌市规模以上中小工业企业营业收入的比重。

数据来源：2018—2022 年《许昌统计年鉴》十二、工业

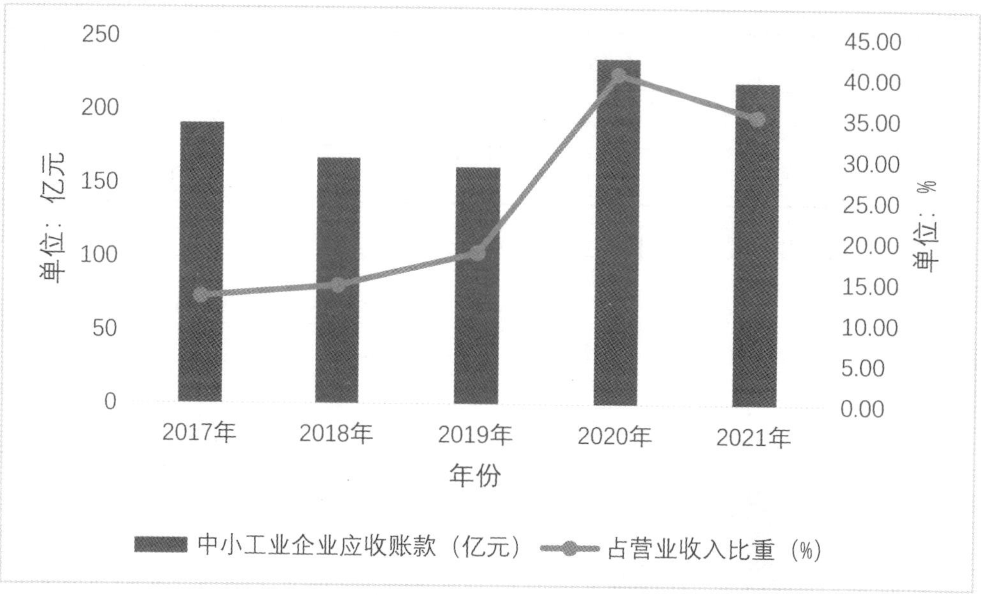

图 4-92　2017—2021 年许昌市中小工业企业应收账款及占营业收入比重情况

②中小工业企业利润总额大幅减少

2017—2021 年许昌中小型工业企业利润总额波动较大，整体上降幅明显，其中 2017 年中小工业企业利润总额为 430.51 亿元，达到了五年内的最高值；2020—2021 年中小型工业企业利润总额均值仅为 196.23 亿元，较 2017—2019 年中小型企业利润总额均值（339.17 亿元）减少了 142.94 亿元，下降了 42.14 个百分点。从中小型企业利润总额占规模以上工业企业利润总额的比重来看，该占比均值为 71.29%，其中 2017 年该占比最高，为 77.28%；2018 年该占比最低，为 64.71%。

表 4-93　2017—2021 年许昌市中小工业企业利润总额及占比情况

年份	2017 年	2018 年	2019 年	2020 年	2021 年
中小工业企业利润总额（亿元）	430.51	256.71	330.27	190.61	201.86
占比（%）	77.28	64.71	70.17	74.59	69.71

注：表中“占比”是指中小工业企业利润总额占许昌市规模以上工业企业利润总额的比重。

数据来源：2018—2022 年《许昌统计年鉴》十二、工业

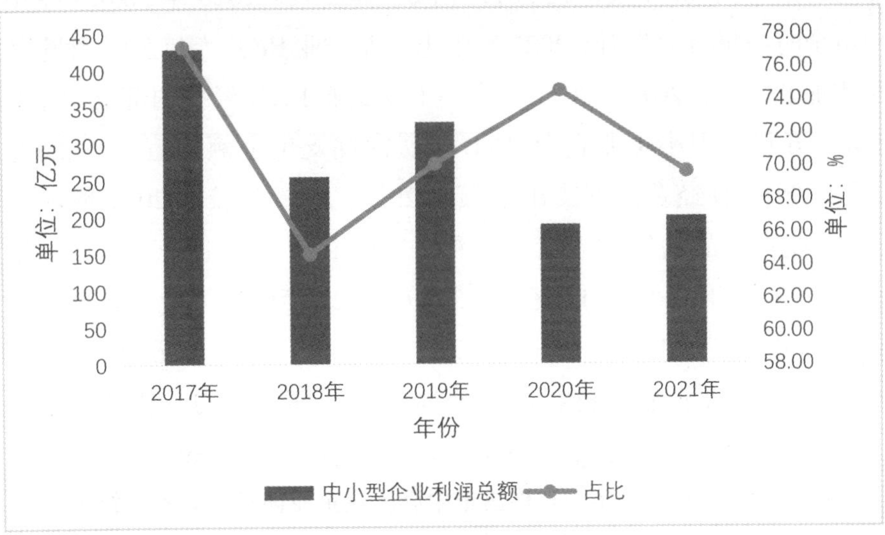

图 4-93　2017—2021 年许昌市中小工业企业利润总额及占比情况

③中小工业企业总资产贡献率呈现下降趋势

许昌市规模以上中小工业企业总资产贡献率波动较大，2017—2021 年中小工业企业总资产贡献率均值为 16.74%，2019 年中小工业企业总资产贡献率最高，为 23.77%；2020 年、2021 年中小工业企业总资产贡献率有所下降，其中 2020 年中小工业企业总资产贡献率为 9.79%，较 2019 年下降 6.96 个百分点；2021 年中小工业企业总资产贡献率为 11.04%，较 2020 年上升 1.25 个百分点。

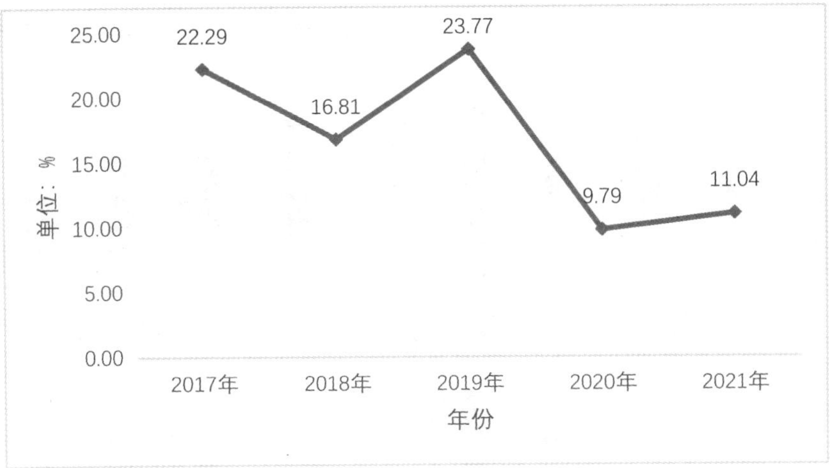

图 4-94　2017—2021 年许昌市中小工业企业总资产贡献率变动情况

（3）中小工业企业创新发展情况

2017—2021 年许昌市中小工业企业 R&D 人员全时当量呈现先下降后上升的态势，2017—2019 年中小工业企业 R&D 人员全时当量持续下降，2019 年中小工业企业

R&D 人员全时当量为 3046 人，较 2017 年减少 882 人，2020 年、2021 年中小工业企业 R&D 人员全时当量持续上升，2021 年中小工业企业 R&D 人员全时当量为 3932 人，较 2019 年增加 886 人；2017—2021 年中小工业企业 R&D 经费内部支出呈现先下降后上升的态势，五年内中小工业企业 R&D 经费内部支出金额均值为 22.26 亿元，2021 年中小工业企业 R&D 经费内部支出金额为 25.5 亿元，且较 2020 年增加 1.53 亿元；从中小工业企业新产品销售收入情况来看，2018 年中小工业企业新产品销售收入为 50.34 亿元，较 2017 年减少 22.13 亿元，2019—2021 年中小工业企业新产品销售收入逐年增加，2021 年达到了 154.02 亿元，较 2019 年增加了 89.84 亿元，是 2019 年的 1.4 倍。2017—2021 年中小工业企业专利申请数波动较大，五年内平均专利申请数为 1087 个，2021 年中小工业企业专利申请数为 1595 个，较 2020 年增加 398 个。

表 4-94　2017—2021 年许昌市中小工业企业创新发展各指标情况

年份	2017 年	2018 年	2019 年	2020 年	2021 年
R&D 人员全时当量（人年）	3928	3525	3046	3155	3932
R&D 经费内部支出（亿元）	23.13	20.22	18.5	23.97	25.5
新产品销售收入（亿元）	72.47	50.34	64.19	118.98	154.02
专利申请数（个）	724	1004	917	1197	1595

数据来源：《许昌市统计年鉴》

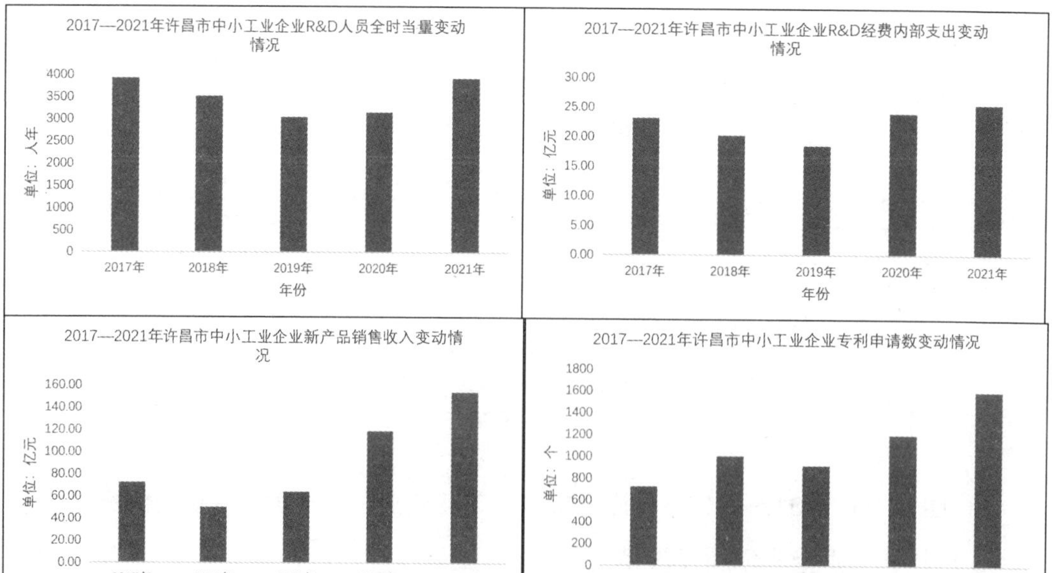

图 4-95　2017—2021 年许昌市中小工业企业创新发展各指标情况

（4）许昌市规模以上工业企业绿色发展现状

2017—2021 年许昌市规模以上工业企业每亿元工业增加值二氧化硫排放量整体上呈现下降态势，由 2017 年每亿元工业增加值二氧化硫排放量 5.79 吨下降至 2021 年的 1.67 吨，减少了 4.12 吨，降幅为 71.22%。2017—2020 年许昌市规模以上工业企业每亿元工业增加值氮氧化物排放量逐年减少，其中 2021 年工业企业每亿元工业增加值氮氧化物排放量为 9.30 吨，较 2017 年减少 6.27 吨，降幅为 67.41%；2020—2021 年许昌市规模以上工业企业每亿元工业增加值颗粒物排放量均值为 2.14 吨，且 2021 年较 2020 年减少 0.09 吨。表明许昌市在工业生产中越来越重视环境保护，企业绿色发展成效显著。

表 4–95　2017—2021 年许昌市规模以上工业企业绿色发展指标变动情况表　单位：吨

年份	2017 年	2018 年	2019 年	2020 年	2021 年
每亿元工业增加值二氧化硫排放量	5.79	4.89	3.65	2.05	1.67
每亿元工业增加值氮氧化物排放量	9.3	8.03	6.47	3.03	3.03
每亿元工业增加值颗粒物排放量	—	—	—	2.1	2.18

注：为消除价格因素影响，工业增加值均以 2016 年为基期，按其增长指数进行平减。

数据来源：《河南统计年鉴》《中国城市统计年鉴》

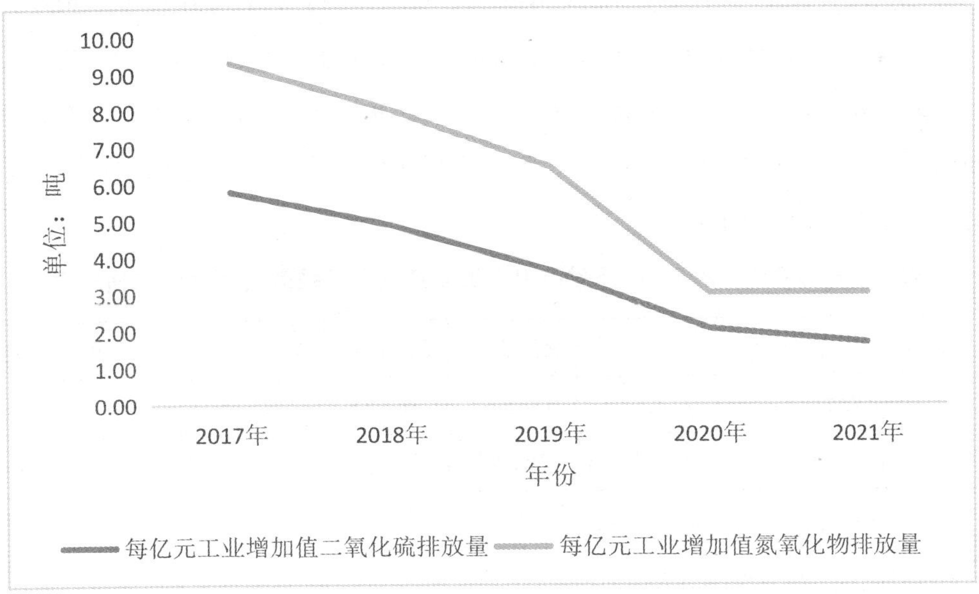

图 4–96　2017—2021 年许昌市规模以上工业企业绿色发展指标变动情况

4.2.15 开封市中小工业企业发展现状

（1）中小工业企业规模发展方面

从中小工业企业数来看，2017—2020 年开封市中小工业企业数呈现先下降后上升的态势，其中 2019 年中小工业企业数为 1010 个，较 2017 年减少 170 个，降幅为 14.41%；2020 年、2021 年中小工业企业数逐年增加，2021 年企业数达到了 1086 个。2017—2021 年中小工业企业平均从业人数呈现持续下降的态势，其中 2021 年中小工业企业平均从业人数为 12.09 万人，较 2017 年减少 13.54 万人，降幅为 52.83%。

表 4–96　2017—2021 年开封市中小工业企业规模发展各指标变动情况表

年份	2017 年	2018 年	2019 年	2020 年	2021 年
中小工业企业数（个）	1180	1135	1010	1065	1086
中小工业企业平均从业人数（万人）	25.63	16.85	14.27	12.79	12.09

数据来源：2017—2022 年《开封统计年鉴》三、工业

（2）中小工业企业财务绩效方面

2017—2021 年开封市中小工业企业营业收入呈现明显的回升态势，其中 2018 年、2019 年开封市中小工业企业营业收入持续下降，2019 年中小工业企业营业利润为 785.25 亿元，较 2017 年减少 1083.24 亿元，降幅为 57.98%；2020 年、2021 年中小工业企业营业收入逐年增加，其中 2021 年中小工业企业营业收入为 1414.73 亿元，较 2019 年增加 629.48 亿元，增幅为 80.16%；2017—2021 年开封市中小工业企业利润总额呈现下降态势，其中 2021 年中小工业企业利润总额为 45.05 亿元，较 2017 年减少 122.42 亿元，降幅为 73.1%。

表 4–97　2017—2021 年开封市中小工业企业财务绩效各指标变动情况表

年份	2017 年	2018 年	2019 年	2020 年	2021 年
中小工业企业营业收入（亿元）	1868.67	865.18	785.25	814	927.94
中小工业企业利润总额（亿元）	167.47	71.16	71.63	57.1	66.6

数据来源：2018—2022 年《开封统计年鉴》三、工业

（3）中小工业企业创新发展方面

2017—2021 年开封市中小工业企业 R&D 人员全时当量呈现逐年增加的态势，其中 2021 年中小工业企业 R&D 人员全时当量增至 1301 人，增幅为 59.30%；同期

R&D 经费内部支出也呈现持续上升的态势，其中 2018 年、2019 年、2020 年增长较快，平均增速为 22.5%，2021 年虽增速有所放缓，但 R&D 经费内部支出达到了五年内最高值 16.96 亿元；2017—2021 年开封市中小工业企业专利申请数逐年增加，其中 2021 年中小工业企业专利申请数达到了 1212 个，较 2017 年增加 1026 个，增长了 5.5 倍。

表 4-98　2017—2021 年开封市中小工业企业创新发展各指标变动情况表

年份	2017 年	2018 年	2019 年	2020 年	2021 年
R&D 人员全时当量（人年）	2194	2206	2595	3324	3495
R&D 经费内部支出（亿元）	8.6	9.72	13.11	15.68	15.96
专利申请数（个）	186	405	427	707	1212

数据来源：2018—2022 年《开封统计年鉴》十二、教育、卫生、文化、体育、旅游、科技及其他

（4）中小工业企业绿色环保方面

2017—2021 年开封市规模以上工业企业每亿元工业增加值二氧化硫排放量降中有升，由 2017 年每亿元工业增加值二氧化硫排放量 3.77 吨下降至 2019 年的 1.32 吨，减少了 2.44 吨，降幅为 64.83%,2020 年、2021 年有小幅回升，但未有明显的上升趋势。2017—2020 年开封市规模以上工业企业每亿元工业增加值氮氧化物排放量呈现下降态势，其中 2021 年工业企业每亿元工业增加值氮氧化物排放量为 2.09 吨，较 2017 年减少 3.22 吨，降幅为 60.67%；2020—2021 年开封市规模以上工业企业每亿元工业增加值颗粒物排放量均值为 0.43 吨，且 2021 年较 2020 年减少 0.07 吨。

表 4-99　2017—2021 年开封市规模以上工业企业绿色发展指标变动情况表　单位：吨

年份	2017 年	2018 年	2019 年	2020 年	2021 年
每亿元工业增加值二氧化硫排放量	3.77	1.74	1.32	1.53	1.54
每亿元工业增加值氮氧化物排放量	5.31	2.94	2.34	2.35	2.09
每亿元工业增加值颗粒物排放量	—	—	—	0.47	0.4

注：为消除价格因素影响，工业增加值均以 2016 年为基期，按其增长指数进行平减。

数据来源：《河南统计年鉴》《中国城市统计年鉴》

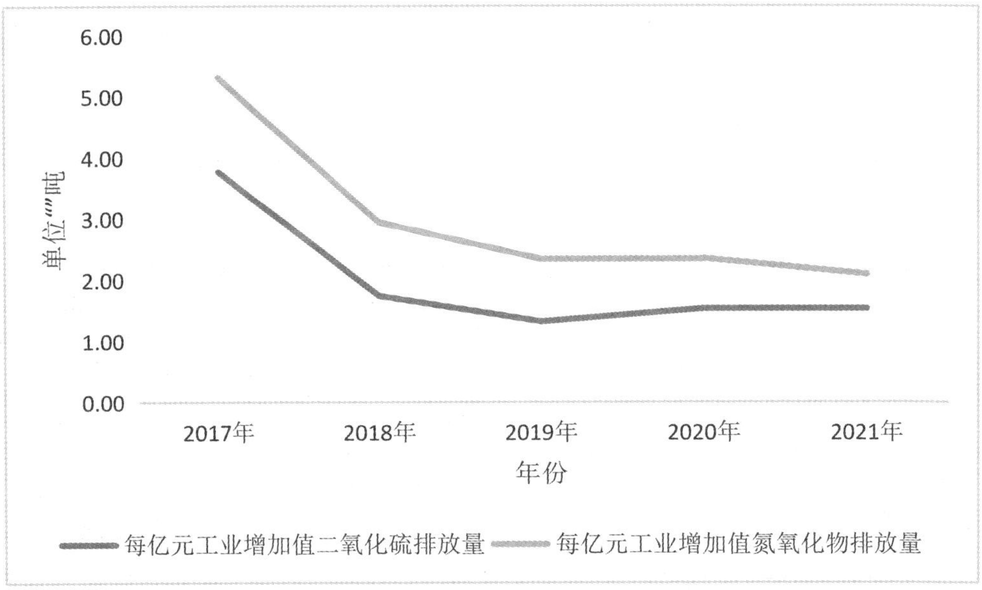

图 4-97　2017—2021 年许昌市规模以上工业企业绿色发展指标变动情况

4.2.16 平顶山市中小工业企业高质量发展现状

（1）中小工业企业规模发展方面

从中小工业企业数来看，2017—2020 年平顶山市中小工业企业数有所减少，但趋势较为平稳，年平均企业数为 825 个，2021 年中小工业企业数为 921 个，较 2020 年增加 119 个，增幅为 14.83%；2017—2021 年平顶山市中小工业企业平均从业人数呈现持续下降的态势，其中 2021 年中小工业企业平均从业人数为 15.87 万人，较 2017 年减少 5.44 万人，降幅为 25.53%。

表 4-100　2017—2021 年平顶山市中小工业企业规模发展各指标变动情况表

年份	2017 年	2018 年	2019 年	2020 年	2021 年
中小工业企业数（个）	855	824	822	802	921
中小工业企业平均从业人数（万人）	21.31	18.85	18.25	16.53	15.87

数据来源：2018—2022 年《平顶山统计年鉴》十、工业

（2）中小工业企业财务绩效方面

2017—2021 年平顶山市中小工业企业营业收入呈现先下降后上升的态势，其中 2018 年、2019 年平顶山市中小工业企业营业收入持续下降，2019 年中小工业企业营业利润为 1050.36 亿元，较 2017 年减少 673.38 亿元，降幅为 39.06%；2020 年、2021 年中小工业企业营业收入逐年增加，其中 2021 年中小工业企业营业收入为 1531.24 亿

元，较 2019 年增加 480.88 亿元，增幅为 45.78%；2017—2019 年平顶山市中小工业企业利润总额呈现下降态势，其中 2019 年中小工业企业利润总额为 53.04 亿元，较 2017 年减少 62.54 亿元，降幅为 54.11%。2020 年、2021 年中小工业企业利润总额有所回升，其中 2021 年中小工业企业利润总额为 63.16 亿元。

表 4-101　2017—2021 年平顶山市中小工业企业财务绩效各指标变动情况表

年份	2017 年	2018 年	2019 年	2020 年	2021 年
中小工业企业营业收入（亿元）	1723.74	1106.44	1050.36	1297.62	1531.24
中小工业企业利润总额（亿元）	115.58	56.71	53.04	67.05	63.16

数据来源：2018—2022 年《平顶山统计年鉴》十、工业

（3）中小工业企业创新发展方面

2017—2021 年平顶山市规模以上中小工业企业 R&D 人员全时当量呈现上升态势，2021 年中小工业企业 R&D 人员全时当量为 21382 人，较 2017 年增加了 5425 人，增幅为 34%；2017—2021 年中小工业企业 R&D 经费内部支出整体上也呈现上升态势，其中 2017—2020 年中小工业企业 R&D 经费内部支出逐年上升，2020 年中小工业企业 R&D 经费内部支出金额为 90.58 亿元，且较 2017 年增加了 1.46 倍，2021 年较 2020 年虽有所减少，但仍然达到了 89.65 亿元；2017—2021 年中小工业企业新产品销售收入逐年增加，2021 年达到了 859.7 亿元，较 2017 年增加了 623.17 亿元，是 2017 年的 2.63 倍。2017—2021 年中小工业企业专利申请数波动较大，五年内均值为 5969 个，其中 2021 年中小工业企业专利申请数达到了五年内最高值 10001 个。

表 4-102　2017—2021 年平顶山市中小工业企业创新发展各指标变动情况表

年份	2017 年	2018 年	2019 年	2020 年	2021 年
R&D 人员全时当量（人年）	15957	14720	18634	21328	21382
R&D 经费内部支出（亿元）	36.81	45.72	67.99	90.58	89.65
新产品销售收入（亿元）	236.53	382.51	477.49	689.53	859.7
专利申请数（个）	3737	4951	2253	8905	10001

数据来源：2018—2022 年《平顶山统计年鉴》十七、教育、科技和文化

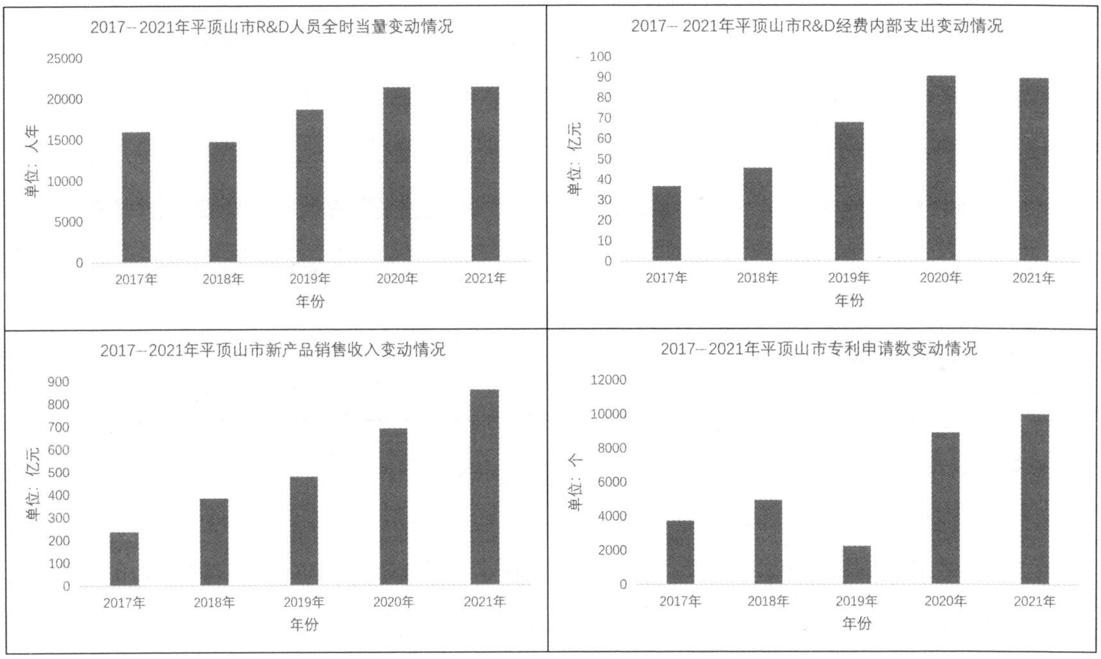

图 4-98　2017—2021 年平顶山市中小工业企业创新发展各指标情况

（4）规模以上工业企业绿色环保方面

2017—2021 年平顶山市规模以上工业企业每亿元工业增加值二氧化硫排放量逐年下降，由 2017 年每亿元工业增加值二氧化硫排放量 21.78 吨下降至 2021 年的 4.45 吨，共计减少了 17.33 吨，降幅为 79.59%；平顶山市规模以上工业企业每亿元工业增加值氮氧化物排放量也呈现下降态势，其中 2021 年工业企业每亿元工业增加值氮氧化物排放量为 4.45 吨，较 2017 年减少 21.03 吨，降幅为 79.4%；2020—2021 年开封市规模以上工业企业每亿元工业增加值颗粒物排放量均值为 10.06 吨，2021 年较 2020 年减少 1.12 吨。

表 4-103　2017—2021 年平顶山市规模以上工业企业绿色环保各指标变动情况表　单位：吨

年份	2017 年	2018 年	2019 年	2020 年	2021 年
每亿元工业增加值二氧化硫排放量	21.78	15.03	9.4	4.75	4.45
每亿元工业增加值氮氧化物排放量	26.48	20.57	12.6	5.99	5.45
每亿元工业增加值颗粒物排放量	—	—	—	10.62	9.5

注：为消除价格因素影响，工业增加值均以 2016 年为基期，按其增长指数进行平减。

数据来源：《河南统计年鉴》《中国城市统计年鉴》

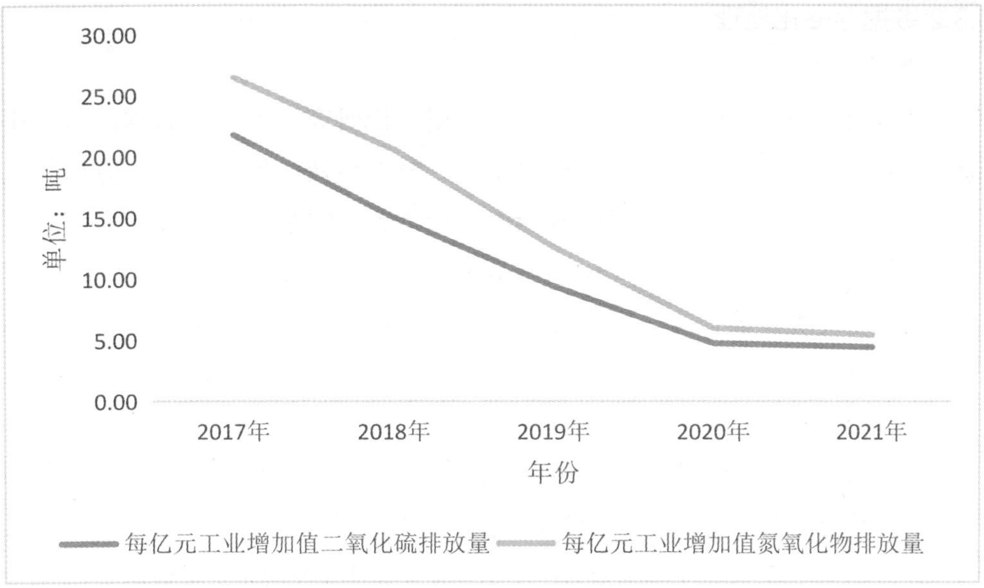

图 4-99　2017—2021 年平顶山市规模以上工业企业绿色发展指标变动情况

4.3 河南省各地市中小工业企业高质量发展综合评价

4.3.1 各领域指标权数的确定

按照本书 3.6 中对各指标的权重赋值如表 4-104。

表 4-104　河南省中小企业高质量发展评价指标体系

一级指标	一级指标权重	二级指标	二级指标权重
规模发展评价指标	0.127	中小工业企业数量	0.042
		中小工业企业平均从业人员	0.085
财务绩效评价指标	0.447	总资产负债率	0.073
		营业收入	0.133
		利润总额	0.241
科技创新评价指标	0.288	R&D 人员全时当量	0.027
		R&D 经费内部支出	0.023
		发明专利申请数量	0.068
		新产品销售收入	0.122
绿色环保评价指标	0.138	工业二氧化硫排放量	0.046
		工业氮氧化物排放量	0.046
		工业颗粒物排放量	0.046

4.3.2 数据标准化处理

（1）数据来源

本书对河南省 16 个地市 2021 年的指标数据进行研究，考虑到数据的可获得性，研究范围未考虑济源市、驻马店市。规模发展、财务绩效、创新发展等方面的数据主要来自《河南省统计年鉴》以及河南各地市统计年鉴，绿色环保方面的数据主要来自各地市的《环境质量状况公报》和《中国城市统计年鉴》，少部分数据来自各地市的《国民经济与社会发展统计公报》。为消除价格因素的影响，绿色环保方面各个指标数据中所有工业增加值，以 2016 年为基期，按其增长指数进行了平减。

（2）原始数据

根据河南省及各地市统计年鉴中的统计数据，对 2021 年河南省各地市中小工业企业高质量发展指标体系中的各指标数据进行整理，得到指标原始数据见表 4–105。

表 4–105　2021 年河南省中小工业企业高质量发展各指标数据

地市	规模发展评价指标		财务绩效评价指标		
	企业个数（个）	平均从业人数（万人）	总资产贡献率 %	营业收入（亿元）	利润总额（亿元）
郑州市	2473	26.36	9	4000.107	172.49
开封市	1086	13.4	14.4	1043.05	87.12
洛阳市	1748	20.51	7.32	3061.21	136.25
平顶山市	661	7.04	14.1	836.15	57.02
安阳市	851	8.46	4.42	1230.199	30.73
鹤壁市	428	7.03	4.82	621.49	21.18
新乡市	1610	16.8	6.44	1926.65	63.84
焦作市	879	10.03	7.9	1246.28	40.12
濮阳市	657	5.81	4.9	869.76	20.02
许昌市	1676	21.29	11.04	621.49	201.86
漯河市	643	7.6	11.9	865.49	43.06
三门峡市	416	4.62	7.9	767.98	46.16
南阳市	1630	14.91	8.15	1256.95	71.79
商丘市	1787	20.94	17	2564.39	182.31
信阳市	1378	19.37	13	1581.42	110.54
周口市	879	24.506	16.6	2615.33	236.47

续前表

地市	科技创新评价指标					绿色环保指标		
	R&D人员全时当量（人年）	R&D经费内部支出（亿元）	专利申请数量（个）	新产品销售收入（亿元）	数字化项目数量（个）	每亿元工业增加值二氧化硫排放量（吨）	每亿元工业增加值氮氧化物排放量（吨）	工业颗粒物排放量（吨）
郑州市	21382	89.65	10001	859.7	79	0.94	0.45	0.72
开封市	3495	15.96	1212	111.49	15	0.65	0.48	2.53
洛阳市	12942	50.67	3707	308.01	26	0.37	0.2	0.42
平顶山市	4005	20.21	1321	143.59	6	0.22	0.18	0.11
安阳市	1847	7.69	1428	112.08	10	0.15	0.07	0.14
鹤壁市	1535	5.31	485	52.87	15	0.5	0.28	0.64
新乡市	9849	41.45	4277	370.19	26	0.56	0.2	0.41
焦作市	4530	16.73	1595	215.43	13	0.23	0.13	0.34
濮阳市	1577	10.2	651	83.36	15	0.88	0.4	1.94
许昌市	3932	25.5	1595	154.02	16	0.6	0.33	0.46
漯河市	2167	10.05	732	58.47	3	1.48	0.75	5.51
三门峡市	1589	7.34	405	42.26	4	0.35	0.18	1.06
南阳市	8666	36.04	2659	180.39	21	0.58	0.29	0.48
商丘市	3095	18.7	950	86.31	8	0.25	0.22	0.42
信阳市	2399	9.75	625	61.32	6	0.55	0.3	0.45
周口市	2104	8.3	721	48.1	9	0.44	0.46	2.14

（3）数据标准化

由于各个指标的取值范围不同，为消除量纲与意义不同对指标评价的影响，需要对数据进行归一化处理。本文采用标准化方法来消除量纲的影响。

$$y_i = \frac{x_{i-\bar{x}}}{s}$$

特点：经过变化后，指标总是分布在 0 两侧，指标实际值比平均值大的，其评价值为正，指标值比平均值小的，其评价值为负，且消除了量纲的影响。实际值距平均值越远，则其评价值离0越远。为了便于比较评价，本书将公式转化为百分数形式。

$$y_i = 70 + \frac{x_{i-\bar{x}}}{s} \times 10$$

此公式将均值转化为70，超过均值的转化为70以上，反之在70以下，但这种百分数不同于一般的百分数，个别极端值的转化会超出[1,100]区间。另外，河南省中小企业高质量发展指标体系中的逆指标采用取倒数的方法变为正向指标。

表4–106　各领域指标标准化数据表

地市	规模发展评价指标		财务绩效评价指标		
	企业数	平均从业人数	总资产贡献率	营业收入	利润总额
郑州市	92.52	87.25	67.69	95.19	81.44
开封市	68.45	68.72	81.10	64.55	68.83
洛阳市	79.94	78.89	63.50	85.46	76.09
平顶山市	61.08	59.63	80.36	62.40	64.38
安阳市	64.38	61.66	56.32	66.49	60.50
鹤壁市	57.04	59.62	57.32	60.18	59.09
新乡市	77.55	73.59	61.32	73.70	65.39
焦作市	64.86	63.91	64.96	66.65	61.88
濮阳市	61.01	57.87	57.51	62.75	58.91
许昌市	78.69	80.00	72.77	60.18	85.78
漯河市	60.77	60.43	74.88	62.71	62.32
三门峡市	56.83	56.17	64.96	61.70	62.78
南阳市	77.89	70.88	65.57	66.76	66.56
商丘市	80.62	79.50	87.56	80.31	82.89
信阳市	73.52	77.26	77.62	70.13	72.29
周口市	64.86	84.60	86.56	80.84	90.89

续前表

地市	科技创新评价指标					绿色环保指标		
	R&D 人员全时当量	R&D 经费内部支出	专利申请数量	新产品销售收入	数字化项目数量	单位工业二氧化硫排放量	单位工业氮氧化物排放量	工业颗粒排放量
郑州市	100.51	100.93	104.18	104.32	105.6	82.19	78.46	67.08
开封市	66.53	66.56	66.53	66.51	68.85	73.18	80.48	80.58
洛阳市	84.48	82.74	77.22	76.44	75.17	64.47	63.38	64.87
平顶山市	67.5	68.54	66.99	68.14	63.68	60.05	62.43	62.5
安阳市	63.4	62.69	67.45	66.54	65.98	57.82	55.45	62.76
鹤壁市	62.81	61.59	63.41	63.55	68.85	68.62	68.25	66.51
新乡市	78.6	78.44	79.66	79.59	75.17	70.28	63.27	64.78
焦作市	68.5	66.91	68.17	71.77	67.7	60.33	59.28	64.24
濮阳市	62.89	63.87	64.12	65.09	68.85	80.28	75.51	76.16
许昌市	67.36	71	68.17	68.66	69.43	71.66	71.39	65.14
漯河市	64.01	63.8	64.47	63.83	61.96	98.72	97.06	102.83
三门峡市	62.91	62.53	63.07	63.02	62.53	63.85	62.44	69.64
南阳市	76.36	75.92	72.73	70.00	72.3	70.9	68.84	65.3
商丘市	65.77	67.83	65.4	65.24	64.83	60.73	64.68	64.83
信阳市	64.45	63.66	64.01	63.98	63.68	70.09	69.53	65.08
周口市	63.89	62.98	64.42	63.31	65.41	66.81	79.53	77.69

4.3.3 各地市中小企业高质量发展评价结果

从综合排序结果来看：郑州市中小工业企业高质量发展综合评价结果为 89.15，领先于其他地市，表现较优秀；周口市、洛阳市、商丘市、许昌市、新乡市均高于设定的平均值，表现良好；开封市、信阳市、南阳市、漯河市、平顶山市、焦作市、濮阳市、安阳市、三门峡市、鹤壁市等地市中小工业企业综合评价结果低于设定的平均值。

表 4-107 各地市中小工业企业高质量发展评价结果及排名

地市	综合评价结果	排名
郑州市	89.15	1
周口市	76.77	2
洛阳市	75.68	3
商丘市	74.84	4
许昌市	73.41	5
新乡市	71.50	6
开封市	69.85	7
信阳市	69.75	8
南阳市	69.50	9
漯河市	68.61	10
平顶山市	65.21	11
焦作市	65.21	12
濮阳市	63.80	13
安阳市	62.72	14
三门峡市	62.39	15
鹤壁市	61.62	16

4.4 河南省中小工业企业高质量发展面临的主要问题

基于前文的分析发现，当前河南省各地市中小工业企业规模发展、财务绩效、创新发展、绿色环保等领域的多数相关指标有所提升，成为河南省中小工业企业高质量发展的重要驱动因素。但由于中小工业企业总体规模偏小、抗风险能力弱，近年来，在中美贸易战、经济下行压力影响下已经面临融资难、融资贵等多重挑战，特别是新冠肺炎疫情发生后，在复工复产方面又遇到比央企、地方国企严重得多的障碍，多因素叠加，经营困难尤为突出。大多数地市经营、创新能力各指标呈现“前高后低”态势，普遍低于新冠肺炎疫情发生前的水平。结合前文分析，目前河南省中小工业企业高质量发展面临的主要难点有：多数企业资金流吃紧、生产经营承压严重、创新转型存在障碍，以及中小工业企业竞争环境待改善、政策落地实施难等方面。具体内容如下：

4.4.1 部分中小工业企业资金流吃紧

从前文分析可知，郑州、新乡、安阳、洛阳等多数地市应收账款有增长态势。表明企业之间相互拖欠货款成为常态，更容易导致企业逾期应收账款增多。尤其是 2021 年以来，各地市中小工业企业应收账款有上升态势，流动资金紧张加剧。新冠肺炎疫情发生以来，各地市中小工业企业应收账款总量占规模以上工业企业比重均有所增长，不少中小工业企业为保住自身业务，不得不接受赊销，从而导致应收账款增多，资金被长期压占。然而中小工业企业购买材料、发放工资、缴纳税金、支付利息等都需要资金，一旦账款被拖欠，很容易导致企业陷入流动性困局，进而导致中小工业企业资金流动性紧张程度加剧，中小型企业生存空间进一步被挤压。

此外，融资难也是持续困扰河南省中小工业企业的突出问题。由于中小工业企业通常生命周期短、抗风险能力弱、营业方式灵活多变，企业融资需求呈现规模小、频率高、时间急等特点，这使得银行发放每一笔贷款所需的尽职调查和事后监控的操作成本上升，加上中小工业企业由于自有资本和商誉价值不高，破产成本较低，更易产生破产逃债的道德风险，融资成本也就更高。部分中小工业企业自身财务信息不规范，银企之间存在较突出的信息不对称问题，加上有融资需求的企业，融资过程中常遇到缺乏足够抵押物、资质材料审核要求多等问题，易造成中小工业企业和银行间“不敢贷、不愿贷、不能贷”的种种现象。

4.4.2 中小工业企业经营成本承压明显

从前文分析可知，多数地市利润总额有所缩减。一方面是因为部分中小工业企业难以负担原材料、物流等成本的上涨。中小工业企业由于资金规模有限，且议价能力较弱，往往面临着“上游涨价快、下游提价难”的困局，在涨价潮中承受了较大的成本压力。特别是近期全球大宗商品涨价带动国内原材料全面涨价，且运费增加，令中小工业企业生产经营成本变高。然而中小工业企业产品销售价格增速明显滞后于原材料价格上涨速度，造成部分中小工业企业“不敢接单也不敢提价”，加上场地租金、员工工资、渠道费用等价格也在不断上涨，企业利润空间不断被压缩，中小工业企业经营压力较大。

另一方面，中小工业企业经营压力还来源于整个市场需求疲软。尤其是新冠肺炎疫情暴发以来，人们的消费意愿和消费水平有所下降，中国人民银行调查显示，2020 年以来，城镇居民选择储蓄的比例较 2019 年同期大幅增加，选择消费的意愿下降。从而导致多数中小工业企业市场需求萎缩、订单减少，加剧了其经营压力。中小工业企业购买材料、发放工资、交税、支付利息等都需要真金白银，一旦账款被拖欠，很容易导致企业陷入流动性困局。

4.4.3 中小工业企业创新发展动力不足

2017—2021 年河南省多数地市中小工业企业 R&D 经费内部支出、专利申请数等逐年增加；从中小工业企业占规模以上工业企业 R&D 经费内部支出、专利申请数的比重来看，中小工业企业占比均持续上升，尤其是中小企业专利申请数是大型企业的 3 倍多。但也应该看到，河南省各地市大多数中小工业企业在创新发展方面仍存在较大的困难。主要表现为：一方面是各地市经费支持不断增加，但创新投入仍然不足，河南省大多数中小工业企业处于产业链的底端，实力较为薄弱，企业求稳意识较强，研究开发会给企业带来一定的风险，且多数小型、微型企业盈利能力较弱，长期持续的研发投入难以维持，导致中小工业企业创新投入资金有限，对专利维护缺乏持久性，创新的动力仍需增强，同时，中小工业企业由于其规模小、实力弱，在创新队伍建设方面与大型工业企业差距较大，对创新人才投入不足，人才结构和中小企业创新需求不匹配，且由于晋升空间有限、薪资水平低和稳定性差，导致中小工业企业难以吸纳优秀的人才，中小工业企业团队建设能力有限。

另一方面，面对当前的数字化转型，大多数中小工业企业表现得力不从心，虽然中小工业企业迫切需要数字化转型来提高生产效率和产品质量，但多数中小工业企业对数字化转型“一知半解”，有的企业仍停留在“概念阶段”，有的中小工业企业有较强的转型愿望，但多数中小工业企业并不太清楚如何转，而且数字化转型需要企业投入大量资金，成本高，许多中小工业企业没钱转。故中小工业企业数字化转型普遍面临“不会转”的困境。另一方面，正如上文提到的，中小工业企业专业人才不足，数字化人才培养体系不完善，中小工业企业数字化转型“不能转”；多数中小工业企业对数字化转型结果存在疑虑，不清楚数字化转型能否给企业带来收益，故多数中小工业企业“不愿转”；政策红利难以全面覆盖中小工业企业，企业数字化转型缺少安全保障，故多数企业“不敢转”。此外，数字化转型需要硬件、软件的支持，中小工业企业营业收入不佳，日常经营面临较大压力，转型发展动力受阻。

4.4.4 市场环境有待改善

中小工业企业平等待遇缺乏有效保障，服务支持措施针对性不强，营商环境和央企、地方国企仍有差距。中小企业在市场准入方面仍然面临一些隐形的壁垒，不时出现不平等待遇的问题。虽然市场准入负面清单制度已经全面实施，但在清单之外，部分经营效益好或市场前景广阔的行业以及垄断行业，仍然存在违规设立准入许可或设置隐性门槛的现象，导致名义上放宽了准入条件，实际上却严格限制了中小企业的进入。此外，清单内的准入限制仍然较多，相关的行政审批事项繁杂，程序复杂冗长，审批过程缺乏透明度，“准入不准营”的问题依然明显。

另外，市场公平竞争环境需进一步提升。如部分招标采购设置高门槛，一些平台利用资本、技术等优势和行业垄断地位，乱收费或高收费，或附加其他不公平交易条件，不断挤压中小企业的生存发展空间。

4.4.5 政策落实需要进一步加强

一项调研显示：仅有极少数小型微型企业平均从业人员表示对中央与地方政府出台的支持举措“非常了解”，远低于中央企业和地方国企等大型企业；这显示了对这些政策宣传的不足。而且由于政策发布渠道分散，内容也不容易理解，中小企业可支配的时间和人力成本有限，无法第一时间汲取政策有用信息，无法享受政策带来的收益。另外，多数政策普适性较强，对规模相对较小的企业支持力度有限，个别政策执行中容易出现“一刀切”现象，惠及不到中小企业。

第 5 章
国内外中小企业发展借鉴

中小企业在世界各国中都是数量占比最大的企业群体，对于各国的经济发展、社会稳定举足轻重。世界各国为促进中小企业的发展，都制定了适合本国国情的支持中小企业发展的政策措施。国内部分经济大省和先进地市也在助推中小企业发展方面致力于打造特色模式。本章结构框架如图 5–1 所示。

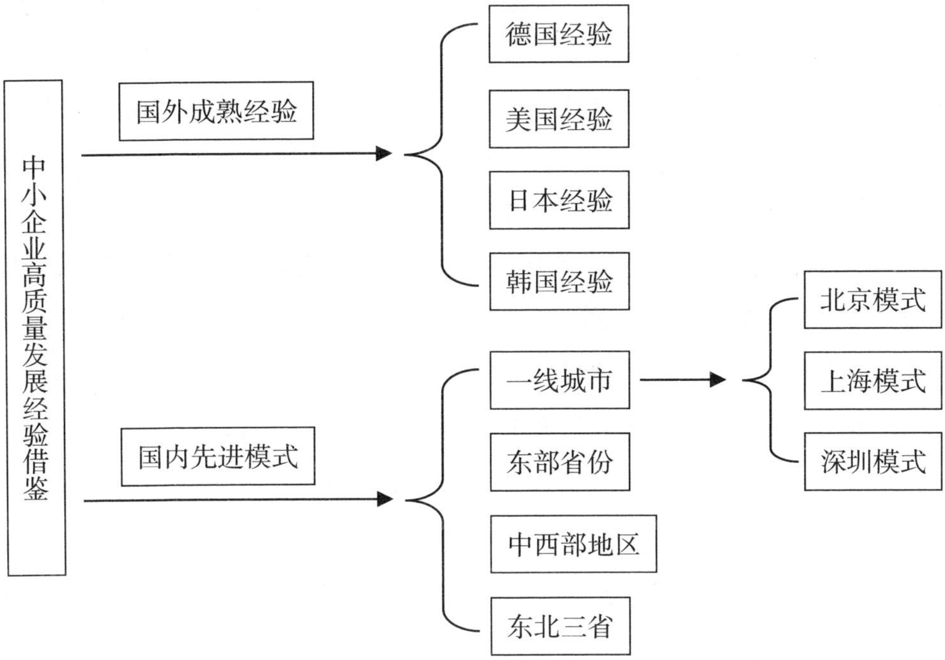

图 5–1　中小企业高质量发展经验借鉴框架图

5.1 国外促进中小企业发展的成熟经验

5.1.1 德国经验

德国的制造业在全球享有盛誉。“德国制造”的声誉不仅仅是由大型跨国企业塑造的，数量庞大的中小企业在其中起到了关键作用。德国的中小企业数量约为 370 万家，占全国企业总数的 99%。在德国，中小企业在经济中发挥着举足轻重的作用，贡献了约 54% 的增值，占据了整体经济输出的 52%，并提供了 62% 的就业机会，是德国工业和服务业的核心支撑。根据德国储蓄银行协会的报告，中小企业客户的平均利润率高达7.3%，这一数字甚至超过了德国最大的100多家企业的平均利润率（6.3%）。近年来，该协会数据库中30万家私营企业的利润持续增长，其盈利水平已超越宝马、西门子、拜耳等大型上市公司，成为德国经济的璀璨明星。这些中小企业之所以取得如此辉煌的成就，离不开多方面因素。德国政府、研究机构以及社会服务机构的全方位扶持，为中小企业的健康发展提供了有力保障。这种成功经验，对于我国推动中小企业健康发展具有重要的借鉴意义。

（1）德国中小企业有大量隐形冠军，引导企业创新化、专业化发展

德国著名管理学思想家赫尔曼·西蒙是德国企业“隐形冠军”理论的创建者。西蒙经过研究指出：德国出口贸易的成功要归因于国内众多的中小企业，特别是那些在某一个细分领域专注而卓越，并在国际市场上处于领先地位的中小企业。由于这些优秀的“隐形企业”们不受外界关注，而仅被供应链条上的圈内人所知，所以西蒙在其著作《隐形冠军：谁是全球最优秀的公司》中将其称为“隐形冠军（Hidden Champions）”。这些隐形冠军在制造业细分领域掌握了核心技术，多是关键部件或特殊材料的上游供应商，由于它们平时基本上不与消费者直接打交道，所以知名度较低。但其对终端产品的生产具有决定性作用，因此在该产业链内部拥有非常高的话语权。全球3000多家隐形冠军企业中，德国就占了1300多家，是世界上隐形冠军最多的国家。

德国企业之所以能够成为全球标杆，高度专注和专业化是核心，这被视为德国企业的经营之魂。它们往往是专注于某个领域、某项产品的“小公司”，但不是“差公司”。这些中小企业基本上都是家族企业，很多都还是乡镇企业，绝大多数都不是上市企业，产品和业务聚焦于利基市场，多为世界领先的产品，既不走多元化扩张之路，也不学跨国发展模式。它们逆多元化方向发展，专注于价值链的一个环节，向世界市场进军，不断挑战、超越自我。

北京大学国家发展研究院院长姚洋曾经说过：创新，全球最具代表性的是美国。而求精，追求极致，当之无愧是德国。德国中小企业追求的目标是严谨求实，精益求精，不做大而全的十项全能选手，专做小而美的单项冠军。德国中小企业一般专注于一个或者少数几个细分领域，努力做到最好。德国的中小制造企业大多定位于世界领先的高品质、创新技术的产品，而不是同质化的大众化产品。在国际市场上，德国中小企业在很多领域的产品甚至没有替代品，需求方只能从德国的某个或者某些中小企业供应商处购得。相比销售额的多少，它们更在乎世界份额能占多少。

隐形冠军企业一般不做终端产品，只为大企业做配套，同时放弃多元化。这些作为隐形冠军的中小企业会投入全部的资源，确保自己在缝隙市场中取得霸主地

位。由于专业化程度高，规模小，无法获得规模经济。为此它们积极开展海外贸易，将产品销售到全球。出口贸易带来的规模效应足以让公司收回研发投入，并控制住成本。

数据显示，德国中小领军企业的平均专利数量是大型企业的 5 倍，但成本却远低于后者。隐形冠军研发投入是普通企业的 2 倍以上，由此带来企业营业额的年平均增长率高达 8.8%。德国创新型企业数量在欧洲名列榜首。德国政府设立了众多创新资助项目，支持中小企业开展科技创新。德国《工业 4.0》《国家工业战略 2030》提出鼓励中小企业参与智能生产，采用智能化生产技术并从中获益。德国出台相关法律保护中小企业专利，提高中小企业研发热情并积极促进成果转化。

德国政府提供了众多创新资助项目，支持中小企业创新。德国联邦经济和能源部发布《数字化战略 2025》，其中包括数字化重点领域的目标和相应的实施措施，支持企业加快数字化转型。德国鼓励企业持续提升产品和服务质量，支持中小企业集中优势资源，专攻细分行业、专一产品，不断创新技术、改进工艺，精益求精，成为细分市场的冠军。

由此可见，要实现经济的持续发展，不能只依靠大公司，培育扶持中小型企业是一条必不可少甚至更好的发展道路。中国产业要从低端走向高端，中小企业优质发展是必由之路。德国作为全球中小企业发展的楷模，以其高度的专业性、精细的工艺、独特的创新能力和对质量的高追求，在全球市场中占据了一席之地。中国制造和德国工业 4.0 紧密衔接、高度契合，中国中小企业的发展要借鉴德国经验，走“专精特新”的道路，打造更多“隐形冠军”企业。

（2）出台法律法规，保障中小企业利益

德国政府出台了《反对限制竞争法》《反垄断法》《中小企业促进法》等多部专项法律，通过立法禁止在大企业之间签订生产领域的卡特尔协议，却支持中小企业间签订卡特尔合同，以限制大企业的垄断经营。德国还通过立法规定许多重大科研、工程、投资等项目只面向中小企业，只有中小企业才能拿到，以此促进中小企业的壮大，增强中小企业的抗衡能力。

将中小企业的发展放在政策的优先位置，促进大型企业和中小企业协调发展。中小企业是德国经济发展模式的支柱。德国联邦经济与能源部于 2019 年末发布的《中小企业战略》中，强调了中小企业的关键作用，强调中小企业与大型企业的协同发展是德国强大工业制造业的基础，“大型企业工业冠军”和“中小企业工业冠军”应在价值网络中与中小型供应商企业紧密合作。

联邦政府设置了中小企业管理局等面向中小企业的专门管理机构，负责制定扶持政策并对中小企业管理人员开展职业培训等。此外，德国的中小企业社会化服务体系也较为成熟完善。

（3）构建多层次中小企业融资体系

德国中小企业的社会化融资体系涵盖了多个重要参与方，包括联邦和州政府、德国复兴信贷银行（KFW）和州担保银行作为开发性金融机构，以及商业银行（如储蓄银行集团和合作银行）和工商协会等。这些参与者在融资体系中各自扮演着不同的角色，相互协作，共同确保中小企业的融资需求得到满足。德国中小企业社会化融资体系构成如表 5-1 所示。

表 5-1　德国中小企业社会化融资体系构成

参与主体	发挥作用
德国联邦政府和各州政府	德国联邦政府和各州政府通过政策性支持，为中小企业融资提供了坚实的后盾。其中，联邦政府制定的《德国复兴信贷银行法》确保了复兴信贷银行在中小企业融资体系中的核心地位，而各州政府则出台了针对担保银行的优惠政策，如免除企业所得税等，进一步强化了融资支持体系
开发性金融机构德国复兴信贷银行（KFW）和各州担保银行	开发性金融机构德国复兴信贷银行（KFW）和各州担保银行在促进中小企业融资方面发挥着关键作用。复兴信贷银行凭借国家信用的支持，成功发行债券，筹集了大量低成本资金，并通过批发给中小型银行的方式，有效拓宽了中小企业的融资渠道。同时，复兴信贷银行还提供了技术援助，并实施了政府银行信贷项目，为中小企业提供了全方位的金融支持。担保银行则为无法提供抵押的自主创业者和企业提供了宝贵的担保服务
商业银行（包括储蓄银行集团、合作银行等）	是中小企业的主控银行，它们与中小企业建立起直接而紧密的合作关系，致力于提供针对性的零售融资服务，以满足中小企业多样化的融资需求
工商协会	为中小企业提供社会化的融资服务和信用担保体系

由于创新型中小企业前期投入高、投资风险大、研发周期长等特点，单纯依靠商业银行容易发生“市场失灵”现象。为避免这种现象，德国推出了以开发性银行为引领、商业银行发挥主力军作用、担保银行提供风险保障的多维银行支持体系。德国《复兴信贷银行法》明确包含支持“中小企业和初创企业”“技术进步和创新”融资。德国

复兴信贷银行在为创新型中小企业发放贷款时不是直接面向中小企业，而是通过“贷”机制委托商业银行发放贷款。这种“贷”机制能有效缓解开发性银行与商业银行的定位和竞争问题。

5.1.2 美国经验

美国目前中小企业的数量约有 2500 万家，占到了美国全部企业总量的近 98%。美国对中小企业实行税收优惠政策的历史可以追溯到 20 世纪 40 年代初，已经持续了 80 多年。1981 年美国更新了优惠政策，将小企业的个人所得税率下调了 25%，并规定，雇员在 25 人以下的企业，所得税按个人所得税税率缴纳，不必按公司所得税税率纳税。

美国的中小企业创新意识强烈，创新成果众多，这得益于企业建立了完善的中小企业创新支持体系和制度。美国同样也是通过政策立法、成立机构和资金帮扶等来促进中小企业发展壮大。美国于 1963 年颁布了《小企业法》，以立法形式确立了中小企业的重要地位。 此后，美国又陆续出台了支持中小企业发展的多项立法，包括《小企业创新发展法》《专利法》《知识产权法》《商标法》等。美国小企业管理局诞生于 20 世纪 50 年代，这是美国政府针对扶持中小企业发展设立的管理部门，其职责主要为数量庞大的中小企业提供融资帮助、技术及咨询等服务。在资金帮扶方面，美国通过提供直接融资、政府设立的服务中介组织帮助融资、信贷融资等多渠道融资方式解决中小企业在创新发展中的资金短缺问题。

1953 年，美国正式将焦点投向了“中小企业”，在这一关键时期，美国政府成立了小企业管理局（SBA），并颁布了具有里程碑意义的《小企业法》。这部法律从资金、技术、就业和投资等多个维度为小企业提供了全面的法律保障和支持。作为专门服务于小企业的机构，SBA 为小企业提供了一系列的政策支持工具，包括但不限于直接贷款、信贷担保、政府采购和财政专项资金等。在政府采购方面，SBA 展现出了对小企业的巨大支持。2020 年，SBA 从小企业处购买了价值高达 60 亿美元的商品和服务，这一数字占据了全年总支出的 24%，充分体现了政府对小企业的青睐和扶持。在担保贷款领域，SBA 也发挥了举足轻重的作用。由 SBA 主导的小企业投资公司和风险投资公司所提供的贷款，在债券融资中占据了超过三成的比例，成为高成长型小企业获取资金的重要渠道。此外，政府还为那些创新能力强或遭遇自然灾害的企业提供了财政专项资金，以缓解其经济压力，促进其持续发展。在培训指导方面，SBA 同样不遗余力。截至 2020 年，已有超过 2.2 万个小企业客户接受了 SBA 资源合作伙伴提供的咨询服务，这些服务帮助小企业提升了管理水平，增强了市场竞争力。2020 年，SBA 通过直接贷款、信贷担保、政府采购和财政专项资金等多种形式，共向小企业提供了高达 250 亿美元的支持。这些举措不仅缓解了小企业的融资难题，也为其发展壮大提供了有力保障。

值得一提的是，美国中小企业在融资方面也得到了改善。随着金融市场的不断创新和发展，小企业融资渠道日益拓宽，融资成本逐渐降低，为小企业的蓬勃发展注入了源源不断的动力。

美国的风险资本发展繁荣，最初的风险资本也正是 SBA 提供的。在 20 世纪 90 年代后，随着互联网等技术的发展，风险投资成为技术创新强有力的动力，这些风险资本对风险和失败有极强的容忍度，资本的丰富度与容忍度为初创企业提供了良好的商业环境。据美国国家风险投资协会（NVCA）数据，VC 管理的资本从 2007 年的 2257 亿美元上升到 2021 年的近万亿美元，复合增长率达 11.2%。

5.1.3 日本经验

1990—2018 年，日本的平均经济增长率只有 1% 左右，经济长期低迷。但是一些中小微企业丝毫不受外部经济环境影响，长期维持着一个稳定的高利润率。一些企业逆势成长，实现转型，发展迅速。这些中小微企业的成功经验总结如下。

一、坚守传统，把自己的主业做到极致。日本是全世界长寿企业最多的国家，创业超过 100 年的企业有 2 万家左右。这些企业很多都是家族经营的微型企业，财务资料也不会公开。但是这些企业的税前利润率却在 35% 以上。因为这些企业的运营完全可控高效，也没有任何浪费。每天顾客都是满员，每天准备的商品都会售罄，不会存在任何的库存和浪费。店里的员工也都各司其职，满负荷工作。由于效益好，工资高，员工的流失率也很低。公司不用把时间浪费在招聘员工和培训新员工上面。这些企业不仅赚钱，而且受到顾客和社区的高度尊重。

二、在某一个领域常年耕耘，成为全国的冠军企业。日本的中小微企业常年耕耘在某一个细小的领域，在自己的领域成为日本全国知名甚至全世界知名的企业。这样的企业在日本和德国很多，往往被称为“隐形冠军企业”。这些中小型企业大部分都是家族企业。企业的负责人往往一人担负着多种角色。许多小微企业的负责人往往既是企业家，又是发明者、工程师、高级技工。日本全国各地都有这样的企业。东京都的大田区和大阪府的东大阪市是日本全国最知名的小微制造业企业聚集地。

三、和同一区域的同行业企业开展合作，谋求共赢。日本和中国相比，行业协会发挥的正面作用往往比较大。中小企业力量比较小，许多时候团结起来进行团体作战往往是很有效的。

四、通过国际布局和竞争战略，提升企业的竞争力并获得高回报。日本有许多中小企业通过国际分工获得了飞速的发展。利用海外廉价劳动力和廉价土地等资源，极大地降低了产品的价格。

五、学习外国先进技术，消化吸收改造后反超外国。日本从明治维新之后，一直走的是学习欧美、赶超欧美的道路。日本从科技实力上赶上欧美国家是 20 世纪 80 年代后期和 90 年代初期的事情。回顾日本发展的道路，就会发现一个耐人寻味的现象，那就是日本学习和导入欧美的技术之后，往往可以做出比欧美更完美的产品。比如便利店是日本学习美国的东西。但是日本便利商店在 20 世纪 80 年代末就成为美国便利商店学习的目标了。

日本政府同样也出台了与本国国情相适应的中小企业创新优惠政策。

首先，日本建立了全面的社会服务支持体系，致力于为中小企业提供技术指导。为此，政府特别设立了专业的实验研究机构，并配备了技术顾问，针对每个企业进行个性化指导。此外，日本还通过大学举办技术培训班和人员进修班，对技术人员进行系统培训，从而显著提升了中小企业的创新能力。

其次，日本构建了完善的两级信用担保机制，充分整合了中央与地方机构的资源，有效分散了信贷风险。作为世界上最早建立中小企业信用担保体系的国家，日本已发展出由政府直接出资、中央与地方共同承担风险、担保与再担保相结合的中小企业信用担保体系。此外，为了进一步促进中小企业的创业和发展，日本还建立了多元化的创业融资体系。对于经过审议的创新计划，日本提供无需担保和保证人的贷款，极大地降低了融资门槛。同时，地方政府还提供了分期购买或租赁设备的服务，有效降低了企业的创新成本，推动了创新活动的深入开展。

最后，日本在第二次世界大战后持续开展对中小企业实行税收优惠政策。通过采取减轻法人税率和对一部分所得不课税的制度充实企业的内部留存。政府对发展国民经济和提高国民生活起重要作用的“指定”行业，在合并时实行免税注册。

5.1.4 韩国经验

韩国中小企业扶持政策历经变迁，但其核心目标始终聚焦于支持中小企业发展。从 20 世纪 60 年代的完善和稳定政策，到 70 年代的保护和优化产业政策，再到 80 年代鼓励创业的政策导向，以及 90 年代后侧重扶持技术创新型企业的战略，韩国政府始终与时俱进，不断适应时代需求。在过去的 40 多年里，韩国政府累计推出了超过 200 项针对中小企业的扶持政策，现已构建起一套相对完善的政策体系和服务体系。韩国政府深知中小企业在创新领域的巨大潜力，因此高度重视并鼓励民营企业进行科技创新。据统计，2021 年韩国对中小企业的研发支持率高达 26%，这一数字比经济合作与发展组织（OECD）的平均水平高出 5 个百分点。为了进一步激发中小企业的科技创新热情，韩国政府采取了多项积极措施。第一，通过实施税收优惠和设立技术开发准备金等政策，鼓励企业加大研发投入；第二，大力支持企业成立研发机构，为企业的创新活动提供有力保障。2020年，韩国发布《研究型企业创新发展战略》，提出了到2025年实现设立2000个研究型企业和培育100个韩国先导研究企业的战略目标，分阶段对企业进行支援，帮助企业实现从“种子企业”到“K—先导研究所企业”；第三，打造对高科技企业成长有利的金融环境。韩国设立了上市门槛和交易费用较低的股票市场创业板柯斯达克（Kosdaq），并为在柯斯达克上市的中小企业免税5年，以此解决高科技、创新型企业融资难问题。

相比于对智能制造技术的深度开发，韩国政府更注重通过智能制造技术在中小企业中的推广应用来推进智能制造。韩国政府投入大量财力进行中小企业工厂智能化改造和智能工厂建设。20世纪60年代以来，少数财阀集团成为韩国制造业的主体，大量中小制造业企业多为财阀集团下属企业提供简单配套，形成了中小企业高度依附于财阀集团的“中心企业—外围企业”制造业组织格局。在此格局下，财阀集团在生产系统自动化、信息化集成解决方案、预测性维护、生产数据收集分析等方面积累了强大的技术实力。有鉴于此，韩国政府确立了利用财阀集团既有技术优势、多方合作弥补中小企业短板的智能制造推进战略，力争为占制造业企业总数90%以上的中小企业提供适用性的低成本智能工厂解决方案，整体提升制造业系统的智能化水平。

5.2 国内促进中小企业高质量发展的先进模式

5.2.1 国内一线城市

（1）北京市多措并举促进中小企业发展[1]

一是出台优惠政策。北京市先后出台了《促进北京市“专精特新”中小企业高质量发展的若干措施》《北京市优质中小企业梯度培育管理实施细则》等支持企业技术创新、产业链配套、上市融资等一揽子专属政策，推动中小企业走“专精特新”发展之路。针对疫情困境，北京市连续制定印发《北京市关于应对疫情防控常态化促进中小企业健康发展若干措施》《关于继续加大中小微企业帮扶力度加快困难企业恢复发展的若干措施》《北京市统筹疫情防控和稳定经济增长的实施方案》及《北京市助企纾困优化营商环境若干措施》。

二是完善中小企业服务。为保障中小企业合法权益，北京市开展防范和化解拖欠

[1] 北京经信局：《解决“成长的烦恼”畅通“腾飞的通道”，多措并举促进北京中小企业发展》[Z/OL]，2022年12月14日。

中小企业账款专项行动，建立“四位一体”投诉咨询受理渠道，形成的“12345”工作机制在全国范围得到推广。在政务服务领域，北京在全国范围内率先实现企业线上线下一体化办理，开启全类别市场主体“一网通办、一天办结”的“开办 e 时代”；在全国范围内率先实现在营业执照上加载“企业码”，实现“照码合一，一码通查”。北京市还大力推进政务服务“一网通办”，除涉密等特殊情况外，市、区两级政务服务事项实现 100% 网上办理，97% 以上事项实现“全程网办”。

北京市聚焦惠企政策“难找、难查、难报”等问题，优化北京通企服办 APP 功能，打造“指尖上的企服平台”，开设“2022 北京市中小微企业帮扶政策一站直达”专区，开通“局处长讲政策”专栏，推动纾困帮扶政策统一汇聚、申报链接集中展示、政策全面解读。上线“一体化”集成申报系统，通过流程再造和系统集成，大幅提高资金申报的效率和精准度，同时也为中小企业提供更加便捷、高效的服务。

三是加大金融扶持力度。北京市发布《北京市中小微企业首次贷款贴息及担保费用补助实施细则》，线上线下相结合，提高政策覆盖面和便利度，对于在该市通过贷款服务中心或首都之窗官方网站的信贷一站式平台首次登记且符合条件的中小微企业贷款业务，政府将提供贷款贴息或担保费用补贴。北京市通过打造“融资纾困直通车”机制，推动银行与企业的精准对接，并深化畅融工程。针对“专精特新”中小企业，北京市创立了“专精特新上市企业服务库”，并持续实施包括“专精特新”企业上市、创新层晋升、新三板挂牌以及拟上市企业的储备“四大工程”。

四是开启专精特新中小企业高质量发展“北京模式”。2023 年 7 月 5 日，全球数字经济大会产业互联网创新发展论坛在北京举办。这次大会宣布了国家专精特新中小企业强企赋能平台 1.0 版正式上线，也开启了“专精特新”中小企业高质量发展“北京模式”。

该模式围绕“国家战略、产业布局、市场运作、资本驱动、专家引导”的发展思路，依托国家工业互联网大数据中心体系，以企业能力提升需求为出发点，共同推进国家“专精特新”中小企业强企赋能平台，以“专精特新”中小企业核心能力数字化赋能诊断评估为抓手，实现企业能力改善需求与各类服务资源的智能匹配和精准对接，助力政府实现数据驱动的精准施策，形成“企业诉求—入口诊断—生态赋能”的有效协同。

“北京模式”制定了《专精特新中小企业核心能力数字化赋能诊断评估标准》。“北京模式”以诊断为切入，以数据为驱动，以政府精准施策为手段，以企业核心能力提升为目标，带动政府侧、企业侧、生态侧多方协同共进，重点解决“专精特新”中小企业经营、发展过程中存在的标准、数据、商机、资金、发展等问题，以创新模式赋能企业、产业高质量发展。

“北京模式”依托国家工业互联网大数据中心体系，构建“技术先进、高端自主、高效畅通、安全可靠”的数字基础设施，建设标准、算力、数据、应用和安全五大基础能力体系，建设“1+N”全国工业互联网“大数据湖”，汇聚了5000多万家企业、5.8亿条企业数据资源。通过持续采集企业综合能力诊断评估数据（非经营和运行数据），打通产业数据共享应用的数据孤岛，推动与政务、金融、信用等数据体系共享交换，构建“专精特新”“企业DNA库”，逐步形成国家级产业大数据体系，探索大模型技术赋能多维数据融合应用场景。

（2）上海市中小企业高质量发展调研[1]

2023年3月，上海中小企业服务中心联合第一财经研究院开启“中国式现代化”高质量发展新时期上海中小企业发展趋势专项调研活动。调研报告的主要内容包括：

一是绿色发展方面。

在调研中，85.08%的企业表示会关注自身的环境、社会和治理（ESG）情况。同时，15.67%的受访企业有ESG/零碳工厂/低碳技术等相关实践案例；近六成企业虽暂无实践经验，但打算在未来开展相关实践项目，上海中小企业环境、社会、治理（ESG）方面发展情况如图5-2所示。

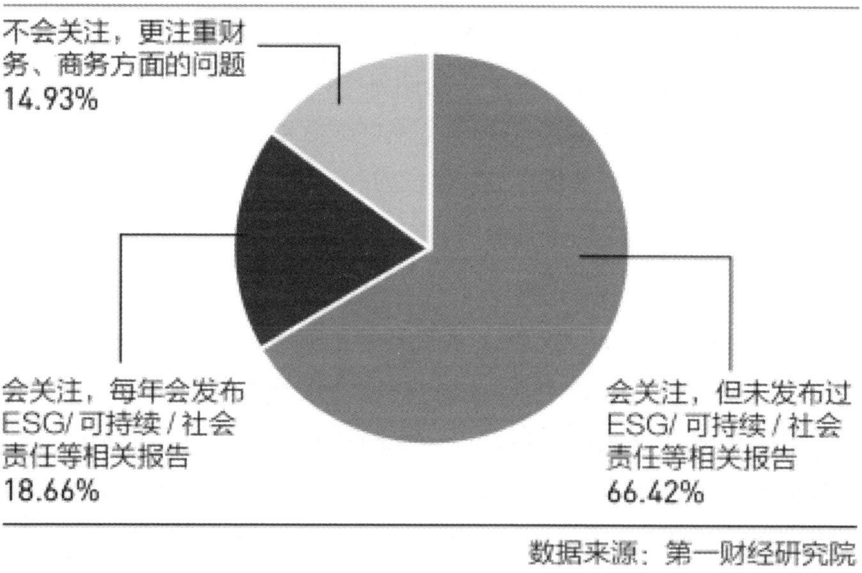

图5-2　上海中小企业环境、社会、治理（ESG）方面发展情况

在企业践行绿色发展的计划中，绿色办公、资源循环利用，以及采用节能减排技术成为大多数企业的选择。近71%的受访企业打算采用绿色办公模式，多数企业表示

[1]　第一财经研究院：《上海市中小企业高质量发展趋势调研报告：在人才等方面加强中小企业“绿数”能力建设丨旗舰报告》[Z/OL]，2023年3月1日。

将会进行资源循环利用（57.46%），并采用节能减排技术（55.97%）；计划设立碳减排目标的上海中小企业仍占少数，仅为22.39%；有十分之一的企业计划参与绿色金融，上海中小企业践行绿色发展计划包含的内容如图 5-3 所示。

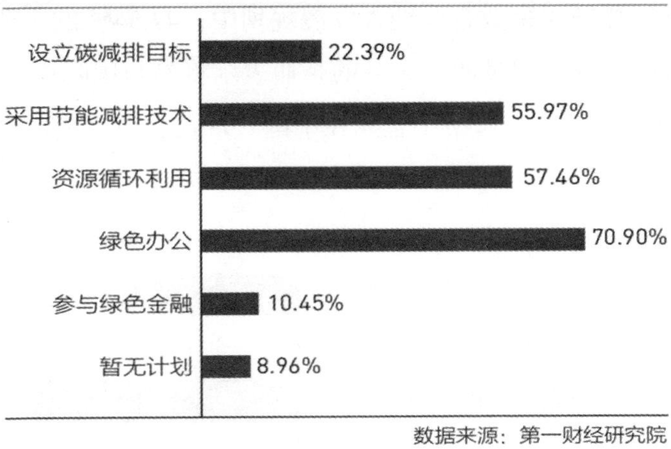

图 5-3　上海中小企业践行绿色发展计划包含的内容

二是创新驱动方面。

本次调研结果显示，上海中小企业在高质量发展方面的积极性普遍较高，所有受访企业都有实现高质量发展的规划。其中，约一半的受访企业表示，未来将建立符合自身实际的高质量发展机制，43.28% 的企业计划将创新驱动作为高质量发展的路径，另有 5.97% 的企业表示将借鉴优秀企业的实践经验，上海中小企业未来高质量发展路径选择情况如图 5-4 所示。

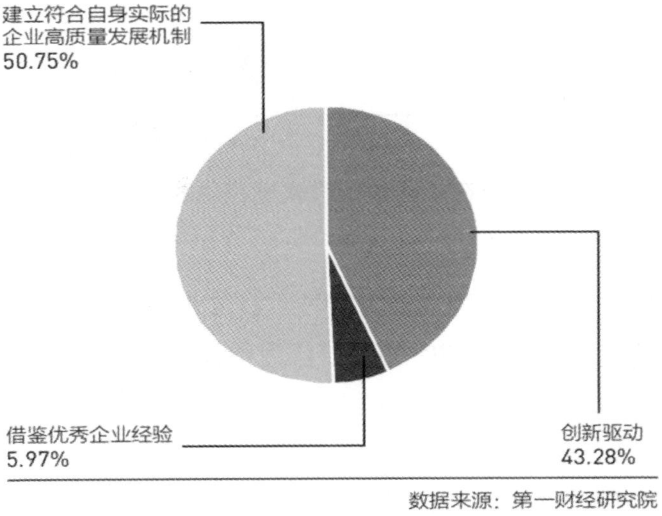

图 5-4　上海中小企业未来高质量发展路径选择

上海中小企业在本次调研中反馈，自身未来的发展思路主要聚焦于科技研发和产品创新、企业独特竞争力的提升，以及提高公司的治理和管理水平。具体来看，82.09% 的受访企业表示自身发展将注重科技研发和产品创新；79.85% 的企业表示将注重提升自身的独特竞争力；提高公司治理和管理水平（68.66%）以及实现绿色可持续发展（52.99%）同样被大多数企业纳入发展规划中；42.54% 的企业表示将改善薪酬激励体系和收入分配机制；超过四分之一的企业表示将参与国际市场；约 15% 的企业表示将建立 ESG 管理体系，上海中小企业在中国式现代化进程中的发展思路包含的内容如图 5-5 所示。

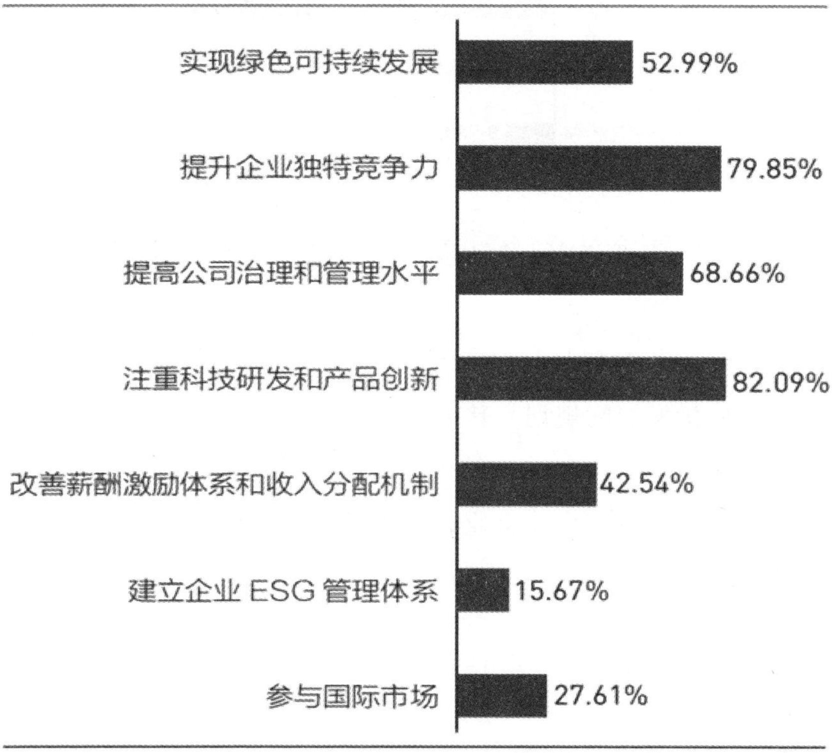

数据来源：第一财经研究院

图 5-5　上海中小企业在中国式现代化进程中的发展思路包含的内容

三是惠企政策方面。

在本次受访的上海中小企业中，有 91.04% 的企业受到过政策的支持，包括援企稳岗补贴、防疫消杀补贴等；64.18% 的企业认为税收优惠对自身实质性的帮助最大；44.03% 的企业认为减免、补贴房租对企业而言十分重要，上海中小企业受政策帮助情况如图 5-6 所示。

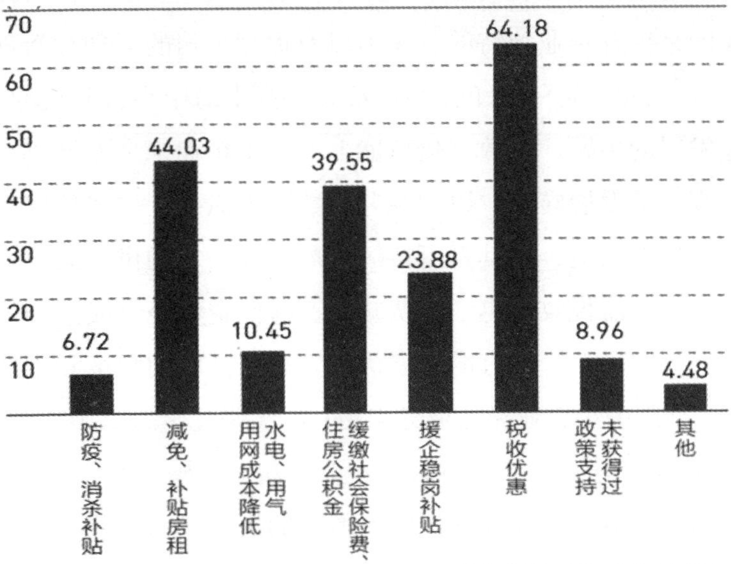

数据来源：第一财经研究院

图 5–6　上海中小企业受政策帮助情况

四是面临的困难和挑战方面。

调研结果显示，相关人才资源匮乏是企业实施可持续发展战略面临的最大挑战，这是 58.96% 的企业都存在的问题；供应链和资金链缺乏稳定性（48.51%），以及产品和服务质量有待提高（36.57%）也是上海中小企业实践可持续发展过程中较为突出的难题；大约四分之一的受访企业认为难点在于无法保持财务稳健性，约五分之一的企业认为核心技术缺乏自主可控性的挑战较大，上海中小企业实现可持续发展战略面临的挑战如图 5–7 所示。

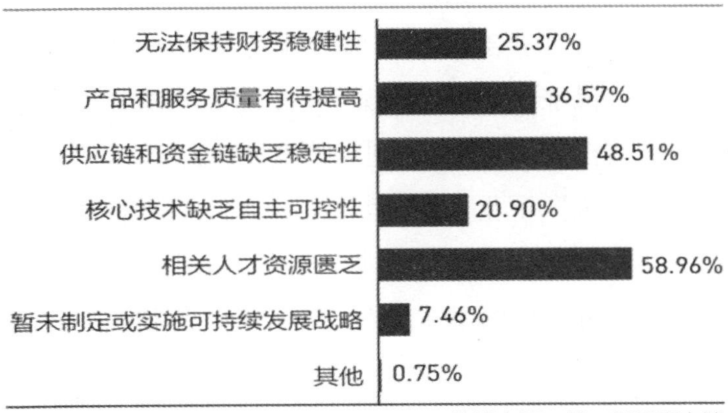

数据来源：第一财经研究院

图 5–7　上海中小企业实现可持续发展战略面临的挑战

五是上海中小企业高质量发展的建议。

报告指出：上海中小企业在当下发展中最重视的是企业的科技研发能力和产品创新能力，最关注的是提升企业独特的竞争力以及提高公司的治理和管理水平。在全球都极为重视可持续发展的当下，绿色、可持续发展是上海中小企业新的关注重点。“创新”依然是企业发展的主题，用数字化赋能上海中小企业未来发展仍大有可为。政府应聚焦中小企业高质量发展转型，以“绿”“数”为抓手，加强顶层设计；为中小企业建立可靠的人才招募渠道，尤其是可持续发展相关人才的供给渠道；中小企业虽从疫情中有所恢复，但仍需税收优惠、清费减负、降低企业经营成本和信息获取成本等政策的持续支持；应立足上海现有的发展优势，利用开放的政策和创新的技术工具搭建业务沟通渠道，帮助中小企业拓宽业务渠道；继续强化金融对中小企业的资金支持。

（3）深圳市注重专精特新“小巨人”企业的知识产权发展

深圳具有浓厚的产业根基和在众多领域形成的优势产业集群，且知识产权行业在深圳得到了良好的发展，为深圳专精特新“小巨人”企业知识产权发展提供了充足的后备力量。深圳专精特新“小巨人”企业可以在知识产权发展遇到瓶颈时主动向相关的地方政府部门寻求帮助，包括资金、人力、资源等各方面的协助，以避免在发展知识产权时由于自身能力的局限导致不良后果。深圳市政府在政策扶持、完善培育梯队、加强公共服务、加强上市培育、搭建发展平台以及加强企业人才培训等方面持续发力。

大部分深圳专精特新“小巨人”企业主要负责生产制造中的某一具体环节或元器件、基础材料，其产业规模、人才储备、掌握的关键技术可能为较为细分的技术领域，在进行专利布局时，加强上下游企业的交流与合作，形成整个产业上下游的合作布局，“专精特新”中小企业形成集群发展，有效促进全行业的知识产权蓬勃发展。

深圳的政府机关会主动对接企业，对企业发展过程中在技术、资源合作、金融投资、政策审批等方面遇到的问题给予帮助。“专精特新”企业处于产业链的中间环节，规模有限，容易受大宗商品涨价等冲击，谋求上市的难度较大。对此，深圳市政府积极为企业“背书”，吸引投资，扶持企业进一步发展壮大。

深圳专精特新“小巨人”企业多为中小型企业，并不如华为、腾讯等大厂一般具备完善的科研条件和诱人的福利待遇，深圳市政府通过大力引进共建研究院所，引进高层次人才，牵头完成研究院所的建立和人才的引进，实现了知识产权数量与质量的提升。

深圳市政府还通过创建企业交流平台，将各类创新创业资源汇聚，促进大中小企业融通交流，以及企业与政府相关部门、企业与知识产权代理事务所之间的交流。避免由于信息不对等造成的不良影响，关联企业之间可借助这个平台进行有效沟通，在知识产权上实现合作共赢。

5.2.2 东部省份

我国东部沿海省份经济发达，中小企业数量巨大，中小企业发展环境良好，发展模式具有一定的代表性。

（1）浙江采用研发创新和数字化方案推进中小企业高质量发展

浙江省中小企业研发创新的“两条腿”分别是高水平科研团队的建设和持续资金的投入，二者结合，在企业内部将科研成果转化成产品优势，逐步在行业内形成核心竞争力。如已经发展成为全球制冷零部件的领头企业浙江三花集团，实施全球化人才引进战略，在美国和德国等地设立海外技术中心，其研发部门员工多达 1200 余人，拥有发明专利 2100 多项，国外专利 300 多项。三花集团在研发费用方面的投入长期在行业中保持着领先地位。2018 年集团研发支出占比达到 4.8%。浙江印染纺织企业圣山集团持续开展创新活动，对公司进行全面的数字化升级改造，引入数字化管理平台，开展信息化改造，提升公司内部运营效率。在硬件改造上与上海科大等科研机构合作，逐步对公司进行智能化改造，减少污染排放。

浙江省中小企业研发创新强调三个方面。一是强调企业机械化。这既是顺应全球制造业升级的大趋势，也是解决劳动力成本上升问题的必然选择。通过引进和消化吸收先进制造技术，中小企业可以显著提高生产效率和产品质量，从而在市场竞争中占据有利地位。二是做好企业数字化。当前，全球经济正处于数字化转型的大潮中，中小企业通过数字化平台可以更好地与客户、生产环节和管理系统相连，实现资源优化配置，提高运营效率，促进商业模式创新。三是关注产品的差异化。这是企业构建核心竞争力的关键。中小企业应紧密跟踪市场需求，不断创新产品设计和功能，提升产品的附加值，满足消费者多元化、个性化的需求。这三方面是一个相辅相成、互为支撑的系统工程。能够显著提升中小企业的研发创新效果。

杭州市通过实施“数字平台”“数字政策”“数字企业”“数字工匠”“数字生态”五大方案，促进制造业中小企业的数字化进程、高质量发展，并加速数字长三角地区的高效协同进步。

第一，杭州市着手实施“数字平台”构建方案，通过与浙江省“1+ N”工业互联网平台体系的有效对接，优先选择在服装、物流等具备良好基础的细分行业进行试点，开展行业级平台建设。此外，该方案还致力于开展现代智慧产业集群转型的试点工作，并探索长三角地区跨区域工业互联网平台的试点，旨在建立长三角跨区域的合作机制。

第二，杭州市推出“数字政策”优化方案，以促进工业互联网行业的发展。工业互联网不仅支持中小企业进行单项数字化改造，更重要的是鼓励中小企业利用行业平台进行整体改造。方案强调从中小企业的硬件设施改造转向利用平台数据优化业务流程、运营管理等软件设施提升，并大力支持企业级工业互联网的发展转向推广行业级工业互联网，同时积极创建杭州的5G工业互联网产业园。

第三，杭州市落实“数字企业”提升方案，以实现企业数字化和行业平台化的发展目标。该方案进一步支持企业整合内部现有平台，并对长期积累的数据进行深入挖掘，以提升企业在信息链、供应链、资金链、创新链等方面的快速响应和传导能力，从而培育出一批能够高效服务于制造业的“数字企业”。

第四，杭州市探索“数字工匠”培养方案，通过高薪吸引和积极培养“互联网+数字+制造”的复合型人才，并以杭州为中心，面向长三角国家级高新区建立“数字人才驿站”。

第五，杭州市完善“数字生态”构建方案，旨在建立一个集聚制造业企业、高校、科研院所、创客、金融资本等主体的各项信息平台，实现企业与科技和金融的在线对接。同时，将工业小脑与城市大脑相结合，以实现数据价值的最大化。

（2）江苏省促进中小企业特色产业集群化发展

2023年3月江苏出台《促进中小企业特色产业集群发展管理办法》（以下简称“办法”），提出“十四五”期间，在全省范围培育和认定100个左右特色产业集群，引导和支持各地培育一批市级特色产业集群。目前，江苏有超400万家中小企业、超70万家中小工业企业、超5.6万家规模以上中小工业企业。江苏中小企业近年来已逐步形成梯度培育体系，通过免费诊断、分行业指南、专项资金支持等政策扶持，推动中小企业创新发展。2023年初又发布了深入实施“专精特新”企业培育三年行动计划，提出到2025年底，培育“专精特新”中小企业1万家以上、创新型中小企业5万家以上。

由于数量庞大，地点分散，江苏中小企业还普遍面临发展水平不均衡的问题。中小企业特色产业集群的遴选要立足于推动中小企业“专精特新”发展和产业链现代化水平提升，聚焦营造中小企业良好发展环境和产业链、供应链关键环节专业化配套能力提升。《办法》要求，集群拥有属于主导产业的制造业单项冠军、专精特新“小巨人”企业不少于3家，或者“专精特新”中小企业、高新技术企业不少于15家；集群拥有省级及以上创新平台不少于5个，近三年集群中小企业研发经费年均增长不低于10%；集群内企业上云比例不低于30%等。通过引导和推动各地培育特色产业集群，“点线面结合”，搭建覆盖广、专业强、服务优的中小企业服务网络，完善优质中小企业培育体系。

2018 年，江苏就在全国率先出台指导意见，打造先进制造业集群，此后又陆续出台一系列政策措施，推动先进制造业集群发展。到如今，集群化、规模化已成为“江苏制造”的一大竞争力。2022 年，国家首批 45 个先进制造业集群名单中，江苏拥有 10 个席位，数量位列全国第一。不过，这一优势在中小企业当中体现得还不够明显。在工信部发布的 2022 年中小企业特色产业集群榜单中，全国共有 100 个产业集群入选。其中，江苏仅有 5 个集群入选。与先进制造业集群榜单的遥遥领先相比，江苏在中小企业特色产业集群榜单的表现还有提升空间。江苏省提出，重点支持主导产业在全省 16 个先进制造业集群和 50 条重点产业链的产业集群。对主导产业优势突出、创新精力充沛、数字化转型成效显著、绿色化升级效果明显、开放治理机制完善的集群予以重点扶持，并择优推荐申报国家级中小企业特色产业集群。

根据《办法》要求，中小企业特色产业集群应定位在县级（市、区）区划范围内，集群占地面积一般不超过 100 平方公里，主导产业为所在县域的支柱或特色产业，对当地经济、就业等具有较大贡献。在县域范围推动产业集群，能充分发挥省内各地特色产业优势，围绕主导产业集聚高端要素资源，增强资源要素配套能力，形成新的经济增长点。江苏省在发展中小企业特色产业集群中，注重立足区位特点、资源禀赋、产业基础，因地制宜，与周边城市、产业集群形成良好分工协作，以实现增强中小企业核心竞争力、提升产业链、供应链韧性和关键环节配套能力的目标。

（3）广东积极利用中小企业博览会促进中小企业高质量发展

2023 年 6 月 27 日，第十八届中国国际中小企业博览会在广州开幕。本届博览会的主题为“小中见大，博览天下”。作为中国中小企业走向世界的窗口、世界中小企业进入中国的桥梁，中博会吸引了众多中小企业的积极参与，国际影响力不断扩大。这个专门服务中小企业发展的国际性展会，不断为中小企业发展释放平台红利，给中小企业带来更多的获得感，激发中小企业更大的创新动力和发展活力，通过中小企业的健康发展有力支撑了中国经济的高质量发展。同时也助力各国中小企业成长壮大，有效推动了世界各地中小企业合作交流和共同发展，为世界经济繁荣发展作出贡献。

中国中小企业博览会（简称中博会）作为由中国政府主办的国际性盛会，其性质为非营利的公益组织。这一展会融合了政府推动与市场运作的优势，其核心目标是为全球中小企业打造一个集展示、交易、交流与合作为一体的平台。中博会的设立旨在加深国内外中小企业间的相互了解，强化合作纽带，拓宽交流渠道，共同推动全球中小企业的快速与稳健发展。针对中小企业普遍面临的平台与渠道缺失等发展难题，中博会恰好提供了一个有效的解决方案，这也是其创立的重要使命所在。近年来，随着中国经济的迅猛增长，市场日益广阔，消费潜力巨大，吸引了众多国外中小企业前来投资与开展贸易合作。而中博会正是这样一个能够助力各国中小企业实现其目标的理想平台。自 2004 年创办以来，中博会已经发展成为连接中外中小企业的重要桥梁，为全球中小企业的发展注入了新的活力。

广东省积极利用中博会这一平台，结合国家层面修订的《中华人民共和国外商投资法》以及广东省自身出台的一系列惠企政策，致力于打造市场化、法治化、国际化的营商环境，为国内外中小企业提供了更多合作机会。通过提供优质、高效和便利的服务，广东省进一步提升了中博会的价值，使其成为中外中小企业展示自身、寻找合作伙伴、拓展市场的重要场所。

（4）山东省通过动能转换、创新引领、人才引育、绿色生态助力中小企业高质量发展

第一，新旧动能转换。近年来，山东省致力于促进动能转换，通过升级旧动能和培育新动能来推动传统产业的转型与升级，以及战略性新兴产业的布局。如，滕州作为“中国中小机床之都”，其高端装备行业的领头羊威达重工已成长为全国机床出口的佼佼者。此外，山东还在积极发展新一代信息技术、高端装备、新能源新材料、现代海洋等十大产业，并严格执行产能、能耗、煤耗、碳排放、污染物排放的“五个减量替代”政策。

第二，创新引领。自党的十八大以来，山东省的科技创新体系整体效能得到了显著提升，其区域创新能力在全国名列前茅。因此，山东省被国务院列为 2021 年在实施创新驱动发展战略、营造良好的创新生态、提升自主创新能力、强化企业创新主体地位以及加速推进科技成果转化应用等方面取得显著成效的省份之一。

第三，人才引进与培育。山东为人才发展推出了一揽子政策，其中涵盖了人才改革 22 条、人才支撑新旧动能转换 20 条、人才兴鲁行动 32 条等措施。同时，建立了重点人才工程清单，优化了人才支持体系，并成立了人才发展集团和人才发展战略研究院。为了吸引高层次人才，山东省还支持省属高校院所自主组织招聘，事后备案，并通过“一事一议”的灵活方式引进顶尖人才。这些举措为山东的人才发展注入了新的活力。

第四，绿色低碳。2022 年 8 月，国务院发布《关于支持山东深化新旧动能转换推动绿色低碳高质量发展的意见》，这是自党中央提出“双碳”目标以来，首个聚焦绿色低碳高质量发展的区域战略。山东省将坚持降碳与提质并重，实施产业基础再造

工程和质量提升行动，支持传统优势产业向精细化、专业化方向发展，加快重化工业的布局优化和结构调整。同时，山东省还积极推动钢铁、石化企业的兼并重组，促进重要钢铁产业基地的工艺流程优化和产品结构升级，实现产业的绿色化和高端化发展。

5.2.3 中西部地区

中西部地区虽然与东南沿海相比经济发展滞后，但在国家大力扶持中小企业发展的宏观背景下，中小企业的发展势头十分强劲。

（1）山西采取优环境、上规模、重融通、强素质等手段多向发力助中小企业高质量发展

山西省正全力改善中小企业的成长环境，推行了一系列政策措施，旨在降低税收负担、破解融资瓶颈以及提升创新能力。该省积极推动各地执行对企业有利的政策，确保拖欠中小企业的款项得到及时结清，同时建立了健全的中小企业公共服务体系。山西还实施了名为“百县万企服务计划”的项目，通过入企指导、管理咨询、政策解读等多种形式，为上万家中小企业提供了精准服务。此外，省政府与京东集团等互联网巨头合作，启动了名为“满天星”的中小企业服务计划，为中小企业发展提供了高效且专业的服务支持。

山西省在金融服务方面进行了优化，充分发挥了省级“专精特新”企业专项引导基金的作用，积极促进“专精特新”企业在股权交易中心挂牌和展示。同时，组织多家获得国家级“小巨人”称号的企业与北交所、科创板和创业板进行对接，并引导“小巨人”企业挂牌“新三板”。此外，山西还积极鼓励并引导“四上”企业、“专精特新”企业以及采用“农业企业＋电商＋基地”模式的企业进行规范化的股份制改造。山西还致力于做好中小企业上市挂牌后备企业的遴选、推荐和上报工作，以持续拓宽中小企业的融资渠道，为其提供更多元化的资金支持。

山西正致力于迅速建设与升级一批具备省级及国家级标准的小微企业创新与创业基地，并大力扶持省级以上开发区构建中小企业园区。这些园区将成为中小企业双创活动的主要战场，通过龙头企业的引领作用、双创基地的推动作用、公共服务平台的支撑作用以及双创活动的激活作用，共同推动中小企业的发展。此外，省政府还定期策划并举办一系列专题培训班，专门针对中小企业的高质量发展进行深入的研讨和学习，以培养出一批具有远见卓识的企业领军人才，从而提升中小企业的经营管理水平。为了更好地服务于中小企业，山西已构建了一个集成化的一站式综合服务平台，该平台不仅加强了对中小企业运行状况的监测，还通过大数据和信息化技术为企业提供生产经营指导。同时，山西还在积极研发政务项目的在线申报受理功能，以进一步

完善公共服务功能，提升平台的综合服务能力，从而开启中小企业高质量转型发展的新篇章。

（2）重庆针对“专精特新”企业开展“引资”和“引智”活动

重庆针对“专精特新”引资难题积极开展政银企对接。中小企业在申请贷款时，常常因缺乏金融机构所要求的抵押物而面临贷款失败或资金不足等挑战。为缓解这一困境，2021 年 6 月，重庆市经信委与重庆银行共同签署了旨在支持“专精特新”企业发展的战略合作协议。此举催生了全市首款专为这类企业设计的信贷产品——“专精特新信用贷”。根据该协议，对于认定为“专精特新”的企业、“隐形冠军”企业以及国家级专精特新“小巨人”企业，分别给予最高 300 万、500 万和 700 万元的授信额度，使得这些企业能够无需抵押物即可获得信用贷款。此外，在市委市政府的积极推动下，重庆的多家金融机构也纷纷行动起来，为“专精特新”企业的发展开辟融资新渠道，提供普惠金融服务，从而助力这些企业实现更快速的发展。如邮政储蓄银行重庆綦江支行通过纯信用方式向企业发放信贷资金。

要发展壮大的“专精特新”企业，不仅需要引资，更需要引智。为此，重庆市中小企业公共服务平台专门开设了“专精特新”专区，提供线上资源整合、自动匹配，线下精准对接服务。重庆市经信委从重庆市中小企业专家委员会中选出服务能力强、业务精湛、特长突出的专家组成智囊团，针对国家级专精特新“小巨人”企业需求，开展“专业指导”“专家赋能”“专属辅导”，累计为重庆一百余家国家级专精特新“小巨人”企业和 2365 家市级“专精特新”企业提供点对点、面对面的专项服务。

重庆不断提高政府部门服务能力，为企业当好“店小二”，做好“完善服务机构和载体建设、完善企业服务质量标准体系、推动服务方式变革升级、建立中小企业服务机构评价制度”四方面工作，通过开展“企业吹哨、部门报到”专项行动，解决企业急难愁盼问题。

5.2.4 东北三省

东北三省的工业发展是我国工业发展历程的缩影。作为新中国的“工业摇篮”，东北老工业基地中以装备制造业为主的工业体系对我国经济发展、国防安全发挥了重要的作用。然而，伴随着我国经济发展进入“新常态”，东北三省的工业发展也面临着十分严峻的经济下行压力挑战。习近平总书记在党的二十大报告中强调，要提高东北地区开放水平，推动东北全面振兴取得新突破。

（1）黑龙江出台民营经济 45 条

2022 年 11 月，《中共黑龙江省委黑龙江省人民政府关于振兴发展民营经济的若干意见》（以下简称《意见》）正式发布。《意见》详细规划了七大领域的 45 项具体举措，旨在针对黑龙江省民营经济发展相对薄弱的现状，着力解决当前民营经济发展中面临的关键问题。这 45 条措施，被誉为“民营经济 45 条”，通过深化对民营经济重要性和地位的认识，激发民营经济主体的内生增长动力，构建崇商敬商的良好社会风气，以及确保本地民营企业和外来投资者在同等条件下得到公平对待，全方位提升民营经济的发展信心。这些举措的推出，旨在营造更为公平、开放、有序的市场环境，进一步推动黑龙江省民营经济的健康、稳定和持续发展。

《意见》提到：正确认识民营经济对建设“六个龙江”、实现“八个振兴”、实施创新驱动发展战略、构建“4567”现代产业体系的重要意义；将民营经济发展情况纳入全省县域经济年度考核；对黑龙江省经济社会发展作出突出贡献的民营企业家，按照《新时代龙江人才振兴 60 条》规定提供相应服务保障。黑龙江省政府支持各市（地）进一步细化完善人才政策：对为当地经济社会发展作出重大贡献的民营企业家，在就医、学习深造、子女入学等方面创造条件和环境；《意见》特别指出：本地企业和外来投资企业都是黑龙江的企业，都是黑龙江全面振兴、全方位振兴的参与者、建设者、贡献者，要平等对待、一视同仁，做到惠企政策一致、市场机会均等。这些内容对实现黑龙江振兴需要民营经济的倾力参与阐述透彻清晰，又提出从政策、法治、市场、社会环境几个方面加快民营经济的发展，为民营企业送来“定心丸”。

（2）吉林优化产业生态，深耕装备制造领域，坚持抓大、抓小、纾困

“十四五”期间，吉林以优化产业生态为核心，推动传统产业改造升级，大力培育战略性新兴产业，以发展新能源、新装备、新材料、新农业、新旅游、新电商“六新产业”为方向，以建设新基建、新环境、新生活、新消费“四新设施”为重点，奋力开创吉林工业高质量发展新格局。吉林省编制了《环长春四辽吉松工业走廊发展规划》，着力构建“一核双廊八通道”产业格局；出台了《吉林省推进制造业高质量发展实施方案》，培育节能与新能源汽车产业、先进轨道交通装备产业等新动能产业；出版了《吉林省重点产业链强链指南（1.0 版）》，开展全省工业重点产业链梳理工作，厘清产业链断点、堵点，组织开展谋划和推动建设一批强链、补链类产业项目。

在复杂的发展环境和新冠肺炎疫情持续冲击下，中小企业发展普遍承受着较大的经营压力。对此，长春市十四次党代会提出的“坚持抓大、活小、纾困”思路，以推动中小企业高质量发展为主题，围绕中小企业创新能力提升和中小微企业纾困两个重点，从总体上坚持全覆盖、精准施策、鼓励创新的发展思路。一是以“普惠”口径覆盖全市各类中小微企业。二是坚持精准施策，阶段性措施和制度性安排相结合，实施

退税减税降费、资金支持、融资促进、稳岗扩岗、权益保护、扩大市场需求和“专精特新”发展等政策组合措施，实施精准的政策支持。三是实施创新引领，坚持技术创新和体制机制创新双轮驱动，聚焦鼓励创新、融资支持、智能化发展、绿色发展、质量品牌建设等方面，提升企业市场竞争力和可持续发展能力。在此基础上，吉林省持续完善中小企业梯度培育体系，鼓励中小企业以提升企业竞争力为主线，聚焦主业，不断创新，走“专精特新”发展之路，提升企业创新力，扶持中小企业高质量发展。

（3）辽宁着力培育科技型企业

2023年辽宁省新增科技型中小企业10341家，同比增长55.6%，总数达到33484家。其中，雏鹰、瞪羚、独角兽企业新增1031家，总数达到5339家。

辽宁省注重培育、扶持科技中小企业创新发展，通过联合高校和科研院所建立“众创空间+孵化器+加速器+产业园区”的孵化链条以及举办中国（大连）海创周、创新创业大赛、科技金融活动月等系列活动，营造良好创新创业氛围，促进企业快速成长。辽宁省积极鼓励企业牵头申报省科技计划项目。近两年来，众多以企业为主导的项目在机器人、集成电路装备、储能等领域取得了显著进展。其中，新松机器人等具有全球竞争力的创新型企业正迅速崭露头角，展现出强劲的发展势头。省政府高度重视并积极支持企业发挥领军作用，鼓励其牵头构建省级产学研联盟，旨在深化实质性合作。通过这一举措，已有千余家骨干企业、高校和科研机构紧密合作，共同开展产学研协同创新，大大提高了中小型科技企业的自主创新能力。

2023年，辽宁省科技厅与多家银行签署战略合作协议，创新推出“辽科贷”“工银科创贷”等金融产品，累计向省内4715家科技企业投放贷款，有效缓解了科技型中小企业的资金压力。此外，辽宁省科技厅联合财政、税务、金融等多部门，从技术创新、成果转化、人才服务、金融供给等方面不断加大对中小企业的帮扶力度，健全优化科技创新体系，精准提供科技服务，促进创新要素向企业集聚，增强创新主体创新活力，助力辽宁经济高质量发展迈上新台阶、取得新成效。

第6章 河南省中小企业高质量发展路径构建

党的二十大报告提出,“高质量发展是全面建设社会主义现代化国家的首要任务”。中小企业是国民经济和社会发展的生力军,是建设现代化经济体系、推动经济实现高质量发展的重要基础,是扩大就业、改善民生的重要支撑。

2021年12月,工业和信息化部出台《“十四五”促进中小企业发展规划》,指出促进中小企业发展的基本原则:坚持创业兴业,激发市场活力;坚持创新驱动,提升发展质量;坚持绿色集约,促进协同发展;坚持分类指导,提高服务效能。

从中国制造2025开始,政府持续牵引着中小企业进行数字化转型,不断引导着中小企业解放思想,拥抱数字化变革。2022年1月,国务院印发《“十四五”数字经济发展规划》,明确提出促进中小企业数字化变革的战略部署,从顶层设计到政策执行多维度引导和支持中小企业创新发展,积极探索数字经济时代中小企业以数字化变革推动高质量发展之路。

2017年,党的十九大报告中提出的“建立健全绿色低碳循环发展的经济体系”为新时代高质量发展指明了方向。只有绿色发展,中小企业才能行得通,走得远。

2011年,工信部首次在《“十二五”中小企业规划》中提出将“专精特新”作为中小企业转型升级的重要途径。2012年4月,《国务院关于进一步支持小型微型企业健康发展的意见》提出鼓励小微企业走“专精特新”的道路。2018年11月,工信部发布《关于开展专精特新“小巨人”企业培育工作的通知》。2021年1月,财政部、工信部联合印发《关于支持“专精特新”中小企业高质量发展的通知》。2021年7月,中央政治局会议提出,要加快解决“卡脖子”难题,发展“专精特新”中小企业,支持“专精特新”中小企业战略上升至国家层面。2022年10月,“支持专精特新企业发展”写进二十大报告。

《中华人民共和国国民经济和社会发展第十四个五年规划和2035年远景目标纲要》提出,“立足特色资源和产业基础,确立制造业差异化定位,推动制造业规模化集群化发展”。《“十四五”促进中小企业发展规划》提出,“支持各地根据产业发展定位和资源禀赋，围绕产业链培育一批产业定位聚焦、配套设施齐全、运营管理规范的中小企业特色产业集群”。产业集群是促进中小企业高质量发展的重要组织形式，是产业链、供应链的重要组成单元，对推进产业协作和资源共享、产学研协同创新、提高产业组织效率、带动区域经济增长具有重要作用。

基于以上国家政策，结合河南省中小企业发展现状及存在问题，构建新时代河南中小企业高质量发展的路径，如图 6–1 所示：以创新作为驱动力引领高质量发展，以数字经济作为工具赋能高质量发展，以绿色低碳发展作为约束落实高质量发展，带动广大中小企业走“专精特新”之路，走集群化发展之路。

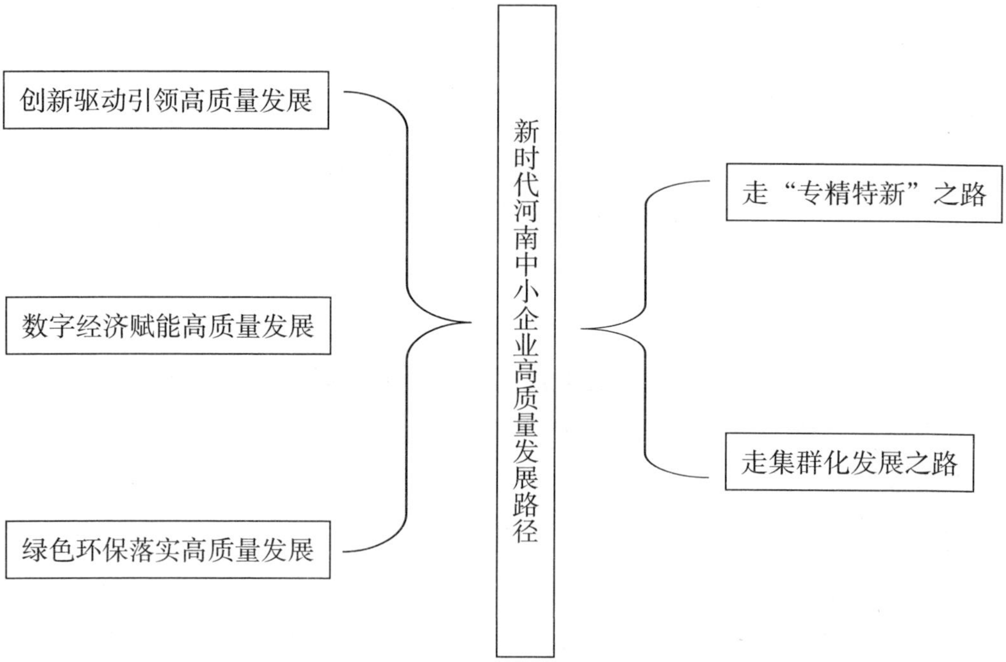

图 6–1 新时代河南中小企业高质量发展的路径

6.1 创新驱动引领高质量发展

6.1.1 创新驱动的内涵

熊彼特在 1912 年出版的《经济发展理论》中最早提出了创新的概念，并详细阐述了其五种表现形式：新产品、新生产方式、新市场、新原料以及新组织形式。他特别强调，生产技术的革新和生产方法的变革在经济发展中占据着至关重要的地位。随后，英国学者弗里曼进一步深化了创新的概念，认为创新是一个综合性的系统概念，其中制度创新和组织创新尤为关键。弗里曼还指出，国家的创新能力主要体现在企业的创新能力上，因此国家应当为企业创新提供更为有利的条件，将创新与经济发展紧密结合，建立起国家创新体系。到了 20 世纪 80 年代，随着世界经济的快速变化，一些学者提出了新熊彼特增长理论。这一理论主要强调了知识增长对经济发展的推动作用，并深化了技术进步与经济发展之间的关联。新熊彼特增长理论为构建创新驱动发展体系提供了新的理论视角和指导方向。创新驱动理论指出：

（1）创新驱动的主体是企业。这是因为它们具备强烈的创新欲望。在竞争激烈的市场环境下，企业为了生存和追求利润最大化，自然会产生不断推动技术、产品和组织形式等创新的内在动力。

（2）创新驱动的核心是知识。知识（数据、信息）是创新的“原料”，为企业提供了坚实的资源基础。在创新驱动的过程中，必须注重产业、学术、研究的紧密结合，积极申请自主知识产权，并加快知识成果的转化，以实现科技成果的价值最大化。

（3）技术的进步和革新是创新驱动的关键所在。创新是提高企业竞争力的关键途径，因此，企业应当高度重视技术创新和研发的实施与投入，以确保在激烈的市场竞争中保持领先地位。

6.1.2 创新驱动的意义

（1）创新驱动发展战略的国际化背景。当今世界正在经历百年未有之大变局，科学技术和经济社会发展加速渗透融合。科技创新广度加大、深度加深、速度加快、精度加强，重大科学理论、颠覆性技术正在孕育。如量子信息、元宇宙、脑科学、人工智能、未来网络、超材料等技术的突破，将极大改变人类的生活状态。

（2）创新驱动对中国的意义。创新是经济发展的源泉与动力。党的二十大报告明确提出了加快实施创新驱动发展战略的要求。务必以高水平的科技自立自强为目标，紧扣国家战略需求，积极集结力量，深入开展原创性、引领性的科技攻关，确保在关键核心技术领域取得重大突破。同时，要加速推进一批具有战略意义、全局视野和前瞻性的国家重大科技项目，以此来进一步提升自主创新能力，为国家的长远发展奠定坚实基础。

党的十八大以来，以习近平同志为核心的党中央高度重视科技创新，把创新放在国家战略发展全局的核心位置。习近平总书记指出，创新是引领发展的第一动力，要全面实施创新驱动发展战略，坚定不移走中国特色自主创新道路，推进以科技创新为核心的全面创新，建设世界科技强国。习近平总书记强调，科技创新要坚持面向世界科技前沿、面向经济主战场、面向国家重大需求、面向人民生命健康等“四个面向”，坚持把科技创新摆在国家发展全局的核心位置，把科技自立自强作为国家发展的战略支撑，深入实施科教兴国战略、人才强国战略、创新驱动发展战略，完善国家创新体系，加快建设科技强国，实现高水平科技自立自强，到 2035 年跻身创新型国家前列。

创新驱动发展战略是中国企业不断壮大与崛起的重要引擎。中国借助技术创新的力量，逐步淘汰了低端产业，推动了企业产业结构的优化升级。在此过程中，迅速培育出一批掌握自主知识产权和核心技术的高新产业，从而推动中国由“制造大国”向“制造强国”的华丽转身。

（3）创新驱动对中小企业的意义

企业创新是企业运用各种资源和手段，对其发展战略、技术、管理等方面进行持续改进和创新的过程。企业创新是企业在激烈的市场竞争中保持竞争力的关键因素。在现代社会，由于市场竞争日益激烈，使得企业创新的重要性更加突出，企业创新能力的高低直接影响到企业的生存和发展。

企业创新的核心是技术创新。技术创新是企业创新的重要组成部分，它可以帮助企业实现产业升级和转型，开发出新的产品和服务，从而提高企业的竞争力。对于中小企业来说，由于自身的资源限制，在技术创新方面的投入和能力可能相对较弱。然而，随着科技的快速发展，特别是人工智能、绿色技术和泛在技术等新技术的出现，它们正在改变企业的市场竞争格局和地位。因此，中小企业要想在激烈的市场竞争中立足，就必须依靠创新，尤其是技术创新，来创造自己的核心竞争力和优势。

中小企业可以通过重新设定标准、改进流程、提高管理效率以及激励员工的归属感和创造力来进行创新性的变革，从而加强企业的基本建设，并进一步优化其质量体系，以实现内在发展和创新性的飞跃。欧洲管理思想家查尔斯·汉迪在其提出的企业增长第二曲线理论中指出：任何一个增长曲线最终都会达到顶峰，然后下降，而持续增长的秘诀在于在第一条曲线开始衰退之前启动第二条曲线，也就是说，企业需要不断创新来突破发展的瓶颈，防止停滞不前。

中小企业的转型和升级需要依靠三个方面的创新。首先，技术创新是关键，这包括开发核心技术和利用信息平台，采用新的技术、工艺、设备和材料来加速企业的技术进步。其次，制度创新也很重要，这意味着要探索对中小企业创新发展有利的经营管理理念和体制，以便在制度层面上实现最佳的配合。最后，管理创新也不可忽视，它涉及创新管理理念和方法，以提高企业管理水平，推动企业向规范化和集约化方向发展。

6.1.3 河南省创新驱动发展现状

（1）河南省创新驱动发展概况

《河南双创蓝皮书（2023）》显示：2022 年，河南省战略性新兴产业、高技术制造业增加值占规模以上工业的比重分别为 25.9%、12.9%，同比分别提高 1.9 个和 0.9 个百分点；研发经费投入超过了 1100 亿元，规模以上工业企业的研发活动覆盖率达到了 52%。此外，技术合同的成交额首次突破了千亿元，同比增长了 68%。高新技术企业数量超过了 1 万家，同比增长了 29.6%，科技型中小企业的数量达到了 2.2 万家，同比增长了 45.3%。

在综合科技创新水平方面，河南省的得分为 62.31 分，位居全国第 17 位，比 2021 年上升了 2 位。科技活动的人力投入指数排名比 2021 年提升了 4 位，高新技术产业化水平指数排名也比 2021 年上升了 2 位。在“2022 年度全国科技创新百强县市”中，河南省的新郑、巩义、长葛、禹州、荥阳、长垣、永城、中牟 8 个县市入选。

《河南双创蓝皮书（2023）》中的河南省城市创新能力评估报告课题组对河南省 17 个省辖市和济源示范区的创新能力进行了评估。结果显示，郑州、洛阳、新乡这三个城市的创新能力位列前三。南阳市创新能力排名由 2022 年的第 6 位上升至 2023 年的第 4 位。

在构建重大创新平台方面：河南通过重建并振兴省科学院，与中原科技城、国家技术转移郑州中心实现深度融合，共同打造成为全省科技创新的策源地。自 2021 年起，河南嵩山等六大省实验室相继成立，并新建了多家省中试基地和省产业研究院，初步构建起了以河南省实验室为核心，优质高端创新资源协同创新的创新体系，形成了“核心 + 基地 + 网络”的格局。

在创新科研体制机制方面：河南启动了为期三年的科技体制改革行动。优化了重大科技项目的立项和组织管理方式，采用了“揭榜挂帅”和“赛马”等新型制度。同时，实施了自由探索型和任务导向型科技项目的分类评价试点，为科研单位和科研人员提供了更大的自主权。此外，河南还完善了科技成果奖励体系，进行了创新生态的评估考核，营造了尊重创新创造的浓厚氛围，让创新成为新时代河南最为鲜明的标签。

河南在人才梯次培育体系上也不断完善。2022 年，河南成功引进了 1500 余名海内外博士以上的高层次人才，并对院士、杰出青年科学家、海外高端人才等实施了全职引进策略。

《中国区域科技创新评价报告 2021》显示，河南省区域创新能力综合效用值居全国第 14 位。2020 年全社会研发经费投入、财政科技支出、高新技术企业数量、技术合同成交额分别为 2015 年的 2 倍、3 倍、4 倍和 8 倍以上。一批“国字号”创新平台获批建设，盾构、新能源客车、光通信芯片、超硬材料、小麦、玉米、花生等领域技术水平全国领先，创新环境持续优化，创新创业活力日益增强，科技创新对经济社会高质量发展的支撑引领作用日渐凸显。表 6-1 为 2021 年河南省各地市规模（限额）以上企业创新活动情况，显示出河南各地市中小企业在产品设计、生产工艺、组织形式和营销手段等方面开展了种类丰富的各种创新。

表 6-1 河南省各市规模（限额）以上企业创新活动情况（2021 年） 单位：个

地区	调查企业数	开展创新活动企业数	实现创新企业数	实现各种创新的企业数				
				实现产品创新	实现工艺创新	实现组织创新	实现营销创新	同时实现四种创新
全省	46269	18343	17478	6383	8561	11792	10442	2846
郑州市	9214	4400	4088	1724	2219	2981	2373	852
开封市	1968	747	702	299	377	434	358	110
洛阳市	3621	1516	1462	604	826	934	782	246
平顶山市	1914	731	697	239	382	447	394	101
安阳市	1893	682	650	188	273	462	374	87
鹤壁市	821	290	277	97	168	171	162	42
新乡市	3044	1158	1100	445	547	739	664	207
焦作市	1812	662	622	266	340	389	370	101
濮阳市	1381	498	479	149	206	331	288	72
许昌市	2668	988	957	272	400	653	589	112
漯河市	1151	440	417	203	255	256	246	80
三门峡市	1081	301	282	95	142	193	144	42
南阳市	3495	1491	1447	578	743	958	873	256
商丘市	3422	1330	1315	272	379	888	876	101
信阳市	2886	850	832	272	419	533	566	141
周口市	3008	1150	1085	211	337	791	739	107
驻马店市	2380	938	899	397	446	532	560	166
济源示范区	510	171	167	72	102	100	84	23

数据来源：《河南统计年鉴（2022）》

但是，河南科技创新整体实力不强、引领带动能力不足的基本情况没有从根本上改变，还存在诸多问题短板：省国家实验室、大科学装置、教育部直属高校、中国科学院直属机构均为空白；国家重点实验室等国家级创新平台、高新技术企业数量、技术合同成交额等远低于发达省市，在中部地区也远低于湖北、湖南和安徽；2020 年河南省全社会研发投入 901 亿元，位居全国第 9 位，研发投入强度为 1.64%、位居全国 18 位，财政科技支出占一般公共预算支出的比重为 3.37%，远低于先进省市水平；两院院士 25 人、国家杰出青年科学基金获得者 28 人，分别占全国总数的 1%、0.3%；创新资源分散，统筹推进的合力尚未形成，政策落实还存在“棚架”现象。

整体来看，在国家创新宏观背景的驱动下，在国家和河南省相关政策的指导下，河南企业抓住创新驱动契机，助推了部分企业成功转型升级，推动了河南经济的发展质量。

（2）河南省委对创新发展的部署

省委书记楼阳生到河南工作以来，省委、省政府坚持以习近平新时代中国特色社会主义思想为指导，立足新发展阶段，贯彻新发展理念，构建新发展格局的战略机遇，把创新摆在河南省发展的逻辑起点、现代化建设的核心位置，以“不进则退、慢进亦退、不创新必退”的历史使命感和责任感，坚定走好创新驱动高质量发展这个“华山一条道”，努力实现直道冲刺、弯道超车、换道领跑，到 2035 年，把河南建成国家创新高地和全国重要人才中心。

2021 年 6 月 1 日，省委书记楼阳生在全省领导干部会议上提出，要用创新培育竞争优势。坚持把创新摆在现代化建设全局中的核心位置，建设一流创新生态，搭建一流创新平台，培育一流创新主体，汇聚一流创新人才，全面塑造发展新优势。

2021 年 6 月 4 日，省委书记楼阳生在省委常委会扩大会议上强调，坚持以创新激活力，以敢为人先的锐气和胆识，建设创新生态、搭建创新平台、壮大创新主体、汇聚创新人才，打好创新组合拳。

2021 年 6 月 11 日，省委常委会会议提出明确目标：要把创新摆在发展全局的核心位置，增强紧迫感、责任感、使命感，把标准标尺立起来，努力打造全国创新高地。

2021 年 6 月 17 日至 19 日，省委书记楼阳生在郑州市调研时指出，郑州市要努力打造国家创新高地、国家先进制造业高地、国家开放高地、国家人才高地，在国家中心城市建设中提质进位。把创新摆在发展全局的核心位置，以“万人助万企”活动为抓手，让“专精特新”企业铺天盖地，造就头部企业、“独角兽”企业、领军企业的顶天立地，河南的高质量发展就有“硬核支撑”。

2021 年 6 月 23 日，全省“万人助万企”活动电视电话会议在郑州召开。省委书记楼阳生指出，要通过帮扶纾困，着力提升大型企业、龙头企业的整体创新力和核心竞争力，打造更多的市场旗舰劲旅。

2021 年 9 月，在中国共产党河南省第十一次代表大会上，河南发布重大部署：要着力建设国家创新高地，建设一流创新平台，凝练一流创新课题，培育一流创新主体，集聚一流创新团队，创设一流创新制度，厚植一流创新文化，打造一流创新生态。

（3）河南建设国家创新高地的举措

河南省委和省政府将科技创新视为发展的关键，把创新置于发展的基础和现代化建设的中心。在 2021 年 9 月 7 日的省委工作会议上，提出了实施创新驱动、科教兴省、人才强省战略，将其置于“十大战略”中的首位，并在省第十一次党代会报告中正式提出，对创建一流的创新发展环境、建设国家创新地标进行了全面的规划。这一战略着重于以下八个方面：一是重建和振兴省科学院；二是建设高水平的创新平台；三是增强企业的创新主体作用；四是吸引和培养科技创新人才；五是加快高等教育的发展速度；六是聚焦并实施顶尖的创新项目；七是推动科技成果的试点成熟和转移转化；八是深化科技管理体制的改革。

2022 年 1 月，河南省政府印发了《河南省“十四五”科技创新和一流创新生态建设规划》（以下简称《规划》）。《规划》提出：到“十四五”末，河南省一流创新生态基本形成，国家创新高地建设初步建成；到 2035 年，河南省创新能力进入全国前列，基本建成国家创新高地。《规划》分五个方面提出了具体目标：一是构建国家战略科技力量河南梯队。二是形成以郑州都市圈为核心引擎、区域中心城市多极支撑的区域协同创新总体布局。三是培育引进各类创新要素，基本形成高效协同的全省科技创新新格局。四是打造一流创新生态。五是在重点领域取得重大技术突破，支撑“十大战略”深入实施。

（4）河南省中小企业创新驱动情况调研——以新乡市科技型中小企业调查为例[1]

为推动建设创新高地提供参考，2023 年 3 月，新乡在全市开展了科技型中小企业问卷调查。截至 2022 年底，新乡市共有工业企业 26290 家，其中科技型中小企业 1210 家，占工业企业数量的 4.6%。本次问卷调查随机抽取科技型中小企业 60 家。调查结果见表 6-2 至表 6-9。

[1] 王武中：《新乡市科技型中小企业调查报告》，《新乡统计》2023 年 3 月 28 日。

表 6-2　受访企业对自身创新程度的评价表

对本企业创新程度的评价	企业数量	占比
领跑状态	7	11.67%
并跑状态	14	23.33%
跟跑状态	20	33.33%
起步状态	12	20%
不清楚	7	11.67%

表 6-3　受访企业研发机构及创新平台建设情况表

企业研发机构及创新平台建设情况	企业数量	占比
拥有研发部门	59	98．33%
制定科研规划	57	95%
参与科研标准制定	20	33.33%
建立了创新平台	34	56.67%
创新平台运行良好	24	40%
创新平台运行一般	11	18.33%
创新平台发挥作用较强	29	48.33%
创新平台发挥作用一般	5	8.33%

表 6-4 受访企业对创新经费的满意度表

对研发经费看法	企业数量	占比
十分充足	6	10%
比较充足	35	58.33%
勉强够用	18	30%
不充足	1	1.67%

表 6-5　受访企业科技人员及高技能人员占比情况表

人员类别	人员在企业占比	企业数量	占比
科技人员	<5%	3	5%
	10% ~ 20%	10	16.67%
	20% ~ 30%	29	48.33%
	>30%	18	30%
高技能人员	<5%	17	28.33%
	10% ~ 20%	23	38.33%
	20% ~ 30%	10	16.67%
	>30%	10	16.67%

表 6-6　受访企业享受创新优惠政策情况表

享受的地方人才优惠政策	企业数量	占比
资金补助	19	31.67%
住房优惠	10	16.67%
孩子上学安置	7	11.67%
家属就业安置	2	33.33%
没有享受过任何优惠政策	36	60%

表 6-7　受访企业科技人员享受地方人才优惠政策情况表

享受创新优惠政策	企业数量	占比
享受过税收减免政策	59	98.33%
享受过金融服务政策	20	33.33%
享受过人才保障服务政策	10	16.67%
享受过知识产权保护政策	28	46.67%
享受过政府采购服务政策	4	6.67%

表 6-8　受访企业对营商环境的满意度表

营商环境对企业的促进作用	受访企业数量	占比
促进作用明显	33	55%

续表

促进作用一般	22	36.67%
无影响	2	33.33%
对当地营商环境不了解	2	33.33%

表 6-9　受访企业高学历高技能人才情况表

人才类别	占比	企业数量
硕博学历员工	<10%	54
高技能人才	<10%	40

此外，调查结果显示，针对创新对企业发展的作用，有 59 家企业认为创新的作用很重要，占全部受访企业的 98.3%，只有 1 家企业认为一般。60 家调研企业拥有Ⅰ类知识产权 358 项，企均 6 项，拥有Ⅱ类知识产权 2855 项，企均 47.6 项；研发投入占营业收入平均比重为 6.3%，略高于认定标准（认定标准为 3% ~ 5%）。在创新形式方面，受访的 60 家企业把 88% 以上的精力用在工艺创新和产品创新方面，在组织（管理）创新和营销创新方面下的功夫较少。关于创新经费的来源，有 90% 以上的企业主要依靠企业自有资金，其次是从银行贷款，只有 4 家企业从政府得到过资金。在创新技术来源方面，有 59 家企业主要依靠企业自主研发，有 20 家企业在自主研发的同时，从国内高校院所获取过科研成果。在产学研融合发展方面，27 家企业认为在产学研融合发展方面效果较好，20 家企业认为效果一般，1 家企业认为效果不好，12 家企业未开展。95% 以上的企业认为科技成果转化顺利。

受访的 60 家中小型科技企业对创新发展面临的困难总结见表 6-10。

表 6-10　受访企业创新发展存在的困难

困难	企业数量	占比
缺乏人才	53	88.33%
缺乏资金	27	45%
缺乏合适的创新合作伙伴	17	28.33%
政府支持力度不够	7	11.67%
科技成果转化不畅	8	13.33%

受访企业对创新发展提出的建议和愿望如表 6-11 所示。除此之外，这些中小型

科技企业还希望参与或承担国家科研项目，在土地、实验室建设等基础设施方面获得支持，畅通产学研合作渠道，加大知识产权保护力度等。

表 6–11　受访企业对创新发展提出的建议和愿望

建议和愿望	企业数量	占比
希望获得税收减免、财政补贴等优惠政策	53	88.33%
希望得到人才引进、培养等人才支持	45	75%
希望得到贷款、风险投资等资金支持	30	50%

6.1.4 河南省创新驱动引领中小企业高质量发展的建议

《河南双创蓝皮书（2023）》指出，河南应加快创新要素的汇聚与提升，把握住几个关键的发展机遇，包括：投身于构建新发展格局的历史性机遇，发挥国家战略科技力量的引领作用，开拓内需市场的新机遇，推进黄河流域的生态保护和高质量发展战略，抓住中部地区高质量发展的政策机遇，以及利用科技和产业变革带来的技术机遇，从而在多个维度上实现全面发展。

创新驱动的一大特点是改变经济增长模式，变过去我国经济增长的“要素驱动”“投资驱动”模式为当前的“创新驱动”。河南作为一个经济大省，仍处于工业化、城镇化快速推进阶段，如果走粗放经营的老路，能源资源无法支撑。当前，立足新发展阶段、贯彻新发展理念、构建新发展格局、推动高质量发展，更是必须依靠科技创新，把发展的路径由过去的要素驱动转变到创新驱动发展的道路上。

（1）细化专精特新“小巨人”培育发展规划。为了推动中小企业在特定领域迅速崭露头角，成为行业的领军者和引领者，进而减少行业内因错位竞争而产生的内耗，相关政府部门应当深入细化专精特新“小巨人”的培育发展规划，全面协调各细分行业中小企业的创新发展资源。

鉴于中小企业数量众多，且同行业内同质化程度较高，许多企业对自身的创新发展方向尚缺乏明确规划，行业定位也不够清晰。因此，需要更加精准的行业发展指导，帮助企业确立自身在行业中的定位，并制定切实可行的发展目标。在数字化经济日益兴起的今天，众多中小企业正积极顺应时代潮流，试图将数字化管理融入日常业务与管理工作之中，投入大量资源于信息化技术。然而，考虑到中小企业资金规模和投资能力的限制，应更加审慎地运用研发创新资金，确保其用在最关键的领域。以制造业为例，唯有在生产制造技术上进行创新，企业才能真正突破行业的红海竞争。对于那些无法承担全链路研发创新投资的中小企业来说，应根据自身所处的内外部环境，合理规划发展路径，强化某一产品或某一技术的研发，从而在某一细分行业内取得显著成就。结合北交所对特色制造业和服务业企业的培育和支持政策，中小企业更应该采取集中策略，专注于产品技术的独特性，制定更精细的创新发展计划，以实现可持续发展。

提升中小企业领导者的创新和合规认识至关重要。行业的进步不能无序进行，必须通过外部和内部力量的共同规范来确保发展方向的正确性。只有这样，才能为中小企业的创新成长提供坚实的支持。在创业初期，中小企业创始人通常只关注盈利，而忽视了创新和合规的重要性。然而，随着外部环境的不断变化，中小企业领导者应该具备远见，为企业发展制订长远计划，增强创新意识以适应时代发展，同时加强合规意识以确保企业稳健前行。

（2）加速中小企业科技创新及科技成果转化。企业层面，如何将企业与科研院所无缝对接，推动科技创新，使重大科技成果得到及时转化，是深化供给侧结构性改革、推动新旧动能转换和高质量发展的一个关键所在。

当代的科技创新布局，一方面应聚焦于关键核心技术受制于人的传统科技领域；另一方面应聚焦于量子信息这样事关国家长远发展、具有颠覆性的技术领域，掌握未来发展的主动权。特别是后者，我国与发达国家往往处于同一起跑线上，有更大的机会成为开拓者和领跑者，当然也更需要有长远的、前瞻性的战略布局。

企业发展要加大自主创新的力度，实现自立自强。一是要重视源头创新。企业应关注基础研究和应用研究，这是自主创新的基础。通过与高校、科研机构的合作，企业可以获得最新的科研成果和技术突破，从而推动源头创新。二是要保持战略耐心。技术研发是一个长期的过程，需要企业保持持续的投资和耐心。企业应制订长期的技术发展计划，不断积累技术实力，逐步形成核心竞争力。三是企业应积极参与或构建技术创新生态系统，这包括技术平台的建设、产业链的整合、创新氛围的营造等。这样的生态系统有助于促进技术创新和产业升级。四是争取获得更多的政策支持。政府应出台更多支持政策，鼓励企业投入基础研究和关键技术研发。这些政策可以包括税收优惠、资金支持、成果转化激励等。五是企业间应建立合理的利益共享和分配机制，这有助于激发各方的积极性，促进资源的整合和优化配置。企业还应充分利用技术市场和资本市场，加快科技成果的转化和应用。企业在加强自主创新能力的同时，也应开阔视野，积极参与国际合作，引进国外先进技术和管理经验，同时也向外输出自身技术和产品。

（3）构建良好的创新生态环境

一是构建“政产学研用”五位一体的合作模式，整合政府、企业、高校和研究机构的优势资源，促进技术创新和产业升级。充分利用政府提供的政策支持和资金投入，企业提供市场需求和应用场景，高校和研究机构提供技术和人才支持，形成一个完整的创新链条。企业还可以通过技术创新和市场开拓来提升自身的抗风险能力。

二是充分利用孵化器和众创空间。这些平台为中小企业提供了种子资金、办公空间、技术咨询、市场推广等支持，帮助它们在初期阶段快速成长。同时，这些平台还可以促进创业者之间的交流和合作，形成良好的创新氛围。

三是加大科技创新。科技创新是企业突破发展瓶颈、塑造竞争优势的关键。企业应加大研发投入，重视技术人才的培养和引进，同时与科研院所和高校合作，共同开展技术攻关。企业应围绕自身的产业链来部署创新链，确保技术创新与市场需求紧密结合。通过产业链上下游企业的协同创新，可以实现产业链的优化和升级。

总之，河南省要充分利用国家制度优势，强化制度执行力，提高治理效能，根据区域资源禀赋，因地制宜，发挥比较优势和区域特色，科学合理确定区域创新发展方向，将国家目标与区域发展目标紧密结合，充分利用国家优惠政策，激发本地创新潜力，形成地区独有的发展模式，实现创新驱动发展“弯道超车”。

6.2 数字经济赋能高质量发展

6.2.1 数字经济的内涵

数字经济是在农业经济和工业经济之后出现的主要经济形式，它以信息和知识的数字化为核心生产要素，以现代信息网络为主要载体，并通过有效利用信息通信技术来提高效率，优化经济结构。数字经济的本质在于信息化，它是通过信息化融合形成的一种新经济模式。数字化应用场景和数字经济形态是经济系统中技术、组织和制度相互作用的结果，是基于人类经济活动在资源配置优化方面的技术导向，以及高度协调和互动的新生产组织方式的持续演化。这些因素共同构成了数字经济的本质。

数字经济时代和过去的工业化的最大不同，是规模经济时代的落幕。人工智能、平台经济、大数据、工业 4.0 正在颠覆企业的形态。技术和知识的传播成本越来越低，地理和地域对企业的影响越来越小。以直播带货为例，一个顶级的主播每年创造的利润超过中国一半以上的上市公司。尽管一个主播的后面有很多的人力的配合，但这种企业模式意味着规模化时代的结束。大企业不见得有很好的规模经济，大企业在数字经济时代不见得意味着有很强的竞争力，数字经济为中小微企业的生存带来了更多的机会。大数据、人工智能、新一代互联网等的发展，拓展了很多中小企业的生存空间，各种各样的应用场景层出不穷。比如线上教育、在线医疗等。而这些行业，并不需要太多的人和太大的规模，只需要提供专业化的服务即可。数字化意味着技术和平台为中小企业提供了更多的机会，人类经济正在进入一个去规模化的经济时代。

习近平总书记在中共中央政治局第三十四次集体学习时指出："数字经济是把握新一轮科技革命和产业变革新机遇的战略选择。"数字经济已成为推动我国经济高质量发展的新动力，是适应经济发展形势的新形态。中国经济已由高速增长阶段转向高质量发展阶段，伴随着大数据、云计算、人工智能等科学技术的迭代更新，经济社会发展步入了数字经济时代。

2022 年，我国对外面临国际局势的剧烈动荡，对内继续遭受疫情的重创，数字经济在此背景下展示了其强大韧性，持续保持高速增长，成为推动我国经济增长的新动能。《2023 中国数字经济发展研究报告》显示，2022 年我国数字经济规模达到 50.2 万亿元，如图 6–2 所示，占 GDP 比重达到 41.5%，数字经济同比名义增长 10.3%，高于 GDP 名义增速 4.98 个百分点，如图 6–3 所示。从 2012 年至今，我国数字经济增速高于 GDP 的状况已经连续 11 年，数字经济的蓬勃发展已然成为制造业转型升级的强大驱动力和助燃器。

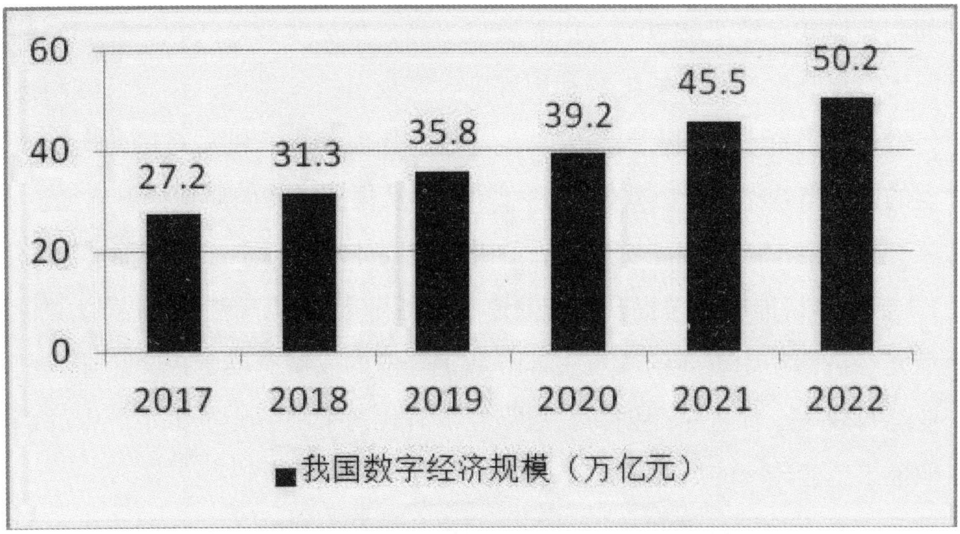

图 6–2　我国数字经济规模（数据来源：中国信息通信研究院）

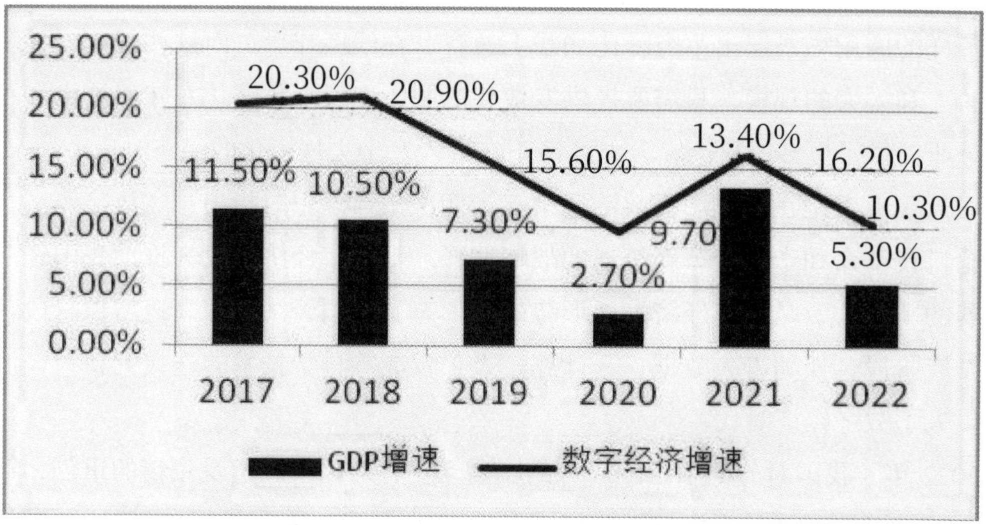

图 6–3　我国数字经济与 GDP 名义增速对比（数据来源：中国信息通信研究院）

6.2.2 数字经济对高质量发展的作用

党的十九大和中央经济工作会议指出：中国特色社会主义进入了新时代，我国经济发展也进入了新时代，新时代我国经济发展的基本特征就是我国经济已由高速增长阶段转向高质量发展阶段。我国经历了改革开放四十多年的高速增长，已经成功解决了“有没有”的问题，现在强调高质量发展，重在解决“好不好”的问题。以往外延粗放型的制造模式导致产能过剩、产品质量不高、重复建设等问题。数字经济能够优化要素配置，提高生产资料的集约利用程度，实现可持续发展；在人口红利逐步消退的同时，发挥人力资本红利，提高劳动生产率；还能够提升供需对接，实现向效率与效益并重的内涵集约型生产方式转变，推动经济从规模扩张向质量提升转变。

数字经济赋能中国经济高质量发展的表现主要体现在以下三个方面。

（1）数字经济能够显著提升生产效率，降低生产成本，是先进生产力的表现

企业是经济活动中重要的微观主体。数字经济的发展有助于提高企业盈利水平、改善企业运行效率、促进企业创新。数字经济时代的来临，变革了生产中的信息连接方式，颠覆了企业传统的商业模式。

数字经济融合规模经济和范围经济，颠覆传统盈利模式。互联网是历史上第一个通用技术平台，它可以将大多数经济组成部分的边际取至接近于零。因此，数字化企业的生产成本呈现出高固定成本、低边际成本的特征，规模经济应时而起。在网络外部性的作用之下，企业用户达到一定边界后，就会引起正反馈效应，触发强者愈强的

马太效应，有利于企业经营效益的提升，引起规模报酬递增效应。随着企业用户数量增长，产品的平均成本逐渐降低，这一过程实际上形成了规模经济，信息技术的应用不但使企业规模壮大，还促使企业开始关注产品的多样化生产。数字经济弱化了传统范围经济所强调的产品关联性，其应用范围更加广泛。依托某一种主营业务积累的用户，数字化企业可以低成本地开展多样化业务，获得更加丰厚的利润。腾讯将即时通信作为主营业务，但同时开展新闻、音乐、电竞等衍生业务。依托主营业务平台积累的大规模黏性客户资源，衍生业务更易于传播并被客户接受，企业只需要投入较低成本便可盈利。数字经济能够有效降低信息不对称，促进经济活动的数据共享，打破生产者和消费者之间的屏障，将消费端的长尾效应多样化需求扩展到企业边界，使企业能够低成本地满足更多尾部的、边缘化的消费需求，增强供给对需求的适配性，从而扩大市场规模，继而带动生产规模的扩大，实现经济增长的良性循环。数字经济融合了规模经济和范围经济的优势，成为经济高质量发展的新动力。

数字经济助推企业数字化转型，提升企业运行效率。一方面，互联网时代信息化不断加深，促使企业的信息化、数字化、自动化水平日益提升。数字经济时代，平台型企业是主流的企业组织形态，“互联网 + 企业”能够优化企业的生产组织形式，精简企业组织结构，促进企业内部人力、物力、财力等各项资源通力协作，减少指令传达层级，降低信息传播过程中的信息与指令扭曲，减少部门之间相互掣肘的现象，提高决策的科学性，降低企业内部组织成本，降低企业运营成本，提高企业运行效率。另一方面，数字经济的发展加速了企业管理的创新。企业会逐渐增强对大数据的获取与分析能力，不断提升经营管理的信息化水平，深度挖掘用户信息，精准定位用户需求，有针对地组织研发、生产、经营等各项活动，节省了人力资本与时间成本，提高了企业经营效益，促进了企业的高质量发展。

数字经济通过提高全要素生产率，促进了经济的高质量发展。全要素生产率主要由技术变革和结构变革驱动，涵盖了技术进步和配置效率等方面。它是推动生产力解放和发展的关键。数字技术通过渗透到生产活动中，推动了全要素生产率的提升。新兴的数字技术不断应用于生产、分配、交换和消费等各个经济活动环节，加速了我国科技创新成果向生产力的转化，从而实现了以创新驱动的经济高质量发展。在“十四五”时期数字经济的发展背景下，以互联网为代表的先进科学技术不断更迭，促进全要素生产率的提高，提升了宏观经济层面的经济增长水平和效益。

（2）数字经济能够促进新产业形成，优化产业结构，拉动产业转型升级数字经济的发展能够改造传统产业，形成新产业，重塑需求端，推动我国产业结构升级。优化产业布局，增加有效供给，提高供需的适配性，满足人民日益增长的美好生活需要，缓解现阶段我国社会的主要矛盾，实现经济社会的可持续健康发展。

数字经济的发展加快传统产业的改造，促进产业结构优化升级。数字经济具有高渗透性，传统产业的生产流通、销售的各个环节都可以借助于互联网、数字技术、数字服务、数字信息实现高质量生产和高效流通，有利于提升产业运行效率与产业数字化水平，加速传统产业改造，推动产业结构转型升级。

其一，数字经济的发展改变了传统产业生产方式。数字经济深度渗透到经济社会的各个领域，能够优化传统产业的资源配置，使传统产业向智能化、网络化、信息化方向发展，提高其生产水平和生产效率。

其二，数字经济的发展降低了交易成本。数字经济提高了经济活动的互联互通性，生产者与需求者可以无障碍交流，点对点的定制化产品与服务随之涌现。资源的加速流动使产品交易不再受到时间和距离的限制，降低了交易成本，有利于生产效率的提升，有助于提高传统产业的综合实力与核心竞争力。

其三，数字经济的发展优化了产业组织方式。随着平台经济、网络经济的兴起，产业组织方式日益发生变革，中小企业拥有更大的发展空间，有利于提升产业创新水平，增强企业的科技创新能力，促进传统产业的数字化转型，推动产业结构优化升级。

数字经济的发展促进新产业形成，带动产业结构优化升级。数字经济是新一轮科技革命的产物，伴随着新技术、新业态、新模式的产生，加快科技创新和技术变革的进程。产业创新离不开技术创新的支持，技术创新是产业创新的源泉与动力，技术创新催生新兴产业与新的商业模式的产生，促进产业结构的优化与升级。

其一，数字经济打破企业边界，促进产业融合。互联网、大数据、人工智能等信息技术加速演进，带来了数字经济的繁荣发展，企业的边界被打破。在数字经济的发展背景下，产业突破了企业边界，趋向于无形化和数字化，产业融合程度日益加深，催生新兴产业，并引起规模报酬递增效应。

其二，数字经济促进关联产业的融合。数字经济产业具有高创新性和高渗透性的特点，与关联产业渗透融合，形成了“共享经济”“开放经济”、O2O、C2C 等新业态和新模式，助力产业结构的优化升级。

其三，数字经济加速产业链上下游产业的融合。原本独立的产品或服务通过信息平台重新结合，形成新型产品和服务，产业范围日益扩大，产业层次逐渐增加，推动产业结构的调整与升级，提高供给体系的质量和水平，驱动产业高质量发展。

（3）数字经济能够催生新的消费需求，提高供需的适配性，满足人民日益增长的美好生活需要

数字经济促进企业创新，扩大高质量产品供给。伴随数字技术对传统企业的渗透，企业由以往的传统要素驱动的生产方式转变为创新驱动，创新能力随之增强。目前，我国企业纷纷启动数字化转型，以数字化实现不同生产和运营方式的创新，这种创新驱动的生产模式使企业的效益加速增长。数字平台通过简化传统交易中那些不必要的中间环节，高效匹配供需。“企业生产决定用户消费”的大众生产时代已经被高端个性需求主导下的“消费为生产提供导向”的数字经济时代取代，加速技术创新、扩大高质量产品供给是企业高质量发展的关键途径。互联网技术将生产者与消费者连接起来。企业为了满足消费者日益高级化、多元化的消费需求，会提高自主创新能力，改进生产技术，加大力度研发新产品与服务，扩大高质量产品的生产规模，减少低端供给，提高供给与需求的适配性，形成供需的动态平衡，减少企业的资源浪费，有利于企业经济效益的提高。同时，数字经济的发展推动互联网、大数据、人工智能等技术迭代更新，为企业高质量生产提供了技术支持。企业朝着智能化、科技化、数据化的方向发展，生产成本降低，生产效率提升，利润水平提高，促进企业生产规模的扩大，进而促使企业提供更多的高质量产品，满足消费者日新月异的消费需求，促进企业高质量化生产、高质量性盈利。

数字经济的发展重塑需求端，拉动产业转型升级。伴随中国经济结构的调整与工业化、城镇化和现代化进程的加快，国内超大规模市场和内需潜力优势逐渐显现。在强劲内需动力的驱动下，消费升级带动产业升级步伐加快，成为支撑中国经济稳中有增的内生动力。数字经济的发展引发了新的消费需求，催生了新的消费热点和消费方式，带动消费转型升级。进入数字时代，供给以需求为导向。数字经济的发展创新了消费模式，提升了消费层级，有利于提升产业现代化水平，使产业结构朝着高级化、合理化方向演进。一方面，数字经济蓬勃发展，加快了新型基础设施建设进程。诸如5G、互联网、人工智能、大数据等数字设施的迭代更新，产生了健康养老、绿色产品、知识消费、定制消费等新的消费热点，开创在线教育、远程医疗、数字科普等新业态和新模式，促进消费的转型升级，带动相关产业发展。另一方面，数字经济的发展促进了有效投资，加大了资源向新基建产业倾斜的力度，实现了资源的高效配置，引领了新兴产业和高新技术产业的蓬勃发展，推动了传统产业的转型升级，提高了全社会

供给体系的质量和水平。总之，数字经济创造需求为产业结构升级提供了需求导向，有利于深化结构性供给侧改革，提高供给水平，为经济高质量发展指明了方向。

6.2.3 数字技术赋能中小企业分析

德国学者西蒙根据统计数据发现，85% 的“隐形冠军”企业管理者认为技术领先是“隐形冠军”企业显著的标志，随着数字经济的持续发展，数智技术赋能企业高质量发展已成为共识。以“大智移云”为代表的数智技术与“专精特新”企业的结合，能够加速推动中小企业的创新发展。数智技术可以有效地对产品的市场需求进行分析及培育，帮助企业灵活地制订生产的方案与计划，实现柔性制造和定制生产，减少信息孤岛和信息烟囱，强化产业发展过程中的知识溢出效应，使用传感器、工控系统和工业互联网等实施智能决策，推动“专精特新”企业持续发力，跳跃式发展。

（1）数字技术的发展及对中小企业的意义。以“大智移云”、区块链、5G、3D 打印、量子计算等为代表的数字技术发展迅猛，深刻影响着中小企业的方方面面，能够推动实体经济降本增效，有效促进企业转型升级和高质量发展。如表 6–12 所示为 2022 年相关数字产业的发展规模。

表 6–12　2022 年相关数字产业发展规模（资料来源：《2023 年中国互联网发展报告》）

数字产业	数量 / 产值 / 市场规模	增速
5G 基站	264.6 万个	69.7%
数据中心机架	超 650 万标准机架	25%
云计算	4550 亿元	40.9%
工业互联网	12261 亿元	13%
人工智能	5080 亿元	25.7%
区块链	84.6 亿元	57%
物联网用户	30.8 亿户	18.4%

云计算平台为众多企业提供共享的 IT 资源，降低建设初期的投入成本，降低社会总体资源的浪费。企业只需要在具备网络接入条件的地方，就可以随时随地获取所需的网络、服务器、存储、应用软件等远程资源。其特点表现为低成本、快部署、易运维。企业级工业互联网平台便于企业形成统一的数据采集与分析、流程优化、经营决策。行业级工业互联网平台能够推动上下游企业数据流通，有助于实现产业链协同发展。如图 6–4 所示为 2020—2026 年全球云市场规模发展及其增速。

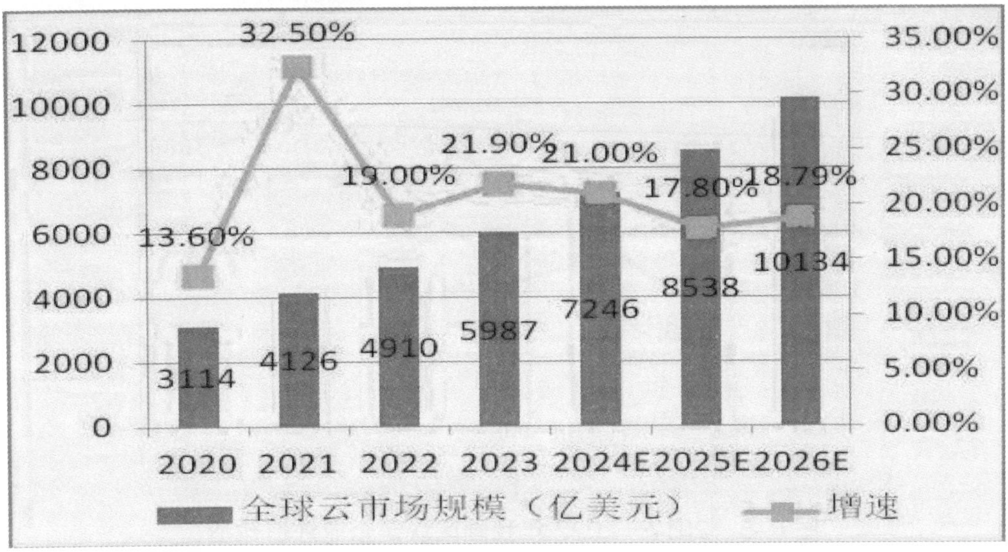

图 6–4　2020—2026 年全球云市场发展规模及其增速

（数据来源：《云计算白皮书（2023 年）》）

大数据为制造业科学决策提供依据。管理就是决策，决策要靠数据。数据越丰富，体量越大，越有助于科学决策，帮助企业在生产、研发、市场等方面做出正确的研判。相比传统的矿产、石油、煤等不可再生的物质能源，数据资源不仅清洁、可以共享，而且用之不竭。根据 2023 大数据产业发展大会的统计数据，进入“十四五”发展阶段，我国大数据产业规模达到 1.57 万亿，数据产量 8.1ZB，大数据市场主体超过 18 万家，论文数量全球占比 31%，全球专利受理占比超过 50%。

中国人口 2022 年首次进入负增长时代，人工智能通过“机器换人”能够有效解决人口老龄化、产业工人数量不足的问题，同时大幅提升生产效率。科大讯飞集团董事长刘庆峰在《人工智能赋能制造强国》演讲时提到，从人口红利到人工智能红利，是制造强国的必由之路。2023 年被称为生成式人工智能（gen AI）的爆发之年，以 ChatGPT 为代表的人工智能发展震撼世界，对包括制造业在内的各行各业都将产生深远的影响。

区块链技术能够有效减少制造业供应链上的信息不对称，降低融资风险，创新企业融资方式，扩大普惠金融，改善社会治理和政务服务，提高制造业在注册审批、缴税等事务方面的效率。如图 6–5 所示为我国近年来区块链企业的注册数量。

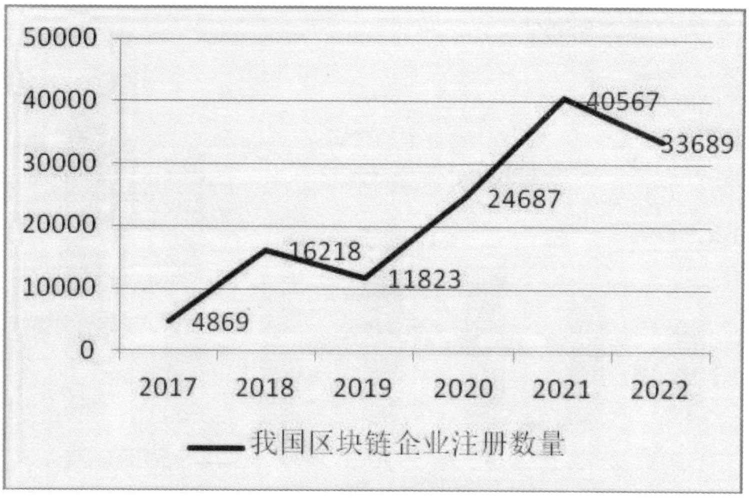

图 6–5　2017—2022 年我国区块链企业注册数量

（数据来源：《我国区块链行业分析》）

物联网技术通过将小型工业传感器接入制造业生产的各个环节，使工作人员能够实时采集生产过程中的数据信息，方便管理人员对生产过程进行控制与诊断，及时发现生产设备故障，保障生产过程的稳定与安全。2022 年，我国移动物联网连接数达到 16.98 亿，比移动用户数量多 2000 万，成为全球主要经济体中首个实现“物超人”的国家，物超人（移动互联网连接数 / 移动用户数）占比达到 102%，居全球首位，如图 6–6 所示。

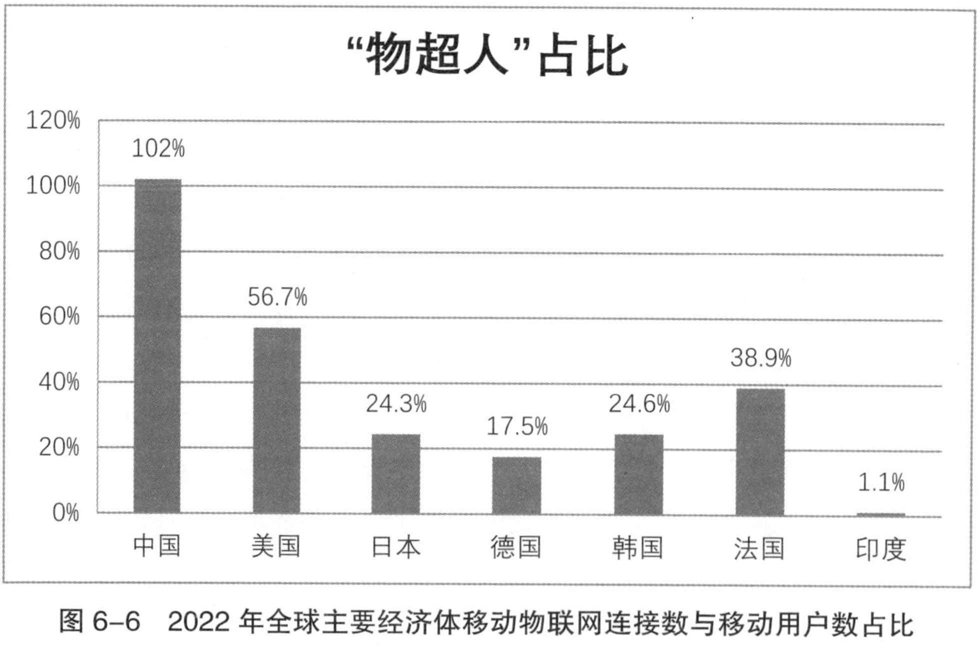

图 6–6　2022 年全球主要经济体移动物联网连接数与移动用户数占比

（数据来源：《2022 年移动物联网发展报告》）

工业互联网是指以物联网、云计算、大数据等新一代信息技术为基础，通过数据收集、分析、整合，以工业生产、物流、服务等系统的设计与制造为中心，实现工业制造业互联互通、优化资源配置、提高社会整体运行效率、推动工业结构升级和产业升级的一系列创新性技术实践。《中国工业互联网平台创新发展报告（2023）》显示，截至 2022 年，我国工业互联网平台超过 240 家，连接电力设备、交通设备及仪器仪表等超 8100 万台，工业 APP 数量超过 60 万个。截至 2023 年 8 月，我国跨行业跨领域工业互联网达到 51 家。平台应用覆盖国民经济大类，形成平台设计、智能制造、网络协同、个性定制、服务延伸、数字管理六大应用模式。

5G 作为一种新型移动通信网络技术，已经渗透到经济社会的各行业各领域，成为支撑经济社会数智化转型的关键新型基础设施，不仅能实现增强现实、虚拟现实、超高清视频等新兴业务，还可以满足移动医疗、车联网、智能家居、工业控制、环境监测等物联网应用需求。《2023 年中国互联网发展报告》显示，2022 年，我国已建成全球规模最大的光纤和 5G 网络，千兆光网覆盖家庭数量超 5 亿，千兆宽带用户超 1.1 亿，5G 用户数 6.2 亿，光纤接入端口占比 95.9%，行政村通宽带率接近 100%。

3D 打印采用粉末状金属或塑料等可黏合材料，以数字模型文件为基础，通过逐层打印方式来构造物体的技术，具有高度定制化的特点。4D 打印采用一种能够自动变形的特殊智能材料，直接将设计内置到物料当中，根据产品设计自动折叠成相应形状的技术。

量子计算对制造业和工业设计会产生深远的影响。全球空客公司通过量子计算机快速处理无数变量，确定飞机最有效的机翼设计；三星公司使用量子计算机研究新材料，以制造更好的电池；IBM 将制造业作为量子计算机的目标市场。量子计算机对涉及大量变量和潜在结果的问题，如优化供应链、优化传送路径、模拟化学反应等方面，其速度远超传统计算机。

（2）数字技术实现了对中小制造业的颠覆创新。数字技术对制造业技术的影响，不是局部的，而是全面的、颠覆性的。数字技术对制造业进行改造的目的不是让其“伤筋动骨”，而是“脱胎换骨”。如物联网和传统家电、家具行业的结合催生了智能家居，使人们的饮食起居迈进了智能时代。搭载了车载传感器、控制器和数据处理器等装置，借助车联网、5G 等现代移动通信手段和网络技术，传统汽车能够实现无人驾驶。而 3D、4D 打印技术对机械行业的影响之深远，可谓是颠覆了行业思维，重塑了行业流程。

（3）数字技术实现了对中小企业的全链条改造和多方位优化。数字技术对企业的改造不是局部的、单项的，而是全方位、全链条的，包含制造的全过程，从产品的研发、供应、生产、销售到服务的各环节。中国工程院院士谭建荣表示：制造业数字化转型可通过“智能制造＋创新设计”“智能制造＋工艺提升”“智能制造＋强化质量”“智能制造＋延伸服务”“智能制造＋拓展市场”五大方法共同推进，构建涵盖产品研发、加工制造、经营管理、客户服务等产业链各环节的全流程应用，形成协同设计、云制造、虚拟制造等新制造模式，实现供需精准匹配、产业链协作共赢，生产效率提升、经济效益倍增。

数字技术推动制造业实现了五大转变，分别是企业投入从传统生产要素驱动向数据要素为主驱动转变，行业产出从产品导向向用户体验转变，企业发展模式从产业关联向产业集群转变，产业生态从相互竞争向互利共生转变，企业组织从层级组织向网格结构转变。

第一，制造业通过对数据要素的使用，能够改变以往依靠经验的主观判断，进行客观分析，科学决策。数字经济通过工业互联网实现机器换人、智能生产，使得“无人车间”成为现实，减少了劳动力成本。

第二，数字经济催生的电子商务平台减少了制造业的交易成本和采购成本，还可以通过网络平台获取消费者的消费习惯、购买偏好，同时借助大数据让个性化定制生产得以落地。制造业通过官网、微博、微信公众号等数字化运营方式让消费者参与新产品的研发设计，开展精准营销，提供完善、科学、细致的产品售后配套服务，有助于占据市场，实现服务型制造，有效地提升产业的经济附加值。

第三，建立数字产业园区，实施集群发展可以让关联企业共享技术、人才、经验，发挥龙头企业的示范引领作用，带动行业整体数字转型。

第四，数字经济促进了产业链生态的形成，实现产业链上的合理分工，协作共赢，避免了以往的同质生产，恶性竞争。最后，数字经济变制造业企业原来的金字塔式的组织机构为扁平化的层级架构，精简了无效岗位和人员，降低了内部沟通成本，便于企业及时对外界环境变化作出调整。

6.2.4 河南省数字经济发展的现状

（1）河南省数字经济发展报告、数字经济工程及数字经济发展规划

中国信息通信研究院发布《河南省数字经济发展报告（2021）》（以下简称《报告》）显示：2020 年，全省数字经济总体规模接近 1.6 万亿元，同比增长 8.1%，排名全国第 10 位。《报告》指出，“十三五”期间，河南省数字经济发展活力显著增强，数字经济年均增速超过 14%，对 GDP 增长的年均贡献率超过 50%。《报告》显示，郑州数

字经济总量接近 5000 亿元，占 GDP 比重超过 40%，超过全国平均水平 1.4 个百分点，发挥“主核”作用，引领全省数字经济发展。洛阳的数字经济总量已突破 1600 亿元大关，在全省数字经济的联动发展中，扮演着至关重要的“副核”角色。与此同时，南阳、许昌、新乡、信阳、商丘、开封、平顶山、安阳、周口、焦作、驻马店 11 个地市的数字经济总量介于 500 亿元至 1000 亿元之间，呈现出稳健的增长态势。而漯河、濮阳、三门峡、鹤壁这 4 个地市，其数字经济总量则在 200 亿元至 500 亿元之间，展现出了不俗的发展潜力。

河南 2021 年实施的七大数字经济工程，包括新型智慧城市建设工程、数字经济核心产业提速工程、产业数字化转型工程、新型基础设施建设工程、新业态、新模式培育工程、数字经济布局优化工程、数字化治理能力提升工程等。2021 年 12 月 28 日，《河南省数字经济促进条例》出台，这是全国第三部省级数字经济方面的综合性法规，标志着河南省数字经济发展迈入法制化、规范化和高质量发展阶段。《条例》共十章七十六条，包括总则、数字基础设施建设、数据资源开发利用、数字产业化发展、产业数字化转型、数字化治理和服务、数字经济促进措施、数字经济安全保障、法律责任、附则。

2022 年，《河南省“十四五”数字经济和信息化发展规划》（以下简称《规划》）正式印发，为河南省加快推动数字产业化、产业数字化，做大做强数字经济，建设数字河南，推动全省经济社会高质量发展绘制了新图景。

根据《规划》，河南将以推动高质量发展为主题，以国家大数据综合试验区为牵引，坚持数字产业化、产业数字化、数字化治理、数据价值化，着力实施数字化转型战略，加强新型基础设施建设，抢先开展数据价值化试点，全面提升数字经济核心产业发展水平、数字社会和数字政府治理能力，推动数字经济、信息技术和经济社会深度融合，加快建设数字河南。

《规划》提出的主要目标是，经过五年努力，全省数字经济和信息化发展水平明显提高，关键技术自主创新能力显著增强，数字经济核心产业规模实现倍增，数据价值化试点在全国率先推进，产业数字化水平进入全国先进行列，数字基础设施支撑和安全保障能力显著增强，数字治理和服务能力大幅提升，数字经济生态系统持续完善，郑州成为国家重要通信枢纽、信息集散中心，郑洛数字经济创新发展试验区成为具有国际竞争力的数字产业集群，基本建成全国数字产业化发展新兴区、产业数字化转型示范区。

（2）河南省各地市企业数字化项目立项概况

表 6–13 到表 6–15 分别为 2020—2022 年河南各地市企业数字化项目立项概况统计表。从中可以看出，河南各地市在机器换人、人工智能、工业互联网、智能车间、智能工厂、大数据、5G 等数字化项目方面覆盖全面，企业数字化发展势头强劲。

表 6–13　2020 年河南省各地市企业数字化项目立项概况　单位：个

企业数字化项目	地市	数量	合计
机器换人	郑州	5	43
	开封	3	
	洛阳	4	
	安阳	2	
	新乡	14	
	濮阳	1	
	焦作	1	
	许昌	3	
	平顶山	1	
	南阳	7	
	驻马店	1	
	商丘	1	
河南省智能制造标杆企业拟确定名单	平顶山	1	14
	济源	1	
	新乡	5	
	郑州	2	
	洛阳	1	
	许昌	1	
	焦作	1	
	三门峡	1	
	商丘	1	
河南省人工智能创新型企业拟认定名单	郑州	29	50
	洛阳	11	
	南阳	1	

续表

企业数字化项目	地市	数量	合计
河南省人工智能创新型企业拟认定名单	平顶山	1	50
	许昌	3	
	新乡	3	
	鹤壁	1	
	焦作	1	
河南省工业互联网平台拟培育名单	郑州	2	11
	洛阳	4	
	鹤壁	1	
	安阳	1	
	周口	1	
	许昌	2	
制造业与互联网融合试点	郑州	26	71
	开封	5	
	洛阳	5	
	新乡	7	
	平顶山	1	
	安阳	1	
	鹤壁	1	
	焦作	5	
	濮阳	1	
	许昌	6	
	漯河	2	
	三门峡	1	
	南阳	2	
	商丘	2	
	信阳	1	

续表

企业数字化项目	地市	数量	合计
制造业与互联网融合试点	周口	2	71
	驻马店	2	
	济源	1	
智能车间	郑州	19	100
	洛阳	9	
	平顶山	2	
	焦作	5	
	三门峡	3	
	濮阳	5	
	济源	4	
	安阳	3	
	新乡	9	
	许昌	4	
	漯河	5	
	南阳	7	
	鹤壁	1	
	商丘	5	
	信阳	4	
	驻马店	6	
	开封	7	
	周口	2	
河南省智能工厂认定	郑州	9	50
	洛阳	8	
	平顶山	1	
	焦作	2	
	三门峡	1	

续表

企业数字化项目	地市	数量	合计
	濮阳	3	
河南省智能工厂认定	济源	2	50
	安阳	2	
	新乡	4	
	漯河	1	
	南阳	4	
	鹤壁	5	
	商丘	1	
	驻马店	3	
	开封	1	
	周口	3	
合　计			339

表 6-14　2021 年河南各地市企业数字化立项概况　单位：个

企业数字化项目	地市	数量	合计
河南省智能车间拟确定名单	郑州	32	129
	洛阳	7	
	开封	10	
	南阳	16	
	安阳	5	
	信阳	1	
	新乡	10	
	鹤壁	4	
	濮阳	7	
	许昌	8	
	周口	8	
	驻马店	6	

续表

企业数字化项目	地市	数量	合计
河南省智能车间拟确定名单	平顶山	5	129
	焦作	5	
	济源	1	
	商丘	4	
河南省智能工厂拟确定名单	南阳	3	34
	新乡	3	
	洛阳	3	
	郑州	3	
	许昌	2	
	信阳	2	
	开封	3	
	鹤壁	2	
	驻马店	2	
	安阳	2	
河南省智能工厂拟确定名单	焦作	1	34
	商丘	1	
	濮阳	1	
	平顶山	1	
	三门峡	2	
	周口	1	
	济源	2	
大数据产业发展试点示范项目拟入选名单	郑州	22	45
	开封	2	
	洛阳	4	
	鹤壁	1	
	新乡	6	

续表

企业数字化项目	地市	数量	合计
大数据产业发展试点示范项目拟入选名单	焦作	2	45
	濮阳	2	
	许昌	2	
	南阳	1	
	商丘	1	
	信阳	1	
	驻马店	1	
第一批 5G 应用场景拟认定示范项目名单	郑州	22	71
	焦作	5	
	洛阳	5	
	新乡	7	
	济源	1	
	鹤壁	8	
	许昌	4	
	信阳	2	
	驻马店	5	
	漯河	3	
	三门峡	2	
	商丘	2	
	安阳	3	
	南阳	1	
	濮阳	1	
合　计			279

表 6-15　2022 年河南各地市企业数字化项目立项概况　单位：个

企业数字化项目	地市	数量	合计
河南省大数据优秀企业优秀产品（服务）优秀解决方案优秀应用案例拟入选名单	郑州	52	67
	洛阳	4	
	鹤壁	2	
	平顶山	1	
	济源	1	
	新乡	3	
	南阳	2	
	安阳	1	
	许昌	1	
河南省智能车间智能工厂拟确定名单	郑州	30	185
	开封	8	
	洛阳	13	
	平顶山	6	
	安阳	9	
	鹤壁	7	
	新乡	18	
	焦作	6	
	濮阳	4	
	许昌	10	
	漯河	4	
	三门峡	5	
	南阳	21	
	商丘	16	
	信阳	1	
	周口	15	
	驻马店	6	

续表

企业数字化项目	地市	数量	合计
	济源	6	
河南省大数据产业发展试点示范项目拟入选名单	郑州	32	45
	新乡	2	
	鹤壁	3	
	焦作	2	
	济源	1	
	开封	2	
	安阳	1	
	平顶山	1	
	漯河	1	
合　计			297

数据来源：根据河南省工业和信息化厅网站数据整理

（3）河南省制造业数字化转型调研[1]

2021 年 9 月，河南省地方经济社会调查队对全省 17 个省辖市和济源示范区的 206 家具有代表性的当地制造业企业进行了数字化转型的专项调查。调查结果如下。

第一，数字化转型阶段，如图 6–7 所示。整体来看，河南近七成企业仍然处于主要依赖人工和基本实现自动化的生产阶段，只有三成多的企业实现了基本的数字化。

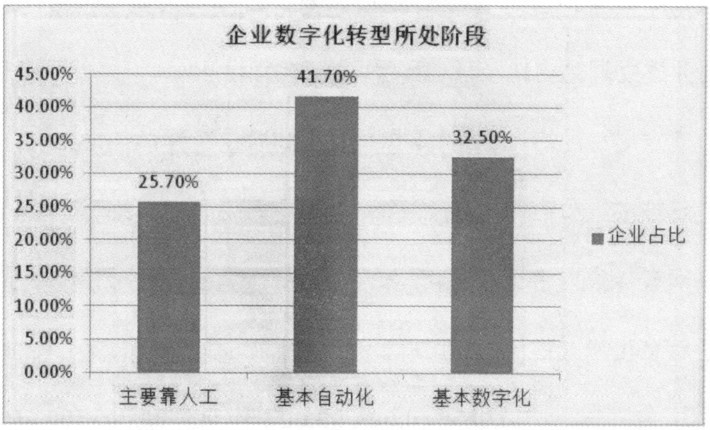

图 6–7　河南企业数字化转型所处阶段

[1]　陈红瑜、赵德友、刘朝阳：《河南经济蓝皮书》，社会科学文献出版社，2022 年 3 月 15 日。

第二，数字化转型指标，如图 6–8 所示。可以看出，河南在生产设备数字化率、关键工序数控化率及智能制造就绪率指标方面均略低于全国平均水平，并且河南的信息化和工业化融合发展水平指数为 53.2，同样低于全国平均水平 56.0。

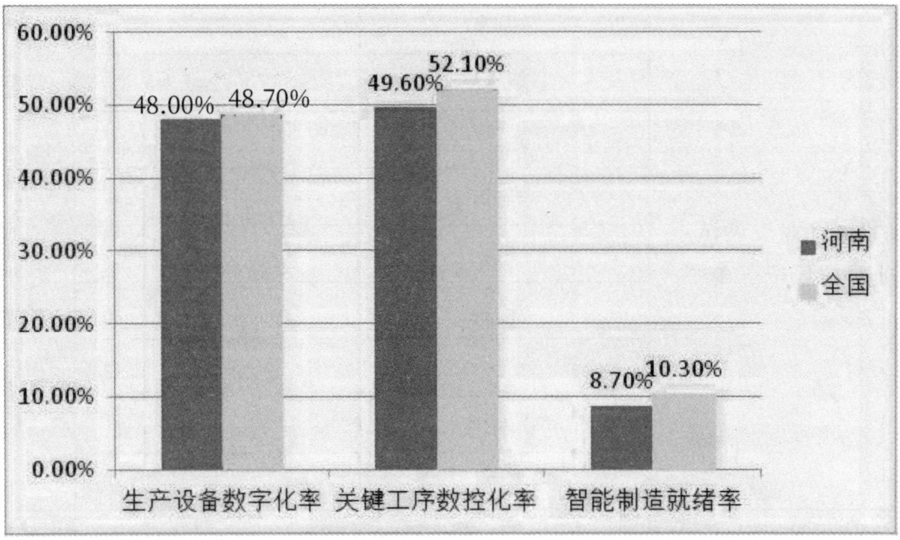

图 6–8　企业数字化转型指标（数据来源：《中国两化融合发展数据地图》）

第三，信息化建设应用普及率，如图 6–9 所示。其中，针对采用信息系统开展财务管理的企业比例最高，达到 88.1%；利用信息系统开展购销存管理和生产制造管理的企业占比分别为 52.4% 和 30.3%。

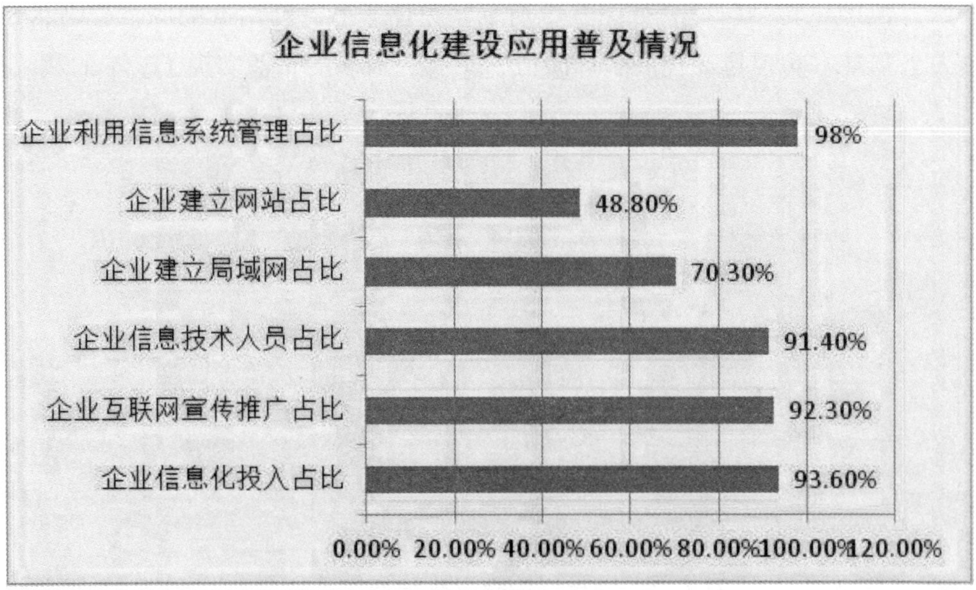

图 6–9　企业信息化建设应用普及情况

第四，工业互联网应用状况。河南规模以上制造业中，使用工业互联网和智能制造的企业有 9975 个，占比 57.7% 。全省在建工业互联网平台 70 多个。其中生产过程智能化情况如图 6-10 所示。

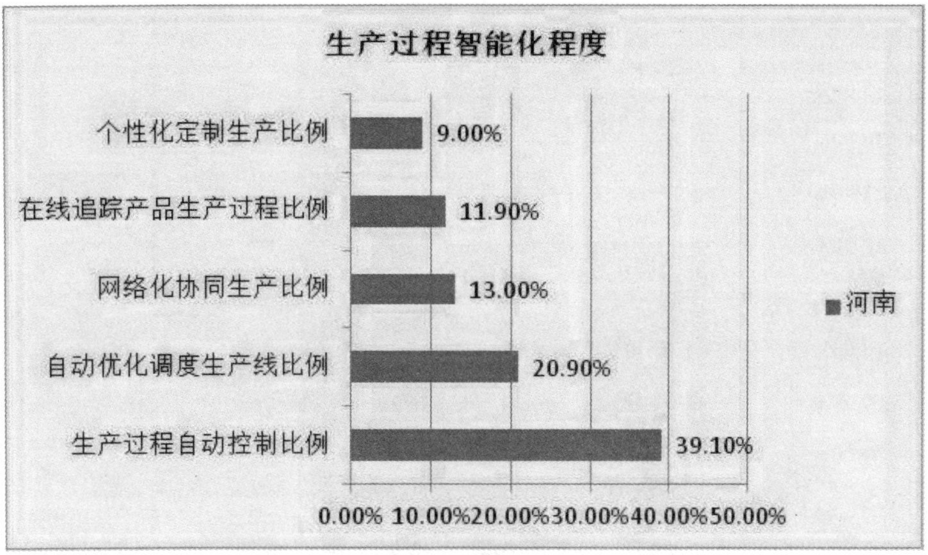

图 6-10　企业生产过程智能化程度

第五，企业上云情况如图 6-11 所示。截至 2021 年第三季度，全省累计上云企业 14 万家，多采用公有云加私有云的混合云方式，非核心业务使用公有云，核心生产流程自建私有云。

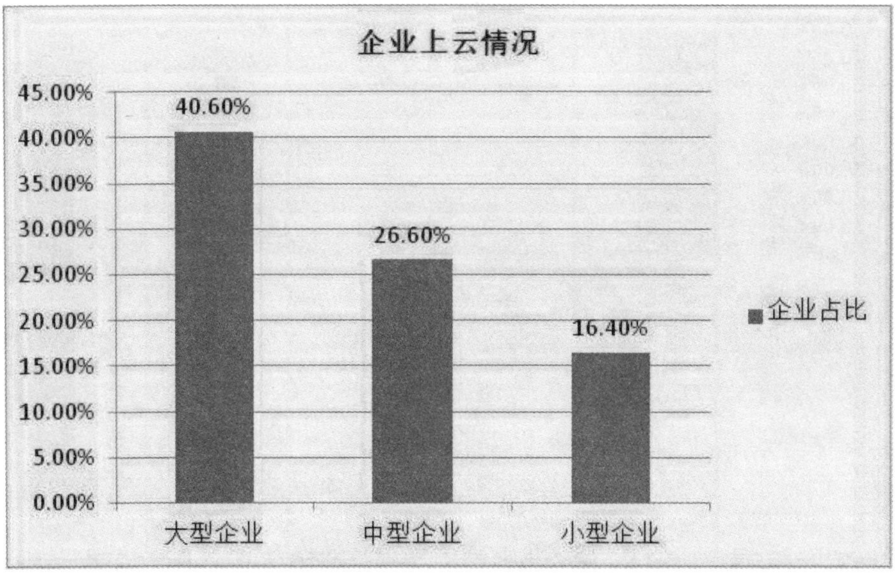

图 6-11　企业上云情况

第六，5G 和人工智能应用情况如图 6-12 所示。调查显示，20.4% 的被调查企业使用 5G 技术，29.6% 的被调查企业使用人工智能。两项技术仅在不足三成的少数企业关键环节使用，还处于探索应用阶段。

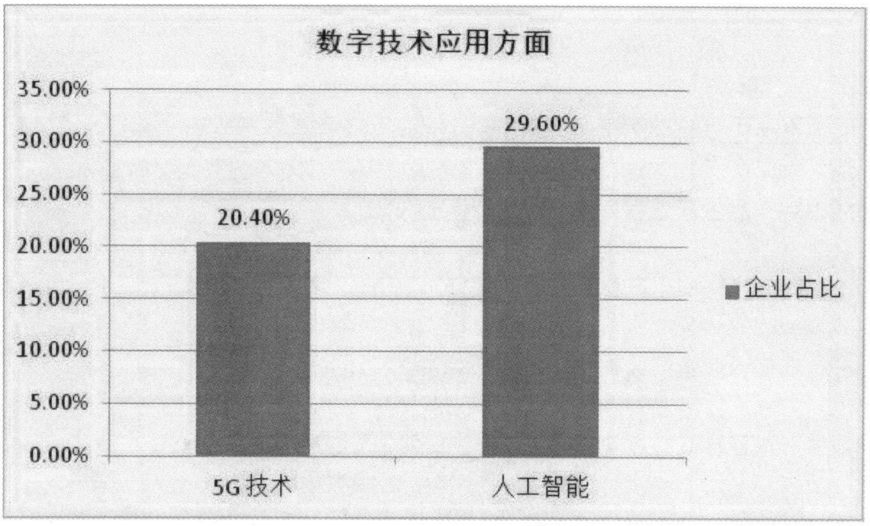

图 6-12　企业数字技术应用方面

第七，数字化提升运营效率方面，提高企业生产效率较为明显，对生产运营的管理水平提升效果不够显著，对增加销售也有较好的推动作用，具体如图 6-13 所示。

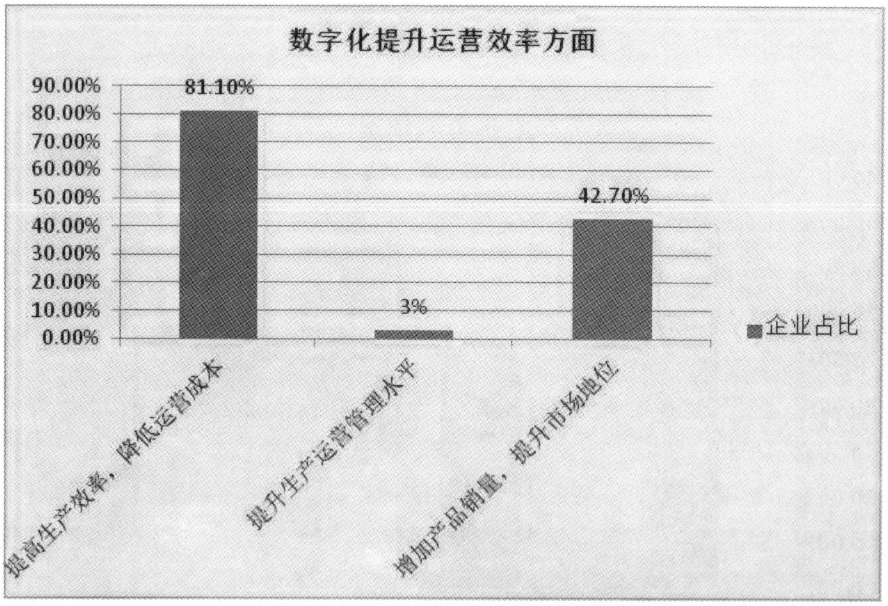

图 6-13　企业数字化提升效率方面

第八，企业转型过程中遇到的困难方面，如图 6-14 所示。根据调查，只有 27.7%

的被调查企业实现了高度集成，大多数企业仍处于部分集成阶段，数据碎片化和信息孤岛化问题严重，这成为阻碍数字化转型的最大技术障碍。

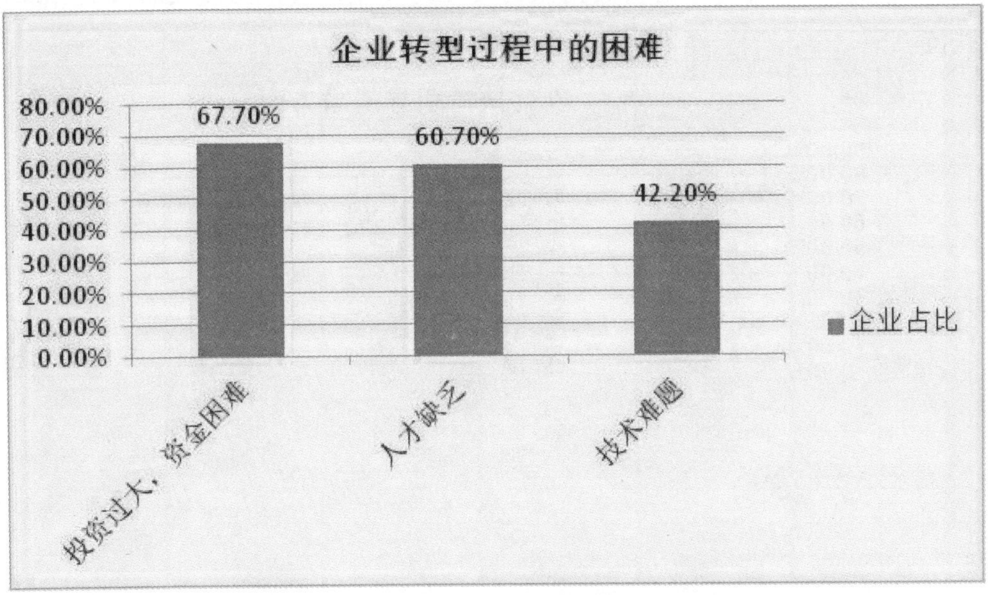

图 6-14　企业数字化转型过程中的困难

第九，管理层的支持，如图 6-15 所示。尽管超过半数的被调查企业制定了数字化转型规划，但存在重视规划而忽视实施、重视自动化而轻视数字化的问题。虽然接近半数的被调查企业建立了数字化管理部门，但由于员工观念落后，数字化管理部门改革面临较大的阻力。

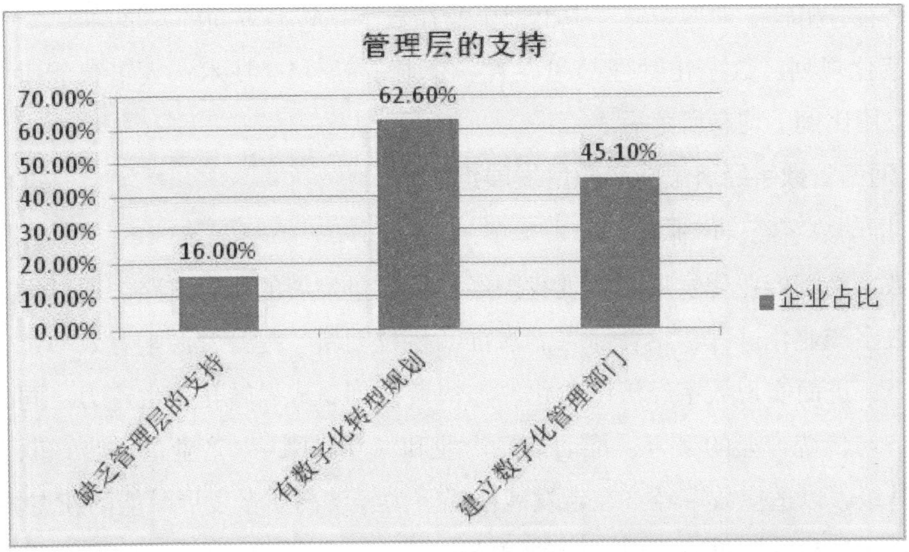

图 6-15　企业数字化转型中管理层的支持方面

第十，政府扶持引导需求方面，如图 6–16 所示。在某高新区的调研中，该地区自主引进了机床研究中心重点实验室，通过政府服务的公益性促进技术外溢共享，取得了良好的效果。但是每年需要支付数百万元的费用，省市两级政府没有相应的配套政策扶持。

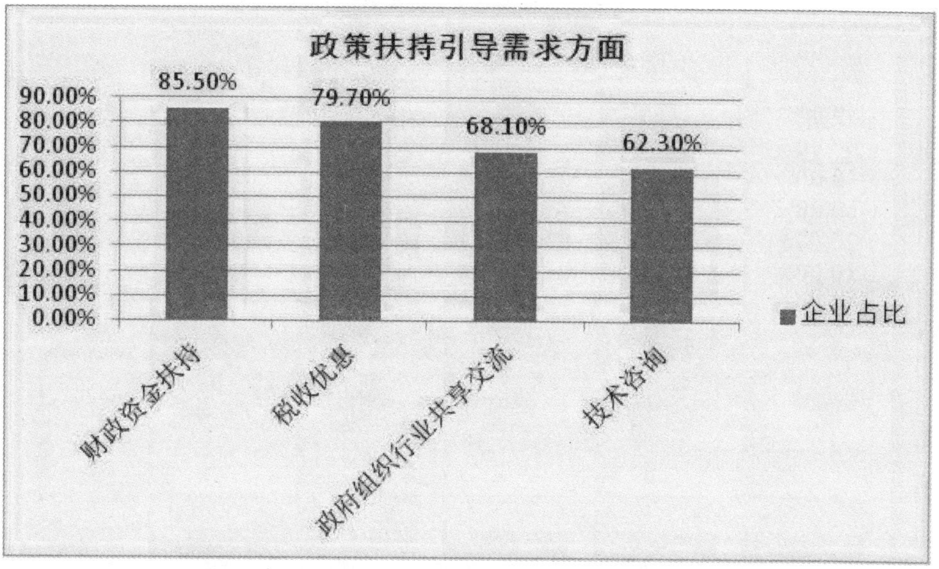

图 6–16　企业数字化转型过程中对政策的扶持引导需求方面

此外，在节能降耗和低碳生产方面，有高达 52.4% 的被调查企业成功提升了能源利用效率，从而实现了环保水平的提升。在创新发展领域，28.6% 的被调查企业成功实施了柔性制造策略，通过个性化、小规模定制优化了生产流程。然而，值得注意的是，有 45.6% 的被调查企业反映，其现有设备和软件无法满足数字化转型的需求。从整体情况来看，相较于大型企业，中小型企业在数字化转型方面的发展势头略显不足，它们在数字化规划、数字化管理部门设置、企业上云、5G 技术、人工智能以及工业互联网的应用比例上均有所落后。

6.2.5 河南省数字经济赋能高质量发展建议

（1）推动数字经济产业化

推动数字经济产业化发展是实现我国经济高质量发展的必由之路。通过加速产业数字化和数字产业化进程，结合新兴需求推动科技创新，提升资源配置效率，促进产业结构升级，进而实现数字经济产业化，加快科技创新成果转化为生产力。同时，加强数字经济与传统产业的融合，推动信息产业和“互联网 +”产业的进步，助力传统产业革新升级，以适应数字经济在新发展格局下为经济高质量发展赋能的新态势。

为实现上述目标，可以采取以下关键措施：

首先，构建数字经济发展平台至关重要。一个稳固的平台是数字经济产业发展的基础。在数字经济时代，应重点扶持数字经济、信息经济、共享经济、平台经济、互联网经济和零售经济等新型业态和模式的发展。同时，鼓励大众创业，激发创新活力，提升国民经济主体的自主创新能力。通过创新推动平台经济蓬勃发展，进而促进传统产业的优化升级，提升数字经济发展层次，最终推动经济实现高质量发展。

其次，推动企业数字化转型是构建数字经济底层的关键一环。企业作为国民经济的细胞，其数字化转型对于构建中国数字经济体系具有重要意义。通过推动企业数字化转型，可以带动整个产业的数字化转型进程，实现数字经济与实体经济的深度融合，推动产业数字化和数字产业化的深度和广度，优化产业结构，提高供给体系质量，促进经济社会协调可持续发展。

最后，促进数字经济与实体经济一体化发展。数字经济无疑已经成为全球经济发展的新引擎，但是绝不能忽视实体经济的基础地位，不能顾此失彼，而是要齐抓共管。实体经济是数字经济的源泉，数字经济是传统经济的体现。要促进数字经济与实体经济的一体化发展，实现数字经济与实体经济的深度融合发展。一方面，要充分发挥数字经济的优势，利用大数据、云计算、人工智能等先进技术，对传统产业进行数字化和智能化改造，以缓解传统产业产能过剩、资源浪费和资源配置效率低下的问题。另一方面，数字经济与传统产业相融合，还能推动传统产业的优化升级，实现颠覆式创新，催生电子商务、远程医疗、在线教育、网络旅游、新媒体等新兴产业，推动产品和服务的创新，实现供需的动态平衡，满足人民群众日益增长的多样化需求。

（2）夯实新型基础设施建设

当前，新型基础设施，如 5G、人工智能、工业互联网及物联网等，已然成为衡量一个国家综合实力与竞争力的关键指标，同时也是发展数字经济的基石与支撑。这些基础设施不仅是实现产业智能化、数字化、信息化升级的重要前提，更是推动传统产业转型升级、促进经济高质量发展的迫切需求。因此，我们需要聚焦于以下若干方面，以期加快新型基础设施的布局与完善建设，进而推动经济实现更高质量的发展，为经济发展提供坚实支持。

一是扩大新型基础设施建设规模。新型基础设施规模不足，影响数字经济发展，因为投资巨额且回收周期漫长，降低了投资者的投资动力。为此，政府需要优先支持新型基础设施的建设，需要建立完善的投融资机制，降低市场准入门槛，鼓励各类微观经济主体积极参与投资。同时，在金融、产业、创新激励和人才政策等多个层面给予必要的扶持，以推动信息技术的发展，进一步扩大新型基础设施的覆盖范围。

二是推动新型基础设施整合。新型基础设施具有显著的交叉融合特性，涵盖了学科、技术和产业等多个方面。这种特性使得新型基础设施在推动传统产业升级转型和新兴产业快速发展方面展现出巨大潜力。通过加大网络通信基础设施的建设和完善信息联通机制，可以加大资源整合力度，提高资源利用效率，增强物联网产业的竞争力，并促进产业链上下游之间的交流合作。这种整合不仅可以加速传统产业的转型升级，还能推动新兴产业的快速发展，发挥新型基础设施的外溢和倍增效应。

三是加强新型基础设施的技术创新。增加对新型基础设施技术创新的投入力度，可以提升产出水平和效率，引发新的业态、模式和产业的出现，提高产业链的现代化水平，提升供应体系的质量。完善科技创新体系，加大科技创新力度，并促进创新成果向生产力的转化。

（3）加强数字化治理

大数据、互联网和人工智能等现代信息技术的快速发展，为政府赋能，实施数字化治理提供了强大的支持。这些技术的应用不仅能够增强政府的态势感知、科学决策和风险防范能力，还能够打造“有为”政府，促进国家治理体系和治理能力现代化，进而推动经济社会的全面协调可持续发展。

首先，打造智能政府是推动经济高质量发展的重要途径。政府在宏观调控和经济政策制定中发挥着关键作用。通过互联网等技术手段，政府通过获取更多的有效信息，能够提升决策的科学性以及工作效率。此外，智能政府对于培养服务型政府具有重要作用，可以帮助政府制定出符合经济高质量发展要求的经济政策。因此，要积极促进政府的数字化转型，构建一个智能化的政府体系，简化政府职能，并结合监管实施科学的宏观调控。同时，应制定适应数字经济发展的产业政策，并强化隐私保护及监管体系的建设，以营造一个统一开放、竞争有序的市场环境。

其次，通过数字领域立法，优化数字治理生态环境也是推动经济高质量发展的重要手段。尽管互联网为人们的生活带来了诸多便利，但同时也伴随着隐私泄露等问题的出现。因此，保护消费者隐私已经成为数字经济发展的关键议题。为了应对这一挑战，需要从两个方面着手：一是完善数字经济领域的相关法律制度，加强立法工作，确保消费者的合法权益得到充分保障，让用户在一个安全的环境中享受数字经济带来的便利，从而提高社会福利水平；二是适应数字经济发展的常态化趋势，利用数字技术优化监管手段，加大监管力度，提高个人信息发布的门槛，以确保在不影响数字经济发展的前提下，实现国家和个人的信息安全。

（4）强化配套建设

第一，完善相关政策，强调以实体经济为基础，不断优化产业结构。实体经济是人类社会生存和发展的基础，也是经济可持续健康发展的重要支柱。以供给侧结构性改革为主导，通过实施“三去一降一补”政策，加大对新兴产业和高技术领域的投入，推动产业结构向高端化和合理化方向发展。在支持新兴产业发展的同时，积极鼓励企业进行科技创新和技术创新，持续提升制造业的发展水平，以实现数字经济与制造业的共生共赢。

第二，增加资金支持，建立新的融资机制。经济是身体，金融是生命线。数字经济是以科学技术为核心驱动力，在传统经济系统基础上实现更高质量发展的一种新型发展形态，并非“虚拟经济”。因此，金融政策应该提供有针对性、持续且有力的支持，以助推数字经济，实现经济高质量发展。

数字经济虽然具有低边际成本的特点，但前期投入需要巨额资金且回收周期漫长，这种投资高风险得不到商业银行的青睐。因此，政府需要将资金向数字经济倾斜。一方面，将资金投入新增建设项目领域，打造完备的数字化基础设施。另一方面，可以设立特定资金或者专项基金来保护知识产权和创新成果，促进科技创新成果的产业化发展。

推动金融科技创新是解决当前中小企业融资难、融资贵问题的有效途径，还能够降低金融交易成本、简化交易流程、提高交易效率、防范金融风险、促进金融市场供给水平的提升并完善投融资机制。因此，要积极促进普惠金融和数字金融的进步，构建高效、智能、数字化的投融资体系。

第三，增加教育投入，培养创新的数字人才。高质量发展的实现离不开创新的推动，而创新的关键在于充分利用创新型人才和高科技人才知识和技能的价值创造。数字经济无疑是信息经济、知识经济，对高素质、创新型、复合型人才的需求也更加迫切。因此需要加强高等教育体系改革，推动产学研开展合作，关注学生的自主创新能力和实践操作能力的培养，培养“专创融合”人才，不断优化人才结构，致力于培养高质量的科研人才，为经济赋能并提供人力资本支持。

6.3 绿色环保落实高质量发展

6.3.1 绿色发展的内涵

2017 年，党的十九大首次提出“高质量发展”的表述，表明中国经济由高速增长阶段转向高质量发展阶段。党的十九大报告中提出的“建立健全绿色低碳循环发展的经济体系”为新时代下高质量发展指明了方向，同时也提出了一个极为重要的时代课题。高质量发展的根本在于经济的活力、创新力和竞争力。而这三者都与绿色发展息息相关，密不可分。没有绿色发展，经济发展便丧失了活水源头，经济发展的创新力和竞争力也就失去了根基和依托。绿色发展是我国从速度经济转向高质量发展的重要标志。生态环境保护是经济发展的基础和保障，经济发展是生态环境保护的目的和归宿。只有实现生态环境保护与经济发展的良性互动和双赢，才能真正实现可持续发展。

绿水青山就是金山银山。绿水青山既是自然财富、生态财富，又是社会财富、经济财富。习近平总书记指出：“生态环境保护和经济发展是辩证统一、相辅相成的，建设生态文明、推动绿色低碳循环发展，不仅可以满足人民日益增长的优美生态环境需要，而且可以推动实现更高质量、更有效率、更加公平、更可持续、更为安全的发展，走出一条生产发展、生活富裕、生态良好的文明发展道路。”

党的二十大报告指出：完善支持绿色发展的财税、金融、投资、价格政策和标准体系，发展绿色低碳产业，健全资源环境要素市场化配置体系，加快节能降碳先进技术研发和推广应用，倡导绿色消费，推动形成绿色低碳的生产方式和生活方式。

6.3.2 绿色环保与高质量发展的关系

党的十九届五中全会审议通过的《中共中央关于制定国民经济和社会发展第十四个五年规划和二〇三五年远景目标的建议》明确提出二〇三五年“美丽中国建设目标基本实现”的社会主义现代化远景目标和“十四五”时期“生态文明建设实现新进步”的新目标新任务，为新时代加强生态文明建设和生态环境保护提供了方向指引和根本遵循。

生态环境保护与高质量发展的关系是什么？如何用生态环保推动高质量发展？生态环境部环境规划院副总工程师王夏晖指出，我国当前社会主要矛盾已经转化为人民日益增长的美好生活需要和不平衡不充分的发展之间的矛盾。基于主要矛盾的变化，应着重把握好两方面关系。一是生态环境与经济发展的关系，也即“绿水青山就是金山银山”的关系。国内外实践证明，生态环境保护和经济发展是辩证统一的，决不能简单割裂开来。人类活动必须尊重自然、顺应自然、保护自然，否则就会遭到大自然的惩治。二是“旧动能”和“新动能”的关系。好的生态环境是推动高质量发展的生产要素之一。继传统的土地、技术、劳动力等生产要素，生态产品服务也应成为新的一类要素。很多地区可以依托优质、丰富的生态资源，将其转化为经济发展的新动力，培育新的产业形态，这里很重要的一点就是要探索适合本地的生态产品价值实现机制。

“十四五”时期经济社会发展的主要目标之一就是推进生态文明建设实现新进步。绿色发展与新时代经济社会高质量发展之间的关系主要体现在以下几个方面。

首先，绿色发展是提升发展质量的关键前提。任何发展活动都应遵循自然规律，特别是在发展过程中，必须避免突破生态系统的阈值或极限。可持续发展的基础在于自然生态的可持续性。党的十九届五中全会强调了保护自然生态的重要性，将其视为发展的基本底线。

其次，绿色发展是高质量发展的必由之路[1]。高质量发展涉及多个方面，包括创新、协调、绿色、开放和共享发展。绿色发展的核心目标是实现人与自然的和谐共生，解决环境保护与经济发展之间的冲突。必须实现发展与资源能源消耗的脱钩，减少对生态环境的破坏，确保发展不会损害生态系统，并努力消除发展带来的生态成本。要避免重蹈西方现代化的覆辙，即先污染后治理。同时，经济发展应与节约、清洁、循环、低碳等要求相结合，在追求人与自然和谐共生的过程中推动经济增长。要探索一条人与自然和谐共生的现代化发展道路，持续关注资源节约、环境清洁、废物循环等问题。

最后，绿色发展是实现高质量发展的核心目标与必由之路。高质量发展旨在追求一个多元化、综合性的发展目标。人类社会渴望通过发展，实现物质、政治、精神、社会以及生态文明等多方面的全面进步，这无疑是社会发展的最终归宿。而在生态文明的建设中，保护环境和促进人的全面发展占据着举足轻重的地位，绝不能以牺牲自然环境为代价来换取短期的经济增长。

因此，中小企业应适应时代和社会发展的要求，坚守绿色经营与发展理念，一是确保运营环境的环保化。企业的运营过程和所产生的废弃物必须符合环境保护要求，不能超出污染和影响限度，需要建立科学的绿色评估体系和保障机制。二是要保证执行过程的安全。确保安全生产与管理，以保障运营过程的安全性，并彻底消除任何可能引发不安全情况的因素。企业需要加强对于绿色生产管理能力的提升，以及提高碳排放和绿色品质产品的研发以及经营能力。三是保证成品生产质量。确保产品的健康、安全和无污染等，同时建立完善的产品溯源和质量监管体系。

6.3.3 河南省绿色低碳发展现状

截至2020年，全省高碳火力发电占全部发电量的八成以上；低碳、零碳电力供应中，水力发电不足150亿千瓦时，占全部发电量的5%左右，新能源发电300亿千瓦时左右，

[1] 王雅婧：《绿色发展是高质量发展的必由之路》，《中国纪检监察报》，2021年1月18日。

占全部发电量的10%左右。河南省非化石能源占比偏低，在全国处于中等偏后水平。截至2020年末，全省煤炭占能源消费总量的67.6%，石油占能源消费总量的15.3%；天然气占能源消费总量的5.9%，较全国平均水平低2.5个百分点；其他非化石能源占能源消费总量的11.2%，较全国平均水平低4.7个百分点。截至2020年，全省相关二氧化碳排放量占全国能源相关碳排放总量的5%左右，在全国位次较为靠前。人均二氧化碳排放量约为5.7T。从排放源（行业）来看，能源活动，尤其是煤炭相关产业是最主要的碳排放源，排放量占比超过80%；石油天然气行业和水泥产业的二氧化碳排放量分别约占排放总量的8%和9%。产业对煤的关联度强，控煤形势压力巨大。

针对这种情况，河南省在改善生态环境质量方面采取了多种措施，如推动能效提升、发展新能源产业、减少煤炭消费和淘汰落后产能等，取得了显著成效。河南省委和政府将绿色低碳转型战略列为“十大战略”之一，全面推动绿色生产、绿色技术、绿色生活和绿色制度的发展，以进一步推进绿色低碳转型。

河南省通过对煤电、钢铁、水泥等行业实施超低排放治理和提标改造，并控制“两高”项目建设、淘汰落后产能等方式开展大气污染防治攻坚战。2018年，河南企业通过创新来解决煤炭产能问题，通过创新化解了825万吨煤炭产能问题以及157万吨钢铁产能问题。此外，还淘汰了107.7万千瓦的落后煤电机组，压减了35万吨的电解铝低效产能。2019年结束时，关闭了总容量达168万千瓦的煤电机组并且废除了1064万吨的煤炭过剩产能。制造业智能、绿色和技术三项改造在技改投资方面取得了较大成功，使得工业技改投资增长了53%，并且促进了12个重点产业的转型发展。由于风电和太阳能发电迅速发展，全省的能源结构成功实现了绿色低碳转型。这一改变使得煤炭的消费比例从82.8%降至67.6%。河南省六大高耗能行业在规模以上工业增加值中所占的比重从2010年的41%减少至2020年的35.8%。

面对日益严重的“白色污染”问题，我国政府在2008年颁布了“塑料限制令”。河南省发展改革委、省生态环境厅在2020年6月3日发布的《加快白色污染治理促进美丽河南建设行动方案》中明确规定，从2022年3月1日起，河南省将全面禁止生产、销售和使用不可降解一次性塑料制品。针对河南省的塑料产业集群近年来的迅速发展，河南省强调以绿色、生态、低碳、循环为核心理念进行布局，推动了塑料行业的转型升级，变“白色污染”为“绿色产业”。河南省的塑料行业从最初仅仅进行简单的加工工作，逐渐扩展至具备高技术含量和高附加值的全产业链。新材料和新技术正在快速广泛应用，改性材料、工程塑料、塑料合金、可降解材料和塑料复合材料在汽车、高铁、医疗和农业等领域的使用范围不断扩大。河南省的塑料行业正朝着质量和效益导向的方向转型。

河南围绕“碳达峰、碳中和”目标，出台了多项绿色低碳发展政策，引导产业转型升级。围绕光伏产业、风电、太阳能、储能、数字经济等产生了新一轮的投资热潮。全省已布局电子信息、新型材料等 5 个 3000 亿级和智能家居等 12 个千亿级产业集群。目前百亿级工业企业、国家级专精特新“小巨人”企业分别达到 39 家和 374 家，新的经济增长点正在形成。2021 年 9 月，安阳上市公司安彩高科积极响应国家“碳达峰、碳中和”重大战略，大力发展光伏产业局，发布了 2021 年度非公开发行 A 股股票预案，计划非公开发行募集总额不超过 12 亿元，用于年产 4800 万平方米光伏轻质基板项目及补充流动资金；洛阳上市公司新强联加码投建锻件生产项目，用于生产风电轴承、海工装备等；焦作上市公司多氟多拟在山西阳泉设立子公司，建设年产 2 万吨六氟磷酸锂及添加剂项目。在筑牢公司绿色竞争力的同时，也助力国家低碳经济发展。

一方面，河南越来越多的企业正在通过技术进步、投资来壮大绿色低碳产业；另一方面，政府部门通过对煤炭、钢铁、水泥等资源型、高耗能、高污染企业减产，来实现经济绿色转型。2022 年 6 月份，河南煤矿安全监察局、河南省工信厅等多部门下发文件，对郑州所有正常生产建设兼并重组、地方主体煤矿，一律实施停产整顿，郑州煤电、大有能源等上市公司均受到影响。而在此之前，河南已有多家煤矿停产。

2022 上半年，河南户用光伏以 232.3 万千瓦的新增装机容量领跑全国，薄薄的光伏板正在成为不少农家房顶和大山的“标配”。太阳能、风能、生物质能等可再生能源替代正在河南加速推进。

2023 年 11 月，工信部公布 2023 年度绿色制造名单，其中河南省入选绿色工厂 76 家、绿色工业园区 4 家、绿色供应链管理企业 11 家，如表 6–17、6–18、6–19 所示。

表 6–17　河南省入选国家绿色工厂企业名单（部分）

771	山东	山东上达稀土材料有限公司	山东长润节能技术服务有限公司
772	河南	多氟多新材料股份有限公司	郑州大学综合设计研究院有限公司
773	河南	河南万达铝业有限公司	北京耀阳高技术服务有限公司
774	河南	牧原肉食品有限公司	郑州计量节能检测中心
775	河南	金久龙实业有限公司	郑州计量节能检测中心
776	河南	格力电器（洛阳）有限公司	河南省新悦环境科学技术研究发展有限公司
777	河南	新乡市瑞丰新材料股份有限公司	河南政辰科技集团有限公司

778	河南	华润雪花啤酒（河南）有限公司.	中国电子工程设计院有限公司
779	河南	中铁工程装备集团隧道设备制造有限公司	北京绿色之道科技有限公司
780	河南	河南盛达光伏科技有限公司	北京耀阳高技术服务有限公司
781	河南	金冠电气股份有限公司	郑州计量节能检测中心
782	河南	河南森源电气股份有限公司	河南格林同创绿色科技发展研究院有限公司
783	河南	杨掌柜食品科技（河南）有限公司	中电投工程研究检测评定中心有限公司
784	河南	洛阳华荣生物技术有限公司	郑州大学综合设计研究院有限公司

表 6-18　河南省入选国家绿色园区名单

61	山东	烟台化工产业园	山发海岳环境科技（山东）股份有限公司
62	山东	济南槐荫经济开发区	山东碳管家集团有限公司
63	山东	山东山亭经济开发区	山东长润节能技术服务有限公司
64	山东	聊城经济技术开发区	山东亿博企业管理咨询有限公司
65	山东	兖州工业园区	方圆标志认证集团山东有限公司
66	山东	周村经济开发区	山东碳管家集团有限公司
67	河南	郑州经济技术开发区	河南省建筑科学研究院有限公司
68	河南	临颍经济技术开发区	北京科吉环境技术发展有限公司
69	河南	平顶山高新技术产业开发区	北京联合智业企业发展研究院
70	河南	新安经济技术开发区	中国电子工程设计院有限公司
71	湖北	荆州经济技术开发区	中认武汉华中创新技术服务有限公司
72	湖北	湖北赤壁经济开发区	湖北省化学工业研究设计院
73	湖南	益阳高新技术产业开发区	中质信检验认证集团有限公司
74	湖南	邵阳经济技术开发区	湖南博友能源科技有限公司

表 6-19　河南省入选国家绿色供应链企业名单（部分）

128	河南	中铁工程装备集团有限公司	中国船级社质量认证有限公司
129	河南	河南四方达超硬材料股份有限公司	北京耀阳高技术服务有限公司

130	河南	安阳市铁路器材有限责任公司	河南省煤科院检测技术有限公司 I
131	河南	超聚变数字技术有限公司	河南省基本建设科学实验研究院有限公司
132	河南	河南豫邮金大地科技服务有限公司	北京格林赛克科技有限公司
133	河南	郑州海尔空调器有限公司	中国家用电器研究院
134	河南	河南平高电气股份有限公司	郑州大学综合设计研究院有限公司
135	河南	焦作科瑞森重装股份有限公司	河南省卓越质量品牌研究院
136	河南	河南天海电器有限公司	北京联合智业认证有限公司
137	河南	亚普汽车部件（开封）有限公司	河南省基本建设科学实验研究院有限公司
138	湖北	东风李尔汽车座椅有限公司	广西力行能源管理科技有限公司
139	湖南	北汽福田汽车股份有限公司长沙超级卡车工厂	湖南华企运筹企业管理有限公司

数据来源：河南省能效技术协会。

6.3.4 河南省实施绿色环保促进高质量发展的举措

2021 年 8 月，《河南省人民政府关于加快建立健全绿色低碳循环发展经济体系的实施意见》（以下简称《实施意见》）出台，为全方位全过程推行绿色规划、绿色设计、绿色投资、绿色建设、绿色生产、绿色流通、绿色生活、绿色消费，带动一、二、三产业和基础设施绿色升级，为如期实现碳达峰目标，推动绿色发展迈上新台阶提供保障。《实施意见》提出，到 2025 年，全省产业结构、能源结构、运输结构优化，绿色低碳循环发展的生产体系、流通体系、消费体系初步形成；到 2035 年，全省绿色发展内生动力显著增强，碳排放达峰后稳中有降，生态环境根本好转，生态强省建设目标基本实现。

《实施意见》从六个方面部署了重点工作任务。一是健全绿色低碳循环发展的生产体系。二是健全绿色低碳循环发展的流通体系。三是健全绿色低碳循环发展的消费体系。四是加快基础设施绿色升级。五是构建市场导向的绿色技术创新体系。六是完善法律法规政策体系。

2021 年 9 月，河南省绿色低碳转型数据分析报告出炉。报告指出，实现“双碳”目标，全省需要加快推进能源生产、消费向清洁低碳方向转变，进而带动产业向绿色低碳转型升级。分析报告建议，实现“双碳”目标，一是要建立绿色低碳现代化产业体系。二是要协调好节能降碳总要求和经济发展对能源需求的关系。三是要将高耗能行业率先实现碳达峰目标作为重要抓手。最后同步推动其他重点领域的碳达峰行动。

2022 年 2 月，河南省人民政府发布了《河南省“十四五”生态环境保护和生态经济发展规划》（以下简称《规划》）。《规划》指出，“十四五”期间，在实施绿色低碳转型战略中，把生态经济发展摆在更加突出的位置，加快推进产业结构、能源结构绿色升级。

（1）培育壮大绿色产业。在着力推进传统产业节能降碳增效方面，坚决遏制“两高”项目盲目发展，完善规范审批机制，严格新建项目准入；组织省内重点用能单位对标行业先进能效水平，实施节能降碳改造，“十四五”期间力争实现节能能力 600 万吨标准煤。大力开展清洁生产，印发实施河南省“十四五”清洁生产实施方案，会同相关部门抓好农业、工业、建筑、服务业等重点领域清洁生产，提升产业能源资源利用水平。

（2）加快培育壮大低碳高效产业。聚焦新型显示和智能终端、生物医药、新能源及网联汽车等重点领域，围绕补链、强链、延链，引进落地一批产业链缺失环节重点企业和项目，推行产业链链长和产业联盟会长“双长制”，滚动实施重大事项和重点项目，推动形成一批新兴产业集群。力争到 2025 年，全省新兴产业规模达到 2.6 万亿元。

（3）稳妥发展风能、太阳能、地热能等绿色能源。第一，有序推动风能资源开发利用。依托河南黄河流域干支流沿线及周边区域优质资源，致力于构建高质量的风电项目，旨在沿黄河流域打造一座百万千瓦级的风电基地，以推动清洁能源的快速发展。第二，积极推进太阳能的高效利用，加速屋顶光伏在全县（市、区）的推广，特别鼓励在产业集聚区、工业园区、标准厂房以及大型公共建筑屋顶安装分布式光伏发电系统，并积极探索光伏建筑一体化的示范项目。第三，根据各地的实际情况，合理开发地热能资源。大力推广浅层地热能、土壤源、地表水源热泵等供暖制冷技术，并扩大其在住宅小区、医院、学校、公共建筑等区域的应用，力争打造千万平方米级的地热能供暖示范区。目标是到 2025 年，全省可再生能源发电装机总量达到 5000 万千瓦以上，新增地热能供暖（制冷）能力超过 5000 万平方米，非化石能源的消费占比提升至约 16%，从而为实现绿色可持续发展奠定坚实基础。

建立核算体系、推动结果应用等实现生态产品价值。认真落实省委办公厅、省政府办公厅《关于建立健全生态产品价值实现机制的实施意见》，一方面，迅速推进建立一个完善的生态产品价值核算体系。优先在一些试点地区开展生态产品价值核算工作，制定明确的核算指标、方法、数据来源和统计标准，进一步探索建立标准化、规范化的生态产品价值核算体系。在此基础上，全省范围内应逐步开展生态系统生产总值（GEP）的定期核算。另一方面，加强生态产品价值核算结果在实际应用中的重要作用。研究制定生态产品价值评估的标准和管理制度，构建符合市场供需关系的生态产品价格形成机制。将生态产品价值核算结果广泛应用于政府决策制定与评估、工程项目规划、生态保护补偿、生态环境损害赔偿、经营性开发融资、生态资源权益交易等领域。

2022 年 4 月，河南省政府常务会议提出，应以实现碳达峰、碳中和为战略目标，推动绿色、低碳发展。结合河南具体情况，制定具有操作性的碳排放达峰行动计划。此外，还应深入推进产业结构、能源结构、交通结构、用地结构和农业投入结构的调整优化，合理控制煤炭消费总量，积极发展绿色清洁能源，引导传统产业向绿色智能化转型，加速构建节约资源和保护环境的产业结构、生产方式、生活方式和空间布局，致力于建立绿色低碳循环发展体系。

6.4 走“专精特新”之路

6.4.1 “专精特新”概念提出的背景和意义

“专精特新”企业是指具有专业化、精细化、特色化、新颖化优势的中小企业。通常，专业化是指采用专项技术、专项工艺，通过专业化生产专业性的产品。精细化是指按照精益求精的理念，通过精细化管理，精心设计并生产精良产品。特色化是指采用独特的工艺、技术、配方及原料研制生产的，具有地域特点或特殊功能的产品。新颖化是指依靠创新、科技成果转化研制生产具有自主知识产权的高新技术产品。

国家大力倡导“专精特新”中小企业发展，是因为这些企业体量虽然不大，但主要集中于新一代信息技术、高端制造、新能源、新材料、生物医药等领域，长期专注于某些细分领域，在技术工艺、产品质量上深耕细作，具有专业程度高、创新能力强、发展潜力大等特点。部分企业由于突破关键核心技术成为行业中的“小巨人”。“专精特新”企业大多数只为产业链上的龙头企业做配套，规模不大，但产品或服务在细分市场却有极高的知名度，具备难以替代的特性。它们通常是行业的单项冠军，凭借自主研发的拳头产品，在国内国际竞争中名列前茅。“专精特新”企业以专注铸专长，以配套强产业，以创新赢市场，在提升产业链及供应链稳定性和竞争力、构建双循环新发展格局中发挥着重要作用。

中国作为全球最大的工业制造国，独树一帜地拥有联合国产业分类中所有的工业类别。然而，近年来中国在工业领域屡遭他国在关键技术上的制约，尤其是在芯片、发动机、材料、数控机床、工业软件等关键领域，存在明显的短板，依赖于外国供应一些关键零部件和设备。这一现象的根本原因在于，中国在科技创新方面尚存不足，特别是在关键核心技术领域，缺乏自主原创能力。而“专精特新”企业以专破局、以精立业、以特求强、以新赋能，是突破“卡脖子”技术的尖兵和延链、补链、强链的关键环节。

“专精特新”概念的提出，代表国家希望引导中小企业专注于产业链、价值链的细分领域，实现创新驱动和集约发展，这对于新时代我国经济发展转型具有重要作用，对我国实现高水平科技自立自强，加快构建新发展格局，推动高质量发展具有重要意义。

6.4.2“专精特新”概念的理论基础

“专精特新”概念源于众多经典管理理论，而德国等中小企业成功的典范为这一概念提供了实践佐证。“专精特新”的含义和其理论基础与实践来源的对应关系如表6–20所示。

表 6–20　“专精特新”含义和其理论基础、实践来源的对应关系表

		专	精	特	新
	含义	专业化	精细化	特色化	新颖化
理论基础	专业化分工	企业成长理论、国际贸易分工理论			
	市场细分	利基市场理论			
	竞争战略	集中战略		差异化战略	

（1）专业化分工理论

古典经济学认为正是专业化的分工导致了新企业的不断诞生，也是企业成长的内在动因增长。英国古典经济学家亚当·斯密从制针的实例中分析出分工是企业产生的根本原因，随着分工不断细化，不断有新的企业诞生，实现了经济的扩张。并且，伴随着分工不断地提升专业化水平，企业生产经营的效率得到优化，单位成本带来了更高的产出，实现了企业的成长。

亚当·斯密在其代表作《国富论》中还提出了国际分工与自由贸易的理论。他认为，适用于一国内部的分工原则，也适用于各国之间。每一个国家都选择具有绝对优势的产品进行专业化生产，然后彼此进行交换，对所有交换国家都有利。英国经济学家李嘉图在《政治经济学及赋税原理》一书中提出：一个国家只要能生产出成本相对低（相对优势）的产品，就可以同另一国进行贸易，并使贸易双方都获益。以上学说从劳动分工原理出发，论证了贸易互利性原理。这种贸易分工互利的双赢思想，仍然是当代各国扩大对外开放，积极参与国际分工贸易的指导思想。

经济学家杨小凯认为：分工是社会活动的组织形式。如果没有分工，人类社会便无法形成和正常运转。分工促进人力资源有效配置，使生产经验加速积累，形成了各经济实体间“1+1>2”的协作效应，进而提高了劳动生产力，实现了经济的增长。

（2）利基市场理论

利基市场战略（Niche Market Strategy）是指中小企业应选取被大企业忽略的、需求尚未得到满足、有获利基础的小市场作为其目标市场，集中优势力量专注于利基业务和冠军目标，建立起强大的技术壁垒，从而持续获得较高的边际收益。利基市场也被称为缝隙市场（Concentrated Market），比喻那些被市场中的统治者或有绝对优势的企业忽略的某些细分市场，强调企业可以选定一个很小的产品或服务领域，集中力量进入并成为领先者，逐渐形成持久的竞争优势。中小企业选择“专精特新”为发展方向的理论基础正是源于市场细分领域中的利基市场理论。

（3）企业竞争战略

哈佛大学商学院教授迈克尔·波特于 1980 年在其著作《竞争战略》中提出了三种著名的竞争战略：总成本领先战略、差异化战略和集中性战略。其中，集中性战略专注于特定的客户群体、产品线的特定细分市场或特定的地区市场。当公司能够更高效、更有效地服务于这一狭窄的战略目标时，就有可能超越竞争对手，从而获得高于行业平均水平的收益。差异化战略则涉及公司提供的产品或服务具有独特性，可能是因为它们具备更多的功能、新颖的设计或更吸引人的外观。公司因此可以在行业中赢得超常收益。

集中性战略与差异化战略与“专精特新”概念中的“专”和“特”相对应。“专”业化能够提高生产效率，集中优势资源，从而打造“精”品。而“新”在某种程度上也是“特”的表现之一，如新产品、新款式、新的营销方式既是创新也是特色。

6.4.3“专精特新”理论服务国家战略分析

“专精特新”理论提出的初衷是服务我国制造强国战略。随着我国强国战略的陆续出台，（如表 6–21 相关国家战略提出时间、文件来源及其相关内容所示），“专精特新”理论被赋予了更深的内涵，“专精特新”企业承担了更多服务国家战略的职责。“专”“精”与国家高质量发展战略相一致，“特”“新”则体现了国家创新驱动发展战略。发展“专精特新”企业能够带动广大中小企业优质发展，破解“卡脖子”难题，从而推进高质量发展目标，实现高水平科技自立自强，确保国家“十四五”规划顺利实施。

表 6-21 相关国家战略提出时间、文件来源及其相关内容

国家战略	提出时间	文件来源	相关内容
制造强国战略	2015	《中国制造2025》	首次将建设制造强国作为战略目标提出
	2017	十九大报告	加快建设制造强国，加快发展先进制造业
	2021	《中华人民共和国国民经济和社会发展第十四个五年规划和2035年远景目标纲要》	保持制造业基本稳定，增强制造业竞争优势，推动制造业高质量发展
	2022	二十大报告	坚持把发展经济的着力点放在实体经济上，推进新型工业化，加快建设制造强国
高质量发展战略	2017	十九大报告	我国经济已由高速增长阶段转向高质量发展阶段
	2021	《中共中央关于党的百年奋斗重大成就和历史经验的决议》	实现创新成为第一动力、协调成为内生特点、绿色成为普遍形态、开放成为必由之路、共享成为根本目的的高质量发展
	2022	二十大报告	高质量发展是全面建设社会主义现代化国家的首要任务
创新驱动，实现高水平科技自立自强战略	2012	十八大报告	坚持走中国特色自主创新道路、实施创新驱动发展战略
	2021	《中华人民共和国国民经济和社会发展第十四个五年规划和2035年远景目标纲要》	坚持创新在我国现代化建设全局中的核心地位，把科技自立自强作为国家发展的战略支撑
	2022	二十大报告	加快实施创新驱动发展战略，加快实现高水平科技自立自强

（1）“专精特新”理论推进国家制造强国战略

制造业是立国之本、强国之基，是国家经济命脉所系。2022 年，中国制造业增加值规模为 33.5 万亿元，占 GDP 比重达 27.7%。自 2010 年以来，中国制造业增加值已连续 12 年蝉联全球榜首。但这依然不能改变中国制造业大而不强的现状。当前，制造业是我国巩固提升产业链、供应链的基本盘，是推动经济高质量发展的核心环节，在新发展格局下，制造业重点领域“卡脖子”问题愈发凸显，亟待解决。在专精特新“小巨人”企业分布前十的行业中，有九个行业属于制造业领域，其中计算机、通信和电子设备制造业行业是“小巨人”企业密集度最高的行业。

党的十八大以来，党中央将做强实体经济、抓好制造业作为国家重大战略选择，推动中国由制造大国向制造强国转变，这是基于国际经济新形势对国家发展战略做出的重大调整。2015 年发布的《中国制造 2025》是中国制造强国建设的重要行动纲领。2017 年，十九大报告提出：加快建设制造强国，加快发展先进制造业。2021 年，国家“十四五”规划和 2035 年远景目标纲要亦再次强调“要深入实施制造强国战略”。2022 年，二十大报告提出：坚持把发展经济的着力点放在实体经济上，推进新型工业化，加快建设制造强国。

《中国制造 2025》明确了要突破的十大重点领域，如航天航空装备、海洋工程装备、先进轨道交通装备、节能与新能源汽车、电力装备、农机装备等。这些领域与“专精特新”企业交集广泛。中小企业是国家制造业的重要基石，在构建新发展格局中担负着重大历史使命。作为中小企业群体的领头羊，“专精特新”中小企业是增强中国制造业核心竞争力的核心力量，在提升产业链、供应链稳定性和安全性、推动经济社会发展方面发挥着重要作用。“专精特新”既是中国制造业转型升级的方向所在，亦是中国企业在激烈国际竞争中站稳脚跟的取胜之道。

（2）“专精特新”理论与高质量发展战略相一致

2017 年，习近平总书记在党的十九大报告中指出，“我国经济已由高速增长阶段转向高质量发展阶段”。2021 年，党的十九届六中全会审议通过的《中共中央关于党的百年奋斗重大成就和历史经验的决议》提出，“不能简单以生产总值增长率论英雄，必须实现创新成为第一动力、协调成为内生特点、绿色成为普遍形态、开放成为必由之路、共享成为根本目的的高质量发展”。2022 年，党的二十大报告中强调，高质量发展是全面建设社会主义现代化国家的首要任务。

推进以制造业为核心的实体经济的发展是高质量发展的重中之重。党的二十大报告指出，坚持把发展经济的着力点放在实体经济上，推进新型工业化，加快建设制造强国、质量强国、航天强国、交通强国、网络强国、数字中国。习近平总书记强调，实体经济是一国经济的立身之本，是财富创造的根本源泉，是国家强盛的重要支柱。中小企业高质量发展是我国经济社会高质量发展的重要基础，而培育“专精特新”是中小企业高质量发展的重要举措。“专精特新”作为中小企业的“排头兵”，是优质中小企业培育的方向和目标。培育“专精特新”企业是中国推进中小企业转型发展及构建双循环新发展格局的重要举措，是提升产业链稳定性和竞争力的必然要求，是巩固壮大实体经济，走高质量发展道路的重要举措。

（3）“专精特新”理论契合创新驱动战略，支撑国家高水平科技自立自强战略

2012年，党的十八大提出：科技创新是提高社会生产力和综合国力的战略支撑，必须摆在国家发展全局的核心位置。强调要坚持走中国特色自主创新道路、实施创新驱动发展战略。2021年，国家“十四五”规划指出：坚持创新在我国现代化建设全局中的核心地位，把科技自立自强作为国家发展的战略支撑。2022年，党的二十大报告明确提出：加快实施创新驱动发展战略，加快实现高水平科技自立自强。实践证明，追随模仿没有出路，突破创新才能领先。科技自立自强是国家强盛之基、安全之要。

如果说，2011年，国家提出将“专精特新”作为中小企业未来发展的重要路径是促进中小企业转型发展，立足建设制造强国，那么随着2018年开始贸易保护主义愈演愈烈，“专精特新”被赋予了越来越多的历史使命、国家重任。

2019年8月召开的中央财经委员会第五次会议提出：“打好产业基础高级化、产业链现代化的攻坚战”“在开放合作中形成更强创新力、更高附加值的产业链”。这是高质量发展的客观要求，也是应对贸易摩擦的积极措施。加入全球产业链分工不仅能提高出口以及出口对消费、投资的拉动，而且有利于提高生产效率、改善资源配置以及中国吸收海外的先进科技、管理经验。2021年7月，中共中央政治局举行了一次会议，强调了加强科技创新和提升产业链、供应链的韧性，并明确提出了发展“专精特新”中小企业的战略。这一决策是为了应对国内外环境的演变，以及我国发展的特定阶段而做出的关键安排。

推动经济发展行稳致远，必须着力提升产业链、供应链韧性和安全水平，解决“卡脖子”难题，必须突破关键技术，实现关键装备和零部件的自给自足，才能保证产业链、供应链的韧性。“专精特新”中小企业在增强产业链韧性方面至关重要，是实现国家高水平科技自立自强的有力支撑。要用数字经济赋能传统工业，以数字化和智能化改造为抓手，利用科技创新推动高质量发展。要坚定不移走自主创新道路，把发展主动权牢牢掌握在自己手中。

6.4.4 “专精特新”企业发展现状及其制约因素分析

（1）“专精特新”企业梯度培育模式

我国优质中小企业培育分为创新型中小企业、“专精特新”中小企业、专精特新“小巨人”企业三个层次。2016 年 3 月，工信部印发《制造业单项冠军企业培育提升专项行动实施方案》，明确提出开展制造业单项冠军企业培育提升专项行动。单项冠军是指长期专注于制造业某些特定细分产品市场，生产技术或工艺国际领先，单项产品市场占有率位居全球前列的企业。其特征一是“单项”，即企业专注于目标市场，长期在相关领域精耕细作；二是“冠军”，即企业在细分领域中拥有冠军级的市场地位和技术实力。2018 年 11 月，包括工信部在内的国家四部委联合发布《促进大中小企业融通发展三年行动计划》，提出在各地认定的“专精特新”中小企业中，择优培育专精特新“小巨人”企业，引导其成长为制造业单项冠军。由此，“专精特新”企业梯度培育模式已经形成，如图 6–17 所示。

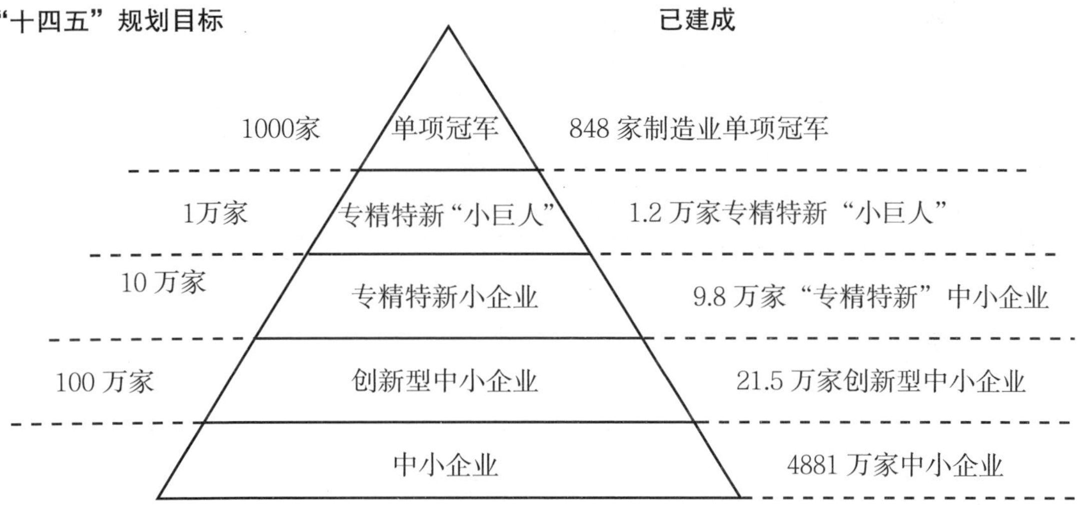

图 6–17 “专精特新”企业梯度培育模式

数据来源：工信部

截至 2023 年 8 月，中国已成功孵化了大约 21.5 万家创新型中小企业、9.8 万家“专精特新”中小企业，以及约 1.2 万家专精特新“小巨人”企业。此外，制造业单项冠军企业也在逐步增加。国家“十四五”规划的目标是推动在全国范围内培育 100 万家创新型中小企业、10 万家“专精特新”中小企业、1 万家专精特新“小巨人”企业以及 1000 家制造业单项冠军企业。

“专精特新”和“单项冠军”的概念，都是为了促进中小企业的健康发展而提出的。

当“专精特新”企业持续成长和壮大，它们有望成为制造业的“单项冠军”。而一家企业若想成为制造业单项冠军，选择“专精特新”的发展路径将是其必然的选择。因此，在拉动更多中小企业走“专精特新”之路的同时，也要持续推动“专精特新”企业成长为“小巨人”和单项冠军。

（2）“专精特新”企业发展特点

《2023 中国专精特新企业发展白皮书》显示，目前中国培育专精特新“小巨人”企业已进入第五批，共产生 12950 家专精特新“小巨人”，主要分布在计算机、通信、电子设备、通用和专业设备等领域，服务于我国制造业结构调整、转型升级的战略要求。专精特新“小巨人”企业集中分布在东部及中部等产业基础雄厚的地域，其中，浙江、广东、山东、江苏四省“小巨人”企业数量名列前茅，分别拥有千家以上“小巨人”企业。北京、深圳、上海“小巨人”企业数量分别为 840、755、713，位居全国前三。“专精特新”企业呈现出“56789”的特征。这个“56789”和我国中小企业“56789”特征含义不同，如表 6-22 所示。

表 6-22　中小企业和“专精特新”中小企业“56789”特征的不同含义

	50%	60%	70%	80%	90%
中小企业	贡献 50% 的税收	创造 60% 的 GDP	提供 70% 的发明专利	解决 80% 的就业	占据 90% 的企业数量
“专精特新”中小企业	50% 以上企业研发投入在 1 千万元以上	60% 以上企业属于工业基础领域	70% 以上企业深耕行业 10 年以上	80% 以上企业处于本省细分领域第一	主营业务收入占全部营收 90% 以上

数据来源：《2023 中国专精特新企业发展白皮书》

（3）“专精特新”企业发展的制约要素

“专精特新”企业是我国中小企业中的佼佼者，但与发达国家中小企业相比，特别是对比德国隐形冠军，还存在一定的差距。制约我国“专精特新”企业发展的要素主要表现在以下几个方面。

一是数智化程度。数字化和智能化是信息化的不同阶段。数字化指业务的数据化，指业务进程中的各种数据能够被设备自动采集、记录、保存；而智能化指数据的业务化，指被获取的数据通过分析处理能够“反哺”业务流程，实现业务的指导。数智化可以看作数字化加智能化，特指我国处在数字化进程向智能化进程的过渡时期，一般是指企业在数字化基础上的转型升级，运用“大智移云”等技术，实现对数据的分析与管理，提升应用数据的水平和效率，优化企业各项业务。

“专精特新”企业的数智化程度一方面不够广。我国数字基建发展不平衡，东强西弱。相比较而言，大型企业多数已基本完成了数字化转型，我国有超过 80% 的中小企业仍处于数字化转型的探索阶段，仅有约 10% 的中小企业已经开始实施数字化转型。此外，这些企业在数智化方面的进展还不够深入。“专精特新”企业的数字技术在生产制造、供应链、客户服务、决策支持等方面的深度应用不足，特别是在利用数字技术进行智能制造变革、生产方式创新、产业链资源整合等方面，这些企业的表现还有待提高。相比德国开展“工业 4.0”有较为成熟的工业体系基础，我国现代工业发展程度参差不齐，只有为数不多的中小企业实现了“工业 4.0”智能化，多数企业还处在“工业 3.0”“工业 2.0”甚至“工业 1.0”并行的时代。

中国电子技术标准化研究院的《中小企业数字化转型分析报告（2021）》显示，在对数字化应用的深度上，通用软件如办公网络应用最广泛，约为 89%，专业软件，如制造执行系统（MES）、数字孪生等在生产研发领域的应用则低于 50%。广东省电信规划设计院在 2021 年下半年对该省 30 余家企业的调研数据表明，在工业领域的数字化应用实践中，企业设备联网率仅为 30%，使用手工采集数字化所需基础数据的企业仍在 90% 以上，企业资源计划系统（ERP）系统使用人工输入数据的仍在 80% 以上。

二是创新性水平。《2023 年专精特新“小巨人”企业科创力报告》显示，我国约有 1.2 万家专精特新“小巨人”企业，平均拥有约 115 件专利申请量；从发明专利密度看，“小巨人”企业每千名员工掌握 78.9 件有效发明专利，分别是科创板和北交所上市企业的 1.1 倍和 3 倍；从技术维度看，“小巨人”企业专利合作条约 PCT（Patent Cooperation Treaty）专利两年增长率达 22.6%，加速出海趋势显著。

据统计，德国“隐形冠军”企业的平均成立时间为 66 年，其中 38% 超过 100 年。截至 2021 年底，我国 93.4% 的专精特新“小巨人”企业成立年限为 10 ~ 30 年，3.9% 的专精特新“小巨人”企业成立年限超过 30 年，平均成立年限仅为 16 年，在技术沉淀和研发积累方面相较发达国家的一些“百年老店”企业更弱。

三是全球化市场。德国隐形冠军的市场是全球化的，其产品和服务在全球范围内覆盖了超过 50 个国家和地区，80% ~ 90% 的收入来自海外。一方面，“隐形冠军”企业由于专注于某个细分市场，必须将市场扩展到全球才能达到支撑企业持续发展的收入水平；另一方面，德国制造的品质是它们长期成功出口的保证。而我国大多数“专精特新”企业是改革开放以后从国内起步，逐渐成长起来的，主要业务和市场均在国内。

大多数管理立足国内市场，海外业务较少，国际竞争意识不强，对拓展国际市场缺少战略规划与布局，企业尚未按照国际化企业的标准规划发展。我国单项冠军的评判标准强调了国际市场占有率，但多数单项冠军企业还处于国际化经营早期。

虽然相比德国和日本，中国具有庞大的本土市场，但是，根据美国战略与国际问题研究中心发布的《2030 年全球经济的主要趋势》，未来中国、美国、欧盟三大经济体将位于全球经济总量的第一梯队，GDP 合计占比为全球总量的 60%，而中国市场虽然将超越美国成为世界第一，但是仅占 18%。单一依赖国内市场可能失去国际市场的潜在机遇，难以保证全球领先地位。因此，我国“专精特新”企业在依靠国内庞大的内部市场稳定发展的同时，仍然需要注重对国际市场的开拓。另外，如果全球产业链上没有一席之地，在国际竞争博弈方面是没有话语权的。

我国“一带一路”政策为“专精特新”中小企业提供了进军国际市场的机遇。中小企业是“一带一路”稳经济发展和外贸高质量发展的重要力量。但是，当前我国中小外贸企业普遍处于产业链中低端，缺乏品牌和国际销售渠道，难以充分利用“一带一路”政策带来的红利。

四是配套性服务。据统计，2021 年成立的北交所上市的企业中，专精特新“小巨人”占比为 45%。这在一定程度上缓解了中小企业融资难的问题，但我国资本市场发展还不够成熟。中小企业相比大企业，在直接融资和间接融资市场都不受青睐。人才市场，高端科技人才更容易流向大型企业，造成“专精特新”企业人才匮乏。与发达国家的国际化企业相比，我国“专精特新”中小企业在科技创新方面还有较大差距。而资金和人才的缺失又进一步影响中小企业科技创新能力的提升。

6.4.5 “专精特新”企业高质量发展思路

“专精特新”理论支撑高质量发展战略，同时也要践行高质量发展之路。相比众多参考文献强调从优化营商环境、出台政策法规等外部要素推进“专精特新”企业的发展，本章从“专精特新”企业的内部寻找出发点和着力点，提出要立足自身优势，坚定“专精特新”之路，积极落实“科技成果赋智，质量标准品牌赋值，数字技术赋能”的“三赋”方案，大力推进“数智化、集群化、绿色化”的“三化”行动，同时要做好技术、资金、人才等全方位配套服务。“专精特新”企业高质量发展路径及其发展动力如图 6–18 所示。其中，企业坚定走“专精特新”的道路，不盲目实施多元化是发展的内生动力；政府主导的“三赋”方案是外部推力，通过整合内外资源开展“三化”行动属于内力外力结合，配套保障措施则是多方的支持力，以上四方合力共同推动“专精特新”企业高质量发展。

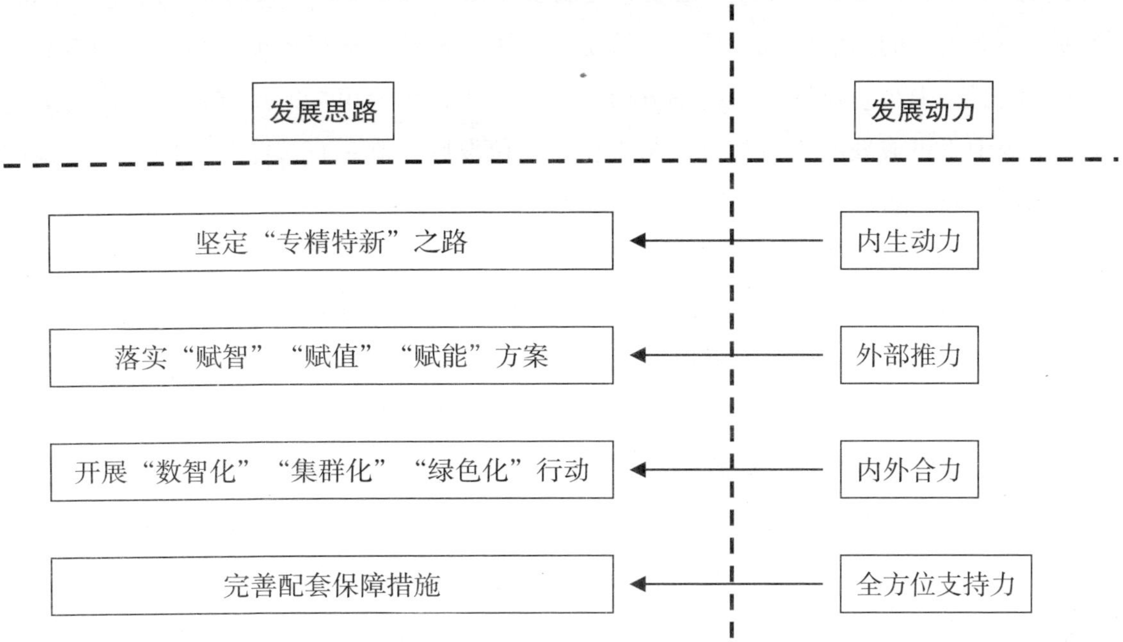

图 6-18 "专精特新"企业高质量发展思路及发展动力

（1）坚定"专精特新"之路

2022 年，习近平总书记在致全国"专精特新"中小企业发展大会的贺信中强调，希望"专精特新"中小企业聚焦主业，精耕细作。中小企业走"专精特新"的道路，是中国大力鼓励和支持的新国策。

第一，发展"专精特新"是我国推动制造业由大到强的客观要求。目前我国"专精特新"企业超九成属于制造业领域，是制造业的重要组成部分。我国中小制造企业数量众多，通过走"专精特新"之路提质增效，增强内生性增长动力，方能实现由"制造大国"向"制造强国"的转变。

第二，发展"专精特新"是加速产业链建设的有效工具。当前我国产业链发展本身仍存在不少短板弱项。"专精特新"企业的核心优势在于专注于产业链上的某个环节，扎根"缝隙市场"，建立竞争优势，成为单项冠军，有效连接产业链的"断点"、攻克"难点"、疏通"堵点"。国家大力发展"专精特新"，聚焦于产业链关键环节，"补短板""锻长板""填空白"，能够夯实产业基础，完善产业生态。

第三，发展"专精特新"是实现持续创新发展的内生动力。"专精特新"企业的灵魂是创新，底蕴是科技。中小企业作为制造业产业链中的重要参与者，对市场需求反应灵敏，创新意愿强烈。"专精特新"企业聚焦核心主业，研发创新能力较突出，成为我国贯彻新时代创新驱动发展战略的重要承载。

因此，中小企业要以专注的态度，克制多元化冲动，摒弃“大而全”的经营思路，深耕“小而美”的发展模式，潜心于特定领域不断创新，最终形成不可替代的核心竞争力。同时，中小企业还应深耕细分市场，努力成为细分市场的单项冠军，成为大企业生态链中不可或缺的组成部分，与大企业错位发展，避免直接竞争。同时借鉴德国隐形冠军企业，通过全球化弥补市场不足。

（2）积极落实“三赋”方案

2023 年 1 月，工业和信息化部出台了《助力中小微企业稳增长调结构强能力若干措施》，明确提出“科技成果赋智”“质量标准品牌赋值”“数字化赋能”中小企业。“三赋”方案是工业和信息化部开展培育工作的“组合拳”，要将“赋智”“赋值”“赋能”的“三赋”落到实处，助推中小企业向“专精特新”方向发展。

赋智方面。据统计，我国科技成果的转化仅有 30% 左右，而发达国家的这一比率达到 60% ~ 70%。其中重要的原因之一是缺乏投资。要通过各级财政、科技贷款、风险投资等多渠道支持科技成果的产业化和商业化。同时，还要注意加大科技成果数据开放共享，健全成果项目库和企业需求库，筛选优秀的科技成果，推向市场，强化细分领域的成果梳理和精准对接，完善对接平台的服务体系，通过科技成果的持续转化不断提升产业化水平。

赋值方面。首先，加强质量管理，推动产品全生命周期的质量管理，促进产品质量水平持续提升。建立中小企业先进质量管理体系，普及精益管理、精益制造等方法工具和软件。其次，引导“专精特新”企业增强品牌意识，完善品牌管理。品牌代表着高附加值、高利润和高市场占有率，通过打造一批自主创新能力强、跻身国内国际前列的精品提升产品的含金量，并做好品牌的维护升级。自主知识产权有助于将技术优势转化为品牌优势，并在一定时间内享有先发优势。最后，加快产品和服务的更新换代，推陈出新，不断增强企业的竞争力。

赋能方面。数字技术是赋能的手段和工具。中小企业通过数字化转型既能够提质增效，也有助于开展创新，增强企业发展的韧性。要积极推动中小企业上云、用数，引导“专精特新”企业应用低成本、快部署、易运维的基础云服务及工业 APP，实现研发、生产、物流等业务环节的核心数据共享。支持“专精特新”企业建设企业级工业互联网平台，形成统一的数据采集与分析、流程优化、经营决策等企业平台，同时积极打造行业级工业互联网平台，推动供应链上下游企业数据融通。

“三赋”方案能够针对企业的“专精特新”发展实现不同程度的支撑，如表 6–23 所示。

表 6-23 "三赋"方案和"三化"行动对企业"专精特新"发展的支撑

	专	精	特	新
赋智	○	○	●	●
赋值	○	●	●	○
赋能	●	●	●	●

○代表"弱相关" ●代表"强相关"

（3）完善配套服务保障措施

当前，从国家到地方，加快"专精特新"企业培育发展已成共识。各地市纷纷出台服务保障措施。服务保障措施大多是从技术、资金、人力等维度出发，合力推进"专精特新"企业高质量发展。

技术方面。根据企业的成长阶段和技术需求，提供多层次、全生命周期的服务。完善地区数字基础设施建设和产业创新发展生态圈，积极应用数字技术提升"专精特新"企业技术创新能力。加快数字化转型。大力实施"万企上云"行动和中小企业数字化行动，推动低成本、模块化智能制造装备和系统的推广应用，加强 5G 网络和工业互联网平台建设，推动"专精特新"企业由"制造"向"智造"蝶变。

资金方面。构建多层次、广覆盖的数字金融体系，强化金融支持。引导银行出台针对"专精特新"企业的专项服务产品和解决方案。激励各类投资机构加大对"专精特新"企业的投资力度。探索建立面向中小企业融资的政策性银行，鼓励金融机构推出创新、创业专属金融产品，积极推广应收账款、知识产权等动产和权利质押融资业务。加大政府支持，推动相关社会资金扩大对科技型中小企业担保基金的规模并适当给予补贴。抓住北交所上市、区域性股权市场建设等机遇，加大"专精特新"企业上市培育力度，拓宽直接融资渠道。

人才方面。积极引进和培养专业人才，优化企业人力资本结构。加大高校应用型人才输出，培养高素质创新、创业人才。改善职业教育技能人才培养模式，围绕产业设置学科专业，学习德国推动实施"工匠型"高技能工人和高水平工程师的培养计划。

创新方面。强化企业创新主体地位，着力在提升研发和成果转化能力上下功夫。提升专业化水平。完善梯度培育体系，引导科技型中小企业在专业化上给力，在精细化上用力，在特色化上努力，在新颖化上发力。激励"专精特新"企业根据国家战略需求和行业发展趋势，打造独门绝技和"杀手锏"。布局建设一批重点面向"专精特新"企业的创新公共服务平台，支持产业链科技创新联合体瞄准国际前沿领域，开展共性和关键核心技术联合攻关。

保障合法权益方面，畅通中小企业维权渠道，平等保护各类所有制经济产权。完善“专精特新”企业知识产权管理，加强知识产权法治保障，加快“知产”变“资产”。营造公平环境，完善更具针对性的中小微企业政策体系，消除各种隐性壁垒，加大反垄断力度，确保国企民企平等参与国家重大战略、重点科研项目攻关。

“专精特新”企业高质量发展首先是强化自身“专精特新”的特色及优势。其次是积极落实工信部提出的“三赋”方案。“三赋”方案通过科技成果转化促进中小企业的专业化、特色化发展，通过打造品牌发展“精”，通过数智技术促进“新”。再次是开展“三化”行动。“三化”行动通过数智化转型实现创新驱动，通过集群化支撑产业链的有机整合，有效支持了“专”和“特”；通过绿色化改造提升产品和服务的“含绿量”，体现了高质量发展的重要标志。配套服务保障措施从中小企业急需的技术、资金、人才等方面给予了全方位支持。

“专精特新”概念的提出建立在专业化分工、利基市场和企业竞争战略等理论基础之上。“专精特新”理论服务我国制造强国战略、高质量发展战略以及创新驱动，实现国家高水平科技自立自强战略。我国“专精特新”企业在数智化程度、创新水平、全球化市场及配套性服务等方面还存在不足。“专精特新”企业高质量发展路径以企业自身优势为出发点，落实工信部的赋智、赋值、赋能方案，强化数智化、集群化和绿色化行动，完善服务保障体系，依托内生动力、外部推力，内外结合，多方支持，实现其目标。

6.4.6 河南省专精特新发展现状及措施

2017年河南省开始启动“专精特新”企业培育工作。2023年河南省人大常委会就全省专精特新中小企业发展情况开展了专题调研。调研情况显示，河南省连续多年深入开展“专精特新”中小企业培育工作，形成了逐级提升、特色鲜明、梯度发展的企业培育体系，累计培育创新型中小企业10040家。其中，省级“专精特新”中小企业2762家，国家级专精特新“小巨人”企业370家。2023年4月，《时代周报》发布专精特新“小巨人”百强榜，其中河南省共有4家企业上榜，郑州高新区占据其中3席，分别是光力科技股份有限公司、新天科技股份有限公司、河南辉煌科技股份有限公司。2023年7月，我国工业和信息化部开展了第五批专精特新“小巨人”企业培育和第二批专精特新“小巨人”企业复核工作，河南省新增52家专精特新“小巨人”企业，另有59家企业通过了专精特新“小巨人”企业复核。表6-24为河南省第五批专精特新“小巨人”企业公示名单，表6-25为河南省第二批专精特新“小巨人”企业通过复核的名单。

表 6-24　河南省第五批专精特新“小巨人”企业公示名单

序号	企业名称
1	郑州原理生物科技有限公司
2	河南省保时安电子科技有限公司
3	正星氢电科技郑州有限公司
4	郑州科慧科技股份有限公司
5	河南省煤科院耐磨技术有限公司
6	河南航天精工制造有限公司
7	河南油田工程科技股份有限公司
8	道骐科技有限公司
9	郑州沃德超硬材料有限公司
10	郑州德赛尔陶粒有限公司
11	郑州振中电熔新材料有限公司
12	河南天宁新材料科技有限公司
13	凯迈（洛阳）机电有限公司
14	中实洛阳重型机械有限公司
15	特富特电磁科技（洛阳）有限公司
16	洛阳雷斯达传动有限公司
17	洛阳众智软件科技股份有限公司
18	洛阳金鹭硬质合金工具有限公司
19	洛阳双瑞橡塑科技有限公司
20	洛阳德平科技股份有限公司
21	洛阳瑞昌环境工程有限公司
22	洛阳伟信电子科技有限公司
23	河南国玺超纯新材料股份有限公司
24	鹤壁市赛科化工有限公司
25	河南华北起重吊钩有限公司
26	新乡辉簧弹簧有限公司

续表

序号	企业名称
27	新乡巴山航空材料有限公司
28	河南广瑞汽车部件股份有限公司
29	新乡市润宇新材料科技有限公司
30	新乡平原航空技术工程有限公司
31	河南印都数码科技有限公司
32	新乡市长城铸钢有限公司
33	焦作卓立膜材料股份有限公司
34	艾文斯（焦作）新材料有限公司
35	焦作中维特品药业股份有限公司
36	河南省格林沃特环保科技有限公司
37	焦作市制动器有限公司
38	焦作泰利机械制造股份有限公司
39	中钛集团焦作市裕盛钛业有限公司
40	焦作市合鑫机械有限公司
41	河南雷佰瑞新材料科技有限公司
42	濮阳圣恺环保新材料科技股份有限公司
43	河南协鑫光伏科技有限公司
44	义马瑞能化工有限公司
45	南阳防爆电气研究所有限公司
46	西峡飞龙特种铸造有限公司
47	河南省利盈环保科技股份有限公司
48	河南鼎能电子科技有限公司
49	河南科源电子铝箔有限公司
50	信电电器集团有限公司
51	济源市恒顺新材料有限公司
52	济源市鲁泰纳米材料有限公司

表 6–25　河南省第二批专精特新“小巨人”企业通过复核的名单

序号	企业名称
1	河南驰诚电气股份有限公司
2	郑州瑞普生物工程有限公司
3	郑州新世纪数码科技股份有限公司
4	河南辉煌科技股份有限公司
5	郑州众智科技股份有限公司
6	河南四方达超硬材料股份有限公司
7	河南嘉晨智能控制股份有限公司
8	华夏碧水环保科技股份有限公司
9	郑州新大方重工科技有限公司
10	河南天马新材料股份有限公司
11	河南润鑫新材料股份有限公司
12	巩义市富源净水材料有限公司
13	郑州凤凰新材料科技有限公司
14	郑州豫兴热风炉科技有限公司
15	郑州明泰交通新材料有限公司
16	郑州凯雪冷链股份有限公司
17	河南优德医疗设备股份有限公司
18	河南新开源石化管道有限公司
19	凯迈（洛阳）气源有限公司
20	洛阳惠中兽药有限公司
21	洛阳卡瑞起重设备股份有限公司
22	洛阳建龙微纳新材料股份有限公司
23	铁福来装备制造集团股份有限公司
24	安阳鑫盛机床股份有限公司
25	河南华泰粮油机械股份有限公司
26	鹤壁国立光电科技股份有限公司

续表

序号	企业名称
27	鹤壁天海电子信息系统有限公司
28	鹤壁市海格化工科技有限公司
29	河南省远洋粉体科技股份有限公司
30	河南新科起重机股份有限公司
31	河南巨人起重机集团有限公司
32	河南恒远恒山工业有限公司
33	卫辉市化工有限公司
34	新乡市新科防护科技有限公司
35	焦作科瑞森重装股份有限公司
36	焦作市迈科冶金机械有限公司
37	星凯电气有限公司
38	濮阳市联众兴业化工有限公司
39	许绝电工股份有限公司
40	许昌奥仕达自动化设备有限公司
41	河南瑞尔电气股份有限公司
42	柘城惠丰钻石科技股份有限公司
43	光山白鲨针布有限公司
44	河南三元光电科技有限公司
45	信阳同合车轮有限公司
46	河南鼎力杆塔股份有限公司
47	河南牧翔动物药业有限公司
48	河南众诚信息科技股份有限公司
49	郑州新交通汽车板簧有限公司
50	洛阳涧光特种装备股份有限公司
51	新乡北方车辆仪表有限公司
52	河南新太行电源股份有限公司

续表

序号	企业名称
53	河南金水电缆集团有限公司
54	河南驼人贝斯特医疗器械有限公司
55	河南三和水工机械有限公司
56	河南金凤牧业设备股份有限公司
57	河南皓泽电子股份有限公司
58	河南信安通信技术股份有限公司
59	安阳凯地电磁技术有限公司

（资料来源：郑州晚报 2023.7.14）

河南省“专精特新”中小企业的主要特征：一是专注深耕细分市场。目前，河南“专精特新”企业从事所在细分市场领域平均年限为 13.8 年。二是在关键领域创新能力突出。其中，有 1513 家企业专注于关键领域的短板和弱项，占据了总数的 63.6%。特别值得一提的是，541 家企业的主导产品成功填补了国内市场的空白，占比高达 52.6%，主要集中在核心元器件和新材料等核心领域。在研发投入方面，这些企业同样表现出强烈的进取心和前瞻性，研发经费占营业收入的比重平均达到了 7.7%。

从地域分布来看，郑州市、新乡市和洛阳市是河南省专精特新“小巨人”企业的主要聚集地，其中郑州市有 111 家，新乡市有 55 家，洛阳市有 44 家。同时，省级“专精特新”中小企业也主要分布在这三个城市，郑州市有 738 家，新乡市有 301 家，洛阳市有 261 家。

从行业分布来看，165 家“小巨人”企业所从事的细分产品市场主要集中在工业“四基”重点领域，占比高达 79.7%。其中，关键基础材料领域有 62 家企业，占比 37.6%；核心基础零部件、元器件领域有 49 家，占比 29.7%；先进基础工艺领域有 31 家，占比 18.9%；产业技术基础领域有 23 家，占比 14.0%。从主营收入来看，“专精特新”中小企业的主营业务收入占营业收入的平均比重高达 98.4%。企业的主导产品具有较强的市场竞争力，其中，127 家企业主导产品国内市场占有率超过 50%。

在财税扶持方面，省财政对荣获国家级专精特新“小巨人”称号的企业，除了落实中央财政的奖励外，还将在其有效期内每年提供额外的补助支持。2022 年，省财政统筹安排了 1.48 亿元的资金，专项用于支持河南省内的 86 家国家级“小巨人”企业。

自2022年起，为全省的“专精特新”中小企业实施了税收优惠政策，使其享受到的红利高达32.4亿元。为了方便这些企业，特别开通了“专精特新”中小企业的绿色通道，优化了相关业务的办理流程。结合企业特点，定制了详细的红利账单，包括税费减免、适用政策和减免期限等明细，帮助企业精准计算可享受的优惠。此外，还全面启动了河南省“专精特新贷”业务。该业务于2022年3月底正式运行，至今已有3239家企业完成注册认证，累计获批授信金额约100.17亿元，累计放款金额约80.65亿元。2022年3月，河南银保监局等6部门印发《河南银行业保险业支持“专精特新”中小企业高质量发展的指导意见》，分别从明确服务重点、健全体系机制、创新特色产品、强化联动合作等六个方面提出20条措施，引导金融机构进一步支持河南省“专精特新”中小企业高质量发展。

2022年2月，河南发布支持“专精特新”中小企业高质量发展政策措施。

（1）持续开展企业上云上平台提升行动。聚焦“订单、成本、质量、交期”等核心业务痛点，推动“专精特新”中小企业研发设计、生产制造、经营管理、运维服务等关键环节广泛上云。加快构建数据协同共享的产业数字化发展生态，提高“专精特新”中小企业获取数据、应用数据的能力，加快推动数字化转型。推动“专精特新”中小企业智能化改造，推广应用场景，培育智能制造新模式。推动数字化产品应用，加强工业互联网赋能，提升智能制造水平。

（2）继续强化细分领域的创新扶持。对于获得国家制造业转型升级基金和中小企业发展基金投资的企业，省财政将依照“免申即享”的便捷原则，提供一定额度的奖励资金，旨在激励企业持续创新。同时，要积极引导企业、高校与科研院所紧密合作，共同创建技术研发创新平台，加快形成科研与生产销售、成果转化深度融合的发展模式，实现科技与企业的共生、共建、共享。此外，还需要完善“专精特新”中小企业的服务标准，根据企业的成长阶段和技术需求，在技术培训、技术咨询、技术交易等方面提供全方位、全生命周期的服务支持。

（3）完善“专精特新”中小企业培育扶持机制。河南省人大常委会调研组建议，进一步完善我省创新型企业、省级“专精特新”中小企业、国家级专精特新“小巨人”企业共同组成的“金字塔形”梯度培育体系，筑牢塔基、壮大塔身、强化塔尖。优化培育扶持机制，结合我省“万人助万企”活动，建立“专精特新”企业档案，提供点对点的精细服务，对“专精特新”中小企业实施一企一策。

（4）实施“中原英才”计划等人才引进工程，精准引育一批高层次领军型人才，搭建“专精特新”中小企业高层次人才供给渠道。开展定向企业人才培养，鼓励高校、职业学校与“专精特新”企业签署合作协议，联合进行人才培养，为企业科技创新提供专业人才支撑。

近年来，河南省多地出台了支持“专精特新”企业发展的政策文件，如表 6–26 所示为河南省 18 地市“专精特新”奖补政策汇总。

表 6–26 河南省 18 地市“专精特新”奖补政策汇总

地区	政策内容	政策来源
河南省	河南对国家级专精特新“小巨人”企业，在有效期内，按照不超过设备、软件实际投资的 30% 给予补助，补助金额最高不超过 500 万元	《河南省人民政府办公厅关于开展企业技术改造提升行动促进制造业高质量发展的实施意见》
郑州市	对新获评的省级“专精特新”企业给予一次性奖补 50 万元，对新获评的国家级专精特新“小巨人”企业给予一次性奖补 200 万元	《郑州市人民政府办公厅关于支持“专精特新”中小企业高质量发展的实施意见》
洛阳市	对已认定和新认定的国家专精特新“小巨人”企业和省“专精特新”中小企业分别给予 30 万元和 10 万元一次性奖励	《洛阳市人民政府办公室关于印发中小企业纾困帮扶政策措施的通知》
许昌市	支持中小企业“专精特新”发展。对新认定的国家级专精特新“小巨人”企业给予 30 万元奖励，对新认定的省级“专精特新”中小企业给予 10 万元奖励	《许昌市人民政府关于印发许昌市支持制造业高质量发展奖励政策的通知》
新乡市	对首次认定的国家级专精特新“小巨人”企业、省级“专精特新”中小企业，分别给予 50 万元、30 万元的一次性奖励。对国家级专精特新“小巨人”企业在有效期内的设备、软件投资，按照省级财政补助金额的 25% 给予配套支持	《新乡市人民政府关于印发新乡市促进中小企业“专精特新”高质量发展实施方案的通知》

地区	政策内容	政策来源
南阳市	会同财政局、科技局对研发投入占销售收入3%（含）以上企业的自有资金研发投入部分，依据上年度享受税前加计扣除的研发费用数额，对增量部分给予5%，最高500万元的补助。对引进市外技术成果的企业，按技术交易额的10%给予补助，最高不超过100万元	《关于印发〈南阳市“专精特新”中小企业及“小巨人”企业三年培育工作方案〉的通知》
商丘市	对“专精特新”中小企业、高校、院所等联合承担并获得重大项目立项的，按照国拨经费比例给予最高500万元奖励。在促进企业上市方面，提出对申请在沪深交易所、北交所上市的省内“专精特新"企业，按照辅导备案登记、中国证监会（证券交易所）受理申报材料两个节点，分别给予不超过50万元、150万元补助	《商丘市人民政府办公室关于开展企业技术改造提升行动促进制造业高质量发展的实施意见》
开封市	对认定为国家“专精特新”小巨人、省“专精特新"优质中小企业的，分别给予一次性奖励100万元、50万元资金	《开封市人民政府办公室关于印发〈开封市推动制造业高质量发展实施方案〉〈开封市制造业高质量发展若干财政支持措施〉的通知》
安阳市	对新认定的“专精特新”小巨人企业、国家级和省级技术创新示范企业给予一次性奖励	《安阳市人民政府办公室关于进一步支持科技创新的若干政策》
平顶山市	对首次认定的国家级专精特新“小巨人”企业给予一次性财政资金奖励50万元、省级“专精特新”中小企业给予一次性财政资金奖励20万元	《平顶山市人民政府办公室关于进一步做好惠企纾困工作促进经济平稳健康发展的通知》
驻马店市	对新认定的国家级专精特新*小巨人"企业给予100万元奖励，新认定的省级"专精特新"中小企业给予10万元奖励	《驻马店市人民政府办公室关于印发〈驻马店市2021年工业经济高质量发展工作方案〉的通知》

地区	政策内容	政策来源
周口市	支持“专精特新”中小企业进一步加大研发投入，对经工业和信息化部认定、处于有效期内的国家级专精特新“小巨人”企业，在年度投资计算区间内用于提升企业创新能力和专业化水平购置设备、软件，按照实际投资给予不超过 30% 的补贴，最高不超过 500 万元。对申请在沪深交易所、北交所上市的省内“专精特新”企业，按照辅导备案登记、中国证监会（证券交易所）受理申报材料两个节点，分别给予不超过 50 万元、150 万元补助	《周口市“万人助万企”活动惠企纾困促增长政策汇编》
焦作市	对新获得省、市认定的“专精特新”中小企业，分别给予不超过 10 万元、5 万元奖励	《焦作市“专精特新”中小企业培育实施方案》
三门峡市	对首次入选河南省“专精特新”培育库的企业给予一次性奖励 10 万元，对被省工业和信息化厅首次认定为河南省“专精特新”中小企业的给予一次性奖励 20 万元，对被工业和信息化部首次认定为专精特新“小巨人”企业的给予一次性奖励 100 万元	《三门峡市人民政府办公室关于三门峡市支持“专精特新”中小企业发展的实施意见》
信阳市	对认定为国家专精特新“小巨人”。省级“专精特新”的企业鼓励县、区、开发区、管理区给予财政资金奖励	《关于印发“专精特新”中小企业培育提升实施方案的通知》
漯河市	对认定为国家级专精特新“小巨人”。省级“专精特新”中小企业的，分别给予一次性奖励 50 万元、20 万元	《关于对〈关于开展企业技术改造提升行动促进制造业高质量发展的实施意见〉征求意见的通知》
濮阳市	对新认定的国家级专精特新“小巨人”企业给予一次性财政资金奖励 60 万元、省级“专精特新”中小企业给予一次性财政资金奖励 30 万元	《关于印发濮阳市制造业高质量发展支持奖励政策的通知》

地区	政策内容	政策来源
鹤壁市	对国家级专精特新“小巨人”企业在有效期内的设备、软件投资，按照省级财政补助金额的25%给予配套支持，最高不超过100万元；对新认定的省“专精特新”中小企业，给予一次性奖励20万元	《鹤壁市人民政府关于支持工业高质量发展的若干意见（2022—2024年）》
济源市	对认定为河南省“专精特新”优质中小企业培育库的企业，根据公示名单财政金融部给予一次性5万元奖励。经省工信厅推荐并入选工信部专精特新“小巨人”名单的企业，财政金融部给予一次性10万元的奖励	《关于进一步促进工业经济高质量发展和科技创新驱动发展若干政策的实施意见》

6.5 走集群发展之路

6.5.1 我国产业集群发展意义和现状

企业在供求关系之中建立起自发的联系，形成产业链，产业链的聚集形成了产业集群。产业集群不只是产业链地理空间上集中，而是对产业链的有机整合，是指某一产业领域相关联企业及其支撑体系在一定地域内的发展，并形成具有持续竞争优势的经济群体。产业集群能够形成对先进技术的聚集效应，伴随产业集群的企业家集群也有助于形成对成功典范的效仿和推广。发展产业集群能够推动要素整合、资源对接，实现产业的规模效应，提高区域生产效率，并显著降低集群企业间频繁交易而产生的交通运输成本。

中小企业特色产业集群是以新的发展理念为指导，以中小企业为核心，具有主导产业明确、优势特色明显、资源要素集中、协作网络高效、治理服务健全等特征的中小企业集合体。这种集群化的发展模式是推动中小企业高质量发展的重要组织形式和平台，有助于实现多项目标。

（1）形成集聚效应。产业集群发展可以吸引更多的相关企业到此集聚，进一步加强区域内生产的分工和协作。这有助于提高区域生产效率，大大降低因企业间频繁交易而产生的交通运输成本。产业集群内的企业相互竞争，有利于激发创新活力，促进技术进步。企业之间还可以实现资源共享、优势互补，提高整体竞争力。产业集群内的企业之间存在密切的联系，相互支持，也有助于共同应对市场波动和风险，提高行业整体抗风险能力。

（2）提升产业链水平。产业集群发展有助于优化产业链布局，提高产业链水平。

通过产业链上下游企业的紧密合作，可以实现产业链的协同发展，提高产业附加值，推进产业基础高级化和产业链现代化。引导中小企业特色产业集群做强主导产业，形成一批核心配套产品，提升产业链关键环节配套能力，能够为先进制造业集群建设提供重要支撑，助力构建现代化产业体系。

（3）促进区域经济发展。产业集群作为一种具有区域特色的经济发展模式，将产业资源进行有效的集中和整合，能够发挥出巨大的规模优势。这些资源包括人力资源、资本、物资、数据、技术等关键要素，能够为产业的规模扩张和能力提升提供坚实的基础。随着产业的不断发展壮大，也能够带动区域经济的快速增长，显著提高区域的总体经济实力。

产业集群的发展还有助于充分发挥地方特色产业的竞争优势。每个地区都有其独特的产业特色和资源禀赋，产业集群能够通过挖掘与利用这些特色和资源禀赋，提升本地区的产业品牌，增强市场竞争力。

产业集群的发展对促进当地就业、提高居民收入水平、增加财税收入具有显著效果。随着企业的增多和产业的壮大，集群内部将会提供更多的就业机会，帮助当地居民实现就业，提高生活质量。同时，随着企业经济效益的提升，将会带来更多的财税收入，为地方政府提供更多的公共服务和经济发展的资金支持。

（4）完善优质中小企业培育体系。中小企业特色产业集群通过集中资源、整合优势，能够形成规模效应，同时也有助于政府靶向施策，有效发挥惠企政策的作用。中小企业特色产业集群的发展模式既注重单个企业的发展，也关注企业之间的合作，更强调整个产业集群的协同创新。政府要积极鼓励支持中小企业抱团取暖，集聚发展，形成合力，共克难关。

2022 年 9 月，工信部印发《促进中小企业特色产业集群发展暂行办法》（下文简称《办法》）。《办法》强调创新、协调、绿色、开放、共享五大发展理念，以做强中小企业特色产业集群主导产业为目标，确定了六大重点培育方向，分别聚焦集群主导产业优势、集群创新活力、集群数字化升级、集群绿色低碳转型、集群开放合作和集群治理和服务能力。

当前，我国大部分省（区、市）都制定了中小企业产业集群相关政策，因地制宜推动中小企业产业集群发展。随着我国产业集群的不断发展，产业链逐渐完善，企业之间的配套协作关系日益紧密。许多产业集群已经形成了比较完整的产业链，具备较强的自我配套能力。我国产业集群主要以传统产业和新兴产业为主，如纺织、鞋业、电子信息、化工等。各产业集群在行业特色上具有明显优势，部分产业集群已具备国际竞争力。截至2022年，工信部已在全国认定了100个具有特色的中小企业产业集群，这些集群的总产值超过2.5万亿元，出口贸易额的平均增长率达到了30%，已经成为推动区域经济发展的关键力量。这些首批被认定的中小企业特色产业集群在各自行业中具有显著的影响力，它们对集群总产值的贡献率高达86.5%，并为社会提供了超过170万个就业岗位。此外，全国各地已经培育和认定了超过600个块状经济产业集群示范区、县域特色产业集群和特色小镇等，这些集群对区域经济的带动作用日益明显。我国产业集群总体发展态势良好，但还存在中小企业产业集群主导产业优势不突出、质量效益不明显、发展环境不完善、核心竞争力不强、产业协作能力不高、国际合作水平偏低等问题，也面临竞争加剧、技术创新能力不足等挑战。我国产业集群在地域分布上存在明显的不均衡性，沿海地区和发展较快的地区产业集群发展较为成熟，而内陆和欠发达地区产业集群发展相对滞后。因此，地方要结合产业实际，出台集群专项政策，引导优质资源在县域充分集聚，引导各地立足产业基础，有针对性地进行产业链培育。

当前河南省内已经形成了一批特色产业园区和集群，诸如兰考的民族乐器产业集群、民权的制冷产业集群、睢县的制鞋集群等，如表6–27所示，形成自有产业品牌和县域经济竞争核心优势，蹚出了各具特色的县域经济高质量发展路子。

表6–27　河南省部分代表性特色产业集群

县（市）名称	特色产业集群	代表企业
兰考	民族乐器产业集群	兰考桐韵民族乐器
长垣	起重机械产业集群	卫华集团
长垣	医疗耗材产业集群	驼人集团
民权	制冷产业集群	冰熊集团
睢县	制鞋产业集群	睢县足力健鞋业
确山	提琴产业集群	河南昊韵乐器
临颍	食品产业集群	临颍亲亲食品
孟州	皮毛加工产业集群	焦作隆丰皮草企业

续表

县（市）名称	特色产业集群	代表企业
虞城	钢卷尺产业集群	虞城中州卷尺厂
新野	PCB 微型刀具产业集群	南阳鼎泰高科

6.5.2 河南省产业集群发展的环境分析

（1）河南产业集群发展的优势

在河南省，大部分的集群企业属于中小企业，其在内部进行了精细的工作分配，有些公司甚至可能只生产一种类别的产品。这使得所有的企业都形成了高度灵活和专业化的生产协作网络，从而极大地减少了各项成本开支。

一是节省贸易开支，降低关联成本。

首先，一方面，中小企业通常需要付出大量资金或以其他方式去增加自身拥有的资产规模，这会带来很高的投资回报率问题；另一方面，小公司的实际掌控能力和可利用资源是非常受限的。但如果借助行业群体这一中介机构的话，尽管无法直接掌握所有关键信息并实现全面管控，却能有效消除寻找及转化这些信息的阻碍因素，从而提升各类要素的组合能力并且显著节约相关支出。

此外，该模式下，产业链中的每个部分都被视为独立的市场参与者，他们各自依据效用最大化和社会经济学原理展开深度分割协同工作——基于此种交换机制替代传统的管理结构后，产品的销售价格也会相应有所调整。再考虑到区域内的各种业务单元彼此间的物理距离较近这个事实时，可以看到，它们能通过联合创业或者结成同盟的方式共享商品供应服务等，如设立统一的大宗原料采买平台就是一种可能的选择。如此一来，既能够压低主要物资的价格，又能让存货压力得到缓解。这类商业活动的开展无疑有助于进一步削减各项运营所需支付的相关款项总额。

最后，新加入的企业无需花费巨资打造自家的标识或推广自身的名声就能顺利打入目标消费人群中，因为它可以直接借助所在行业的集体影响力及其全局化的广告策略达到同样的目的。这就意味着可以在寻觅潜在客户的过程中省下一笔钱，而且也能明显提高成交的可能性。此外，企业所需要支付的关联成本涵盖了基础设施的费用、与生产相关的附属产品的购买、运输费用以及人力资源消耗的费用，而集群内的企业在空间上的聚集和专业化分工的明确性使得这些成本能够被降到最低。

二是获取信息经济效益。由于集群中的各个公司之间的互动较为紧密，且集群成员间的交流也相当活跃，因此相似的信息可以在这些公司中迅速而有效地传递。这无疑会大幅度降低寻找行业资讯所需耗费的时间及支出。此外，地理上的邻近、供应要素的关系以及技术的影响，都能够加快业界资讯在集群内的流通速度。

三是激发外部效益。由于大量的专门化的公司聚集在一个地方，形成了大规模生产的条件，它们之间的紧密合作使得产品的质量与产量都有所提升；同时，市场的需要也得到了扩展，提高了企业的交互能力和贸易水平，从而产生了对外部规模经济的影响力。这意味着这些公司的商品可以在集团的巨大分销系统中共享其间接物品和服务的外部效果，这对公司调整资产分配以减少制造费用及增加总体利用率都是有益处的。另外，一旦这个群体建立起来，企业可以通过创建地区名牌来塑造出对公众有利的口碑印象，激发顾客的需求并且扩张竞争力领域，如河南漯河的食物行业和郑州市区的服饰业就属于这种情况。所以从长期来看，产业发展趋势的健康运行能确保内部企业的持续增长而非其他地区的同类业务可以做到这一点。

四是拥有人口红利。河南拥有一个充实的职业化人力资源环境。作为一个人口众多的省份，河南拥有许多以“一县一业”或“一乡一品”为主要生产的产业集群。这些地区丰富的劳动力资源加上员工之间的灵活迁移，使得他们具备更高的专业技术能力和自我提升能力，从而有效地解决了集群中的人才短缺问题。即便是刚进入集群的新企业也能获得所需的技术型人力支持，并且通常费用较低。

五是市场的激烈竞争产生的推动作用。这种竞争为产业集群的技术进步提供了源源不断的驱动力。集群内部公司的竞争表现为：一旦集群形成一种统一的创新氛围与制度，未能达到集群标准的管理或者技术能力的企业可能威胁到整个集群的公众形象，因而被集群排斥在外。这会导致这些公司受到来自集群的集体压力，同时，公司也有强烈的自我提升欲望和灵活应对市场变动的动机，这就必然激发出企业的竞争力并促使企业在技术和组织管理方面持续创新。

六是对政策层面的高度重视。近年来，随着对河南省产业集群经济效益日益增长的重要性认识加深，省委、省政府不仅频繁地派遣特定的调研团队前往各具特色的产业集群区域学习经验，同时也在积极制定并计划推出一系列有利于推动产业集群发展的新政举措，尤其是在扶持产业链内关键公司及领导型企业的方面投入巨大，从而营造出了有利于全省范围内的产业集群持续壮大成长的外部氛围。

（2）河南产业集群发展的不足

一是河南地区的许多产业集群存在创新能力不足的问题。作为一种重要的特性，产业集群通常拥有强大的创新力量。然而，目前河南的大部分产业集群并没有建立起有效的创新体制或创新网络，也没有设立专门的研究部门或者研究团队，更没有完善的人才培养与教育系统。此外，公司产品销售所得利润中的大部分并未投入科技发展上，这主要是因为企业缺少先进的管理人员及公司治理架构，并且也未能形成有效的企业间的沟通与合作环境。这种状况不仅阻碍了河南地区产业集群的发展进程，还给当地经济带来了负面的冲击。

二是缺乏金融体系，导致小微企业的资金获取出现问题。许多地区的产业发展主要集中于主导行业自身，而对金融、研究开发、销售和宣传等相关辅助行业的支持却相对不足，这使得基础建设和服务设施不够完备且不能满足整体发展的需求，从而限制了这些集群的成长，特别是由于缺少金融系统，河南的大部分中小企业都面临资金短缺的问题，无法有效地扩大经营规模，更别提开展关键的技术创新工作了。

三是河南地区的核心产业并不完善且链路太短；各部分之间的连接不够紧密，包括上游与下游的企业，整个市场的竞争力不足。主要原因在于该地域内的大多数产业集群缺乏完整的核心产业，其产业链也过于简化，导致供应线的每个阶段都无法有效对接，产品的制造配给力也不足，而且由于产业的聚集程度不高，商品的市场推广也比较零散，同时缺少有影响力的主导产业及知名品牌，再加上上下游和服务企业的配合也不是很到位，因此总体来说，当地的市场竞争实力并无明显优势。

四是河南“1+4+15”的雁阵战略性新兴产业集群发展格局已经形成。平顶山市是国务院 2022 年度战略性新兴产业集群发展工作成效明显的督查激励推荐城市之一，是河南唯一入选的城市。郑州信息技术服务产业集群、郑州下一代信息网络产业集群、平顶山新型功能材料产业集群、许昌节能环保产业集群 4 个集群被纳入首批国家级战略性新兴产业集群。河南确定了首批省级战略性新兴产业集群 15 个，其中新材料 6 个、装备制造 3 个、生物医药 3 个。

五是集群能级有待提升。2018 年至 2022 年，河南战略性新兴产业增加值占规上工业增加值的比重从 15.4% 增加到 25.9%，5 年累计提升 10 个百分点以上，但与河南“十四五”规划目标仍有大约 5 个百分点的差距，也低于目前浙江 33.5%、江苏 40.8% 的水平。2022 年，河南战略性新兴产业增加值占 GDP 比重为 8% 左右，低于全国 13% 的平均水平，其中优势明显的新材料产业占 GDP 比重仍然不足 3%。目前，河南没有 1 家企业入选中国战略性新兴产业领军企业 100 强，

（3）河南产业集群发展分析结论

第一，河南的部分产业集群是由传统的优势行业演变而来的，这些产业充分运用自己的优点并弥补缺点，从而在外部良好的环境条件下实现了集群的发展。例如，郑州市

上街区的铝业集群，通过对关键企业的持续扶持，强化了自营业务，逐步延长了产业链，向上游扩展，提升了自己的带动力；同时，在周围区域积极推动众多中小企业从事相关产品的深度加工或者辅助制造，以此构建起较为完善的产业链和供应链，进而提高了本地区的产业配套水平，最后成功地把原本的传统制造业转变为了现代化产业集群。

第二，河南部分县级区域产业发展群体中的公司大多属于小型规模的企业。尽管这些公司的适应能力较强且能有效地处理外界市场的负面影响因素，但是它们自身仍有许多不足之处需要改进。由于这个特定情况下的集团状态问题，必须考虑在外界恶劣的环境条件下采取何种策略来解决这个问题。利用当地的地方特性和相对竞争优势去推进“每个县城一种产品”“每一个乡村都有其独特的产品”；逐渐指导农村集体组织朝着小镇及工厂聚集区转移，促进现有的制造业形成同一条或者类似的一条链路上的集合式增长模式，同时激励各家制造商实行专门化的分工作用方式，专注于某个供应线的某些方面的工作内容或提供某种类型的服务项目；主动申请创建各种级别的具有特殊性的工商业园，作为新产品的培育基地，在其中设立一些重要的支撑点，以便进一步提升该地区的经济发展水平，从而达到提高整个地区整体竞争力的目的。

第三，河南的一些产业集群是由某个拥有传统优势的大型或中等规模的企业所推动发展的，这类公司通常专注于初级产品的制造，并具备强大的内在资源优势，通常会聚集大量的中小企业为之提供支持，或者对下游产品进行深度处理，从而构建起一种主导行业，由一家大企业作为核心的辐射状产业集群。例如，郑州市上街区的铝工业产业集群就属于这种类型。

第四，当面临机遇和挑战并存的环境时，需要主动引入和培养那些具有高关联性和强大驱动力的大型公司和大集团，以充分发挥它们的引领、示范、信息传播及销售渠道的作用，将它们作为产业的主导力量。政府要引导社会的资本流入这些主导公司，让企业设立如产品规格、品质检查、财务管理等机构，以此来提升其竞争优势。同时，政府也应该激励公司采取各种手段对上游和下游的企业进行整合和改良。利用这些公司的聚集影响力，吸引更多的相关企业加入，增大产业集群的规模，扩展产业集群的范围，降低产业集群的总成本，提升产业集群的市场竞争力，推动整个产业集群的良性发展。

第五，河南的高新技术产业集群是从美国的硅谷模型中演变而来，然而这并不适应河南的具体状况，因此在发展的过程中，集群内部资源面临着许多挑战。例如，郑州市的高新技术产业集群最初充满活力，但好景不长，集群中的公司就开始陆续倒闭。对于这种现象，未来河南的高新区应该把高科技产业聚集式发展作为主要方向，构建出具有明显的主导产业、完备配套设施的专业科技园区，以此来推动现有的高新区从缺乏重点的综合性开发区转变为专注某一领域的产业集中地或者由多个有特色的工业园区构成的产业园。河南的经济技术开发区也应当依据本地的特色产业和经济基础，发展特色工业园区，建立产业集群现代化产业园。

第六，尽管河南省的产业集群已经有了一定的发展成果，但是其表现仍不能与其东部地区的浙江省或江苏省相提并论。因此，除去集群内的企业需要共同努力增强创新能力以外，政府的作用及责任也同样关键。政府需提供各种有利于集群发展的优惠政策，要积极地指导那些具备产业特点的集群，以便它们能合理地分布，并在国内国际市场中展现出强大的竞争力。

6.5.3 河南省产业集群发展目标与举措

2008 年以来，河南在持续建设产业集聚区的基础上，陆续形成了一批有重要影响力的产业集群，包括郑州航空港的智能终端产业集群、食品产业集群，洛阳大型机械制造产业集群，新乡医药制造产业集群，长垣市起重机产业集群，夏邑县会亭镇打火机产业集群等。面对高质量发展的要求和形势，河南需要稳步推动全省同类产业的进一步集中、集聚、集约、集成，在扩大产业发展规模的同时，强调以高质量的集群发展提升骨干产业发展的核心竞争力。

2021 年，河南发布了《河南省先进制造业集群培育行动方案》（以下简称《方案》），列明了十大先进制造业集群名单，如表 6–28 所示，并提出全省实行“群链长制”和“盟会长制”，由省长担任总群链长，提出招商补链行动。《方案》指出，到 2025 年，实现“三提升一优化”目标：

一是集群能级提升。重点培育 10 个重大先进制造业集群，其中万亿级 7 个、5000 亿级 3 个，力争形成 2 ~ 3 个世界级先进制造业集群。重点打造 30 个左右千亿级现代化产业链，先导布局 3 ~ 5 个未来产业链。

二是创新能力提升。围绕重点集群和千亿级产业链，统筹布局 30 个制造业创新中心、技术创新中心或创新联合体，实施 300 个重大科技创新项目，推广应用 3000 个以上集群创新产品，集群协同创新能力显著增强。

三是链条水平提升。集群产业链数字化、网络化、智能化、绿色化、服务化、安全化达到全国一流水平；供应链与“双循环”新发展格局相适配，基本形成自主可控、安全高效、稳固多元的供应体系。

四是生态持续优化。集群内大中小企业实现融通共赢发展，产业链与创新链、供应链、要素链、制度链高效衔接、深度耦合、协同一体，集群和链条要素供给保障更加有力，集群营商环境达到全国一流水平。

表 6-28 河南省先进制造业集群及重点产业链表（2021—2025）

序号	重大集群	重点产业链
1	装备制造	电力装备产业链 农机装备产业链 矿山机械产业链 起重机械产业链 工程机械产业链 智能制造装备产业链 *
2	绿色食品	绿色食品（含冷链、休闲）产业链 农副产品加工及食品装备产业链
3	新型材料	先进钢铁材料产业链 先进金属材料（含铝、镁、钼）产业链 先进高分子材料产业链 尼龙新材料产业链
4	电子信息	新型显示和智能终端产业链 智能传感器产业链 5G 及先进计算产业链 半导体材料及器件产业链 . 网络安全（含区块链）产业链 新一代人工智能（类脑智能）产业链 *
5	节能环保	节能环保装备产业链 动力电池产业链 光伏及风电产业链 氢能及储能产业链 *
6	绿色建材	绿色建材产业链
7	现代轻纺	纺织服装产业链 现代家居产业链
8	汽车制造	整车及零部件产业链 新能源及智能网联汽车产业链
9	生物医药	生物医药（含现代中药）产业链 高端医疗器械及卫材产业链
10	现代化工	新型煤化工产业链

2023 年 3 月，河南省工业和信息化厅发布《河南省中小企业特色产业集群认定管理办法》（以下简称《办法》），明确“十四五”期间，在全省范围内认定 30 个左右集群。《办法》指出，集群促进工作以增强中小企业核心竞争力、激发县域经济活力、提升产业链供应链韧性和关键环节配套能力为目标，坚持政府引导和市场主导相结合，坚持培优企业与做强产业相结合，坚持动态管理和精准服务相结合。依据《办法》，集群须同时满足建设管理规范、坚持依法合规经营、具有较强核心竞争力、中小企业梯度培育成效显著、产业链供应链协作高效、协同创新能力较强、数字化转型效果明显、绿色化发展水平较高等条件。

按照“一群多链、聚链成群”的原则，河南围绕先进制造业体系建设，加快培育万亿级战略支柱产业集群，包括装备制造集群、绿色食品集群、新型材料集群、电子信息集群、节能环保集群、现代轻纺集群、绿色建材集群、汽车制造集群、生物医药集群、现代化工集群十大产业集群。

按照“锻长板与补短板相结合”的原则，河南要实施创新强链行动、数字融链行动、转型延链行动、多元稳链行动、招商补链行动、生态畅链行动“六大行动”，提升重点集群、产业链核心竞争力。

河南将进一步促进集群整体数字化转型。数字化转型是提升核心竞争力的主要路径，是实现高质量发展的必由之路。《国家级中小企业特色产业集群年度发展报告》显示，2022 年首批集群内中小企业工业互联网平台应用普及率达 46.7%，企业上云比例达 63.1%，六成以上集群开展了系统解决方案、智能制造成熟度评估等服务。针对部分集群数字化转型方面缺乏统一谋划、数据应用能力不强等难题，应建立和完善工业互联网平台和工业数据共享平台，支持数字化服务商围绕主导产业开发和推广“小快轻准”（小型化、快速化、轻量化、精准化）的数字化解决方案。

河南将持续开展产业协同创新。产业集群是由不同规模企业组成的“产业生态群落”，需要在价值链、供应链上形成相互协同的分工关系。协同创新是产业集群的生命力，也是支撑集群整体发展可持续性的关键。在产业集群中，中小企业通常扮演着大企业的配套角色，只有通过技术创新实现协同关系中的不可替代性，才能在激烈的市场竞争中立足。小企业应借鉴先进企业的经验和创新成果，坚定不移地走“专精特新”发展道路。大中小企业融通创新是释放大企业创新活力、激发中小企业创新潜力的有效途径。通过龙头企业发布产业技术创新和配套需求，中小企业参与攻关，可以形成大中小企业协同创新的合力。

第 7 章
河南省中小企业高质量发展要素支撑与政策保障

2022 年 2 月，世界经济论坛联合新加坡国立大学商学院、剑桥大学贾奇商学院和企业家组织发布了《全球中小企业未来发展调查报告》（以下简称《报告》）。《报告》指出，中小企业不仅在地方层面具有重要价值，也在全球范围内发挥着关键作用。凭借其规模、网络、人才和技术优势，中小企业能够支持可持续发展目标，产生积极的社会影响，并建立稳固的适应能力。然而，《报告》强调，只有在具备必要的基础设施和监管框架的前提下，中小企业才能实现繁荣发展。通过对 300 多名中小企业 CEO 和创始人的深入调查和访谈，《报告》指出了中小企业管理者认为的主要挑战，包括招聘和留住人才（52.5% 的受访者）、生存和发展（43.8%）、资金和融资（35.7%）、不利的政策环境（21%）以及维护强大的企业文化和明确的企业宗旨和价值观（20%），如图 7–1 所示。

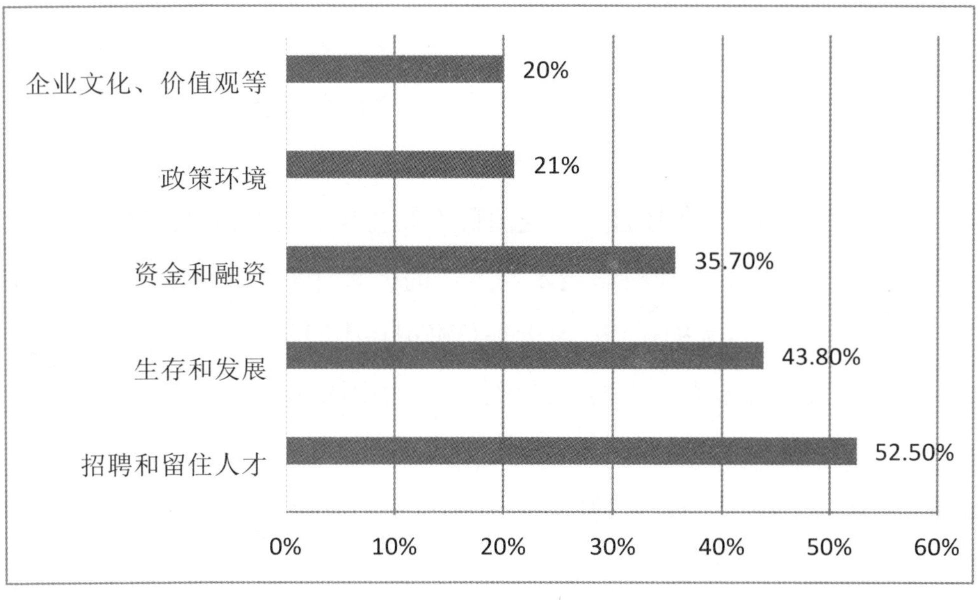

图 7–1 中小企业发展面临的各种挑战

本章节针对中小企业面临的人才、资金以及与企业生存发展息息相关的技术等挑战提出相应的对策（见 7.1 内容），对中小企业所处的政策环境提出针对性建议（见 7.2 内容）。

7.1 要素支撑

相对于大型企业，缺技术、缺人才、缺资金是广大中小企业长久以来的痛点，如图 7–2 所示。本节针对以上“三要素”，探索针对性策略。

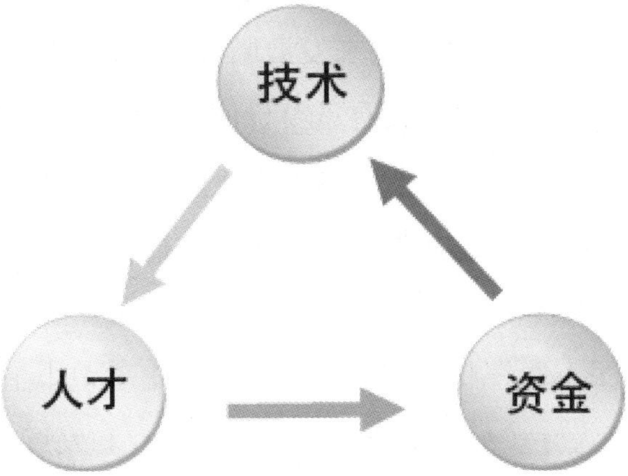

图 7–2 中小企业发展三要素

7.1.1 技术支撑

（1）科学技术对高质量发展的意义

马克思曾指出：“生产力中也包括科学”；“固定资本的发展表明，一般社会知识，已经在多么大的程度上变成了直接的生产力”；“社会劳动生产力，首先是科学的力量”；“大工业把巨大的自然力和自然科学并入生产过程，必然大大提高劳动生产率”。邓小平在 1978 年 3 月召开的全国科学大会开幕式上指出：科学技术是生产力。现代科学技术的发展，使科学技术与生产的关系越来越密切了。科学技术作为生产力，越来越显示出巨大的作用。习近平总书记在中国科学院第十九次院士大会、中国工程院第十四次院士大会上的讲话中指出，中国要强盛、要复兴，就一定要大力发展科学技术，努力成为世界主要科学中心和创新高地。当前，以云计算、大数据、人工智能、区块链、5G 等为代表的信息技术能够有效促进企业转型升级、降本增效，实现高质量发展。

在数字经济时代，中小企业可以通过运用大数据、云计算、人工智能、物联网等技术，实现业务创新、提高生产效率、优化决策过程，从而实现可持续发展。数字技术与企业核心竞争力的整合是提升企业竞争力的关键。企业应将数字技术深度融入产品设计、生产管理、市场营销等环节，打造独特的核心竞争力。同时，企业还需注重数字技术与传统产业的融合创新，实现产业链的升级和价值链的延伸。企业内外部数字生态系统的构建有助于实现企业协同发展。企业要在数字生态系统中与合作伙伴共享资源、交流信息、协同创新，形成具有竞争优势的产业集群。大数据与智能分析在企业经营中的应用使企业能够有效地挖掘市场信息，为产品设计、市场营销、客户服务等方面提供有力支持。通过数据赋能，企业可以提高中小企业的生产效率，降低运营成本，创新商业模式，提升企业竞争力。

中小企业要树立数字转型意识，建立数字化发展思维，利用数据资源促进业务重构，采用数字技术整合资源、创新产品和服务，充分发挥技术创新的内生优势，释放数据作为战略核心资产的价值，及时获取市场趋势变化，制定精准营销策略，提高客户满意度和忠诚度。

（2）河南利用先进技术促进企业高质量发展现状

为实现河南“智造”，河南加速新一代数字信息技术与先进制造技术融合发展，推动越来越多的企业搭上智能化快车，踏上数智化道路。

①利用新一代信息技术来赋能传统产业发展

河南以项目建设为推动，加快数字化、网络化和智能化技术在装备制造、食品、化工、建材和轻纺等行业的应用，以提高企业在信息化环境下的核心竞争力。在不同层面中实施智能化改造项目，对正在进行的项目进行细致规划和分类管理，强化对项目的实时监控和跟踪服务，促使项目尽快完成并达到预期效果。

至 2020 年末，河南省在推动工业智能化改造方面取得了一定的成就，完成了 2334 个重点智能化改造项目，总投资额高达 2928 亿元人民币。河南省的改造成效不仅体现在项目的数量上，还体现在项目的质量和影响力上。河南省通过创建 387 个省级智能车间和 184 个智能工厂，以及评选出 34 家智能制造标杆企业，显著提升了企业生产效率和产品质量。信息技术应用使企业生产效率平均提高 38.7%，产品质量合格率平均提高 11.3%，单位产值能耗平均降低 20.2%。这些成果不仅证明了企业核心竞争力和社会经济效益的提升，也彰显了科技在生产中的重要作用。为进一步推动产业发展，河南加快了超聚变服务器、紫光股份智慧计算终端全球总部基地和新东微电子中试基地等项目的建设，同时大力发展新型显示和智能终端、智能传感器、网络安全、5G、先进计算等产业链。河南省注重提升电子信息产业，积极推动新能源汽车产业的发展，为自身的工业升级和经济转型注入了新的动力。

②重点发展智能制造和服务型制造新模式和新业态

河南省在推动制造业转型升级方面采取了积极的态度，通过解耦、整合和重构制造系统的各个环节和要素，实现了工业资源的优化配置。通过组织开展深度行业活动，积极争取国家试点示范项目、智能制造项目、大数据项目和服务型制造示范企业等举措，有力地促进了制造业与互联网的深度融合，并促使一批具有国内先进水平的企业脱颖而出。宇通客车和森源重工作为两个成功的企业案例，展示了河南省制造业转型升级的路径和成果，这也体现了河南省在推动产业结构调整和升级方面取得的显著成效。

宇通客车作为河南省的代表企业之一，创建了一种覆盖市场销售、研发设计、工艺、订单计划、采购、生产制造、物流、设备和工厂设计等所有领域的智能制造架构。这一架构的引入，显著提升了新能源工厂生产线的效率，降低了资源消耗，减少了运营成本，并缩短了产品研制周期。宇通客车的成功案例表明，智能制造不仅能够提高生产效率，还能够为企业带来显著的经济效益。

森源重工则以其生产的智能环卫车辆为基础，创新性地提出了“环卫装备＋环卫运营”模式，这一模式不仅包括了传统的环卫装备销售，还拓展到了增值服务、融资租赁、环卫管理输出和环卫第三方运营服务等领域。森源重工提供的环卫作业系统解决方案和城市餐厨垃圾系统解决方案为企业带来了新的增长点。自2018年以来，森源重工的环卫产品销售收入和服务类业务收入均有显著增长，这标志着公司成功实现了从单一产品销售向产品加服务模式的转变。

③强化数字园区和数字化平台的构建

河南省在数字经济发展和工业互联网应用方面的进展体现了其对新兴技术的重视和未来发展趋势的把握。通过建设国家大数据（河南）综合试验区核心区和先导区，即“智慧岛”，河南省旨在打造一个大数据产业的集聚地和发展高地，以此推动数字经济的快速增长。该项目的建设与周边的云湖智慧城、白沙大数据产业园、科学谷等区域形成了协同效应，共同构成了郑州数字经济发展核心区的支撑体系，有助于形成产业链的完整闭环，促进技术、资金、人才等资源的优化配置，从而进一步推动了郑州高新区、金水科教园区以及开封中关村数字产业园等区域的发展。

河南省不仅在省会郑州推进数字化转型，还加快了洛阳大数据产业园、许昌“泛在 5G 小镇”、濮阳大数据智慧生态园和鹤壁 5G 产业园等项目的建设，这些项目将进一步推动河南省在大数据和智能制造领域的“遍地开花”。

在工业互联网平台建设方面，河南省坚持大企业建立平台、中小企业利用平台的策略，已在起重装备、智能传感、植保无人机、盾构装备、节能环保等领域建立行业工业互联网平台，并连接了大量设备产品。

（3）技术要素支持建议

①打造现代化产业链，构建新兴产业生态体系

《河南省“十四五”制造业高质量发展规划和现代服务业发展规划》进一步提出，要利用新一代信息技术打造一批千亿级集群和现代化产业链，构建具有战略性、全局性和河南特色的新兴产业生态体系，并进行了明确的部署。主要内容包括：到 2025 年，建成全国新兴的万亿级新一代信息技术产业高地；培育超高清视频产业，推动上下游配套产业集聚；加快发展计算机产业，推进国产化进程，深化与行业龙头企业的合作，积极承接产业转移，打造千亿级产业集群；建设郑州中国智能传感谷以及开封、洛阳、新乡、鹤壁、三门峡、南阳等各具特色的智能传感器产业园区，打造“研发设计—材料设备—芯片制造—封装测试—系统 / 应用”产业链，形成智能传感器、物联网联动发展新格局；做强 5G 智能终端产业，突破一批“5G+ 集成应用”技术；完善光通信产业链条，建设全国重要的光通信产业基地；加快垂直电商平台、工业互联网平台以及系统集成、数据服务等领域的软件开发和应用，围绕重点行业需求构建智能软件产业生态体系。

②加快中小企业数智化促进工程

积极推动“大智移云”平台建设和利用。建立大数据共享平台，支持大型企业立足中小企业共性需求，构建工业互联网平台。推动中小企业智能化升级，建设智能生产线、智能车间和智能工厂，发展智能化制造、精准营销、AI 客服等新业态新模式。鼓励中小企业积极融入 5G、工业互联网的应用场景和产业生态。支持中小企业加快传统制造设备上云和业务系统向云端迁移。

③推进信息技术与中小制造业融合发展

近年来，河南积极响应习近平总书记视察指导河南工作时的重要讲话和指示精

神，坚持以新一代信息技术与制造业融合发展为主线，以智能制造为主攻方向，加速推进制造业向数字化、网络化、智能化方向转型，为全省经济的高质量发展提供了坚实的支撑和保障。河南省委、省政府积极把握促进中部崛起、黄河流域生态保护和高质量发展等重大战略机遇，先后制定出台了《河南省智能制造和工业互联网发展三年行动计划（2018—2020 年）》《河南省推动制造业高质量发展实施方案》《河南省加快 5G 产业发展三年行动计划（2020—2022 年）》《河南省推进“5G+ 工业互联网”融合发展实施方案》等一系列文件，坚持传统产业改造提升、新兴产业培育壮大同步发力，突出示范引领、狠抓项目建设、强化服务支撑，努力建设先进制造业强省和网络强省。全省上下形成了完善的政策体系和有力的工作机制。

7.1.2 人才支撑

（1）人才对高质量发展的影响

从古至今，人才都是兴邦大计。国以才立，政以才治，业以才兴。随着知识经济时代的到来，人才成为企业竞争力提升不可或缺的重要资源，也成为企业高质量发展的重要抓手。在深化改革、转型发展的关键时期，建设一支“素质高、专业强”的管理人才队伍，一支“精技术、善创新”的专业技术人才队伍，对企业发展而言，有着不可估量的作用。尤其是在创新驱动发展战略不断推进的今天，企业只有高度重视人才的引进和培养，积极落实人才培养规划，才能补短板强弱项，助力企业高质量发展。

“人才强企”战略是企业可持续、高质量发展的重要策略。大到一项尖端技术的应用，小到一项局部的工艺革新，都依赖于员工的技术水平、研发能力。没有这些高水平高素质的技术研发人员的努力攻关，就无法破解企业发展中的困难问题，也无法实现技术层面的突破创新。随着我国生产经营模式由之前的“劳动密集型”向“技术密集型”企业的转变，企业要聚焦核心和高附加值业务，大力发展机械化、自动化、数字化、智能化，推进新技术、新工艺、新产品的应用和研发，必须依靠“人才”这个第一资源，坚持“创新”这个第一驱动。企业要持续深入贯彻“人才强企”战略，大力推动人才建设，变人才资源为人力资本，不断挖掘人才“富矿”。

党的十九大报告明确提出把人才工作放到国家工作的重要位置，反复强调人才工作的重要性。站在新时代的起点，企业要想在现代化的浪潮中保持与时俱进，关键在于抓住时代赋予的机遇，并着力加强人才的吸引与培育。为了实现这一目标，企业需要双管齐下：一方面积极从外部吸纳优秀人才，另一方面则要注重内部人才的持续成长和技能提升。

（2）河南人才引进和培育的现状

①引进高端、急需紧缺专业人才

河南省将创新驱动、科教兴省、人才强省战略置于“十大战略”的优先位置，致力于建设国家创新高地和全国重要的人才中心。该省集中精力在人才培养、引进、评价等关键环节的深化改革，为人才提供展示才华的平台和实现梦想的舞台。在人才引进策略上，河南省发布急需紧缺人才名录，绘制高端人才分布图，实行“项目 + 平台 + 人才”的引进模式，重视利用人才引才、情感留才、侨界招才，对顶尖创新人才和团队实施优惠的引进和培养政策，包括提供一次性奖励和长期的科研经费支持。同时，该省完善灵活的人才引进机制，打破地域和身份限制，广泛吸引各类人才。

郑州市积极引进高科技领域的领先企业研发机构、知名研究院所和高校科研机构，以吸引一批战略科学家、产业领军人才和高水平创新团队；实施青年创新创业行动，面向全球发布青年人才新政“大礼包”，形成全视角引才、全链条育才、全方位用才新格局，全力打造“活力郑州 青春郑州”，广泛延揽青年人才来郑、留郑、创新、创业；举办了“汇聚英才 筑梦中原”招聘会，并通过线上、线下方式开展大院名所共建新型研发机构高端人才引进活动及重点实验室等研发平台高端人才引进活动。

洛阳市出台“1+22”一揽子人才引育政策，涵盖人才引育留用各环节，探索推行“河洛英才卡”，为高层次人才在洛创新创业营造良好生态环境；举办“才聚河‘洛’，‘阳’帆起航”百校千岗高校毕业生“云”招才引智活动，助力全市高校毕业生“好就业、就好业”。

平顶山市出台了《全面推进“鹰城英才计划”加快创新驱动发展实施意见》《鹰城英才集聚工程实施方案》等一系列针对性强、含金量高的优惠政策，形成以“人才新政 31 条”为统领、“鹰城英才计划”六大工程为抓手、N 个配套方案为支撑的“1+6+N”政策体系。

安阳市打造“洹泉涌流”人才集聚计划升级版，推出“人才一卡通”“一岗一房”等留才用才务实举措，市领导带头“直播带岗”。

开封市出台“东京英才计划”，统筹实施人才集聚八大工程，持续优化提升高能级人才集聚平台，有效增强人才吸引力、承载力；在全省率先成立人才“一站式”服务专窗，整合各部门职能和资源，为人才提供便捷精准高效服务。

鹤壁市举办首届“鹤壁人才节”，推出“兴鹤聚才”三年行动计划，开展市、县级系列活动近30场；率先成立省市共建的人才集团，持续优化人才服务水平；成立市级人才驿站，实行“事业编，企业用”，打破企事业单位间人才流动的藩篱。

信阳市出台了《“万名学子回归工程”工作方案》等政策文件，开展“信才爱才，阳望你来”主题活动，建设人才主题公园，大力营造“家乡都是爱，欢迎你回来”的浓厚氛围。

濮阳市积极打造中部地区创新开放高地和人才强市，深化人才“引育用服”体制机制改革，出台了“1+14”人才政策，其中“1”是指濮阳市《关于加强和改进人才工作的意见》，“14”则指14个配套文件。濮阳市还针对人才引进创新开发了“人才贷”金融服务。濮阳市八届人大常委会第三十五次会议通过《濮阳市人大常委会关于设立“濮阳人才日”“濮阳人才周”的决定》，将每年9月27日设立为“濮阳人才日”，将9月最后一周设立为“濮阳人才周”。

漯河市召开了河南省（漯河）食品领域网络专场招聘会，面向国内外大力引进食品领域高层次人才，加快打造食品产业全过程创新生态链，进一步夯实食品名城高质量发展基础。

②培养工匠技能人才方面

河南作为全国人口数量第三大省和外出务工人员数量第二大省，有着巨大的人口优势。将这一人口红利有效转化为人力资本，充分发挥人才作为第一资源的潜力，对于河南发挥后发优势、实现经济发展动能转换具有至关重要的意义。为了实现这一目标，必须全面提升劳动者的技能水平和职业能力。推动“人人持证”工程，能够有效解决当前技能人才总量不足、结构失衡和行业分布不均等问题，有助于解决结构性就业难题，并引导行业企业及全社会重视技能人才队伍的建设，以满足经济高质量发展的迫切需求。

河南省委提出，河南要完成“两个确保”的历史任务，“比以往任何时期都更加需要培养造就一支高素质劳动者队伍”，“要大力发展现代职业教育，大规模开展技能培训，有效提高劳动力素质，推动人口红利向人才红利转变，以人才第一资源更好地激发和转化创新第一动力”。通过推行职业教育、技能培训和职业资格认证等措施，能够显著提升从业人员的技术技能水平，增加技能人才在从业者中的比例，提升河南制造和河南服务的品质与品牌形象，提高劳动者的就业层次和收入。这些努力将为打造富裕、幸福、现代化的河南打下坚实的基础。

商丘市在推进“人人持证、技能河南”建设工作方面采取了多种措施，从政策完善、机制推进、措施细化到真抓实干，确保了工作的顺利进行。通过科学制订行动计划，明确了五大目标和 17 项措施，展示了政府在提升全市技能水平方面的决心和方向。市政府安排相关人员赴山西学习技能培训和评价经验，以获取新思路，推进本地工作。商丘师范学院成立职业技能培训和评价中心，全市技工院校可以容纳万人培训，表明硬件和培训能力充足。商丘市支持民用培训机构建设，学校数量翻倍，纳入省补贴性技能目录，鼓励更多机构参与培训。学校与企业合作开展订单式培训，涵盖 19 个专业领域，确保培训与市场需求匹配，提高针对性和实用性，帮助学员就业和提升技能。

鹤壁市推进“人人持证、技能河南”建设，采取高质量措施，提升技能水平，促进就业和经济。措施包括实施“一县区一品牌”计划，举办技能竞赛，建立信息服务系统，加大投入力度，营造良好社会氛围。这些举措旨在打造地方职业技能品牌，激发人才潜力，提升培训和就业匹配度，确保资金支持，以及引导社会尊重和重视技能工作。

濮阳市采取了创新性技能建设措施，形成了“濮阳模式”，旨在培养高技能人才，支撑全市和国家发展。措施包括深化评估体系改革、简化企业内部评估流程、实施省委省政府决策，如氢能走廊建设和新能源技能人才培养，以及健全竞赛体制，举办多场职业技能竞赛。这些举措有效提升了评估专业性和权威性，提高了企业人才评估效率，推动了新能源领域发展，储备了高技能人才，使濮阳成为人才汇聚地。

（3）人才要素支撑建议

①贯彻“人才强企”战略。人才是企业最宝贵的资源，这一观念已经深入人心。企业要将人力资源建设，打造高素质、高水平、高技能的人才队伍视为一项需要企业长期坚持、稳步推进、久久为功的战略性工作、头等大事，而不仅仅是一项阶段性的、一次性的活动和任务。为确保企业人才队伍在素质、规模、年龄结构、专业技能和知识体系方面更为合理和均衡，以满足企业当前及未来的发展需求，企业必

须采取积极措施。同时，企业应致力于营造一个尊重、重视和激励人才的良性工作氛围，让员工深刻体会到企业的关怀与重视，从而激发他们更加积极地投身于各项工作中。

②打造学习型组织。随着科技发展的日新月异，企业员工面临着知识老化、技能过时的窘境。“活到老，学到老”不再是一种励志口号，而成为一种现实。员工专业素质的高低对企业的影响不言而喻。企业员工必须及时学习新技能、新知识，才能创造更大的效益。要鼓励员工成为专家，专家成为大家。企业需构建一个学习型组织，倡导全员学习、创新的文化。鼓励并促使全体员工不断加强学习，实现学习与工作的融合，倡导终身学习和团队协作。企业应引导员工主动挖掘个人潜力，加快知识技能的迭代更新。在建设学习型组织的过程中，企业需注重提升工作的创新性和超越性，营造一个充满学习与挑战的氛围，弘扬攻克难题的精神，并鼓励员工在创新中成长、在岗位上成才。

③完善人力资源开发机制。建立良好的企业人力资源开发机制，需要根据企业实际情况，结合不同地域的特点，制定切实可行的人才培养方案。建立健全的人才培养体制和机制，创造多元化的培养模式，加大人才培训力度，为员工能力的提升提供关键的支持，从而为企业的长期发展注入强大的动力。

企业领导应重视人才培训，通过人才梯队建设促进人才培养和能力提升。面对商业社会的快速发展，企业需制订合理的人才储备计划，结合培养和选拔机制，确保人才储备顺利进行的接班人。同时，建立完备的人员培训体系至关重要，包括科学划分员工类型、制定培训方案和政策，以及构建多样化培养模式，为员工能力提升提供支持，注入企业长远发展的活力。此外，培养经营管理人才队伍，搭建学习交流平台，加强国际人才交流，提高企业家能力。重点关注年轻一代创业者和科技人才的培养，提高整体素质和创新能力，扩大高技能人才队伍规模。

企业要丰富、创新培训方式、方法。通过短期与长期培训、通用技能与专业技能培训的有机结合，持续提升员工培训的成效和专业化水平。企业应鼓励自主人才评估，加强岗位技能提升，并为员工提供转岗和转业培训支持。此外，还可以推广符合中国国情的企业新型学徒制培训，强化“师徒制”在技能传承中的作用。企业还需加强对技术人才和技能人才的培育、应用、评价和激励，提升中小企业的就业质量和竞争力。为了增强中小企业的创新能力，企业需不断完善创新人才引进机制，并构建完善的配套服务体系和措施。推动高校、科研院所等事业单位的科研人员与中小企业展开合作，通过挂职、项目合作、兼职创新等途径，实现资源共享和共同发展。发展学校和组织之间的合作，开展订单培养。利用网络培训有效节约成本，加强人员悬挂式锻炼；挂职锻炼是一种行之有效的安排，可以增强人才能力并促进能力的建设。员工接受挂职锻炼并涉及新的岗位和业务，可以全面提高自己的能力和水平。推动员工轮换。很多著名企业，如华为、西门子、格力等成功的公司都已经在其内部实施了轮岗制度，这被证明是一种有效的培养人才的方法。该制度使得员工可以轮换不同的工作岗位，从而提升员工在多个方面的能力。

7.1.3 资金支撑

我国政府为中小企业的发展提供了丰富的融资渠道和多样化的扶持基金。中小企业要充分利用传统融资渠道，积极利用产业基金，创新应用互联网金融筹集企业发展所需资金。

（1）充分利用传统融资渠道

在融资服务方面，河南省推动金融机构发放“免抵押、免担保”信用贷款，建立贷款审批绿色通道，优化贷款审批流程。鼓励各地探索出台贷款利息补贴政策，鼓励银行保险机构开发提供特色金融产品，提升中长期贷款占比，缓解小微商贸企业、个体工商户资金压力。对有发展前景但暂遇困难的小微商贸企业、个体工商户不得盲目抽贷、断贷、压贷。

在加强财政资金支持方面，河南省级服务业发展专项资金优先用于支持小微商贸企业集聚发展和老字号扩大规模，在全省组织开展示范步行街改造提升、新型消费示范集聚区创建，对新评选的国家试点步行街、省级示范步行街、新型消费示范集聚区给予资金奖励。加大财政扶持力度，支持重点医疗物资生产企业开足马力生产，对多生产的、符合标准的政府兜底采购收储产品，政府进行兜底采购收储。减免相关税费，对受疫情影响，纳税确有困难的企业，依法减免房产税、城镇土地使用税。对生产疫情防控物资的中小微企业，优先落实相关税费减免政策。

加大信贷纾困力度，2020 年河南省普惠型小微企业贷款增速要高于各项贷款平均增速。降低信贷融资成本，争取更多符合条件的中小微企业纳入国家疫情防控重点保障企业名单，享受国家有关优惠政策；对 2020 年新增的全省疫情防控重点保障企业专项再贷款，在落实国家贴息政策的基础上，省财政统筹资金给予 25% 的贴息支持，期限不超过 1 年。

减轻中小微企业负担。河南省政府对承租国有资产类经营用房且受疫情影响不能正常经营的中小微企业，免收 1 个月房租，减半收取 2 个月房租，已收取的要予以退还。缓解企业用能成本压力，实施支持性电价政策，疫情防控期间，企业用户减容、暂停及恢复业务不受原有时间限制，可按实际暂停天数免收基本电费。对缴纳生产经营所需用气、用水等费用确有困难的中小微企业，实行“欠费不停供”措施，企业在疫情结束后 3 个月内补缴各项费用。

减轻企业缴纳社会保险费和住房公积金压力。河南针对受疫情影响缴存住房公积金确有困难的企业，可以申请降低住房公积金缴存比例，最低至 5%，期限不超过 12 个月；或申请缓缴住房公积金，期限不超过 12 个月，缓缴期间不影响职工正常申请贷款。延期办理社会保险业务，参保的中小微企业未能按时办理社会保险业务的，允许在疫情结束后 3 个月内补办，补办时不得收取额外费用，不得要求提供附加证明材料。

在加大减税降费力度方面，2022 年，河南对增值税小规模纳税人适用 3% 征收率的应税销售收入减按 1% 征收率征收增值税。

在强化融资服务方面，河南提出对 2021 年 7 月 1 日以来贷款到期但还本困难的小微商贸企业、个体工商户，金融机构可以通过续贷、展期等方式，给予临时性延期还本安排，还本日期最长可延至 2022 年 12 月 31 日。

河南省还将加大再贴现支持力度，重点支持小微企业 500 万元及以下小额票据贴现。将支小再贷款政策适用范围扩大到符合条件的中小银行。支持银行业金融机构发行小微企业贷款资产支持证券，将小微企业贷款基础资产放宽至 500 万元及以下。将单户授信 1000 万元及以下的小微企业贷款纳入中期借贷便利的合格担保品范围。河南省还将对申请上市融资的省内企业，按照辅导备案登记等时间节点，给予不超过 200 万元的补助。另外，将普惠型小微企业不良贷款率容忍度放宽至不高于各项贷款不良率 3 个百分点，提高适用于 75% 风险权重计提的小微企业单户授信限额。

（2）积极利用产业基金

基金是促进整合区域内政策、资金、人才、技术、市场等要素的重要金融工具，能够发挥基金的杠杆作用和资源整合功能，也是国有资本调整布局、优化形态的重要抓手。近年来，中央及省级政府注重以产业基金撬动产业发展，通过产业基金的形式持续推动新兴产业和未来产业发展，大力培育创新创业生态。国家层面先后成立了集成电路大基金、中小企业发展基金、绿色发展基金等国家级基金。

2021 年，河南省政府设立了总规模分别为 1500 亿元的新兴产业引导基金和 150 亿元的创业投资引导基金，以支持科技创新和智能制造等多个领域的发展。产业基金助力了郑州欧家居科技、超聚变数字技术公司以及河南首家液晶显示器件生产商华锐光电等多家企业的发展。截至 2022 年 9 月，郑州成立总规模 500 亿元的产业发展母基金，并参与 18 个子基金，包括 3 个区域子基金和 15 个行业子基金，总规模分别为 340 亿元和 233.48 亿元。

在体制改革和创新方面，2014 年，郑州市开始实行财政涉企资金基金化改革。2019 年设立市级产业发展母基金，以促进产业增长和中小企业发展。2021 年，郑州改革基金管理制度，优化投资体系，营造良好基金发展环境。自 2022 年起，郑州采取措施扩大产业基金规模，稳定经济和市场主体，支持实体经济和科技创新发展。郑州市科技局还成立了天使基金管理办公室，提供创业支持服务，并与郑州银行合作满足企业融资需求。这个市级天使风投基金初期投资达 2 亿元。郑州计划完善与省科学院和中原科技城的合作机制，构建全链条创新生态，包括基础研究到人才培养等环节，以促进创新发展。储备项目超过 200 个，覆盖电子信息、生物医药和新材料等多个领域，为基金引入和中小企业培育奠定基础。

（3）创新利用互联网金融

①互联网金融的概念

2015 年，“互联网 +”战略的提出促进了“互联网 + 金融”模式的迅猛发展。互联网金融融合了传统金融机构与互联网企业的力量，通过互联网和信息通信技术手段，实现了资金的流通、支付、投资以及信息服务。互联网金融的多样化形式涵盖了网络借贷、在线众筹、供应链金融等。

在传统融资模式中，中小企业通常依赖于银行贷款来获取资金。然而，这种融资方式往往伴随着高昂的贷款成本和漫长的融资周期，同时，中小企业需要通过严格的审核流程。这种单一且复杂的融资模式对企业的持续发展构成了挑战。随着互联网等技术的金融领域渗透，互联网金融融资模式应运而生，为我国中小企业提供了更为灵活和便捷的融资途径，有效缓解了它们的融资难题。我国政府也出台了一系列政策和规划，致力于推动互联网普惠金融的发展，为中小企业提供更广泛的支持。

②互联网金融提升中小企业融资效率的作用机理

在金融体系与国民经济的相辅相成关系中，企业作为连接两者的纽带，具有重要地位。企业在经济增长中扮演着关键角色，而其发展好坏与能否获得金融市场的融资息息相关。中小企业长期存在着筹资困境。其中一个重要原因就是信息不对称。互联网普惠金融通过借助互联网信息平台，成功减轻了信息不对称程度，为中小企业提供了新的融资解决方案。

中小企业在融资过程中常具有“短、小、急、快”的资金需求特点。这种特点在互联网融资中得到了有效满足，互联网金融的快捷性和高效性使得企业能够在短时间内获得所需资金，同时节省了融资所需的时间和成本。互联网金融与电子商务的结合使得中小企业的融资门槛显著降低，为更多企业提供了参与金融市场的机会。

成本是企业在融资过程中需要考虑的一个重要因素。相对于传统金融模式，互联网金融通过节省大量店面租赁费、人工费和广告费用，成功降低了借款成本。平台的建设和维护是互联网金融的主要成本来源，然而，这相对于传统金融机构的开销仍然较为经济高效。

互联网金融的另一个优势在于利用大数据进行借款方的信用评级。这一做法增加了信息的透明度，降低了呆账和坏账的风险。借助大数据分析，互联网金融平台能够更准确地评估借款方的信用状况，从而提高了融资的可行性和安全性。

在互联网金融融资环境中，企业的金融风险管理能力得到显著提高。中小企业要在竞争激烈的市场中持续发展，必须具备高水平的金融管理能力。互联网金融的高透明度环境要求企业确保良好的信用记录，同时提高金融风险控制能力，确保按时还款。互联网平台为提供资金的金融机构提供了随时监控中小企业贷款使用和还款情况的便利手段。这种实时监控方式显著降低了金融机构的融资风险，同时也为借款方和贷款方提供了有效的融资风险管理工具。因此，互联网金融不仅为中小企业提供了更便捷的融资途径，同时也保障了整个金融体系的稳健运行。

③河南省中小企业互联网融资现状

对河南省小微企业融资途径的调研发现，利用网络金融进行筹资的小微企业只占 11.56%。有高达 78.35% 的企业仍然依赖于民间贷款市场满足其融资需求。另有 11.56% 的企业倾向于使用网络金融，而商业银行和股票市场分别为 21.02% 和 9.7%

的企业提供了融资途径。通过深入分析调研发现，企业对网络金融敬而远之的主要心理障碍包括对业务信息安全的忧虑、害怕诈骗的风险，以及部分企业因为不熟悉网络操作或认为网络融资限额不足而选择避免使用。

调研数据显示，政府推出的一系列扶持政策在解决小微企业融资困境上效果不够明显，河南省的小微企业在融资方面主要还是以民间借贷为主，对互联网金融涉足较少，小微企业的融资渠道亟须进一步拓宽。河南省经济状况在全国排名不占优势，小微企业管理人员的思维落后，眼界不够开阔，对新技术、新产品的接受较为滞后。而现有的互联网金融平台多是从一线城市开始推广的，直接引入使用难免会有适应性问题。例如，目前较为流行的众筹和数据金融等互联网金融融资模式，虽然针对缓解中小企业融资难问题效果显著，在我国沿海及较为发达的省市已经较为普及，但与河南省内中小企业自身特点不相匹配，实施效果不明显，在一定程度上削弱了互联网金融优势的发挥。此外，大数据金融模式主要通过收集小微企业的交易数据来构建信用记录，进而评估其融资风险。然而，在河南省，许多小微企业尚未开展线上业务，因而缺乏必要的交易记录，这使得这些企业的信用评估变得复杂，降低了它们通过大数据金融或供应链金融模式获得融资的可能性。从整体来看，河南省小微企业在线交易量偏低，社会资本的利用效率未能得到充分提升。此外，包括企业管理人员在内的社会公众对互联网金融的认知程度有限，这些因素都在一定程度上制约了互联网金融融资模式在小微企业中的广泛应用。

（4）资金要素支撑建议

①政府、金融机构、企业要开展协作

在服务中小企业融资方面。政府部门、金融机构和企业在这一过程中要开展三方协作，明确各自的角色和职责。

政府层面。一是搭建平台。政府需要建立和完善数字普惠金融的基础设施，为金融服务的提供创造良好的环境。二是出台政策支持。制定相应的政策和措施，鼓励和引导金融机构为中小企业提供更好的融资服务。三是开展监管保障。加强对新型金融服务平台的安全监管，确保金融市场的稳定和对消费者权益的保护。四是完善征信系统建设，提高金融服务的透明度和风险控制能力。

金融机构层面。一是加大数字技术在行业的应用，利用数字技术优化金融服务流程，提高效率，降低成本。二是开展服务创新，开发新的融资服务模式，提供个性化的信贷支持，满足中小企业的多样化融资需求。三是加强数字普惠金融知识的宣传教育，提高企业和个人的金融素养。

企业层面。一是加强内部控制，完善企业内部控制和财务制度建设，提高企业的融资能力和信用等级。二是拓宽企业融资渠道，积极寻求和利用包括互联网金融在内的多种融资方式，创新融资渠道。

政府和金融机构要注意结合河南省内转型企业的实际情况有针对性地改进融资模式，根据行业特点和地域特征，设计适合当地企业的融资解决方案。构建具有河南区域特征的互联网金融服务平台，提高融资服务的针对性和效率。不断改进互联网金融的融资渠道、融资流程和运作模式，以适应不断变化的市场需求。总之，通过政府、金融机构和企业之间的协作，形成一个高效、便捷、公平的普惠金融服务环境，有效缓解河南省中小企业的融资约束，推动经济的发展和转型。

②加强信用信息共享应用

河南省人民政府办公厅发布的《河南省加强信用信息共享应用促进中小微企业融资实施方案》旨在通过加强信用信息共享，解决中小微企业融资难、融资贵的问题，这是推动河南省经济发展和促进中小微企业健康成长的重要措施。方案中提出的措施包括：

深化信用信息市场化应用：鼓励探索征信、信用调查、信用评级等信用服务产品和业务，发挥信用信息在融资过程中的重要作用。

建立"白名单"机制：通过省平台建立企业融资"白名单"机制，为金融机构提供参考，使得金融机构能够对信誉良好的企业提供优惠的信贷政策。

完善风险补偿政策：加强省、市、县三级风险补偿政策联动，支持有条件的地方设立风险缓释基金或风险补偿基金，降低金融机构的风险成本。

提供融资担保基金：积极对接国家融资担保基金，探索成立市级融资担保基金，提高政府性融资担保机构的增信能力，完善政府性融资担保体系。

创新金融服务机制：探索建立中小微企业贷款"线上公证""线上仲裁"机制和金融互联网法庭，提高金融纠纷的处理效率。

这些措施的实施将有助于构建一个更加健康、稳定、可持续的金融环境，为中小微企业提供更加便捷、低成本的融资服务，从而促进河南省经济的繁荣和中小微企业的健康发展。同时，这些措施也体现了政府在金融监管和服务方面的创新，以及对法治和社会公平正义的重视。

③做好投资规划，加强体制改革，创新金融工具

做好开源节流，站在长远立场，做好投资整体规划。投资质量标准应对标河南省发展需求，避免短效投资；通过改革手段提升省属国有投资平台效率；降低投资成本，打破招投标过程中的垄断，在传统产业领域引入充分竞争，提高项目效率；减少不必要的资本建设；强化资产管理平台作用，消化低质量资产要降低金融要素成本。通过体制改革，激励国有资本投资新兴产业领域，积极释放民间资本投资潜力。通过财务服务、会计服务、咨询服务等扶持手段提升企业的直接融资能力。做大做强金融机构，吸引省外金融资源，积极运用绿色债券、碳交易等新型金融工具。

7.2 政策保障

“十四五”规划期间，中国将全面深入实施科教兴国、人才强国、创新驱动发展、制造强国、网络强国和质量强国等重大战略，致力于构建更为全面和精准的政策体系，旨在支持中小企业实现高质量增长。然而，中小企业普遍面临挑战，它们大多在传统产业和价值链的较低端运行，面临着资源能源利用效率低、创新能力不足和专业化水平有限等问题。此外，这些企业的风险抵御能力较弱，在全球经济疲软、贸易争端、疫情冲击等多重挑战下，承受着较大的压力。因此，在“十四五”时期，中小企业所处的环境是战略性的，这既是机遇，也是挑战，既要肩负使命，也要承担责任。为促进中小企业高质量发展，在已出台的优惠政策基础上，需要进一步完善政策保障。如表 7–1 所示。其中，《“十四五”促进中小企业发展规划》和《中华人民共和国中小企业促进法》的内容目录如下所示。参考借鉴以《“十四五”促进中小企业发展规划》和《中华人民共和国中小企业促进法》为代表的国家促进中小企业高质量发展的相关政策，提出河南省中小企业高质量发展政策保障体系，如图 7–3 所示。

表 7-1 国家出台的促进中小企业高质量发展相关政策

国家政策	发布（施行）时间	发布机构
《中华人民共和国中小企业促进法》	2018.1.1	全国人民代表大会常务委员会
《健全支持中小企业发展制度的若干意见》	2020.7.24	工信部、国家发改委、科技部、财政部等 17 个部门
《保障中小企业款项支付条例》	2020.9.1	国务院
《中小企业发展专项资金管理办法》	2021.6.4	财政部
《提升中小企业竞争力若干措施》	2021.11.9	国务院促进中小企业发展领导办公室
《政府采购促进中小企业发展管理办法》	2020.12.18	工信部、财政部
《“十四五”促进中小企业发展规划》	2021.12.11	工信部、国家发改委、科技部、财政部等 19 个部门
《加力帮扶中小微企业纾困解难若干措施》	2022.5.9	国务院促进中小企业发展领导办公室

《“十四五”促进中小企业发展规划》目录

一、发展背景

（一）发展回顾

（二）发展形势

二、发展思路和目标

（一）指导思想

（二）基本原则

（三）发展目标

三、主要任务

（一）培育壮大市场主体

（二）健全政策支持体系

（三）建立高效服务体系

（四）完善公平竞争环境

（五）提高融资可得性

（六）加强合法权益保护

（七）提升创新能力和专业化水平

四、重点工程

（一）优质中小企业培育工程

（二）中小企业创新能力和专业化水平提升工程

（三）中小企业服务机构能力提升工程

（四）中小企业融资促进工程

（五）中小企业合法权益维护工程

（六）中小企业数字化促进工程

（七）中小企业绿色发展促进工程

（八）中小企业质量品牌提升工程

（九）中小企业国际化促进工程

五、保障措施

（一）加强党的全面领导

（二）加强政策协同和评估督导

（三）加强运行监测和政策研究

（四）营造良好舆论环境

《中华人民共和国中小企业促进法》目录

第一章总则

第二章财税支持

第三章融资促进

第四章创业扶持

第五章创新支持

第六章市场开拓

第七章服务措施

第八章权益保护

第九章监督检查

第十章附则

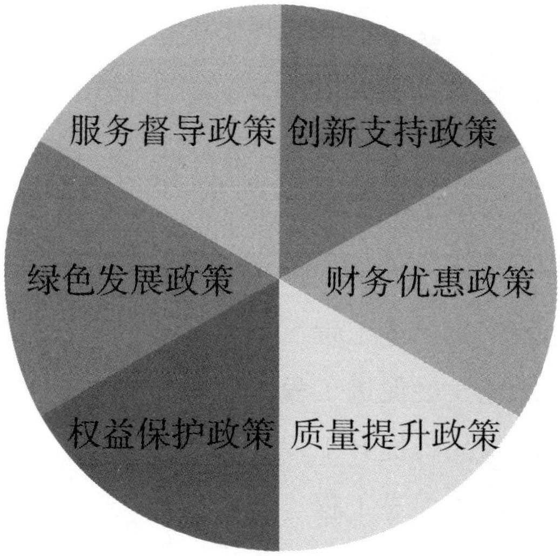

图 7–3　河南省中小企业高质量发展政策保障体系图

7.2.1 创新支持政策

不断完善中小企业的创新服务体系，包括加强对创新型中小企业在土地、资本、技术、人才和数据等关键资源方面的整合与聚集。政府应积极引导中小企业采用先进的科技和工艺，从而加速其数字化转型，包括信息化、网络化、智能化和绿色化的进程。同时，应当激励不同规模企业间的协同创新，以实现资源共用和优势互促。此外，应当推动高等院校、科研机构以及大型企业与中小企业的深度合作，这种合作可以通过联合研究项目、共建研发机构或形成战略伙伴关系等途径实现，以建立众多的创新平台和中心。为了提升科技成果的转化效率，有必要优化相关的转化机制。应鼓励将符合标准的科技成果以适当方式授权给中小企业，使其能够利用这些成果。同时，公共财政资金应当为这些转化活动提供必要的支持。

全面优化创新环境，为创新活动提供有利条件，激发企业的内在创新动力。当前河南省仍存在创新思想开放不够、创新文化包容度较低、具有区域特色的产业创新集群尚未形成等问题。为此，应积极倡导尊重和热爱创新的价值观念，培养理性批判的创新思维导向，树立崇尚科学、尊重科学的创新文化氛围。

2023 年，工业和信息化部开始了名为“三赋”的专项行动，针对一些特定的领域进行了一系列工作。

一是进行梯度培育，增强企业的创新能力。国家将引导中小微企业集中精力发展自己擅长的领域，通过与相关产业进行协同发展，推动创新以赢得市场，实现专业化、精细化、特色化和创新化的发展。到 2023 年，国家已经累计培育了五批超过 12000 家专业化、精细化、特色化和创新化的“小巨人”企业，从而带动了地方培育近 90000 家具备专业化、精细化、特色化和创新化特点的中小企业。

二是促进资源集聚和协同创新。国家 11 个部门包括联合发展改革委和全国工商联联合起来，推动大中小企业之间的合作和创新，组织了“千校万企”合作行动，以促进学校和企业之间的协同创新伙伴关系，并通过“百场万企”活动，促进大中小企业之间的合作对接，共同促进了协同创新的生态建设。

三是加强创新赋能，注入创新活力。推动数字化赋能、科技成果赋智、质量标准品牌赋值中小企业的行动，推进中小企业的数智化转型，引导企业打造高品质的卓越产品，以品牌信誉增强核心价值。

推动中小企业提高创新能力和专业化水平的充分发展，要注意以下几个方面。

①消除短板、锻造长板。中小企业要深入细分市场，聚焦重要产品和核心技术，提升重点产业链的协作能力，加速消除短板，培育壮大长板。利用中小企业机动灵活、单点深入的优势，在人工智能、先进制造、新型材料等前沿领域培育一批具有创新能力的企业，加强前沿技术的研发、成果转化和产业化，积极培育新质生产力。

②支持新型产业的发展。鼓励中小企业积极探索共享众创、众包、云外包、平台分包等制造的新模式，以推动产业链、创新链和价值链的融合与重塑。发展大数据营销、体验营销等新型营销模式，积极发展服务型制造，促进制造业发展模式和企业形态的变革。

③增强本地企业自主创新能力。地区创新水平的提升与当地创新型企业的数量及质量关系重大。要完善本区域市场经济条件，创造良好的金融基础环境，用丰厚的条件吸引优质企业入驻；选择具有高附加值、高技术含量的企业入驻，不断深化外来企业的本地化程度。推动中小企业与地方院校和本地龙头企业加强合作。鼓励中小企业参与国家级和省级重点实验室、工程技术研究中心、制造业创新中心等的共建工作，以此激励本地企业增强学习能力，提高自主创新的积极性和水平。

7.2.2 财税优惠政策

通过综合运用货币与财政政策工具，结合差异化的监管措施，旨在激励金融机构加大对中小企业的信贷支持力度。在此过程中，政府投资基金将发挥重要的引导作用，推动创业投资机构和社会资本更多地投向中小企业，助力其成长壮大。为了进一步提升金融服务效率和质量，加强信用信息共享，充分利用金融科技手段创新金融产品和服务，以满足中小企业多元化的融资需求。同时，大力发展供应链金融，优化资金链条，提升中小企业的资金流转效率。此外，积极探索并利用各种新型网络金融贷款模式，如“旺农贷”“网商贷”等，为中小企业提供更加便捷、高效的融资服务。同时，加强政府性融资担保体系建设，增强其对中小企业的担保能力，降低中小企业融资风险。最后，加强多层次资本市场的融资能力，拓宽中小企业的融资渠道，促进中小企业直接融资规模的扩大，为中小企业的健康发展提供有力的金融支撑。

（1）提高间接融资质量。灵活运用存款准备金率、支小再贷款、再贴现等货币政策工具，引导金融机构积极增加对小微企业的信贷支持。努力扩大小微企业首次贷款、信用贷款、无本续贷和中长期贷款的规模，并大力推广随借随还的贷款模式，以满足小微企业多样化的融资需求。同时，加强小微企业融资担保政策的实施，充分发挥国家融资担保基金和政府性融资担保机构的作用，鼓励银担之间的紧密合作。对于财务状况稳健的政府性融资担保机构提供担保的银行贷款，探索按照银行承担的风险比例适当降低风险权重，以进一步降低小微企业的融资成本。

（2）直接促进中小企业贷款。一是推动社会资本扩大对优质中小企业的直接投资规模，充分发挥国家中小企业发展基金和其他政府投资基金的引导作用。二是推动中小企业上市培育工作，鼓励地方加大对股份制改革和上市企业的支持力度，促进符合条件的企业与资本市场对接。推进区域性股权市场改革试点，完善新三板市场融资机制和并购重组机制。充分利用上海、深圳和北京三个证券交易所的功能与作用，扩大优质中小企业的上市融资渠道。三是加大债券市场品种创新力度，持续改进创新创业领域中小企业债券融资增信机制。

（3）创新金融服务模式。完善动产融资统一登记公示系统，充分发挥应收账款融资服务平台的作用。鼓励保险机构为中小企业提供方便快捷、效率较高的风险管理服务，积极推广供应链保险产品，提供多种形式的保险服务，包括抵押质押和纯信用等方式。加强供应链票据平台的票据签发、流转、融资相关系统功能建设。研究创建小微企业政府统保平台，为小微企业提供知识产权保险、出口信用保险等各种保险产品和服务。推动绿色金融的发展，设计出以排污权、用能权、用水权、碳排放权等环境权益为基础的金融产品。推进普惠金融试验区的建设，以满足中小微企业融资需求的产品和服务。

7.2.3 质量提升政策

一是加强中小企业质量管理。指导中小企业加强技术升级，改进智能化的生产线，推广先进的工艺流程、智能制造技术、精益生产模式以及先进的质量管理方法。通过实施《小微企业应用 ISO 9001 提升质量管理的实施指南》和《中小企业质量管理评价指南》，帮助中小企业识别并改进质量管理中的不足之处，建立科学有效的质量管理体系，引导小微企业提升质量管理水平。对“专精特新”中小企业实施产品质量技术帮扶“诊断”活动。

二是致力于为中小企业提供专业培训，强化中小企业的质量意识，并引导其构建先进的质量管理体系。通过系统培训，不断提高中小企业的标准理论水平，同时加速普及标准知识。鼓励中小企业积极应对技术创新和行业需求，积极参与制定团体标准。

三是加强中小企业的品牌建设。目前，部分中小企业的产品在性能、可靠性、寿命和良品率等方面有所欠缺，对行业标准的引领作用不够明显，品牌的知名度也不足，通常处于价值链的下游位置。2023 年 5 月，工信部开始了一项专门的行动，来赋予中小企业质量标准的品牌。该行动旨在通过提高质量、引领标准和建设品牌，实现精益生产、精细管理和优质品质，推动从“中国产品”向“中国品牌”的转变。

四是完善中小企业国际合作机制。加强中小企业领域的多边合作机制，促进与“一带一路”共建国家和重要国家的合作，使中小企业能够更好地融入全球供应链和价值链，助力中小企业的国际合作。协同多方共同努力，构建应对贸易摩擦的工作机制，为中小企业提供指导和帮助。为了保护中小企业的合法权益，在全球市场中能够准确地与其他机构对接，需要建立一个完善的预警机制。这个机制能够及时地为中小企业提供信息，帮助它们了解潜在的政治经济和投资经营风险，提前做好预研和预判，以便有效地规避风险并做出妥善的应对措施。

7.2.4 权益保护政策

建立长期机制，保护中小企业及股东的财产和其他合法利益，确保企业管理者的人身和财产安全不受侵害。预防拖欠行为并解决中小企业应收款项问题。强化知识产权保护。完善中小企业权利救济体系。

（1）构建并完善公平竞争环境。国家要坚持权利平等、机会平等、规则平等的原则，对于各种所有制的市场主体一视同仁，为中小企业的成长创造一个公平有序的竞争环境。通过加大对中小企业的监管力度，排除限制它们公平参与市场竞争的垄断行为，加强对中小企业合法经营活动的保护，加大公平竞争审查的力度，确保《中华人民共和国反垄断法》和《中华人民共和国反不正当竞争法》的有效执行。

（2）加强中小企业的知识产权保护。尖端科技发展局势变幻莫测，中小型企业的自主知识产权抗风险能力不如大企业强，需要政府相关部门对国家、省、市各级单位出台的政策及时进行通知以及调整帮扶策略，为企业的知识产权布局和高质量知识产权产出提供有力的依靠。综合运用互联网和大数据等现代手段提高对侵犯中小企业知识产权行为的打击力度和精准度，增强对中小企业的专利权、商标权、著作权和商业秘密等知识产权的保护，建立完善的知识产权协同保护机制，建设多个中小企业的知识产权保护中心和快速维权中心。

（3）妥善解决中小企业款项拖欠问题。2023 年政府工作报告提出，要进一步加大处理中小企业未付账款的力度。国家发展改革委等四个部门发布《关于 2023 年降低成本重点工作的通知》，强调要“加大解决拖欠中小企业账款问题的力度”。安徽省经济和信息化厅建立和完善了一项“六快”机制，针对解决此类问题。重庆市也开通了投诉通道，专门用于接收有关企业账款拖欠的投诉。

（4）健全中小企业应急救助机制

中小企业促进法增添了具有约束力的条款，以维护中小企业的利益，并建立了可持续的救济机制。政府需要设立更多的多元化救济机制来解决中小企业可能遭遇的危机，要通过专门的职能机构来履行对中小企业应急救助的职责。

7.2.5 绿色发展政策

（1）推动中小企业绿色制造工程。鼓励企业采用先进的清洁生产技术和高效末端治理装备，推动中小企业利用大数据和物联网技术，实现对生产过程中产生的能量、物质等主要资源环境信息的在线采集、智能处理和精细化管理。帮助中小企业实现绿色化和智能化改造。鼓励中小型企业采用环保包装，推动建立环保导向的企业文化。促进中小企业集群的绿色低碳转型。通过结合产业集群的用能特点和能效水平，积极开展节能改造与绿色低碳技术改造来优化中小企业集群的能源消费结构。推广环境污染第三方治理，鼓励中小企业集群综合利用资源和治理污染，同时支持重点行业进行清洁生产审核。

（2）开展中小企业绿色技术创新。倡导中小企业与高校、科研院所联合进行新能源技术装备、节能环保装备等绿色技术研发。优化绿色技术服务采购，加快建设市场化的绿色技术交易体系，改善绿色技术评估、需求对接、知识产权保护等机制，提升绿色技术服务的供给能力。改进绿色技术服务模式，并积极推广合同能源管理和综合能源服务等，以支持基础薄弱的中小企业进行清洁生产改造和节能减排。

（3）完善中小企业的绿色发展服务。为了帮助基础薄弱的中小企业节能诊断和改造，需要实施工业节能诊断服务行动。推动能源资源节约和绿色发展，需要不断进行能源资源计量服务示范活动。各地探索创建绿色转型服务平台，为中小企业提供碳中和登记公示、技术支持、绿色金融和培训研究等服务。

（4）加强绿色供应链建设，完善绿色金融体系。加强政策引导，促使供应链中的企业扮演“链主”角色，加强绿色供应商管理，进行绿色采购，提升供应链中绿色企业和绿色产品的竞争力。完善绿色产品认证体系，扩大绿色产品认证标准的适用范围，完善绿色产品在供应链上下游的溯源系统，建立绿色产业的生态环境。通过发展绿色供应链金融，利用供应链核心企业的信誉效应，综合运用商流、物流、资金流和信息流，降低供应链上下游优质中小企业的融资门槛。匹配绿色金融资源，精准对接绿色融资需求。加快创新金融机构的体制和机制，进一步完善多层次的绿色金融产品体系，包括绿色贷款、绿色保险、绿色债券和绿色基金等。

（5）规避绿色转型过程中的风险。一是在能源结构上，加快水利、风电、光伏等非化石能源代替煤炭能源。根据各地市特点，精准定位，大力推动光风储新能源一体化以及超高压送电走廊建设；支持有条件的地区建立抽水蓄能等储能项目，充分采用清洁能源。发展分布式光伏、自用型风电等，减少煤电使用。二是在能源消费上，推进煤炭绿色化利用。进一步加快推进全省煤炭企业的转型升级，推动燃料煤向原料煤转化，鼓励发展电容炭、锂电池负极材料等碳基新材料领域。加快普及自动化设备采煤、机器人采煤以及智慧采煤系统，严格控制新项目的锅炉选型，提高煤电绿色利用效率。三是在人为固碳上，加快技术发展和生态系统建设。做好生态体系建设，以横跨东西的黄河生态带、淮河生态带、大运河生态带和纵贯南北的南水北调生态带为主干，加快构建绿色生态体系。

7.2.6 服务督导政策

首先，要全面整合各类资源，构建一个多元化、开放性的服务体系，该体系应涵盖政府提供的公共服务、市场化运营的商业服务以及社会广泛参与的公益服务。尤其要关注中小企业的需求，确保它们能够平等地获取这些服务资源。通过对中小企业的运营和融资等情况的动态监测，及时掌握中小企业的经营状况，制定研究中小企业发展的策略。加强中小企业研究院等智囊机构建设，充分利用社会资源进行中小企业政策研究和咨询。

其次，需继续深化“放管服”改革，持续优化政务服务，简化企业登记注册流程，降低企业运营成本。同时，要加强政务信息的发布和更新，构建统一的政策信息发布平台，为中小企业提供一站式服务支持。应积极推动市场化服务机构的发展，鼓励其增加服务供给、扩大服务范围、提升服务质量，并加快服务响应速度，确保服务收费的透明和合理。

最后，要充分利用新一代信息技术，结合线上线下资源，创新服务模式，如电子商务、远程服务、视频服务等，以便让更多的高质量社会服务资源直接惠及企业。同时，各类型服务机构需积极建立自身的产品和服务库，运用现代网络和数字化技术，为中小企业提供个性化的服务选项，从而满足其在不同发展阶段的多样化需求。

为推动中小企业高质量发展，必须以习近平新时代中国特色社会主义思想为指导，深入贯彻落实习近平总书记关于中小企业发展的重要指示精神。坚持党的全面领导是推动中小企业高质量发展的核心原则。必须始终贯彻党的领导，以确保正确的政治方向。要全面贯彻党的二十大精神，准确理解并实践新发展理念。要严格执行《中华人民共和国中小企业促进法》，将推动中小企业高质量发展作为主题，并以改革创新作为根本动力。通过繁荣资本市场和发展金融科技等手段来解决中小企业融资难、融资贵的问题，通过完善立法和严格执法来进一步保护中小企业的合法权益，通过提升中小企业的创新能力和专业化水平，使之成为创新的重要力量。总之，应通过采取多种措施来增强中小企业的综合实力和核心竞争力，推动中小企业实现高质量发展，推动产业向高端化、智能化、绿色化方向发展，为加快形成现代产业体系、巩固壮大实体经济基础、构建新的发展格局提供有力的支持。

参考文献

[1]习近平：《习近平谈治国理政（第三卷）》，外文出版社 2020 年版，第 23 页。

[2]习近平：《习近平谈治国理政（第三卷）》，外文出版社 2020 年版，第 239 页。

[3]习近平：《高举中国特色社会主义伟大旗帜 为全面建设社会主义现代化国家而团结奋斗——在中国共产党第二十次全国代表大会上的报告》，人民出版社 2022 年版，第 28 页。

[4]习近平：《论把握新发展阶段、贯彻新发展理念、构建新发展格局》，中央文献出版社 2021 年版，第 533 页。

[5]习近平：《习近平谈治国理政（第四卷）》，外文出版社 2022 年版，第 54 页。

[6]习近平：《谈治国理政（第四卷）》，外文出版社 2022 年版，第 59 页。

[7]国家发展改革委经济研究所课题组：《推动经济高质量发展研究》，《宏观经济研究》2019 年第 2 期，第 5—17 页、第 91 页。

[8]李伟:《高质量发展有六大内涵》, 人民日报海外版 2018 年 1 月 22 日，第 3 期。

[9]金碚:《关于“高质量发展”的经济学研究》,《中国工业经济》2018 年第 4 期，第 5—18 页。

[10]任保平、李禹墨：《新时代我国高质量发展评判体系的构建及其转型路径》，《陕西师范大学学报（哲学社会科学版）》2018 年第 5 期，第 105—113 页 。

[11]Kuznets S : *Modern Economic Growth* : *Findings and Reflections*, *The American Economic Review*，1973 年第 3 期，第 247 — 258 页。

[12]习近平:《习近平谈治国理政（第三卷）》, 外文出版社 2020 年版，第 264 页。

[13]习近平：《习近平谈治国理政（第三卷）》，外文出版社 2020 年版，第 8 页。

[14]马克思，恩格斯：《马克思恩格斯文集第三卷》, 人民出版社 2009 年版，第 433—434 页。

[15]中共中央宣传部：《习近平总书记系列重要讲话读本》，人民出版社 2016 年版，第 276 页。

[16]中共中央文献研究室：《建国以来重要文献选编（第 9 册）》，人民出版社 1994 年版，第 353 页。

[17]中共中央文献研究室：《三中全会以来重要文献选编：下》，人民出版社1982年版，第203页。

[18]习近平：《习近平谈治国理政（第三卷）》，外文出版社2020年版，第9页。

[19]习近平：《习近平谈治国理政（第三卷）》，外文出版社2020年版，第231页。

[20]习近平：《在民营企业座谈会上的讲话》，《光明日报》2018年11月2日第2版。

[21]习近平：《习近平谈治国理政（第三卷）》，外文出版社2020年版，第25页。

[22]戴国宝、王雅秋：《民营中小微企业高质量发展：内涵、困境与路径》，《经济问题》2019年第8期，第54—61页。

[23]张培丽：《中小企业高质量发展的困境与出路探析》，《中国特色社会主义研究》2019年第5期，第25—31页。

[24]郭敬生：《论民营经济高质量发展：价值、遵循、机遇和路径》，《经济问题》2019年第3期，第8—16页。

[25]陆岷峰、徐阳洋：《构建我国中小企业高质量发展体制与机制研究——基于数字技术应用的角度》，《西南金融》2022年第1期，第65—75页。

[26]董志勇、李成明：《"专精特新"中小企业高质量发展态势与路径选择》，《改革》2021年第10期，第1—11页。

[27]张涛：《高质量发展的理论阐释及测度方法研究》，《数量经济技术经济研究》2020年第37卷第5期，第23—43页。

[28]黄顺春、邓文德：《高质量发展评价指标体系研究述评》，《统计与决策》2020年第36卷第13期，第26—29页。

[29]金碚：《关于"高质量发展"的经济学研究》，《中国工业经济》2018年第4期，第5—18页。

[30]黄速建、肖红军、王欣：《论国有企业高质量发展》，《中国工业经济》2018年第10期，第19—41页。

[31]付朋霞、刘青松：《中小企业高质量发展评价体系构建》，《信息通信技术与政策》2020年第5期，第83—86页。

[32]董志愿、张曾莲：《政府审计对企业高质量发展的影响——基于审计署央企审计结果公告的实证分析》，《审计与经济研究》2021年第36卷第1期，第1—10页。

[33]余龙、王小龙、张陈：《行政审批制度改革、市场竞争与企业高质量发展》，《经济社会体制比较》2021年第1期，第149—160页。

[34]刘亚雪、田成诗、程立燕：《世界经济高质量发展水平的测度及比较》，《经

济学家》2020 年第 5 期，第 69—78 页 。

[35]齐嘉：《促进我国民营企业高质量发展的政策思路——基于瞪羚企业扶持政策的效应分析》，《学习与实践》2019 年第 2 期，第 13—19 页 。

[36]刘迎秋：《中小民营企业及其高质量发展的路径选择》，《光彩》2018 年第 12 期，第 23—25 页 。

[37]刘现伟、文丰安：《新时代民营经济高质量发展的难点与策略》，《改革》2018 年第 9 期，第 5—14 页 。

[38]师博、张冰瑶：《新时代、新动能、新经济——当前中国经济高质量发展解析》，《上海经济研究》2018 年第 5 期，第 25—33 页。

[39]贺晓宇、沈坤荣：《现代化经济体系、全要素生产率与高质量发展》，《上海经济研究》2018 年第 6 期，第 25—34 页。

[40] 习近平:《习近平谈治国理政（第三卷）》，外文出版社 2020 年版，第 17 页。

[41] 习近平：《习近平谈治国理政（第三卷）》，外文出版社 2020 年版，第 23—24 页。

[42]习近平：《高举中国特色社会主义伟大旗帜 为全面建设社会主义现代化国家而团结奋斗——在中国共产党第二十次全国代表大会上的报告》，人民出版社 2022 年版，第 30 页。

[43]习近平：《习近平谈治国理政（第三卷）》，外文出版社 2020 年版，第 39—40 页。

[44]习近平：《高举中国特色社会主义伟大旗帜 为全面建设社会主义现代化国家而团结奋斗——在中国共产党第二十次全国代表大会上的报告》，人民出版社 2022 年版，第 39 页。

[45]习近平：《习近平著作选读（第二卷）》，人民出版社，第 24—25 页。

[46]中共中央党史和文献研究院：《十九大以来重要文献选编：上》，中央文献出版社，第 21 页。

[47]习近平:《习近平著作选读（第一卷）》，人民出版社，2023 年版，第 23 页。

[48]人民日报：《习近平在参加江苏代表团审议时强调牢牢把握高质量发展这个首要任务》，人民日报 2023 年 3 月 6 日。

[49]新华社：《十四届全国人大一次会议在京闭幕》，《人民日报》2023 年 3 月 14 日。

[50]习近平:《习近平谈治国理政（第三卷）》，外文出版社 2020 年版，第 133 页。

[51]新华社：《中共中央召开党外人士座谈会》，《人民日报》2017 年 12 月 9 日。

[52]习近平：《习近平论把握新发展阶段、贯彻新发展理念、构建新发展格局》，中央文献出版社 2021 年版，第 214—215 页。

[53]人民日报：习近平在参加内蒙古代表团审议时强调扎实推动经济高质量发展扎实推进脱贫攻坚》，《人民日报》2018 年 3 月 6 日 。

[54]新华社：《习近平李克强栗战书汪洋王沪宁赵乐际韩正分别参加全国人大会议一些代表团审议》，《人民日报》2018 年 3 月 8 日 。

[55]赵剑波、史丹、邓洲：《高质量发展的内涵研究》，《经济与管理研究》2019 年第 40 卷第 11 期，第 15—31 页 。

[56]赵华林：《高质量发展的关键：创新驱动、绿色发展和民生福祉》，《中国环境管理》2018 年第 10 卷第 4 期，第 5—9 页 。

[57]任保平：《我国高质量发展的目标要求和重点》，《红旗文稿》2018 年第 24 期，第 21—23 页 。

[58]王喜成：《试论推动高质量发展的路径和着力点》，《河南社会科学》2018 年第 26 卷第 9 期，第 1—6 页 。

[59]郑志来：《严监管背景下金融供给侧改革、经济高质量发展的逻辑与路径选择》，《现代经济探讨》2020 年第 2 期，第 17—24 页 。

[60]蓝乐琴、黄让：《创新驱动经济高质量发展的机理与实现路径》，《科学管理研究》2019 年第 37 卷第 6 期，第 10—17 页 。

[61]Montfort Mlachila, Ren é Tapsoba, Sampawende J.: *A. Tapsoba. AQuality of Growth Index for Developing Countries: A Proposal*□*Social Indicators Research* 2017 年第 134 卷第 2 期，第 675—710 页 。

[62]Jieun Jeon, Suckchul Hong, Taeyong Yang, Jay Y. Ohm. : *How technological innovation affects the structure of an industry: entrepreneurship evolution in the biotechnology and pharmaceutical industry since 1980*□*Technology Analysis & Strategic Management* 2016 年第 28 卷第 6 期，第 733—754 页 。

[63]Christer Ljungwall, Patrik Gustavsson Tingvall. : *Is China different? A meta—analysis of the growth—enhancing effect from R&D spending in China*□*China Economic Review* 2015 年第 36 期，第 272—278 页 。

[64]李强：《中国装备制造企业高质量发展研究——基于政府与市场的影响分析》，吉林大学博士学位论文。

[65]申学清、范大路：《河南中小企业高质量发展问题研究》，中国经济出版社，2018 年 12 月第 1 版第 58—61 页。

[66]赵继宗：《甘肃大中型工业企业技术创新效率评价研究》，兰州理工大学硕士学位论文。

[67]邢瑛：《青岛市中小企业科技创新研究》，青岛科技大学硕士学位论文。

[68]赵玥：《基于 Super - SBM 与 Tobit 模型的电力上市公司绩效分析》，大连海事大学硕士学位论文。

[69]任保平：《新时代高质量发展的政治经济学理论逻辑及其现实性》，《人文杂志》,2018 年 2 期，第 26—34 页。

[70]黄速健、肖红军、王欣：《论国有企业高质量发展》，《中国工业经济》2018 年第 10 期，第 19—41 页。

[71]葛勇、徐长余：《江苏装备制造业高质量发展路径选择研究》，《统计科学与实践》2019 年 4 期。

[72]王飞、王佳、张宁宁等：《新经济发展格局下中小企业高质量发展模式取向研究》，《中小企业管理与科技》2021 年 4 期。

[73]张志娟:《河南省制造业高质量发展路径研究》,《区域经济》2020 年第 27 期。

[74]张凯、罗自立、李武等：《湖北中小企业高质量发展现状及提升对策研究》，《质量管理与监督》2018 年第 8 期。

[75]中国企业改革发展研究会：《T/CERDS1—2021 企业高质量发展评价指标》，中国标准出版社 2021 年 8 月版，第 2—4 页。

[76]吴翌琳、于鸿君：《企业创新推动高质量发展的路径研究》，《北京大学学报（哲学社会科学版）》2020 年第 3 期。

[77]德国促进中小企业发展措施对中国有借鉴意义［Z/OL］. 中国新闻网 ,2020 年 9 月 19 日。

[78]张守营：《德国“工业 4.0”新启示：将中小企业放在政策优先位置》［Z/OL］. 中国发展网 ,2020 年 10 月 9 日。

[79]为促进中小企业的发展，各国曾经实行了哪些经济优惠政策？［EB/OL］. https://baijiahao.baidu.com/s?id=1735444776213134821&wfr=spider&for=pc

[80]王雅婧：《绿色发展是高质量发展的必由之路——访中国人民大学国家发展与战略研究院研究员张云飞》，https://www.sohu.com/a/445201663_120024222。

[81]绿色成高质量发展主色调，金融时报 ,2018 年 3 月 6 日 .

[82]梁嘉芮、李昕：《互联网金融对我国中小企业融资的影响》，《商场现代化》2022 年第 10 期，第 83—85 页。

[83]张瑞华：《互联网金融时代民营中小企业的融资优化》，《山西财经大学学报》,2022 年第 44 卷第 1 期增刊，第 61—63 页。

[84]徐慧：《互联网金融支持背景下的中小企业融资创新模式探析》，《财经界》2021 年第 29 期，第 68—69 页。

[85]郭连成：《俄罗斯中小企业改革发展历程与政府扶持政策》，《俄罗斯东欧中亚研究》,2021 年第 6 期，第 97—115 页、154—155 页。

[86]曹茜芮、冯运卿：《借鉴德国经验 推动我国中小企业创新发展》，http://www.cinn.cn/headline/201903/t20190318_208789_wap.html。

[87]徐利：《借鉴国际经验 用好两种资源 助力我国中小企业提升国际竞争力》，《中国财政》2021 年第 24 期，第 55—58 页 。

[88]中宏网河南频道官方帐号：《低碳经济风起 河南企业以绿色发展促转型升级》，2021 年 9 月 13 日。

[89]覃岩峰：《河南数字经济规模跻身全国前十》，《郑州日报》2021 年 10 月 22 日第 003 版。

[90]乔地：《七大工程全面发力 河南打造数字经济中部样板》，《科技日报》2021 年 8 月 20 日第 007 版。

[91]吴丽琳：《河南：未来五年数字经济核心产业规模实现倍增》，《中国电子报》2022 年 3 月 1 日第 004 版。

[92]郭锦辉：《借鉴德国经验 加大金融支持创新型中小企业力度》，《中国经济时报》2021 年 12 月 15 日第 001 版。

[93]段伟朵、朱娟:《广招天下英才,河南招才引智大会累计签约人才超 20 万》，https://baijiahao.baidu.com/s?id=1744830643746931137&wfr=spider&for=pc。

[94]李涛：《河南：实施“四大行动” 赋能制造业转型升级》，《中国电子报》2021 年 3 月 26 日第 003 版。

[95]孙垒：《人才强企 为企业高质量发展提供保障》，《人力资源》2021 年第 10 期，第 14—15 页 。

[96]严丽华：《论人才培养在企业高质量发展中的作用及拓展路径》，《中国市场》2022 年第 4 期，第 105—106 页 。

[97]韩保江：《以新发展理念引领高质量发展》，《理论导报》2019 年第 12 期。

[98]金欣雪：《“五大发展理念”背景下中小企业发展问题研究》，《江苏第二师范学院学报》2020 第 4 期。

[99]孙红湘、张静：《以新发展理念指引高质量发展》，《人民论坛》2018 年第 30 期。

[100]徐夏静、李明、单学勇：《基于 Super—SBM 模型的中国区域创新效率测度研究》，《郑州航空工业管理学院学报》2020 年第 6 期。

[101]郑春荣等：《德国发展报告（2020）：转型中的德国》，《德国研究》2020 年第 3 期。

[102]李娜：《河南：高质量产业基金“加油”赋能郑州科技创新高质量发展》，《郑州日报》2022 年 9 月 26 日。

[103]马忠民、倪嘉祺、王启越:《数字普惠金融提升中小企业融资效率对策研究》，《现代商业》2022 年第 9 期。

[104]寇乃天:《拓宽中小企业融资渠道研究》,《合作经济与科技》2022 年第 14 期。

[105]牛思明:《河南安阳: 实施优势再造 坚持制造业高质量发展》,《安阳日报》2022 年 11 月 9 日。

[106]王玉姣：《河南鹤壁：“六项对接”机制助企惠企强企》，《鹤壁日报》2022 年 11 月 9 日。

[107]王小萍：《河南三门峡：科技创新是第一生产力》，《三门峡日报》2022 年 10 月 21 日。

[108]曲华:《互联网金融视角下中小企业融资模式创新研究》,《中国管理信息化》2021 年第 10 期。

[109]吴文明:《试论“人人持证、技能河南”背景下焦作市高技能人才培养策略》,《山西青年》2022 年第 19 期。

[110]刘阳、陈阳:《技能建设“濮阳模式”筑就人才“濮阳高地”》,《濮阳日报》2022 年 7 月 13 日。

[111]陈海寅:《鹤壁市高质量推进“人人持证、技能河南”建设二十二问(四)》,《鹤壁日报》2022 年 2 月 14 日。

[112]邵建伟：《商丘市全面快速启动“人人持证、技能河南”建设工作》，《人才资源开发》2022 年第 1 期。

[113]张东阳：《数字化转型赋能先进制造强省建设》，《河南日报》2021 年 9 月 15 日。

[114]胡美林：《加强新基建布局 夯实数字经济底座》，《河南日报》2021 年 10 月 27 日。

[115]白刘阳：《河南移动总经理杨剑宇：加快 5G 规模化应用 促进产业数字化转型》，《河南商报》2022 年 3 月 11 日。

[116]侯爱敏：《五大举措助力河南数字化转型》，《郑州日报》2021 年 12 月 24 日 。

[117]赵力：《基于大数据的跨境电子商务营销活动研究》，《物流科技》2022 年第 13 期。

[118]林楚：《山东深化新旧动能转换推动绿色低碳高质量发展》，《机电商报》2022 年 9 月 19 日。

[119]赵一帆：《非凡十年｜美丽河南：高质量发展向“绿”而行》，《河南日报》2022 年 10 月 10 日。

[120]刘欣：《“三赋”行动推动中小企业高质量发展》，《法治日报》2023 年 5 月 26 日。

[121]蒲晓磊：《修改法律推动中小企业高质量发展》，《法治日报》2023 年 7 月 18 日。

[122]盛德荣:《中小企业高质量发展的三重逻辑》,《内蒙古统计》2023 年第 3 期。

附录

企业高质量发展评价指标团体标准 T/CERDS 1—2021

一级指标	二级指标	三级指标	指标分值
效益发展（占 25%）	盈利能力	营业利润率	20
		总资产收益率	20
		经济增加值	30
	增长能力	主营业务收入增长率	30
		利润总额增长率	30
		资本积累率	30
	营运能力	资产负债率	30
		总资产周转率	20
		全口径全员劳动生产率	20
		两项资金占用比重	20
创新发展（占 25%）	创新投入	研发投入强度	40
		新兴技术应用覆盖率	5
	创新人才	研发人员占比	40
		高技能人才占比	30
	创新产出	高新技术产值	40
		人均知识产权累计数量	30
		人均参与起草标准数量	25
		每千名科技人员技术成果转化额	40
市场发展（占 15%）	市场表现	市场占有率	30
		顾客满意度	
	品牌表现	品牌价值	40
	开放发展	跨国化指数	15
		新增市场业务收入占比	
		海外销售额占销售总额比重	20
绿色发展（占 20%）	环境排放	单位产值废水、废气、废料特征污染物排放量	50
		碳排放强度	80
	能源效率	单位产值能耗	50
		单位产值能耗下降率	20
社会责任（占 15%）	安全合规	近 5 年违法违规违纪行为发生比率	50
	员工权益	人均人工成本	15
		人均薪酬与当地平均工资比率	15
		员工满意度	10
	纳税情况	纳税额	20
		资产纳税率	20
	社会公益	人均慈善捐赠和公益项目的数量	20